Nouveau T^{le}

FOCUS BAC avec SCHOOLMOUV

SES
Spécialité

Stéphanie Fraisse-D'Olimpio
Agrégée de Sciences économiques et sociales
Enseignante en classes préparatoires au lycée
Janson-de-Sailly à Paris (75)

François Le Morvan
Agrégé de Sciences économiques et sociales
Enseignant au lycée de la Côtière à La Boisse (01)

Avec la participation de
Cécile Ghienne (fiches Coaching Bac)
Docteure en sciences du langage et professeure en didactique

Marion Petipré (fiches Grand Oral)
Conceptrice et directrice du programme D.U. ParéO
(Passeport pour réussir et s'orienter) à l'Université de Paris.

Sommaire

Présentation de l'épreuve 6
Méthode BAC
La dissertation 8
L'épreuve composée 13

SCIENCES ÉCONOMIQUES

Quels sont les sources et les défis de la croissance économique ?

COURS
Les bases 16
L'essentiel en 5 points................. 17
LE COURS *en 3 parties* 18

BILAN
Mémo visuel • La synthèse en BD 26
Une citation clé • Ne pas confondre •
Les principales théories 27
Se tester • QCM......................... 28

MÉTHODE
Sujet guidé • Dissertation
Analyser l'énoncé d'un sujet
et formuler une problématique 30
Les sujets qui peuvent tomber au Bac . 33
Pour aller plus loin..................... 34
Ton KIT DE SURVIE SCHOOLMOUV 35

Quels sont les fondements du commerce international ?

COURS
Les bases 36
L'essentiel en 5 points................. 37
LE COURS *en 3 parties* 38

BILAN
Mémo visuel • La synthèse en BD 48
Une citation clé • Ne pas confondre •
Les principales théories 49
Se tester • QCM......................... 50

MÉTHODE
Sujet guidé • Dissertation
Mobiliser ses connaissances
et les organiser (partie 1) 52
Les sujets qui peuvent tomber au Bac . 55
Pour aller plus loin..................... 56
Ton KIT DE SURVIE SCHOOLMOUV 57

Comment lutter contre le chômage ?

COURS
Les bases 58
L'essentiel en 5 points................. 59
LE COURS *en 3 parties* 60

BILAN
Mémo visuel • La synthèse en BD 68
Une citation clé • Ne pas confondre •
Les principales théories 69
Se tester • QCM......................... 70

MÉTHODE
Sujet guidé • Dissertation Analyser
le sujet................................. 72
Les sujets qui peuvent tomber au Bac . 75
Pour aller plus loin..................... 76
Ton KIT DE SURVIE SCHOOLMOUV 77

Comment expliquer les crises financières et réguler le système financier ?

COURS
Les bases 78
L'essentiel en 5 points................. 79
LE COURS *en 3 parties* 80

BILAN
Mémo visuel • La synthèse en BD 90
Une citation clé • Ne pas confondre •
Les principales théories 91
Se tester • QCM......................... 92

© Belin Éducation / Humensis, 2021.
170 bis, boulevard du Montparnasse, 75680 Paris Cedex 14.
© SchoolMouv / SAS Picardo Shannon, 2021.

ISBN : 979-10-358-1964-4

MÉTHODE
Sujet guidé • Épreuve composée
Exploiter les documents d'un dossier documentaire (partie 3) 94
Les sujets qui peuvent tomber au Bac 97

Pour aller plus loin 98
Ton KIT DE SURVIE SCHOOLMOUV 99

MÉTHODE
Sujet guidé • Épreuve composée
Mobiliser ses connaissances pour répondre à une question de cours 136
Les sujets qui peuvent tomber au Bac 139

Pour aller plus loin 140
Ton KIT DE SURVIE SCHOOLMOUV 141

5 — Quelles politiques économiques dans le cadre européen ?

COURS
Les bases 100
L'essentiel en 5 points............... 101
LE COURS *en 3 parties* 102

BILAN
Mémo visuel • La synthèse en BD 112
Une citation clé • Ne pas confondre • Les principales théories 113
Se tester • QCM...................... 114

MÉTHODE
Sujet guidé • Dissertation Distinguer argumentation et illustration......... 116
Les sujets qui peuvent tomber au Bac 119

Pour aller plus loin 120
Ton KIT DE SURVIE SCHOOLMOUV 121

SOCIOLOGIE ET SCIENCE POLITIQUE

6 — Comment est structurée la société française actuelle ?

COURS
Les bases 122
L'essentiel en 5 points............... 123
LE COURS *en 3 parties* 124

BILAN
Mémo visuel • La synthèse en BD 132
Une citation clé • Ne pas confondre • Les principales théories 133
Se tester • QCM...................... 134

7 — Quelle est l'action de l'école sur les destins et l'évolution de la société ?

COURS
Les bases 142
L'essentiel en 5 points............... 143
LE COURS *en 3 parties* 144

BILAN
Mémo visuel • La synthèse en BD 152
Une citation clé • Ne pas confondre • Les principales théories 153
Se tester • QCM...................... 154

MÉTHODE
Sujet guidé • Dissertation
Analyser l'énoncé d'un sujet et formuler une problématique 156
Les sujets qui peuvent tomber au Bac 159

Pour aller plus loin 160
Ton KIT DE SURVIE SCHOOLMOUV 161

8 — Quels sont les caractéristiques contemporaines et les facteurs de la mobilité sociale ?

COURS
Les bases 162
L'essentiel en 5 points............... 163
LE COURS *en 3 parties* 164

BILAN
Mémo visuel • La synthèse en BD 174
Une citation clé • Ne pas confondre • Les principales théories 175
Se tester • QCM...................... 176

Sommaire

MÉTHODE
Sujet guidé • Épreuve composée
Analyser un tableau (partie 2)......... 178
Les sujets qui peuvent tomber au Bac   181

Pour aller plus loin..................... 182
Ton KIT DE SURVIE SCHOOLMOUV 183

9 — Quelles mutations du travail et de l'emploi ?

COURS
Les bases 184
L'essentiel en 5 points............... 185
LE COURS *en 3 parties* 186

BILAN
Mémo visuel • La synthèse en BD 194
Une citation clé • **Ne pas confondre** •
Les principales théories 195
Se tester • QCM..................... 196

MÉTHODE
Sujet guidé • Dissertation Exploiter les documents pour organiser son plan 198
Les sujets qui peuvent tomber au Bac   201

Pour aller plus loin..................... 202
Ton KIT DE SURVIE SCHOOLMOUV 203

10 — Comment expliquer l'engagement politique dans les sociétés démocratiques ?

COURS
Les bases 204
L'essentiel en 5 points............... 205
LE COURS *en 3 parties* 206

BILAN
Mémo visuel • La synthèse en BD 214
Une citation clé • **Ne pas confondre** •
Les principales théories 215
Se tester • QCM..................... 216

MÉTHODE
Sujet guidé • Épreuve composée
Dégager des informations d'un tableau (partie 3) 218
Les sujets qui peuvent tomber au Bac   221

Pour aller plus loin..................... 222
Ton KIT DE SURVIE SCHOOLMOUV 223

REGARDS CROISÉS

11 — Quelles inégalités sont compatibles avec les différentes conceptions de la justice sociale ?

COURS
Les bases 224
L'essentiel en 5 points............... 225
LE COURS *en 3 parties* 226

BILAN
Mémo visuel • La synthèse en BD 234
Une citation clé • **Ne pas confondre** •
Les principales théories 235
Se tester • QCM..................... 236

MÉTHODE
Sujet guidé • Dissertation Rédiger l'introduction et la conclusion......... 238
Les sujets qui peuvent tomber au Bac   241

Pour aller plus loin..................... 242
Ton KIT DE SURVIE SCHOOLMOUV 243

12 — Quelle action publique pour l'environnement ?

COURS
Les bases 244
L'essentiel en 5 points............... 245
LE COURS *en 3 parties* 246

BILAN

Mémo visuel • La synthèse en BD 254
Une citation clé • Ne pas confondre •
Les principales théories 255
Se tester • QCM................... 256

MÉTHODE

Sujet guidé • **Épreuve composée** Rédiger une réponse argumentée à partir d'un dossier documentaire (partie 3) 258
Les sujets qui peuvent tomber au Bac   261
Pour aller plus loin.................... 262
Ton KIT DE SURVIE SCHOOLMOUV 263

Sujets complets corrigés

Sujet 1................................. 264
Sujet 2................................. 276
Sujet 3................................. 287
Sujet 4................................. 297
Sujet 5................................. 309
Sujet 6................................. 319

Coaching BAC

FICHE 1 **Dès la rentrée :**
Créer un environnement de travail propice à la concentration et à la réussite 332

FICHE 2 **En début d'année :**
Comprendre ce que l'on attend de moi pour progresser 334

FICHE 3 **Tout au long de l'année :**
Réviser efficacement 336

FICHE 4 **De J-15 à J-1 :**
Gérer mon stress 338

FICHE 5 **Jour J :** Assurer le Jour J 340

Grand Oral

FICHE 1 Comprendre l'épreuve du Grand oral 342

FICHE 2 Explorer les thèmes sélectionnés 344
FICHE 3 Structurer son sujet 345
FICHE 4 Travailler sa voix et sa diction .. 346
FICHE 5 Développer sa répartie 347

Index des mots clés..................348

Ton KIT DE SURVIE SCHOOLMOUV pour le BAC avec

Vidéos
• Développement et écologie : les limites de la croissance
• Échanger : pourquoi, comment ?
• Définir et mesurer le chômage
• Les caractéristiques de la crise financière des années 1930 et de celle de 2008
• Le processus d'intégration européenne
• La structuration de l'espace social
• La massification scolaire depuis les années 1950
• Comment mesure-t-on la mobilité sociale ?
• L'évolution des modèles d'organisation du travail
• Une diversité de formes d'engagement
• Des inégalités multiformes et cumulatives
• Les principaux instruments des politiques climatiques

Fiches de révisions
• Le rôle des institutions et des innovations
• Les fondements du commerce international
• Comment expliquer le chômage ?
• Bulles spéculatives et faillites bancaires
• La gestion des politiques économiques européennes
• Les théories des classes sociales
• Une inégalité des chances persistantes
• L'évolution de la mobilité sociale
• L'évolution du lien social dans le monde du travail
• L'évolution des formes de l'action collective
• La mesure des inégalités économiques
• Coopération et conflit dans la conduite de l'action publique pour l'environnement

Tout ce que tu dois savoir sur l'épreuve de SES au Baccalauréat

QUAND L'ÉPREUVE SE DÉROULE-T-ELLE ?

L'épreuve écrite terminale de spécialité de SES se déroule généralement au retour des vacances de printemps. C'est ton lycée ou ton académie qui fixe les dates, alors n'oublie pas de te renseigner !

COMBIEN DE TEMPS DURE-T-ELLE ?

L'épreuve dure **4 heures**.

SUR QUELLE PARTIE DU PROGRAMME VAIS-JE ÊTRE ÉVALUÉ(E) ?

Selon les années (paires ou impaires), tu seras évalué(e) sur **certaines questions du programme de Terminale** seulement. Toutes les notions du **programme de 1re** doivent être acquises. Une précision : les 2 types d'exercices (dissertation et épreuve composée) ne portent jamais sur la même question.

QUEL EST LE POIDS DE L'ÉPREUVE DE SES SPÉCIALITÉ ?

Dans le nouveau Baccalauréat, l'ensemble des épreuves terminales compte pour 60 % de la note finale. Le coefficient de l'épreuve de SES spécialité est de **16 (sur 100)**.

COMMENT LES POINTS SONT-ILS RÉPARTIS ENTRE LES DIFFÉRENTS EXERCICES ?

Dans l'épreuve composée, la partie 1 est notée sur 4 points, la partie 2 sur 6 points et la partie 3 sur 10 points.

QUELS TYPES D'EXERCICES DOIS-JE MAÎTRISER ?

Tu dois maîtriser **2 types d'exercices** : la **dissertation** (une consigne accompagnée de documents) et l'**épreuve composée** en 3 parties (mobilisation des connaissances/étude d'un document/raisonnement s'appuyant sur un dossier documentaire). Tu devras choisir l'un ou l'autre des exercices le jour de l'épreuve.

QUELLES SONT LES ATTENTES DU JURY ?

Le jury attend de toi que tu répondes au sujet de manière **claire** et **articulée**, en respectant la **forme des épreuves** (voir Méthode BAC, p. 8-15).

Le jury attend des **connaissances maîtrisées**, une **analyse détaillée des documents**, une **rigueur dans la structure des réponses** aux différentes étapes de l'épreuve composée ou dans le **plan de la dissertation**. Il faut enfin veiller à rendre ta copie **lisible** et à **soigner l'orthographe**.

CHOIX DU SUJET

Il faut impérativement t'entraîner toute l'année sur les deux épreuves. L'épreuve composée apparaît plus rassurante de prime abord, car elle permet de présenter des connaissances sur trois thèmes distincts, mais cela nécessite une bonne maîtrise des connaissances et des outils méthodologiques. L'épreuve de dissertation apparaît plus exigeante, mais elle offre aussi la liberté de proposer une analyse plus détaillée et personnelle, dès lors que tu maîtrises le chapitre concerné.

Pour te préparer à l'épreuve tout au long de l'année, consulte les fiches **Coaching BAC, p. 332-341**.

MÉTHODE BAC   **ÉPREUVE ÉCRITE**

La dissertation

Qu'est-ce que la dissertation ?

 La **dissertation** est l'une des deux épreuves du baccalauréat en SES. L'exercice est exigeant et nécessite une **bonne maîtrise des connaissances**, puisque le **dossier documentaire** comporte trois ou quatre documents strictement factuels, ne comportant pas de rappels de cours et visant à illustrer les analyses proposées.

Méthode de la dissertation

Étape 1 — Analyser le sujet et formuler la problématique

Définir les mots clés et délimiter le cadre spatio-temporel

 Identifie et définis les mots clés qui devront figurer dans l'**introduction**. Repère à quelles parties du cours le sujet doit être associé.

> **CONSEILS**
> - Écris le sujet (de préférence en largeur) sur un brouillon, pour te l'approprier.
> - Entoure les mots clés, définis-les et recherche des notions équivalentes ou associées.

 Situe le sujet dans le temps et dans l'espace. Lorsque le cadre spatial n'est pas fixé, il faut faire un choix dès l'introduction et le respecter tout au long du devoir.

Comprendre la nature du travail attendu et déterminer le type de plan adapté

À partir des termes du libellé, tu obtiens une consigne de travail qui t'indiquera le type de plan qu'il est possible d'utiliser.

Termes introductifs du sujet	Travail demandé	Exemples
Une question qui invite au débat : « Assiste-t-on… ? », « Peut-on dire que… ? », « Dans quelle mesure… ? »… Ou encore une question directe.	**Plan dialectique** Ce type de plan permet de confronter des arguments, de mettre à jour des opposition. Il appelle une réponse **dialectique** du type : **I.** Oui (ou non) / **II.** Mais ou bien **I.** Thèse / **II.** Antithèse / **III.** Synthèse	*Les mesures protectionnistes sont-elles efficace aujourd'hui ?* *Le travail est-il toujours un facteur d'intégration sociale ?*

Termes introductifs du sujet	Travail demandé	Exemples
Une question qui invite à l'analyse « Analysez… », « Expliquez… », « Montrez… », « Comment… », « Caractérisez… », « Quelles sont les conséquences… », « En quoi… », « Quels sont les déterminants… », « Par quels mécanismes… »	**Plan analytique** Implique une **explication**. Soit il explore les causes/conséquences, soit il explore certains aspects d'un phénomène : aspects quantitatifs/qualitatifs ; positifs/négatifs…	*En quoi l'investissement est-il source de croissance ?* *Comment les inégalités peuvent-elles se cumuler ?*
Les autres types de questions « Quelles relations… », « Quels liens… », « Comparez… »	**Plans comparatifs ou de mise en relation** Il s'agit par exemple de saisir les ressemblances et différences entre deux phénomènes ou d'analyser l'action d'un phénomène sur un autre.	*Quels liens établir entre coût du travail et chômage ?* *Quelles politiques publiques sont plus efficaces pour préserver l'environnement ?*

Rechercher et formuler la problématique

La problématique est un **fil conducteur**, un questionnement autour duquel vont s'organiser la réflexion et la confrontation de points de vue. Une bonne problématique doit **prendre en compte tous les aspects du sujet**.

- **Soulève un ensemble de questions liées au sujet**, de manière à montrer la complexité de la réalité, des idées qui font débat et donnent de l'intérêt au sujet.
- **Dégage la question « structurante »** qui va être discutée tout au long du développement, à savoir la « problématique ». Cette question fait en général écho à tes connaissances des principaux débats (entre sociologues ou économistes, d'actualité) sur une question donnée.
- La formulation peut se faire dans un **style indirect** (« nous pouvons nous demander ») **ou direct** (une question).
- Elle peut privilégier **une question structurante ou deux à trois sous-questions**.
- **La problématique doit orienter le plan, puis la conclusion.** Elle permet de préciser les axes des deux ou trois parties du développement.

COUP DE POUCE

Il peut être efficace de chercher l'opinion la plus généralement répandue sur le sujet et de se demander ce qui peut la valider ou au contraire l'invalider.

MÉTHODE BAC

Étape 2 — Analyser les documents et élaborer le plan

 ENVIRON 30 MINUTES

Analyser les documents

Deux sortes de documents sont étudiés en SES : des **textes** et des **documents statistiques** (tableaux et graphiques). Avant d'étudier le document, **pense à lire le titre, la source, la date**. Les documents peuvent être étudiés au brouillon dans **une grille** :

N° du doc	Argument principal ayant un lien avec le sujet/arguments secondaires	Données, exemples à utiliser	Place dans le plan	Connaissances personnelles en lien avec les données (cours, auteurs, exemples, lectures...)

→ **Dégage les idées principales de chaque document** (arguments des auteurs, tendance générale d'un tableau ou d'un graphique).

CONSEIL : Un document ne doit pas être utilisé pour lui-même, mais **en lien avec le sujet**.

→ **Extrais ensuite des idées secondaires**.

→ **Illustre la ou les idées par une donnée** : fais des constats chiffrés, des calculs. Extrais une citation du texte, des données ou exemples.

→ **Interprète les données statistiques** et **les idées des textes**. Ne te contente de les restituer. Il s'agit ici de **mobiliser tes connaissances** pour proposer une analyse.

COUP DE POUCE : Un même document peut être utilisé plusieurs fois dans différentes parties.

→ Pour cela, **mobilise des auteurs et concepts clés** pour expliquer des phénomènes. **Montre par des chiffres, des exemples concrets que tu connais** et mobilise l'histoire économique. **Explique des mécanismes** en définissant tous les concepts utilisés.

→ **Fais apparaître les oppositions et complémentarités entre documents** et montre comment certains arguments ou illustrations répondent à d'autres.

Élaborer le plan détaillé

 45 MINUTES À 1 HEURE

La structure du plan

→ Chaque partie se subdivise en **2 ou 3 sous-parties**. Chaque sous-partie comprend 2 ou 3 paragraphes, c'est-à-dire 2 ou 3 idées différentes.

L'unité du plan

→ Les parties et les sous-parties ne sont pas seulement juxtaposées, mais guidées par un **fil directeur** (la problématique) et obéissent à une progression. Il est donc nécessaire de **relier les idées** par des connecteurs logiques (*mais, donc, ensuite...*).

→ Il faut aussi articuler les 2 ou 3 parties par **une phrase de transition**.

→ Chaque partie s'ouvre par une **introduction partielle**, qui reprend le titre de la partie et annonce les titres des 2 (ou 3) sous-parties, et se termine par une **conclusion partielle**, qui synthétise ce qui a été dit en précisant en quoi cela répond au sujet.

La construction du plan détaillé

→ **Ordonne les arguments des documents en les regroupant par thématiques** abordées. Procède à des regroupements d'idées qui reviennent dans plusieurs documents pour construire les sous-parties.

→ **Mobilise tes connaissances pour chaque thématique** (références théoriques, mécanismes…).

→ **Hiérarchise les arguments** dégagés de l'étude des documents.

→ **Donne des titres** aux parties et aux sous-parties, qui vont traduire la progression du raisonnement. Les titres doivent être choisis avec soin.

→ **Le plan doit être progressif et dynamique** (il faut suivre une logique énoncée par la problématique et dérouler le raisonnement), **non redondant** (ne pas se répéter), **exhaustif** (rendre compte de l'ensemble de la problématique), **cohérent**.

CONSEIL : Pense à bien définir les termes utilisés dans tes analyses.

COUP DE POUCE

Veille à citer la source des documents utilisés : ne te contente pas de mettre le numéro du document entre parenthèses.

Étape 3 Rédiger le devoir

Rédiger l'introduction

 ENVIRON 15 MINUTES

L'introduction comprend 4 étapes :
1. L'accroche du sujet
2. La définition des termes et la présentation du sujet
3. La formulation de la problématique
4. L'annonce du plan

1. L'accroche du sujet

→ L'entrée en matière amène le sujet, le situe dans **un cadre plus général** du thème à traiter. On peut utiliser plusieurs moyens : soit **rapprocher le thème de l'actualité** ; soit **situer la place du thème dans son histoire récente**.

2. La définition des termes et la présentation du sujet

→ Présente le cadre dans lequel se situe le sujet en décrivant le contexte économique, social et politique du sujet et les problèmes qu'il soulève.

→ **Définis les mots clés** du sujet.

→ Précise le **cadre spatio-temporel**.

3. La formulation de la problématique

4. L'annonce du plan

Le plan proposé doit permettre d'**explorer la problématique soulevée**.
Elle précise en une ou deux phrases, les titres des deux ou trois grandes parties : « *dans un premier temps…, puis…* » ou « *en premier lieu…, en second lieu…* » ou « *si…, alors…* ».

MÉTHODE BAC

Rédiger et mettre en forme le développement

Le devoir doit obéir à une exigence **de clarté et de rigueur**.

La présentation du devoir

→ **La forme a une importance capitale**, la dissertation est un texte structuré : en effet le **plan** doit être « visible », apparent, avec des parties équilibrées.

→ **Adopte une mise en page aérée.**
  > Sépare par un espace de deux à trois lignes l'introduction et la conclusion.
  > Mets en évidence les annonces de sous-parties et les transitions.
  > Saute une ligne lorsque tu passes d'une partie à une autre et vas à la ligne pour chaque nouveau paragraphe.
  > Décale légèrement le début de la phrase de un ou deux carreaux (alinéa).

La rédaction du devoir

→ La dissertation doit être **rédigée directement au propre** à partir du plan détaillé, seules l'introduction et la conclusion sont rédigées entièrement au brouillon.

→ **L'écriture doit être lisible.**

→ **Le style** doit être clair (utilise la **ponctuation** à bon escient, emploie **un vocabulaire précis et des concepts**, évite les fautes d'**orthographe**).

→ **L'enchaînement des idées** doit se faire en utilisant des **connecteurs logiques** : ils permettent d'aider à repérer la logique de l'argumentation (*d'abord/ensuite/enfin* ; *d'une part/d'autre part*...) ; à nuancer un argument afin d'affiner une analyse (*cependant, néanmoins, pourtant, malgré tout*...) ; à prolonger une démonstration (*de plus, en outre, de surcroît*...).

Rédiger la conclusion

La conclusion prolonge le développement, puisqu'elle répond en dernier ressort à la question posée par le sujet et apparaît à la fin du devoir.

> **La conclusion comprend 2 étapes :**
> **1.** Le bilan   **2.** L'ouverture

1. Le bilan

→ Il doit comporter les idées essentielles du développement : c'est la **synthèse** qui permet de restituer les étapes de ton raisonnement.

→ Il doit apporter une **réponse** à la question posée par le sujet.

2. L'ouverture
L'ouverture cherche à **élargir la réflexion** sur le sujet en proposant un **autre angle de réflexion**, un **regard plus général** (international, concernant d'autres...)

CONSEILS
N'oublie pas de relire ta copie.
L'expression écrite doit être soignée et la relecture permet de corriger les petites erreurs grammaticales ou orthographiques qui peuvent être pénalisantes.

L'épreuve composée

Partie 1 — Mobiliser des connaissances *(4 points)*

Analyser la question

 ENVIRON 45 MINUTES

- **Définis les concepts clés** du sujet.
- **Analyse la démarche attendue** : par exemple : « Quels sont les agents économiques… » induit un exposé descriptif ; « Expliquez, montrez » induit une analyse de mécanismes et d'enchaînements ; « En vous appuyant sur un exemple » conduit à utiliser un exemple pour détailler des mécanismes.
- **Réfléchis au sens du verbe utilisé**.
- **Détermine le cadre spatial et temporel** du sujet.

Rassembler ses connaissances

- **Établis des liens** avec d'autres notions afin de repérer les confusions à ne pas faire.
- **Relie à des auteurs**, s'il y a lieu.
- **Rassemble des données** chiffrées ou des exemples pertinents **pour illustrer ton propos.**

Organiser sa réponse

- **Prévois une phrase d'introduction**.
- **Organise ta présentation** en distinguant des paragraphes présentant des idées distinctes.
- **Distingue tes arguments de leur illustration**.
- **Fais une phrase de conclusion**.

> **CE QU'IL FAUT FAIRE**
>
> Répondre de manière précise et structurée à la question posée (sans documents) en mobilisant les notions et les mécanismes de base du programme.
> • Il importe de maîtriser son cours.
> • Tous les mots de l'intitulé sont importants. Analyse chacun des termes de la question et mets-les en relation, afin d'éviter un hors-sujet.
> • Il faut définir les termes du sujet en intégrant la définition dans le corps de la réponse.
> • Il faut veiller à utiliser un vocabulaire rigoureux et éviter les approximations ou le vocabulaire trop courant.
> • La réponse attendue doit tenir en une trentaine de lignes environ.

> **CE QU'IL NE FAUT PAS FAIRE**
>
> • Réciter tout le cours sur la ou les notion(s) de la question.
> • Oublier d'illustrer ses arguments avec un exemple précis.
> • Oublier de faire une brève introduction et conclusion.

MÉTHODE BAC — ÉPREUVE ÉCRITE

Partie 2 — Étude d'un document (6 points)

 ENVIRON 1 H

- Commence par **analyser les questions posées sur le document** au regard de la réponse que tu dois apporter.
- Repère dans le document et les questions les **notions au programme et définis-les**.
- **Collecte l'information dans le document** et sers-t'en pour répondre à la question. Les données du document doivent être utilisées dans la réponse : il faut donc lire et utiliser correctement les données chiffrées du document.

Ainsi, il faut :
– identifier le **titre** du document, sa **source** (auteur ou organisme producteur des données, ouvrage, année de publication du document) et le le **cadre** spatio-temporel des informations ;
– repérer le **type** de document statistique proposé (tableau, graphique, type de graphique ou de tableau) ;
– repérer les **unités** ;
– rédiger une **phrase** avec une donnée chiffrée pour s'assurer que l'on comprend bien les données.

- Pour répondre à la question, il faut **partir du « général » pour ensuite t'intéresser « au particulier »** en mettant en évidence une étude plus fine du document.
- Tu peux **proposer des calculs simples** à l'aide des données du document.
- Rédige une **réponse organisée** en mobilisant le document de façon rigoureuse, en distinguant constat, illustration et interprétation.

COUP DE POUCE
Mobilise tes connaissances personnelles pour étoffer ta réponse et lui donner sens.

CE QU'IL NE FAUT PAS FAIRE
- Répondre à une autre question que celle posée.
- Oublier de citer la source du document.
- Oublier d'utiliser les données statistiques pertinentes.
- Utiliser trop (ou toutes les) données sans hiérarchiser.

Partie 3 — Raisonnement s'appuyant sur un dossier documentaire (10 points)

 ENVIRON 2 H 15

Les étapes de l'organisation du travail

Étape 1 : analyser le sujet et définir les termes du sujet.
Étape 2 : analyser les documents en fonction du sujet et extraire des informations pertinentes.
Étape 3 : classer les informations et faire un plan au brouillon.
Étape 4 : rédiger la réponse en plusieurs pages.

Organiser sa réponse

→ **Une introduction** rapide permet de **présenter le sujet** et de **définir les mots clés.**
Elle comprend :
- une **accroche** soulignant l'intérêt du sujet (actualité, historique, débat théorique…) ;
- la **définition des termes clés** du sujet ;
- une **problématique** ou question générale qui reformule le sujet et énonce le questionnement qui va servir de fil conducteur à votre démonstration ;
- une **annonce de plan** qui énonce les parties que tu vas développer.

→ **2 ou 3 parties** composées chacune de **2 ou 3 paragraphes** structurent la démonstration.
Chaque partie présente dans une phrase introductive la démonstration et se termine par une conclusion partielle. Chaque paragraphe contient : **une idée principale, des explications reposant sur tes connaissances, des exemples chiffrés ou factuels.**

→ **Une conclusion :** celle-ci doit être la plus précise possible et indiquer ta réponse à la question posée. Ensuite, tu dois faire une ouverture sur une autre interrogation.

Les règles de mise en forme

→ **Saute une ligne** lorsque tu changes de partie ou de sous partie.

→ Fais un **alinéa** lorsque tu changes de paragraphes.

→ Le **plan** peut être apparent, sous la forme de titres, explicites ou implicites.

→ **Relis-toi** régulièrement afin de soigner ton orthographe et la clarté de tes explications.

Mentionne entre parenthèses le numéro ou le titre du document utilisé.

CE QU'IL NE FAUT PAS FAIRE
- Ne pas utiliser tous les documents.
- Paraphraser les documents.
- Oublier d'utiliser ses connaissances.

1 Quels sont et les défis économique ?

LES BASES

Notions

→ **Économies d'échelle :** on parle d'économies d'échelle quand le coût moyen de production baisse au fur et à mesure que la quantité produite augmente.

→ **Externalités ou effets externes :** situations où l'action d'un agent économique modifie le bien-être d'un autre agent sans compensation monétaire, c'est-à-dire sans prise en compte par le marché.

→ **Institution :** ensemble de règles formelles (droits de propriété, lois, etc.) et informelles (traditions, coutumes, etc.) qui permettent d'organiser et garantir les échanges et les échanges sociaux.

→ **Productivité :** rapport entre la production réalisée (volume ou valeur) et les facteurs de production utilisés.

→ **Tragédie des biens communs :** les biens communs, qui sont rivaux (la consommation d'un bien par un consommateur limite la capacité des autres à consommer le même bien), mais non excluables (on ne peut empêcher personne de les consommer), peuvent être surexploités par les utilisateurs.

→ **Valeur ajoutée :** richesse nouvelle créée par l'ensemble des unités de production d'un territoire donné (pays, région...). Valeur ajoutée = valeur de la production − valeur des consommations intermédiaires.

Mécanisme

les sources de la croissance

L'ESSENTIEL EN 5 POINTS

1 La **croissance économique** dépend de la quantité de **facteurs de production** et de leur productivité. La **productivité globale des facteurs** est utilisée comme mesure du **progrès technique**.

2 L'accumulation des différents capitaux s'accompagne d'**externalités positives**, ce qui fait de la croissance économique un phénomène **endogène** et **auto-entretenu**.

3 L'innovation favorise le **progrès technique**, ce qui porte la croissance économique. Celui-ci peut cependant être biaisé, engendrant des **inégalités** entre les travailleurs en fonction de leur qualification. Il se traduit par une **polarisation** des emplois.

4 La croissance économique est favorisée par l'existence d'**institutions**, qui permettent la garantie des **droits de propriété** et incitent à l'investissement et à l'innovation.

5 La croissance économique s'accompagne d'**externalités négatives** responsables d'une dégradation de l'environnement. L'**innovation** peut permettre de limiter cette dégradation dans une logique de **soutenabilité faible**.

→ Définitions des notions p. 18-25

LE COURS en 3 parties

1. La croissance économique, conséquence du volume des facteurs de production et de leur productivité

a. La contribution des facteurs de production à la croissance

MOTS CLÉS

Facteurs de production : ensemble des éléments combinés pour produire des biens et services : le capital et le travail, mais aussi les ressources naturelles.

Productivité marginale : production réalisée grâce à une unité de travail ou de capital supplémentaire.

→ Le **PIB** (produit intérieur brut) est une mesure de la **valeur de la production réalisée sur un territoire**, durant une période donnée, souvent une année.

→ De manière comptable, il représente la **somme des valeurs ajoutées** des entreprises, des administrations publiques et de l'ensemble des organisations productives d'un territoire. Le **taux de croissance économique** est mesuré par le **taux de variation du PIB** d'une année sur l'autre.

→ La richesse produite repose sur des **facteurs de production** : le **facteur capital** (machines, bâtiment) et le **facteur travail** (ensemble des travailleurs). La production peut être modélisée par une **fonction de production**, qui établit une relation mathématique entre la production ou *output* (Y) et la quantité de facteurs utilisés, *inputs*, le capital noté K et le travail noté L : **Y = f(L, K)**. Au niveau de l'ensemble de l'économie, une **fonction de production agrégée** représente la production agrégée (PIB) comme résultant de l'ensemble du travail et de l'ensemble du capital utilisé dans le pays. La croissance économique résulte alors d'une augmentation de la population active employée et/ou du stock de capital (machines).

→ Selon la **loi des rendements factoriels décroissants**, qui est au cœur du modèle de **concurrence pure et parfaite**, chaque unité de facteur supplémentaire produit moins que la précédente. Si l'on emploie une quantité croissante d'un facteur, tous les autres facteurs étant fixes, la **productivité marginale** de ce facteur finit donc par décroître à partir d'un certain point.

→ En somme, **la production fait moins que doubler lorsque la quantité de capital double, mais que celle du facteur travail est constante**. Par exemple, dans une pizzeria, si pour une quantité stable de capital (four, tables et chaises), on embauche de plus en plus de cuisiniers et serveurs, à partir d'un certain seuil, ils se gêneront dans leur travail et la production ralentira. La croissance de la production ne peut donc pas s'appuyer seulement sur la hausse de la quantité de facteurs de production.

b. La contribution de la productivité globale des facteurs et du progrès technique

MOTS CLÉS

Progrès technique : progrès des technologies, mais également efficacité de leur usage et de l'organisation du processus de production. Il est appréhendé par la PGF.

Innovation : innovation technologique de produit (commercialisation d'un produit nouveau ou plus performant) ou innovation technologique de procédé (méthodes de production ou de distribution).

Productivité globale des facteurs (PGF) : augmentation de la production qui n'est pas expliquée par l'augmentation des facteurs capital et travail. Elle dépend de la technologie contenue dans les machines, de la capacité des travailleurs à bien les utiliser, du cadre institutionnel…

➜ La production peut doubler lorsque la quantité de main-d'œuvre et celle de capital doublent (ici, les deux facteurs varient), mais elle peut aussi doubler alors que les deux facteurs de production ne doublent pas. La **part non expliquée** de l'augmentation de la production correspond à ce que **Robert Solow** appelle le « **résidu** ». Il s'agirait d'un **troisième facteur de production** : le **progrès technique**, qui augmente l'efficacité des facteurs capital et travail, sans que leur volume augmente.

➜ Le **progrès technique améliore donc la productivité des facteurs** et est, à long terme, la source la plus importante de croissance. Il génère des **gains de productivité** permettant une hausse des profits, une augmentation des salaires et/ou une baisse des prix.

➜ Le **progrès technique** résulte des **innovations** qui améliorent les facteurs, les méthodes de production ou l'organisation du travail. Ces innovations peuvent être le résultat de l'initiative d'entrepreneurs innovants ou de la recherche et développement (R&D). Le progrès technique est estimé par la **productivité globale des facteurs (PGF)**, qui représente tout ce que l'on n'a pas réussi à mesurer par la hausse des facteurs de production. Ce progrès technique est « la mesure de notre ignorance », selon l'économiste **Moses Abramovitz** (1956).

➜ Selon la contribution relative des facteurs de production et du progrès technique, la croissance est dite extensive ou intensive : la **croissance extensive** est la part de la croissance économique qui découle d'un accroissement des facteurs de production (investissement dans le capital productif et augmentation de la quantité de facteur travail). La **croissance intensive** correspond à l'augmentation de la productivité du travail et du capital, ce que mesure la **productivité globale des facteurs**. En somme, la croissance est extensive quand la contribution des facteurs travail et capital est supérieure à la contribution de la productivité globale des facteurs (PGF) à la croissance du PIB. Dans le cas inverse, on parlera de croissance intensive (**Doc 1**, p. 20).

➜ Le **PIB potentiel** est le niveau maximal de production que peut atteindre une économie qui emploie pleinement tous ses facteurs de production pour un niveau de technologie donné **sans inflation**. La **croissance potentielle** est le **taux de croissance du PIB potentiel**. Elle permet de mesurer la croissance économique sans prendre en compte les chocs de court terme.

➜ Les **différences** internationales **de PIB par habitant**, c'est-à-dire **de niveau de vie**, peuvent être attribuées soit à des différences des facteurs de production, telles que les quantités de capital et de travail, soit à des différences dans l'efficacité avec laquelle les économies utilisent leurs facteurs de production.

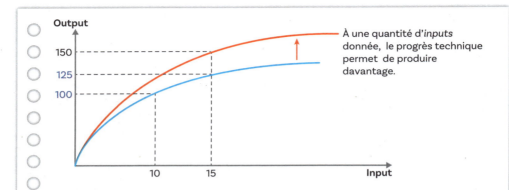

L'*input* correspond ici à un des deux facteurs et l'*output* à la production réalisée grâce à ce facteur. Si l'on analyse la courbe bleue, 10 unités de capital ou de travail permettent la production de 100 unités ; et si l'on en utilise 15, elle atteint 125. On observe ici la **loi des rendements décroissants**, puisque chaque unité de capital ou de travail supplémentaire (l'autre facteur étant constant) induit moins de production que la précédente. Le progrès technique permet d'améliorer l'efficacité de l'*input* (courbe rouge). Cette productivité accrue du facteur de production permet à chaque unité de facteur de produire plus.

Doc 1 La fonction de production et l'impact du progrès technique

Une croissance liée à la dynamique des innovations et à la qualité des institutions

a. Le caractère cumulatif et endogène de la croissance

→ Selon les **théoriciens de la croissance endogène**, la croissance est « endogène », car elle trouve son origine « en elle-même », selon un **processus cumulatif**. Le **progrès technique** n'est donc pas un « résidu » (le hasard de la recherche scientifique ou des pratiques d'un entrepreneur innovant), mais s'explique par des **facteurs internes au fonctionnement de l'économie**. Il devient alors économiquement expliqué.

→ La croissance repose en effet sur l'accumulation et la complémentarité de différents types de capitaux : le **capital physique** (biens de production), le **capital humain** (formation, expérience, santé des travailleurs), le **capital technologique** (recherche, **innovations**) et le **capital public** (infrastructures, recherche publique).

→ **L'investissement dans chacune de ces formes de capitaux favorise leur accumulation, mais accroît aussi la productivité des autres agents économiques, qui en bénéficient sans en payer le prix.** On parle d'**externalités positives**. Elles profitent à l'accumulation et à l'investissement dans d'autres formes de capitaux à travers un **processus** persistant et **auto-entretenu** qui soutient la croissance.

→ Ainsi, **plus on investit, plus on produit** (capital physique), **plus on accumule** du capital humain et **plus l'efficacité augmente et favorise l'innovation** (capital technologique). Par exemple, les **dépenses en recherche**, qu'elles soient publiques (capital public) ou privées (capital technologique), en activités innovantes (capital technologique), en formation (capital humain) et aussi en machines (capital physique) soutiennent l'accumulation d'expérience des travailleurs (**effets d'apprentissage**) et leur capacité à innover (capital technologique), et accroissent les ressources publiques (capital public) (**Doc 2**).

➜ Par conséquent, la **loi des rendements décroissants** ne s'applique pas à l'investissement dans ces différentes formes de capitaux, et en particulier à la connaissance. En effet, celle-ci peut-être diffusée, ce qui démultiplie son impact et accroît donc son rendement. On parle d'**économies d'échelle** ou de rendements d'échelle croissants : plus de production et de revenus, donc plus de moyens d'accumuler ces capitaux, qui sont à l'origine de plus de croissance.

➜ De fait, un pays connaissant une **croissance soutenue** pourra **investir et innover** davantage, et connaître une croissance effective et potentielle plus élevée que les pays dont la croissance est moins élevée. **Les écarts de niveau de vie entre pays peuvent alors se maintenir** ou se creuser en faveur des pays qui ont la meilleure capacité d'innovation. Ces derniers sont proches de la « **frontière technologique** ».

➜ **Le caractère auto-entretenu de la croissance**

Les **théories de la croissance endogène** ont été développées à partir des années 1980 par des auteurs de la **nouvelle école classique (NEC)**, dont les apports sont très critiques à l'égard de la politique budgétaire et monétaire conjoncturelle (jugée inefficace) mais qui, paradoxalement, réhabilitent la politique budgétaire structurelle et, en cela, l'intervention de l'État. Pour **Robert Lucas** (1988), par exemple, les dépenses publiques et privées d'éducation, de santé et de protection sociale stimulent la productivité des actifs, leur capacité à innover et diffusent la connaissance (**externalités de connaissances**). **Robert Barro** (1990) plaide en faveur de dépenses publiques dans les infrastructures et la recherche pour accroître le capital physique, technologique et humain. **Paul Romer** insiste, lui, sur le rôle des dépenses de recherche et développement, publiques et privées dans la diffusion de l'innovation au capital humain et physique.

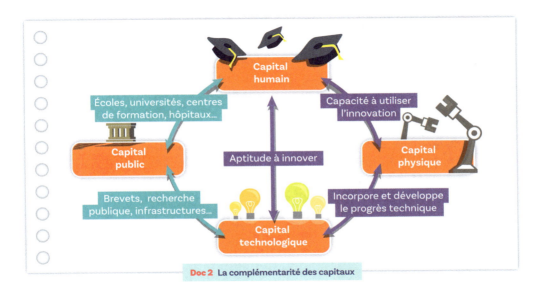

Doc 2 La complémentarité des capitaux

b. La croissance, reflet d'un processus de « destruction créatrice »

> **Joseph Aloïs Schumpeter** (1883-1950) est un économiste d'origine autrichienne, spécialiste des cycles économiques et de l'innovation.

> **MOT CLÉ**
>
> **Destruction créatrice :** phénomène de renouvellement des structures de production à la suite d'une innovation radicale. Les nouvelles innovations entraînent l'affaiblissement de la rentabilité, voire la disparition des secteurs devenus obsolètes.

➜ Au début du XXᵉ siècle **Joseph Aloïs Schumpeter** montre que l'**innovation** est **à l'origine des cycles économiques**. Il envisage déjà la croissance comme le résultat d'un processus endogène. Il établit en effet une **corrélation entre de grands cycles de la croissance** (constitués de phases d'expansion et de récession) **et des innovations radicales**. Elles bénéficient à un ou des entrepreneurs, qui dégagent un profit lié à leur situation de **monopole** (rente). Ceci favorise l'imitation d'autres entrepreneurs.

➜ Ces innovations bouleversent l'équilibre économique et déclenchent une seconde série d'innovations, qui formeront une **« grappe d'innovations »**. En effet, si c'est une innovation de rupture qui initie la grappe, les acteurs du secteur réalisent par la suite des **innovations incrémentales**, c'est-à-dire des adaptations de l'innovation existante. Par exemple, l'iPhone a conduit à un ensemble d'innovations de produits (Touch ID) et commerciales (Apple Pay). Ces innovations, encouragées par un crédit bancaire abondant, génèrent des profits élevés et se diffusent.

➜ Cela initie un **processus de destruction créatrice**, qui rend obsolète certains secteurs de l'économie et se traduit par des **réallocations de ressources** (destructions d'emploi et faillites) en faveur du secteur porteur de croissance.

➜ **À terme**, l'innovation s'épuise, la croissance et les profits diminuent et **la crise survient**. Mais cela permet à de **nouveaux innovateurs** de préparer la vague d'innovation suivante.

c. Le rôle des institutions dans la croissance économique

➜ La principale explication du niveau de croissance à long terme est un **progrès technique endogène**, qui provient de la croissance et la génère du fait des innovations technologiques ou de leurs imitations. Mais la croissance résulte également des **caractéristiques** et de la **qualité des institutions**.

➜ Ainsi, **Douglass North** a montré que la **différence de règles du jeu** économique, politique et social entre les différents pays et régions du monde expliquent les **différences de croissance**, alors même que la croissance est nécessaire au développement. Des **institutions défaillantes** peuvent limiter la capacité de croissance d'un pays et renforcer son retard économique.

➜ Pour créer des entreprises, introduire de nouvelles technologies, investir, il faut notamment **que les profits ne soient pas appropriés par l'État**, extorqués du fait de mécanismes de corruption et que l'environnement juridique soit stable, dans un **État de droit**. Les institutions orientent donc les **comportements des agents** (Doc 3).

MOT CLÉ

Droit de propriété : droit garanti par l'État de disposer d'un bien, c'est-à-dire de le transformer, le détruire, le vendre, le donner.

→ L'action de l'État est aussi essentielle grâce à la **recherche publique**, à l'**investissement dans l'éducation et les infrastructures**. L'État doit aussi garantir les **droits de propriété**, afin d'**inciter** les acteurs privés à investir. Son action induit des **externalités positives** pour d'autres agents. Par exemple, le **brevet** donne une protection juridique à l'innovateur, qui lui offre un **monopole** lui permettant de couvrir les coûts de la recherche. Le droit de propriété sur une innovation est donc une incitation à prendre des risques.

→ Les **innovations** sont aujourd'hui les **principaux déterminants de la croissance** dès lors qu'elles sont favorisées par les institutions, mais aussi intégrées à l'organisation du travail grâce à l'investissement en capital humain (**paradoxe de Solow**). Cela justifie l'importance de l'**investissement en recherche et développement (R&D)**.

Types d'institutions	Rôle de ces institutions
Création du marché	Droits de propriété Respect des contrats
Régulation du marché	Organismes de régulation Mécanismes de correction des erreurs du marché (défaillances, par exemple)
Stabilisation du marché	Institutions monétaires et budgétaires (lutte contre l'inflation ou le chômage) Institutions de régulation et de supervision prudentielle (surveillance du système bancaire)
Légitimation du marché	Démocratie Protection sociale et assurance sociale

Source : d'après Dani Rodrik, « Stratégies de croissance », *Nations et mondialisation*, La Découverte, 2008.

Doc 3 Des institutions favorables à la croissance

LE PETIT +

→ **Le paradoxe de Solow**

En 1987, l'économiste **Robert Solow** affirme que l'on « voit des ordinateurs partout sauf dans les statistiques de la productivité ». Ce paradoxe de Solow (ou « **paradoxe de la productivité** ») souligne que, malgré les investissements considérables réalisés dans les nouvelles technologies de l'information et de la communication, la croissance de la productivité reste faible dans les années 1980-1990. Cela s'expliquerait par un **décalage temporel entre la diffusion de l'innovation et l'apprentissage des technologies par les salariés** (modifications de l'organisation du travail).

3. La croissance économique face aux défis sociaux et environnementaux

a. La hausse des inégalités de revenus

 MOTS CLÉS

Progrès technique biaisé : reflète le fait que le changement technologique favorise l'embauche d'actifs qualifiés au détriment des personnes peu qualifiées.

Polarisation des emplois : accroissement simultané de la part des métiers les plus qualifiés et de celle des moins qualifiés, induisant une baisse de la proportion des effectifs en emploi au milieu de l'échelle des qualifications.

Croissance inclusive : croissance qui associe l'ensemble des acteurs dans la progression des revenus et la réduction des inégalités au sein d'un pays ou d'un groupe de pays.

→ Le **progrès technique**, à travers le **processus de destruction créatrice**, détruit les emplois qui sont routiniers, automatisables et peu qualifiés ; et crée par contre des **emplois plus qualifiés**. Il induit une **substitution entre capital et travail** à l'origine d'une **progression du chômage** des catégories peu qualifiées (ouvriers et employés). On dit que le **progrès technique** est **biaisé** en faveur du travail qualifié. Il se traduit par une hausse du chômage des moins qualifiés ou par une baisse de leur salaire relatif par rapport aux travailleurs qualifiés.

→ Avec le développement de la **robotisation** et de l'**intelligence artificielle**, les **tâches** les plus **routinières** deviennent **substituables**, notamment parmi les actifs peu qualifiés ou appartenant aux professions intermédiaires. En revanche, les **emplois non qualifiés et non routiniers** se développent (aide à la personne, hôtellerie…). Les **actifs qualifiés** effectuent les **tâches complexes** et gagnent en productivité du fait de leur complémentarité avec le capital technologique. Cela se traduit par une **polarisation du marché du travail**. Néanmoins, les entreprises les plus innovantes et robotisées peuvent offrir des salaires plus élevés aux salariés moins qualifiés.

→ Le **creusement des inégalités** salariales, qui alimente par ailleurs les inégalités de patrimoine, rend la **croissance** moins **inclusive**. Cela s'explique par la dynamique de la mondialisation et du progrès technique, mais les **très hauts revenus** (les « 1 % ») **progressent** particulièrement depuis les années 1980, du fait du développement des marchés financiers.

b. Les limites écologiques de la croissance économique

→ La croissance économique, en générant des **gaz à effet de serre (GES)** et en **épuisant les ressources naturelles** (« **tragédie des biens communs** ») se heurte à des **limites écologiques** et s'accompagne d'importantes **externalités négatives** : pollution, réchauffement climatique, etc. Ces externalités pèsent sur la santé des populations et sur les perspectives de croissance. En 2005, le rapport de l'économiste **Nicolas Stern** propose un chiffrage du coût engendré par le changement climatique (incendies, inondations, effets de la pollution, etc.) et conclut que le coût de l'inaction est plus fort que celui de l'action pour la préservation de l'environnement.

> **MOTS CLÉS**
>
> **Effets pervers :** résultat non désiré d'une action.
>
> **Développement durable :** selon le rapport Brundtland en 1987, il s'agit d'un « développement qui permet la satisfaction des besoins présents, sans compromettre la capacité des générations futures à satisfaire les leurs ».

→ La croissance, **à partir d'un certain seuil**, doit permettre de **réduire la dégradation de l'environnement** (**courbe environnementale de Kuznets, Doc 4**). Par ailleurs, les innovations peuvent répondre à certaines limites environnementales, mais elles ne suffisent pas à recomposer le capital naturel détruit et peuvent en outre avoir des **effets pervers**, à l'instar de l' « **effet de rebond** » décrit par **Stanley Jevons**.

→ Le **développement durable** ou la **soutenabilité de la croissance** exprime l'idée que pour que la croissance soit pérenne, les choix des générations actuelles concernant le bien-être ne doivent pas être préjudiciables au bien-être des générations futures.

→ Dans la perspective de la **soutenabilité faible**, les différentes formes de **capitaux** sont **substituables** grâce aux innovations. Les générations présentes consommeraient du capital naturel et, en contrepartie, légueraient aux générations futures davantage de capital physique, humain, technologique…

→ La **soutenabilité** est **forte** si les **capitaux** sont **complémentaires**, car la dégradation du capital naturel est irréversible et ne peut être compensée.

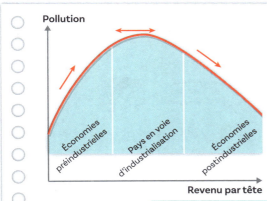

Selon la **courbe environnementale de Kuznets** (empruntée à Kuznets, mais non théorisée par lui), passé un certain niveau de revenu, les citoyens et les pouvoirs publics se soucient de la pollution : les besoins primaires sont pourvus, et la société a alors les moyens et la volonté de réduire le niveau de pollution. Ainsi, la croissance apparaît comme une solution à la question environnementale.

Doc 4 La courbe environnementale inspirée de la courbe en « U » inversé de Kuznets

 **LE PETIT +**

→ **Le paradoxe de Jevons**

En 1865, **Stanley Jevons** constate que les améliorations technologiques permettent de diminuer la consommation de charbon par hauts fourneaux, mais que la multiplication de leur nombre conduit à augmenter la consommation globale de houille. On appelle « **effet rebond** » la façon dont les **économies d'énergie obtenues grâce à l'amélioration de l'efficacité énergétique** (isolation, chauffage plus performant, diminution des consommations des véhicules, etc.) sont **annulées par une augmentation des usages** (des maisons plus grandes et plus de véhicules).

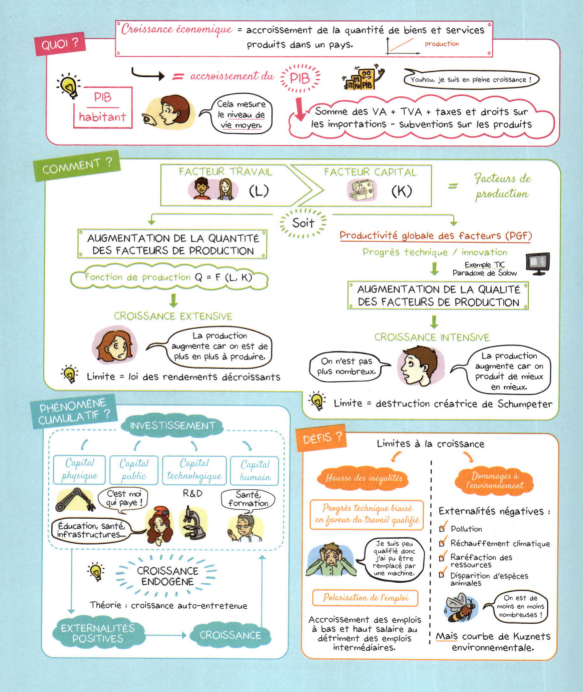

Une citation clé

> « L'innovation révolutionne incessamment de l'intérieur la structure économique, en détruisant continuellement ses éléments vieillis et en créant continuellement des éléments neufs ».
>
> **Joseph Aloïs Schumpeter,**
> *Capitalisme, socialisme et démocratie*, 1946.

Ne pas confondre

- Croissance extensive/croissance intensive
- Fonction de production/facteurs de production
- Progrès technique/productivité globale des facteurs
- Innovation/invention
- Croissance endogène/croissance exogène
- Capital physique/humain/technologique/public/naturel
- Progrès technique biaisé/polarisation de l'emploi
- Soutenabilité forte/soutenabilité faible

Les principales théories

Assure-toi que tu es capable de synthétiser tes connaissances sur les théories suivantes.

- **Robert Solow :** le progrès technique comme « résidu ».
- **Robert Lucas, Robert Barro et Paul Romer :** les théories de la croissance endogène.
- **Joseph Schumpeter :** le phénomène de « destruction créatrice ».
- **Douglas North :** le rôle des institutions dans la croissance.
- **Stanley Jevons :** l'« effet de rebond ».
- La courbe environnementale inspirée de **Simon Kuznets**.

BILAN

SE TESTER
– Mobiliser ses connaissances –

1. Vrai ou faux ?

                                                                            Vrai Faux

a La fonction de production est la relation qui indique la quantité de travail et de capital utilisés pour produire un certain volume. ☐ ☐

b La polarisation de l'emploi signifie que les emplois non qualifiés disparaissent au profit des emplois moyennement ou très qualifiés. ☐ ☐

c La productivité globale des facteurs est une mesure de l'efficacité des facteurs travail et capital, et donc du progrès technique. ☐ ☐

d Le progrès technique est dit « endogène » lorsqu'il n'est pas expliqué par des variables économiques. ☐ ☐

e Le progrès technique est biaisé, puisqu'il favorise l'emploi d'actifs peu qualifiés. ☐ ☐

f On parle de soutenabilité forte lorsque le progrès technique permet au capital technologique de se substituer à du capital naturel. ☐ ☐

2. Coche la ou les bonne(s) réponse(s).

1. La « destruction créatrice » est un processus :

a de disparition d'activités productives, remplacées par de nouvelles activités du fait du progrès technique. ☐

b résultant de l'introduction d'innovations. ☐

c d'imitation de l'innovation. ☐

2. Les théoriciens de la croissance endogène considèrent que :

a le progrès technique résulte du processus de croissance et la stimule à son tour de façon cumulative. ☐

b l'accumulation de différentes formes de capitaux est source d'externalités négatives. ☐

c l'État doit aider les entreprises et les individus à investir dans le capital technologique et le capital humain. ☐

3. Le progrès technique :

a se mesure par la productivité globale des facteurs. ☐

b est biaisé en faveur des actifs peu qualifiés. ☐

c correspond à ce qui n'est pas expliqué par l'accroissement du volume des facteurs travail et capital. ☐

3. Complète le schéma à l'aide des termes suivants.

1. *productivité globale des facteurs* – **2.** *recherche et développement* – **3.** *accumulation du capital physique*.

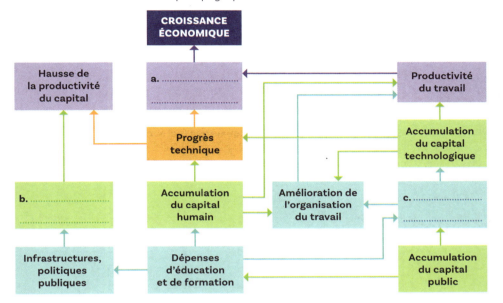

4. Replace les points de vue suivants dans un tableau, selon qu'ils sont défendus par un économiste partisan de la soutenabilité faible ou par un économiste partisan de la soutenabilité forte.

1. « La construction de cet aéroport à l'emplacement de cette forêt pourrait détruire une faune et une flore unique au monde, potentiellement source d'inspiration pour la production de médicaments. »

2. « Une université à la place de cette forêt dont la valeur est estimée à 100 000 € permettrait de créer sur les dix prochaines années un stock de capital humain d'une valeur de 1 000 000 €. »

3. « Le progrès technique peut théoriquement, à terme, permettre à l'être humain de se passer du capital naturel. »

4. « Pour assurer un développement durable, il suffit de laisser le stock global de l'ensemble des capitaux aux générations futures. »

5. « Le développement durable nécessite le maintien d'un seuil minimum de chaque type de capital, notamment pour le capital naturel. »

Soutenabilité faible	Soutenabilité forte

Réponses : **1. a.** Vrai – **b.** Faux – **c.** Vrai – **d.** Faux – **e.** Faux – **f.** Faux • **2. 1.** a, b – **2.** a, c – **3.** a, c • **3. a.** 1 – **b.** 3 – **c.** 2 • **4. Soutenabilité faible** : 2, 3 – **Soutenabilité forte** : 1, 4, 5.

MÉTHODE

SUJET GUIDÉ — **DISSERTATION**

SE PRÉPARER POUR L'EXAMEN

Analyser l'énoncé d'un sujet et formuler une problématique

SUJET — Le progrès technique rend-il la croissance durable ?

Document 1 > Croissance de la productivité globale des facteurs et du PIB en France

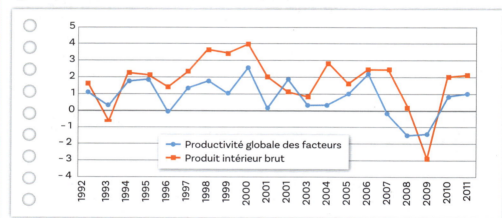

Source : OCDE, 2015.

Document 2 > Évolution dans plusieurs pays européens des parts de l'emploi peu qualifié, intermédiaire et très qualifié, de 1993 à 2010

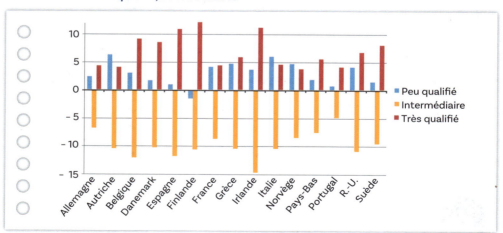

Source : Maarten Goos, Alan Manning et Anna Salomons, « *Explaining Job Polarization : Routine-biased Technological Change and Offshoring* », *American Economic Review*, n° 104, 2014.

Document 3 > Parc total photovoltaïque et production d'électricité annuelle en France

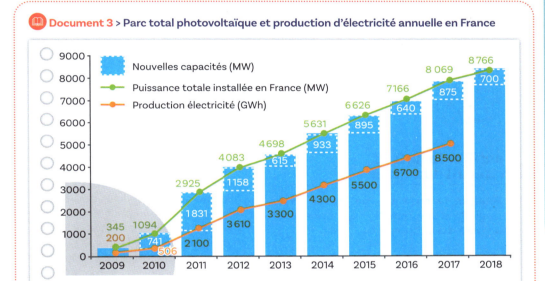

Source : Service de la donnée et des études statistiques (SDES), 2020.

Document 4 > Progrès technique et croissance depuis la crise

La révolution dans les TIC a amélioré durablement et de façon radicale la technologie de production des idées en créant des externalités de diffusion positives entre secteurs. De fait, dans un travail récent, Salomé Baslandze (2016) montre que si l'effet direct de la révolution des TIC sur la croissance américaine a eu une durée limitée, par contre cette révolution a eu un effet indirect beaucoup plus pérenne. Elle a permis aux entreprises dans les secteurs les plus « high-tech », qui sont les secteurs les plus dépendants d'idées nouvelles dans les domaines ou secteurs connexes, d'améliorer la productivité de leurs activités de production et d'innovation. Cet effet de diffusion des connaissances a entraîné une réallocation des ressources productives des secteurs traditionnels vers ces secteurs « high-tech », qui a eu un effet important et durable sur la croissance américaine. [...]

L'innovation est le principal moteur de croissance dans les économies développées. Ce fait est largement étayé par des études empiriques montrant une corrélation de plus en plus forte entre croissance et investissements en R&D ou entre croissance et flux de brevets, à mesure qu'un pays se rapproche de la frontière technologique. [...] S'il est vrai que l'innovation profite dans le court terme à ceux qui ont engendré ou permis l'innovation, dans le long terme les rentes de l'innovation se dissipent à cause de l'imitation et de la destruction créatrice (le remplacement par de nouvelles innovations), et à cause de l'expiration des brevets au bout de 20 ans.

Philippe Aghion, Céline Antonin, « Progrès technique et croissance depuis la crise », *Revue de l'OFCE*, 2017.

MÉTHODE

Méthode et corrigé

Définir les mots clés et délimiter le cadre spatio-temporel

→ **Identifie et définis les mots clés :** tu dois ici définir le progrès technique, la croissance économique, et surtout réfléchir à la polysémie du terme « durable » : durable parce que pérenne dans le temps ; durable parce que soutenable pour l'environnement.

→ **Situe le sujet dans le temps** (période concernée) **et dans l'espace** (pays concernés) : à limiter ici aux pays développés.

Identifier la nature du travail demandé

→ **Analyse la consigne de travail** : il s'agit ici d'une question qui appelle un plan dialectique (« oui, mais… »).

> **CONSEIL** — Observe bien la première partie de la question : elle est souvent déterminante !

→ **Si le sujet était le suivant, attendrait-il le même type de réponse ?**

> *Le progrès technique favorise-t-il toujours la croissance ?* → plan dialectique, mais plus centré sur la capacité du progrès technique à soutenir la croissance.

> *En quoi le progrès technique rend-il la croissance durable ?* → plan analytique qui doit conduire à dégager deux ou trois angles d'attaque : le caractère auto-entretenu de la croissance/la soutenabilité environnementale

COUP DE POUCE

Tu peux t'appuyer sur la méthode de la dissertation, p. 8.

> *Dans quelle mesure le progrès technique rend-il la croissance durable ?* → sujet dialectique identique à celui que tu dois traiter. « Dans quelle mesure » cherche la nuance.

> **CONSEIL** — Attention, la forme interrogative ne suffit pas à caractériser un sujet et à choisir le type de plan adapté.

Formuler la problématique

→ **Recense les questions que soulève le sujet et qui te viennent à l'esprit :** pose-toi des questions très intuitives, comme si tu te parlais : pourquoi le progrès technique peut-il soutenir la dynamique de la croissance à long terme ? En quoi la freinerait-il (ici, tu réfléchis au caractère auto-entretenu de la croissance) ? Comment le progrès technique peut-il rendre la croissance compatible avec la préservation de l'environnement ? Peut-il ne pas suffire (ici, tu parles de soutenabilité) ?

→ **À partir de ces questions, formule une problématique sur le sujet.** Par exemple : « Le progrès technique parvient-il toujours à entretenir la dynamique de la croissance et à la rendre soutenable ? ».

> **CONSEIL** — La problématique doit reformuler la question du sujet.

Proposition de plan détaillé

I. Le progrès technique est nécessaire pour rendre la croissance durable.

A. *Le progrès technique permet une croissance auto-entretenue.*
  1. La PGF porte la croissance intensive et permet de développer de nouveaux secteurs. **> Doc 1**
  2. Le progrès technique est endogène : il existe un cercle vertueux. **> Doc 4**

B. *Le progrès technique permet la soutenabilité de la croissance.*
  1. Le progrès technique permet d'économiser des facteurs de production et de les rendre moins polluants. **> Doc 3**
  2. Les innovations favorisent la soutenabilité faible. **> Doc 4**

II. Le progrès technique n'est pas suffisant pour rendre la croissance durable.

A. *Le progrès technique peut peser sur la durabilité de la croissance.*
  1. Le progrès technique peut conduire à un processus de destruction créatrice. **> Doc 4**
  2. Le progrès technique peut entraîner du chômage, qui peut peser sur la croissance. **> Doc 2**

B. *Il faut orienter le progrès technique pour que la croissance soit durable.*
  1. L'État doit inciter aux innovations vertes.
  2. L'État doit mener des politiques de formation pour limiter le progrès technique biaisé. **> Doc 3**

Les sujets qui peuvent tomber au Bac...

Dissertation — **Épreuve composée – Partie 3**

→ Les facteurs travail et capital sont-ils les seules sources de la croissance ?
→ Le progrès technique est-il toujours source de croissance ?*
→ En quoi le progrès technique est-il endogène ?
→ En quoi le processus de croissance est-il auto-entretenu et cumulatif ?
→ Quel est l'impact du processus de destruction créatrice et son impact sur le marché du travail ?
→ Comment le progrès technique favorise-t-il les inégalités sur le marché du travail ?
→ Comment le progrès technique affecte-t-il le volume et la nature de l'emploi ?
→ Quel rôle peuvent jouer les institutions dans la croissance ?
→ Comment les pouvoirs publics peuvent-ils agir sur la croissance ?
→ Quel est l'impact de la croissance sur l'environnement ?
→ Dans quelle mesure l'innovation peut-elle rendre la croissance soutenable ?
→ Dans quelle mesure la croissance peut-elle être compatible avec la préservation de l'environnement ?

Épreuve composée – Partie 1

→ À partir d'un exemple, expliquez en quoi la croissance est un phénomène endogène.
→ Présentez les facteurs de la croissance.
→ Citez deux exemples d'institutions favorables à la croissance.
→ Distinguez soutenabilité forte et faible.
→ Montrez que la croissance économique engendre des externalités positives et négatives.*

Sujets corrigés p. 287 et 319

Pour aller plus loin

À lire

> Antonin Bergeaud, Gilbert Cette, Rémy Lecat, *Le Bel Avenir de la croissance*, Odile Jacob, 2018.

> Jean Gadrey, « Un développement post-croissance est possible », dans Pascal Combemale (dir.), *Les Grandes questions économiques et sociales*, La Découverte, 2019.

> Dominique Guellec, « Croissance et innovation », dans Pascal Combemale (dir.), *Les Grandes questions économiques et sociales*, La Découverte, 2019.

> Gregory Verdugo, *Les Nouvelles Inégalités du travail*, Presses de Sciences Po, 2017.

À voir

Film

> Danny Boyle, *Steve Jobs*, 2015

Vidéos en ligne

> « Les robots vont-ils nous remplacer ? », *Decod'éco*
www.lumni.fr/video/les-robots-vont-ils-nous-remplacer

> « La disparition de la croissance potentielle », *Xerfi Canal*
www.xerficanal.com/economie/emission/Olivier-Passet-La-disparition-de-la-croissance-potentielle-_3747220.html

> Conférence de Philippe Aghion, « Penser l'après-Covid : le pouvoir de la destruction créatrice »
https://www.youtube.com/watch?v=PltGAf5giXg&t=1s

Ton **KIT DE SURVIE** pour le **BAC** avec **SCHOOLMOUV**

Chapitre 1 : Quels sont les sources et les défis de la croissance économique ?

Tu viens de voir les notions à connaître sur les sources et les défis de la croissance économique. Pour t'aider à retenir l'essentiel et t'entraîner pour le Bac, voici ton kit de révisions clé en mains conçu par SchoolMouv !

Vidéo

Pour mieux comprendre et t'en souvenir à coup sûr, regarde la vidéo. C'est parfois bien plus clair en images.

Vidéo Développement et écologie : les limites de la croissance

https://flashbelin.fr/focusbacschoolmouv/ses/1

Contenu additionnel

Voici un bonus autour du même sujet. La curiosité n'est pas toujours un vilain défaut. Il suffit de créer ton compte pour avoir accès à plein de contenus supplémentaires.

Fiche Entretenir la croissance économique : le rôle des institutions et des innovations

https://www.schoolmouv.fr/eleves/cours/entretenir-la-croissance-economique-le-role-des-institutions-et-des-innovations-/fiche-de-cours

Tchat avec un prof

Pour poser toutes tes questions à un prof particulier, découvre l'abonnement tchat. Tu peux le tester gratuitement pendant 7 jours : fini les questions sans réponses, tu vas devenir incollable.

https://focusbac.schoolmouv.fr/offre

2 Quels sont les du commerce

LES BASES

Notions

→ **Allocation optimale des ressources :** selon le modèle de concurrence pure et parfaite, l'équilibre atteint par le marché assure le bien-être de la collectivité, qui est à son maximum.

→ **Concurrence monopolistique :** situation de marché où il existe un grand nombre d'offreurs, mais où chacun parvient à se distinguer grâce à une différenciation des produits, ce qui permet aux entreprises de fixer leurs prix.

→ **Concurrence pure et parfaite :** modèle théorique où le fonctionnement du marché satisfait cinq grands critères (atomicité, transparence, homogénéité des produits, libre entrée et libre sortie du marché, mobilité des facteurs).

→ **Gain à l'échange :** surplus que les consommateurs et les producteurs réalisent à l'échange au prix d'équilibre.

→ **Monopole :** marché sur lequel il n'existe qu'un seul offreur sans substitut proche. Celui-ci est donneur de prix. Le monopole peut ainsi conduire à une perte de surplus que l'on appelle la « perte sèche ».

→ **Oligopole :** marché où il n'existe qu'un petit nombre d'offreurs.

Mécanisme

fondements international ?

L'ESSENTIEL EN 5 POINTS

1 Le **commerce international** a connu une croissance trois fois plus rapide que celle de la production mondiale après la Seconde Guerre mondiale. Cela s'explique par une volonté politique d'ouverture (**multilatéralisme**) et par les **progrès technologiques** dans les transports et télécommunications.

2 Les **gains à l'échange** liés au libre-échange ont été mis en évidence par les économistes. La **division internationale du travail** permet de dégager des surplus au bénéfice de tous, et le commerce apparaît comme un **jeu à somme positive**.

3 L'ouverture des frontières au commerce international a permis aux **firmes** de développer des stratégies d'implantation de segments productifs en fonction des **avantages comparatifs** des territoires. On assiste à une **fragmentation de la chaîne de valeur**.

4 La **mondialisation** commerciale et productive a conduit les pouvoirs publics à développer des politiques visant à améliorer la **compétitivité** de leur territoire et des entreprises qui y sont implantées.

5 Le **protectionnisme éducateur** vise à permettre à l'industrie nationale de développer sa compétitivité. Dans les pays développés, le protectionnisme peut apparaître aujourd'hui plus pertinent pour préserver les modèles sociaux et l'environnement face à des pratiques de **dumping**.

→ Définitions des notions p. 38-47

COURS

1. Les principales causes du développement des échanges internationaux

a. Comment expliquer la progression du commerce international ?

➔ Le commerce international se développe fortement après la Seconde Guerre mondiale, alors que les relations commerciales apparaissent comme une **source de prospérité et de paix** (le « doux commerce » de Montesquieu). Ainsi, depuis la signature de l'accord du **GATT (*General Agreement on Tariffs and Trade*)** en 1947, puis la création de l'**Organisation mondiale du commerce (OMC)** en 1995, de nombreuses barrières aux échanges se sont réduites (**Doc 1**).

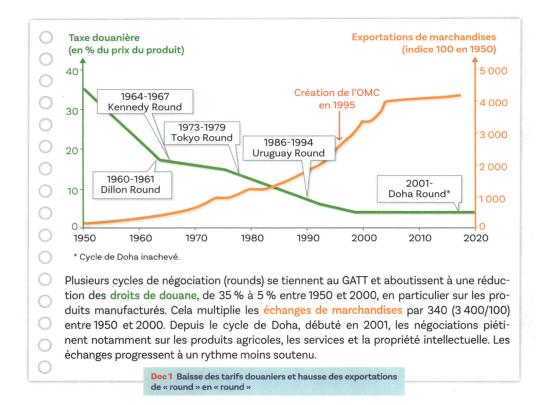

* Cycle de Doha inachevé.

Plusieurs cycles de négociation (rounds) se tiennent au GATT et aboutissent à une réduction des **droits de douane**, de 35 % à 5 % entre 1950 et 2000, en particulier sur les produits manufacturés. Cela multiplie les **échanges de marchandises** par 340 (3 400/100) entre 1950 et 2000. Depuis le cycle de Doha, débuté en 2001, les négociations piétinent notamment sur les produits agricoles, les services et la propriété intellectuelle. Les échanges progressent à un rythme moins soutenu.

Doc 1 Baisse des tarifs douaniers et hausse des exportations de « round » en « round »

→ Les **principaux acteurs du commerce international** sont les **grands pays développés** en premier lieu (Amérique du Nord, Europe), puis le **Japon** dès les années 1960 et les **NPI (nouveau pays industrialisés) d'Asie** à partir des années 1970. À partir des années 1990, notamment après la chute du bloc communiste, émergent de **nouveaux acteurs**. Enfin, la Chine, surtout à partir des années 2000, se convertit à l'économie de marché et connaît une croissance très rapide et extravertie (tournée vers les exportations). Elle est devenue le premier exportateur mondial en 2005.

→ Les **progrès technologiques** dans les **transports** ont également facilité l'ouverture commerciale en réduisant les coûts de communication. Le commerce international a cru trois fois plus vite que la production mondiale de 1947 à la crise de 2008. Depuis, le commerce international progresse moins vite, et certains évoquent une possible « **démondialisation** » du fait d'une re-régionalisation de la production, de tensions commerciales accrues (bras de fer Chine/États-Unis depuis le mandat de Donald Trump) et d'un coût écologique croissant de l'internationalisation de la production. Le recul manque néanmoins pour observer une tendance de fond.

b. Les dotations factorielles et technologiques à l'origine des échanges internationaux

Adam Smith (1723-1790) est un économiste écossais, considéré comme le fondateur de l'économie politique avec son *Essai sur la nature et les causes de la richesse des nations* (1776).

→ L'intérêt de commercer avec d'autres économies nationales est mis en avant par les économistes classiques. **David Ricardo** (1772-1823) développe la **théorie des avantages comparatifs** en prolongement de la thèse des **avantages absolus** d'**Adam Smith**. Pour ce dernier, un pays doit se **spécialiser** dans la production de biens dans laquelle ses coûts de production sont plus faibles que ceux de ses concurrents. Ricardo montre qu'un pays **sans avantage absolu** (comme l'Angleterre par rapport au Portugal, dans son exemple) a tout intérêt à se spécialiser aussi. Il doit le faire dans la production pour laquelle il dispose d'un **avantage comparatif**, c'est-à-dire dans le secteur d'activité dans lequel sa productivité est relativement plus importante : le secteur présentant un avantage comparatif est celui dans lequel il est rationnel de se spécialiser (**Doc 2**, p. 40).

→ L'échange international accroît les quantités disponibles de produits, car la spécialisation selon l'avantage comparatif rend chaque pays plus productif. Le commerce apparaît alors comme un **jeu à somme positive** puisque tous les participants sont gagnants. Ils ont tous un **gain à l'échange**.

→ Les théoriciens néoclassiques **Eli Heckscher, Bertil Ohlin et Paul Samuelson (modèle dit « HOS »)** prolongent l'approche ricardienne en expliquant l'existence d'avantages comparatifs par l'**abondance relative des facteurs travail ou capital**. Ricardo ne considérait en effet que

MOTS CLÉS

Spécialisation : orientation de la production d'une économie dans les secteurs d'activité ou les produits où elle est relativement le plus efficace. Elle repose sur l'avantage comparatif.

Gain à l'échange : avantage procuré aux deux coéchangistes, l'offreur et le demandeur, par la spécialisation et l'échange.

Hommes par année	Angleterre	Portugal
Vin	120	80
Drap	100	90

David Ricardo, *Principes de l'économie politique et de l'impôt*, 1817.

L'Angleterre a besoin de **120 hommes** par an pour produire une unité de **vin**, mais de seulement **100 hommes** par an pour produire une unité de **drap** de même prix. Elle est moins productive que le **Portugal** pour chacune de ces productions, mais le Portugal est plus efficace pour produire une unité de **vin** (**80 hommes** par an) que pour produire une unité de **drap** (**90 hommes** par an) : chaque pays a intérêt à se spécialiser dans la production où il est relativement plus efficace. C'est ce que Ricardo appelle l'**avantage comparatif**. L'Angleterre, en allouant sa main-d'œuvre vers la production de drap, et le Portugal vers la production de vin, produisent deux unités de ce bien avec moins de main-d'œuvre.

Doc 2 Coûts de production d'une unité de même prix de vin et de droit en Angleterre et au Portugal

MOTS CLÉS

Dotation factorielle : facteurs de production (capital-travail, travail non qualifié-travail qualifié) disponibles dans une économie.

Chaîne internationale de valeur : ensemble des activités permettant de réaliser un produit fini dans différents territoires (on parle aussi de DIPP).

le rôle de la productivité du travail dans la spécialisation. Les écarts de coût s'expliquent alors par les **dotations factorielles**, à savoir l'abondance relative de chaque facteur de production. Par exemple, un pays très doté en facteur capital produira moins cher des biens à forte intensité capitalistique, parce que le coût du capital y sera peu élevé. Chaque pays a ainsi intérêt à se spécialiser dans la production des biens incorporant les facteurs de production dont il dispose en abondance.

→ **Wassily Leontief** (1906-1999) affinera cette analyse en intégrant la qualité du facteur travail et capital (« **paradoxe de Leontief** »). Un pays fortement doté en travail qualifié produira des biens à plus forte valeur ajoutée qu'un pays ayant une abondante main-d'œuvre peu qualifiée, qui se spécialisera plutôt dans des productions plus bas de gamme.

→ Notons que la logique de **spécialisation** se retrouve également le long de la **chaîne internationale de valeur**, c'est-à-dire pour chaque étape de la production d'un bien. L'économiste français **Bernard Lassudrie-Duchêne** explique, au début des années 1980, que les économies se spécialisent sur des **segments productifs** qui participent à la fabrication du produit final en fonction de leur avantage comparatif (l'assemblage, intensif en travail peu qualifié, est réalisé dans les pays fortement dotés en travail peu qualifié ; la conception est réalisée dans les pays fortement dotés en travail qualifié). C'est ce qu'il nomme la **division internationale du processus productif (DIPP)**.

c. Comment expliquer les échanges entre pays comparables ?

→ La théorie économique classique explique bien les **échanges interbranches**. Dans cette approche, chaque pays **se spécialise dans une branche donnée** (la France exporte des parfums et l'Allemagne des machines-outils, ou encore des draps contre du vin). Pourtant, une importante partie du commerce international

> **MOTS CLÉS**
>
> **Commerce interbranche :** échanges de produits issus de branches industrielles ou de services différents. Il induit des flux croisés (importations et exportations) de produits différents.
>
> **Commerce intrabranche :** échanges de produits issus de la même branche d'activité.

se produit entre pays à niveaux de développement et à **dotations factorielles proches**, comme la France et l'Allemagne. On parle alors de **commerce intrabranche** (Doc 3) : l'Allemagne exporte des automobiles vers la France, mais la France en exporte aussi vers l'Allemagne.

→ Le développement du commerce intrabranche s'explique notamment par le **goût pour la diversité** des consommateurs : accéder à une vaste gamme de produits accroît la satisfaction, et donc le bien-être, des consommateurs.

→ Les **stratégies des producteurs** expliquent également le commerce intrabranche. D'une part, l'accès à des marchés plus vastes favorise les **économies d'échelle** : les entreprises produisent pour les consommateurs de plusieurs pays, ce qui satisfait leur « demande de différence » (Lassudrie-Duchêne). D'autre part, la **décomposition internationale des processus productifs** (DIPP) conduit à un accroissement du commerce international de **produits décomposés** (ou biens intermédiaires) provenant **de la même branche**.

→ Le commerce interbranche représente aujourd'hui 36 % des échanges et le commerce intrabranche 64 %. Il peut s'agir de produits finis ou de produits semi-finis. On **recense trois types d'échanges intrabranches** :
- le **commerce horizontal de produits similaires de « variété » différenciée** (des voitures différentes, mais de même gamme) ;
- le **commerce de produits différenciés verticalement** (échanges de gamme), qui se distinguent par leur qualité et leurs prix (des voitures haut de gamme contre des véhicules moyen de gamme), ce qui peut refléter des écarts de dotations factorielles ;
- la **spécialisation verticale de la production**, qui se traduit par le commerce de produits similaires à différents stades de production (échange de pièces détachées dans le secteur automobile).

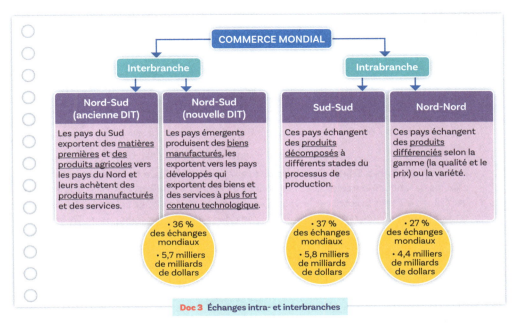

Doc 3 Échanges intra- et interbranches

d. Les causes de l'internationalisation de la chaîne de valeur

→ La mondialisation a provoqué une **fragmentation des chaînes de valeur**, ce qui signifie que l'espace productif est devenu **mondial**. Apple, comme ses concurrents coréen (Samsung) et chinois (Huawei), a mis en place pour son iPhone une véritable **DIPP**. Ainsi, les diverses opérations de conception, de logistique, de production et de services nécessaires à la fabrication du produit final sont **réparties dans un très grand nombre de pays** en fonction de leurs avantages comparatifs, ce que l'on peut représenter par une « **courbe du sourire** » (**Doc 4**) et qui crée des produits « **Made in Monde** ».

→ Les **progrès technologiques** (baisse des coûts de transport et de communication), la volonté de **libéraliser les échanges** et les **stratégies** de développement **des pays émergents** fondées sur les exportations ont joué un rôle fondamental dans la **fragmentation des chaînes de valeur**.

→ Les **firmes transnationales (FTN)** sont des acteurs essentiels de cette internationalisation, qui repose sur leurs **choix de localisation** des segments productifs, et donc de **filiales**, grâce à **des investissements directs à l'étranger (IDE)**. Les **flux d'IDE** sont des **mouvements de capitaux** qui peuvent prendre la forme d'une **création d'entreprise** qui n'existait pas (investissement *greenfield*). Ils peuvent également se traduire par la **prise de participation** dans le capital d'une entreprise existante (opération de fusion ou d'acquisition), qui deviendra une filiale.

> **MOTS CLÉS**
>
> **Firme transnationale (FTN) :** entreprise possédant au moins une unité de production ou de commercialisation (filiale) à l'étranger.
>
> **Investissement direct à l'étranger :** acquisition ou création par une firme d'au moins 10 % d'une unité de production en dehors du territoire d'origine (en deçà de 10 %, on parle d'**investissement de portefeuille**).

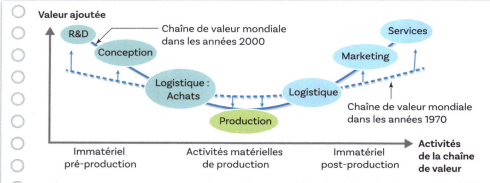

Source : Emmanuel Combe, *Altermind Institute*, juin 2018.

Le fondateur d'Acer, Stan Shih, a modélisé la répartition inégale de la valeur le long des chaînes de valeur mondiales avec la « **courbe du sourire** » (*smiling curve*). Elle énonce que les **étapes les plus créatrices de valeur** sont situées en amont et en aval du processus de production. Elles sont en général réalisées dans les **pays développés**. À l'inverse, les **fonctions d'assemblage**, assez peu créatrices de valeur, sont confiées à des **pays à bas coût**. La courbe s'est approfondie car, par rapport aux années 1970, les activités matérielles de fabrication et l'assemblage représentent une part beaucoup plus faible de la valeur ajoutée, au profit des activités de conception et de marketing.

Doc 4 La courbe du sourire

Les **échanges intrafirmes** sont les échanges entre filiales d'un même groupe. Ils représenteraient aujourd'hui près de 40 % du commerce international.

→ On parle de **délocalisation** lorsqu'une unité productive est fermée sur un territoire et réouverte sur un autre. Il s'agit alors de produire sur un territoire précédemment destinataire d'exportations, pour exporter vers le territoire d'origine, en général à moindre coût.

→ La production à l'étranger ne passe néanmoins pas toujours par l'implantation ou la délocalisation de filiales. Elle peut aussi être réalisée par de la **sous-traitance internationale** : une entreprise produit alors pour une autre tout (externalisation ou *outsourcing*) ou partie (sous-traitance) de la production.

→ « Made in Monde »

Avec l'internationalisation de la chaîne de valeur, la **valeur totale** du produit est la **somme de toutes les valeurs ajoutées apportées par chaque pays** au cours des différentes étapes de la fabrication d'un bien. Le pays exportateur du produit final n'a donc parfois produit qu'une faible partie de la valeur. Il devient alors important de calculer les échanges extérieurs **en valeur ajoutée**, et non plus en exportation finale. C'est ce que suggère l'OMC avec son programme « **Made in Monde** », qui montre par exemple que l'excédent chinois avec les États-Unis est surestimé d'environ 25 % par rapport à un calcul en valeur, car la Chine intervient souvent sur l'assemblage final, sans avoir nécessairement produit beaucoup de la valeur du produit fini.

Productivité des entreprises et compétitivité des nations

a. L'analyse des écarts de compétitivité entre pays

→ La **compétitivité** est la capacité à affronter la concurrence pour maintenir ou gagner des parts de marché. Dans un article paru en 1994, **Paul Krugman** rappelle qu'il importe de distinguer la **compétitivité des pays** de celle **des entreprises**. En effet, le bien-être d'un pays ne peut être confondu ni avec le profit de ses entreprises, ni avec les intérêts de ses industries. Pour lui, le seul **objectif** légitime pour un pays doit rester celui de **fournir un niveau de vie élevé et croissant** à ses citoyens, qui dépend avant tout de la productivité avec laquelle ses ressources en termes de travail et de capital sont employées. Il serait donc préférable de parler de **productivité d'un pays** et de sortir de la « dangereuse obsession » de la compétitivité des nations.

→ D'autres économistes estiment que la **compétitivité d'une nation** dépend des **équilibres extérieurs** (parts de marché, équilibre de la balance courante), mais aussi de l'**amélioration du niveau de vie et d'emploi** (politiques d'éducation, de la recherche, de réduction des inégalités, de productivité, d'attractivité, du territoire, etc.). C'est notamment la position de l'**OCDE**, qui définit la compétitivité comme « la capacité d'un pays, en situation de concurrence libre et équitable, à produire des biens et services qui ont du succès sur les marchés internationaux, tout en garantissant une **croissance des revenus** réels de ses habitants **soutenable** dans le long terme ».

→ La **très forte croissance des pays émergents** depuis le milieu des années 1990 – notamment la Chine – s'est traduite par une baisse mécanique des parts de marché des pays de l'OCDE, qui **ne reflète pas pour autant une perte de compétitivité des pays développés**. Il n'est donc pas pertinent d'apprécier la position concurrentielle à travers la seule évolution des parts de marché d'un pays dans les exportations mondiales : il faut analyser d'**autres indicateurs**, comme l'investissement en recherche et développement, le bon positionnement dans la chaîne de valeur mondiale (part de la valeur ajoutée du produit final), la qualité des infrastructures, de la formation, du capital humain...

b. La productivité des firmes détermine la compétitivité des nations

→ Lorsque les **firmes** d'une économie nationale sont **compétitives**, cela signifie qu'elles sont en mesure d'**affronter la concurrence internationale**. En conséquence, elles permettent à l'économie nationale de réduire son déficit commercial. Les économistes distinguent plusieurs types de compétitivité : la **compétitivité prix** et la **compétitivité hors-prix**.

→ La **hausse de la compétitivité** passe par une **amélioration de la productivité**, qui permet de réduire les prix, d'améliorer les profits et d'augmenter les salaires. Une meilleure productivité permet de **comprimer le coût salarial unitaire**, qui se calcule en divisant le **coût salarial horaire** (ce que coûte une heure de travail) par la **productivité horaire du travail** (le nombre d'unités produites en une heure de travail). Améliorer la **compétitivité coût** ne passe donc pas uniquement par la baisse du coût du travail, mais bien par une meilleure productivité des travailleurs : produire plus efficacement améliore la compétitivité prix. La hausse de la productivité permet aussi de dégager des ressources pour **investir et monter en gamme**, ce qui est favorable à la compétitivité hors-prix.

→ Pour **améliorer la productivité des entreprises** implantées dans l'économie nationale, les **pouvoirs publics** peuvent mettre en œuvre des **politiques structurelles**. La France a maintenu ces dernières années une compétitivité prix grâce à des dispositifs permettent de réduire les coûts de production (réduction de cotisations sociales sur les bas salaires), mais n'est pas suffisamment parvenue à monter en gamme pour gagner en compétitivité hors-prix. C'est tout l'enjeu de **politiques favorables à la R&D**, comme le crédit d'impôts recherche (CIR), mais aussi la recherche fondamentale et l'investissement dans l'éducation. Le risque est en effet de rester enfermé dans une « **trappe à moyen de gamme** » et d'être progressivement concurrencé par les pays émergents, qui gagnent eux aussi en compétitivité hors-prix.

> **MOTS CLÉS**
>
> **Compétitivité prix :** capacité à produire à des prix inférieurs à ceux des concurrents pour une qualité équivalente, du fait de coûts de production relatifs plus faibles (**compétitivité coût**), d'un taux de change dévalué ou d'une compression des marges.
>
> **Compétitivité hors-prix (ou structurelle) :** capacité à imposer des produits indépendamment de leur prix (qualité, innovation, services après-vente, image de la marque, délais de livraison, etc.).
>
> **Politiques structurelles :** ensemble de mesures de politique économique de moyen et long termes, qui vise à transformer les structures de l'économie (marché du travail, innovation, éducation...) pour accroître la croissance potentielle.

3. Les effets contrastés de l'ouverture au commerce international

a. Les avantages et les inconvénients de l'ouverture des économies au libre-échange

→ Les économistes classiques ont montré que le libre-échange permet de **mieux allouer les ressources** grâce à la **spécialisation**, et donc de **réduire les prix**. Les consommateurs sont gagnants dans la mesure où ils accèdent à des produits étrangers meilleurs marchés et diversifiés. Les producteurs font des **économies d'échelle** grâce à l'extension du marché à l'exportation. Ils améliorent aussi les processus productifs pour faire face à la **concurrence internationale**. Cela peut favoriser l'**innovation** et les **transferts de technologie**.

→ Si l'ouverture au commerce international a des vertus, elle présente également des **aspects négatifs**. Le **gain à l'échange** peut être inégalement réparti entre agents économiques et laisser apparaître des gagnants et des perdants de la mondialisation commerciale. Certains pays émergents, à l'instar de la Chine et de l'Inde, ont bénéficié de l'ouverture internationale et des IDE occidentaux, ce qui a permis des transferts de technologie, des effets d'apprentissage, et ainsi une **logique de rattrapage**. Dans *La Mondialisation de l'inégalité* (2012), l'économiste **François Bourguignon** explique que, compte tenu du poids démographique de ces deux pays, les **inégalités externes** entre pays développés et pays émergents **ont régressé**, de même que la pauvreté absolue (2 dollars par jour). Mais les pays les moins avancés (PMA) n'ont pas autant bénéficié de la mondialisation.

→ Les **inégalités internes augmentent** par ailleurs dans beaucoup de pays. L'ouverture à la concurrence internationale accompagne souvent le **progrès technique dans les pays développés**, qui doivent s'adapter en **substituant du capital au travail** (robotisation) ou en montant en gamme pour gagner en **compétitivité hors-prix** face à des pays émergents ayant une meilleure compétitivité prix. En cela, elle induit un processus de **destruction créatrice** et conduit à des ajustements parfois brutaux, qui détruisent des emplois, notamment dans les pays fortement dotés en capital humain (**théorème de Stolper-Samuelson**). Ainsi, les moins qualifiés perdent leur emploi au bénéfice des ouvriers des pays à faible coût de travail.

LE PETIT +

→ **Le théorème Stolper-Samuelson**

Selon le **théorème de Stolper-Samuelson** (prolongement du modèle HOS), le **libre-échange** augmente la richesse moyenne des pays, mais il peut creuser les **inégalités**. Si les pays développés se spécialisent dans des productions intégrant leur facteur abondant (le facteur travail qualifié), son usage intensif conduit à augmenter son prix relatif par rapport à celui du travail peu qualifié (le facteur abondant se raréfie et son prix augmente). Ainsi, les salaires relatifs des plus qualifiés augmentent par rapport à ceux des moins qualifiés. *A contrario*, les pays utilisant une main-d'œuvre peu qualifiée abondante voient son prix relatif s'accroître par rapport à celui des actifs plus qualifiés.

> **MOT CLÉ**
>
> **Effets d'agglomération :** gains d'efficacité liés à la concentration spatiale des activités, dès lors qu'il existe des économies d'échelle qui dérivent d'avantages mutuels des entreprises (marché du travail spécialisé, diffusion des connaissances, partages de coûts...) liés à la proximité géographique.

→ **Dans les pays émergents**, les inégalités internes sont très marquées aussi, avec un creusement des écarts entre riches (une classe moyenne émerge) et pauvres.

→ De manière générale, les **inégalités géographiques** se creusent dans tous les pays, car la production se concentre dans certaines zones (métropoles ou zones portuaires), créant des divergences de développement entre **centres et périphéries**. **Paul Krugman** parle d'« **effets d'agglomération** ».

→ Les pouvoirs publics peuvent alors déployer des **politiques d'accompagnement, de reconversion et de transferts de revenus**, tant pour les personnes que pour les territoires. À défaut, la mondialisation commerciale risque d'être **politiquement rejetée**, y compris dans ses aspects positifs. La fragilisation des classes populaires et moyennes des pays développés est mise en évidence par la « **courbe en éléphant** » de **Branko Milanovic** (**Doc 5**) et l'on en connaît les risques politiques (montée des populismes).

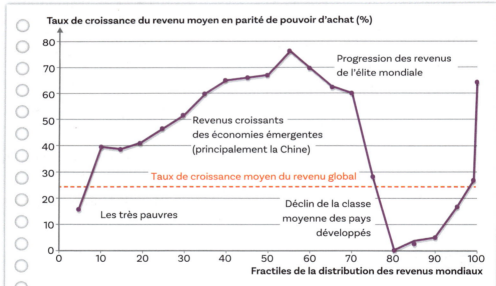

Cette courbe permet de dégager la composition des différents groupes de gagnants et de perdants de la redistribution mondiale des revenus. Les **gagnants** sont les personnes situées autour de la médiane (le sommet de la tête de l'éléphant) : elles sont, à 90 %, issues des **pays émergents d'Asie**, surtout la Chine et, à un moindre degré, l'Inde : une **nouvelle classe moyenne** émerge. Les **perdants** sont principalement issus des **économies développées** et des **anciens pays communistes**. Cette classe moyenne des pays développés voit son revenu stagner ou ne plus progresser que faiblement par rapport à la croissance moyenne du revenu global (bas de la trompe). Enfin, dans toutes les économies, les plus riches s'enrichissent beaucoup.

Doc 5 La courbe en éléphant de Branko Milanovic

b. Le choix complexe d'une politique commerciale adaptée

> **MOTS CLÉS**
>
> **Protectionnisme** : politique commerciale qui repose sur la mise en place de mesures visant à limiter les importations de produits (biens et services), mais aussi de capitaux, afin de protéger les activités nationales de la concurrence étrangère.
>
> **Dumping** : stratégie commerciale visant à vendre temporairement à un prix inférieur à ses coûts de production afin d'éliminer ses concurrents, soit en maintenant des coûts du travail et de protection inférieurs à leurs concurrents (**dumping social**), soit en réduisant les prélèvements obligatoires pour attirer des entreprises ou des contribuables étrangers (**dumping fiscal**).

→ Le **débat entre libre-échange et protectionnisme** traverse l'histoire économique. Très tôt, la réflexion porte sur l'intérêt de pratiquer un **protectionnisme éducateur**, tel que le théorise **Friedrich List** (1789-1846). Il s'agit d'une politique commerciale visant à **protéger** temporairement l'industrie nationale qui se développe de la concurrence d'une industrie étrangère avancée et plus compétitive. L'objectif est de **construire des avantages comparatifs** avant d'affronter la concurrence.

→ Au début des années 1980, **James Brander** et **Barbara Spencer** adoptent un point de vue proche du protectionnisme éducateur en promouvant le concept de « **politiques commerciales stratégiques** ». Ils justifient sur le plan théorique (matrice des jeux) les subventions des États européens au projet Airbus destinées à doter la Communauté européenne d'une industrie aéronautique capable de concurrencer la firme Boeing. Les États peuvent ainsi favoriser l'émergence et l'essor d'activités jugées stratégiques (aéronautique, électronique...) de façon à créer des **« champions » nationaux pour gagner en indépendance.**

→ Le protectionnisme repose sur des **instruments** qui agissent **sur les prix** (droits de douanes, dévaluation du taux de change, subventions aux producteurs). Ils peuvent aussi agir **sur les quantités** (quotas d'importations ou normes sanitaires, techniques, environnementales qui limitent les entrées de produits...).

→ L'**arbitrage** entre libre-échange et protectionnisme a semblé trancher ces dernières années en faveur du libre-échange, car le protectionnisme a de nombreux **effets négatifs**. En protégeant trop les producteurs nationaux, il **crée des rentes de situation** au détriment des consommateurs (perte de surplus), **limite l'incitation à innover**, augmente les risques de guerre commerciale... Dans les faits, de nombreux pays émergents ont fait un **usage stratégique, ciblé, du protectionnisme et du libre-échange** pour promouvoir une croissance par les exportations et une montée progressive en gamme.

→ Aujourd'hui, certains économistes mettent en avant l'intérêt du protectionnisme comme **mesure de représailles** face à des pays protectionnistes ou pratiquant une concurrence déloyale (**dumping**). Il peut aussi servir à protéger les populations des effets délétères de la mise en concurrence des modèles sociaux liés à des comportements de **dumping social ou fiscal** ou au non-respect des contraintes environnementales (**dumping environnemental**).

→ En conséquence, le **choix du libre-échange** doit être fait **lorsqu'il est juste** pour l'ensemble des participants au commerce, mais le **protectionnisme** peut être choisi **lorsqu'il améliore la situation globale** des populations. Cependant, cet arbitrage, pour être accepté, doit être négocié au niveau **multilatéral**, ce qui dépend de la réhabilitation des **logiques coopératives** au sein de l'OMC.

BILAN

MÉMO VISUEL
- La synthèse en BD -

QUOI ?

Commerce international : ensemble des flux de biens et services entre différents pays

+

Internationalisation de la production : fait pour une entreprise de produire au-delà de ses frontières nationales d'origine

« On va produire ici ! »

⟹ **Mondialisation** de l'économie

POURQUOI ?

Le commerce international s'est fortement développé après la Seconde Guerre mondiale et la production s'est internationalisée.

Baisse du coût des transports ⟵ **CAUSES** ⟶ **Progrès technologique**

Volonté politique d'ouverture
Accord du GATT 1947
harmonise la politique douanière des signataires

« Grâce à Internet, je peux en un clic commander un produit à l'étranger. »

CONSÉQUENCES

Spécialisation des économies

DAVID RICARDO

« Chaque économie a intérêt à se spécialiser dans la production pour laquelle elle dispose d'un **avantage comparatif**. »

💡 Cela entraîne la division internationale du travail selon les **dotations factorielles** des économies (modèle HOS)

Internationalisation de la chaîne de valeur

Chaîne de valeur : ensemble des activités permettant de réaliser un produit fini

« Les étapes de ma production ont lieu dans différents pays. »

⟶ s'internationalise
⟶ firmes transnationales
☑ IDE
☑ Sous-traitance internationale

AVANTAGES

Gains à l'échange **+**

☑ + de choix de biens et services, + grande variété
Remarque : le **commerce intrabranche** représente la majorité des échanges
☑ ↘ des coûts de production
☑ ↗ de la **compétitivité** des entreprises (**compétitivité-prix, compétitivité hors-prix**)
☑ ↗ de la compétitivité de certaines nations = Aptitude à exporter + croissance du revenu/hbt
☑ Réduction des inégalités externes entre **pays émergents** et **pays développés**

POLITIQUE COMMERCIALE

Protectionnisme : politique visant à protéger les entreprises nationales de la concurrence étrangère

☑ **Protectionnisme éducateur**

FRIEDRICH LIST

« Il faut protéger l'industrie nationale tant qu'elle n'est pas suffisamment compétitive pour affronter la concurrence internationale. »

☑ Protectionnisme sur certains secteurs stratégiques
☑ Protectionnisme défensif **N. KALDOR**
💡 Pratiques protectionnistes douanières et non douanières (normes techniques et sanitaires)
⚠ L'arbitrage entre libre-échange et protectionnisme n'est pas si tranché

INCONVÉNIENTS

☑ L'échange international est inégal
  ⟶ **pays du Nord** et **pays émergents** bénéficiant d'un effet de rattrapage s'enrichissent...
  ⟶ au détriment des **PMA**
☑ Menace sur l'emploi peu qualifié dans les pays les plus développés (les inégalités internes se creusent)
☑ Dégradation de l'environnement, surtout dans les pays exportateurs à bas coûts

48

Une citation clé

> « La seule façon de sauver la mondialisation est de ne pas la pousser trop loin. »
>
> **Dani Rodrik** (économiste turc),
> *Has globalization gone too far ?*, 1997.

Ne pas confondre

- Avantage absolu/avantage comparatif
- Dotations factorielles/fragmentation de la chaîne de valeur
- Délocalisation/externalisation
- Échanges intrabranches/échanges interbranches
- Échanges intrafirmes/échanges intrabranches
- Compétitivité prix/compétitivité hors-prix
- Coût horaire du travail/coût salarial unitaire
- Compétitivité/productivité
- Inégalités internes/inégalités externes
- Libre-échange/protectionnisme

Les principales théories

Assure-toi que tu es capable de synthétiser tes connaissances sur ces auteurs et leurs concepts clés.

- **Adam Smith :** les avantages absolus.
- **David Ricardo :** les avantages comparatifs.
- **Le modèle HOS :** les différences de dotations factorielles.
- **Friedrich List :** le protectionnisme éducateur.
- **James Brander et Barbara Spencer :** la politique commerciale stratégique.
- **François Bourguignon :** la distinction entre inégalités internes et externes.
- **Branko Milanovic :** la courbe en éléphant.
- **La courbe du sourire :** les étapes de la décomposition internationale de la production.

BILAN

SE TESTER
– Mobiliser ses connaissances –

1. Vrai ou faux ?

		Vrai	Faux
a	La baisse des coûts de transports est un facteur déterminant dans la mondialisation des échanges.	☐	☐
b	Les pays émergents ont privilégié une croissance tirée par les importations.	☐	☐
c	Les pays émergents sont aujourd'hui surtout exportateurs de produits agricoles et importateurs de produits manufacturés.	☐	☐
d	Un pays dispose d'un avantage comparatif s'il produit un bien ou un service moins cher que ses partenaires.	☐	☐
e	Selon le modèle HOS, un pays a intérêt à se spécialiser dans la production intégrant le facteur dont il dispose en abondance.	☐	☐
f	Le GATT, puis l'OMC, ont contribué à la réduction des tarifs douaniers, ce qui a favorisé la progression des échanges.	☐	☐
g	Les échanges interbranches peuvent être de trois types : échanges croisés de variété, de gamme ou de produits décomposés dans le cadre de la DIPP notamment.	☐	☐
h	La fragmentation de la chaîne de valeur s'organise selon l'avantage comparatif des territoires : conception et marketing dans les pays développés, production et assemblage dans les pays émergents.	☐	☐

2. Coche la ou les bonne(s) réponse(s).

1. L'ouverture au libre-échange :

- a) doit accroître le surplus du consommateur et du producteur, ce qui correspond à une allocation optimale des ressources. ☐
- b) se traduit par une hausse des prix pour les consommateurs. ☐
- c) permet d'améliorer les gains de productivité des économies, en contribuant à des économies d'échelles et à une rationalisation de la production liée à la concurrence. ☐

2. Le protectionnisme :

- a) est aujourd'hui essentiellement tarifaire. ☐
- b) accroît le prix des exportations, ce qui augmente les prix des biens de consommation et de production, au détriment du pouvoir d'achat et de la compétitivité prix des entreprises. ☐
- c) conduit à une « perte sèche », soit une réduction du bien-être global. ☐

3. Les pays comparables échangent entre eux :

- a) car ils font un échange interbranche. ☐
- b) parce que les échanges intrabranches permettent un gain de variété et des échanges de gammes. ☐
- c) parce que les pays du Sud développent des échanges de produits décomposés d'une même branche dans le cadre de la DIPP. ☐

4. La compétitivité des entreprises :

- **a** peut être une compétitivité prix ou hors-prix. ☐
- **b** est déconnectée de la compétitivité des nations. ☐
- **c** dépend de la capacité à s'insérer dans la DIPP. ☐

3. Complète le schéma à l'aide des termes suivants.

a. compétitivité – **b.** spécialisation – **c.** baisse des tarifs douaniers – **d.** inégalités internes – **e.** pays émergents

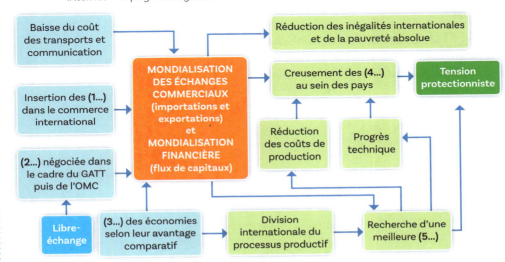

4. Complète le tableau ci-dessous en classant les arguments suivants.

1. baisse de l'incitation à innover – **2.** spécialisation selon l'avantage comparatif – **3.** protection des industries naissantes (protectionnisme éducateur) – **4.** mauvaise allocation des ressources en faveur de secteur peu compétitifs – **5.** allocation optimale des ressources – **6.** gain de tous les pays à l'échange – **7.** hausse des prix à la consommation et des produits importés – **8.** protection de l'emploi dans des secteurs concurrencés – **9.** baisse des prix des produits importés – **10.** efforts d'innovation et en matière de productivité pour faire face à la concurrence – **11.** risque de conflits commerciaux – **12.** risque de mauvaise spécialisation, qui dégrade les termes de l'échange – **13.** bénéfice des agents économiques d'une plus grande diversité de produits – **14.** pression à la baisse sur les salaires et l'emploi des moins qualifiés

	Libre-échange	Protectionnisme
Avantages		
Limites		

Réponses : 1. a. Vrai – **b.** Faux – **c.** Faux – **d.** Faux – **e.** Vrai – **f.** Vrai – **g.** Vrai – **h.** Vrai • **2. 1.** a, c – **2.** b, c – **3.** b, c – **4.** a, c • **3. 1.** e – **2.** c – **3.** b – **4.** d – **5.** a • **4. Libre échange : 2, 5, 6, 9, 10, 13/12, 14 – Protectionnisme : 3, 8/1, 7, 11.**

SE PRÉPARER POUR L'EXAMEN

Mobiliser ses connaissances et les organiser (partie 1)

SUJET

PARTIE 1 **Mobilisation des connaissances** *(4 points)*
Présentez l'intérêt de la distinction entre échanges interbranches et intrabranches pour comprendre l'évolution de l'ouverture internationale des économies.

PARTIE 2 **Étude de document** *(6 points)*
1. Présentez les données chiffrées pour l'année 2018 et pour l'année 2005.
2. Comparez l'évolution du PIB et des exportations mondiales.

Document > Commerce mondial des marchandises en volume et croissance du PIB réel mondial de 1981 à 2018 (variation en % et ratio)

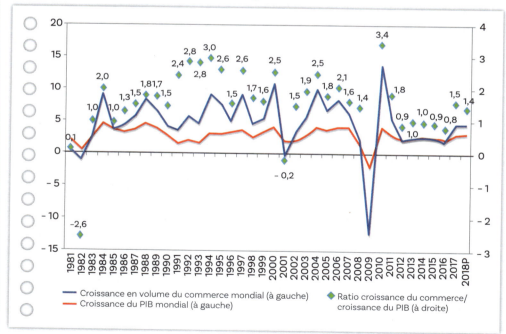

Source : Rapport sur le commerce mondial, OMC, 2019.

PARTIE 3 **Raisonnement à partir d'un dossier documentaire** *(10 points)*
À l'aide de vos connaissances et du dossier documentaire, vous présenterez les principaux facteurs explicatifs du développement des échanges internationaux.

Document 1 > Réduction du coût des transports et mondialisation

Pas facile d'établir si la baisse des coûts de transport est un déterminant ou une conséquence de l'intensification du commerce, mais une chose est sûre, les deux sont étroitement liés. Entre 1974 et 2004, le coût du transport maritime a quasiment été divisé par deux (de 10 % de la valeur des importations en 1974 à 5,8 % en 2004) et le coût du transport aérien a diminué de près de 40 % (de 13 % à 8 %). Trois facteurs ont joué. Tout d'abord, les innovations technologiques, surtout dans le secteur aérien, avec l'amélioration du design et des matériaux utilisés pour la construction des ailes d'avion réduisant les temps de trajet. Ensuite, l'amélioration des infrastructures portuaires, surtout en Asie. Enfin, des changements organisationnels dans la conception des réseaux de transports, avec notamment le système de *hub & spoke*, aidant à optimiser les itinéraires, et l'usage accru des conteneurs permettant d'acheminer des marchandises dans des caissons standardisés et automatisés.

Jezabel Couppey-Soubeyran (dir.), *Carnets graphiques du Cepii*, 2018.

Document 2 > Évolution du volume des exportations

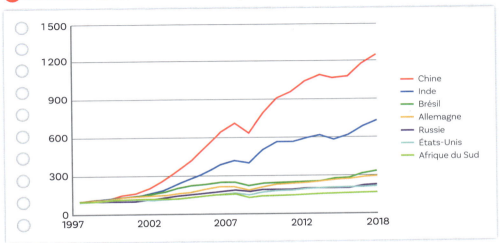

Source : *Rapport sur le commerce et le développement*, CNUCED, 2018.

Document 3 > Commerce mondial intrabranche par stade de production

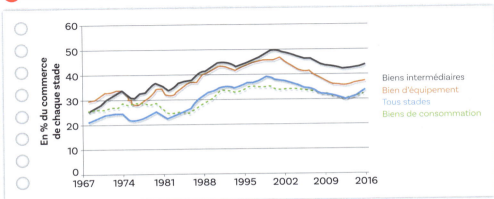

Source : Alix de Saint Vaulry et Deniz Ünal, « Commerce intra- versus interbranches, regain de similitudes ? », *Carnets graphiques*, CEPII, 2018.

MÉTHODE

Méthode et corrigé

Analyser le sujet

→ **Distingue dans le sujet les termes clés et définis-les.**

> Il faut définir « échanges intrabranche », « échanges interbranches » et « ouverture internationale des économies ».

> « Présentez l'intérêt de la distinction entre [...] pour comprendre l'évolution » : il s'agit d'analyser ce qu'apporte la différence entre échanges interbranches et intrabranches pour comprendre les changements ayant affecté les modalités de l'internationalisation des échanges.

Rassembler ses connaissances

→ **Définis les échanges interbranches** en mobilisant l'analyse de Ricardo.

→ **Explique les trois formes d'échanges intrabranches.**

→ **Réfléchis bien au lien entre le développement des échanges intrabranches et les mutations de la division internationale du travail.** La division traditionnelle du travail entre pays du Nord et du Sud reposait largement sur l'échange interbranche (théorie des avantages comparatifs). Depuis l'accélération de l'ouverture internationale des pays émergents, la nouvelle division internationale du travail repose sur des échanges intrabranches de produits décomposés.

Organiser sa réponse

→ **Propose une phrase introductive**

Par exemple, reprends l'exemple de David Ricardo sur la spécialisation dans le drap ou le vin.

→ **Propose un plan de réponse.**

Par exemple :

I. Les échanges interbranches permettent de comprendre la spécialisation des pays.

COUP DE POUCE

Tu peux t'appuyer sur la méthode de l'épreuve composée, p. 13.

A. Les échanges interbranches s'inscrivent dans la logique de l'avantage comparatif selon les dotations factorielles (Ricardo et HOS).

B. Ils ont sous-tendu les échanges Nord-Sud selon l'ancienne division internationale du travail : les pays du Nord exportent des produits manufacturés vers les pays du Sud et importent des produits agricoles et matières premières. Cette spécialisation peut se maintenir avec certains PMA.

II. Les échanges intrabranches de produits différenciés attestent du fait que le commerce international se fait entre pays comparables.

A. Des échanges de produits différenciés qui reflètent un besoin de variété des consommateurs.

B. Des échanges intrabranches de gamme entre pays de niveau de vie comparables.

III. Les échanges intrabranches de produits décomposés reflètent la décomposition internationale de la chaîne de valeur et le rôle des firmes transnationales.

A. Les FTN organisent une décomposition internationale de la production en fonction des avantages comparatifs des territoires à travers des flux de délocalisation et de sous-traitance.

B. La nouvelle division internationale du travail se traduit par des échanges de produits manufacturés entre pays du Nord et du Sud et des échanges intra-firmes (hors marché).

→ **Propose enfin une conclusion.**

CONSEIL Efforce-toi d'illustrer brièvement les propos par des exemples concrets ou tirés de la théorie économique, pour bien montrer que tu comprends les différences de nature des échanges.

PARTIE 3 Raisonnement s'appuyant sur un dossier documentaire

Proposition de plan détaillé

I. **Le développement des échanges internationaux s'explique d'abord par une volonté de libéraliser ces échanges à l'échelle mondiale dans un contexte de baisse du coût des transports et des communications.**

A. Des institutions internationales ont favorisé le développement du libre-échange à partir de la Seconde Guerre mondiale.

B. Si les possibilités d'échanger ont été institutionnellement accrues, ce développement des échanges internationaux résulte avant tout d'une volonté des pays de profiter des avantages traditionnels procurés par le libre-échange. > **Doc 2**

C. L'ouverture au libre-échange est favorisée par les progrès technologiques, qui permettent de baisser le coût de ces échanges. > **Doc 1**

II. **Les mutations de la demande et de l'organisation de la production expliquent aussi le développement des échanges internationaux.**

A. L'évolution de la demande des consommateurs est l'un des facteurs du développement des échanges internationaux de type concurrentiels. > **Doc 2**

B. Un processus de production organisé en réseaux et structuré autour des FMN et largement lié à l'insertion croissante des pays émergents dans le commerce international.

C. Cependant, depuis la « crise de 2008 », on assiste à un moindre développement des échanges internationaux du fait d'un regain de protectionnisme.

Les sujets qui peuvent tomber au Bac...

Dissertation | **Épreuve composée – Partie 3**

→ En quoi la théorie des avantages comparatifs est-elle encore d'actualité ?

→ Causes et effets de la fragmentation de la chaîne de valeur mondiale.

→ Par quelles stratégies les entreprises cherchent-elles à accroître leur compétitivité ?

→ La mondialisation réduit-elle les inégalités ?

→ Quels sont les gagnants et les perdants de la mondialisation ?

→ Quels sont les avantages du protectionnisme/du libre-échange pour les producteurs et les consommateurs ?

→ Dans quelle mesure l'ouverture des économies au commerce international présente-t-elle des avantages ?*

→ Quels sont les facteurs de la compétitivité des nations ?

→ Dans quelle mesure le recours au protectionnisme est-il souhaitable ?

Épreuve composée – Partie 1

→ Présentez les principaux facteurs de progression des échanges internationaux de marchandises.

→ Présentez le rôle des firmes transnationales dans la fragmentation de la chaîne de valeur mondiale.

→ Expliquez pourquoi les échanges commerciaux se font entre pays comparables.

→ Quels liens peut-on établir entre compétitivité des firmes et des nations ?

Sujet corrigé p. 264

Pour aller plus loin

À lire

> Michaël Joubert, Lionel Lorrain, *Économie de la mondialisation*, Armand Colin, 2015.

> Pierre-Noël Giraud, *Les Globalisations. Émergences et fragmentation*, Sciences humaines, 2018.

> Dani Rodrik, *La Mondialisation sur la sellette*, De Boeck, 2018.

À voir

Film

> Benjamin Carle, *Made in France*, 2014

Vidéos en ligne

> La mondialisation expliquée par Sébastien Jean, directeur du Cepii
http://www.cepii.fr/blog/bi/post.asp?IDcommunique=608

> « La tablette Qooq, la seule tablette fabriquée en France : mécanisation, innovation et contrôle qualité », *LCI*
www.youtube.com/watch?v=J2d6vVrUCPs&list=PL26A0DF2564BD1D67&index=12

> « La mondialisation créatrice d'inégalités », *France TV*
https://www.youtube.com/watch?v=hqx7UF_MqPY

> « Les pays ouverts aux échanges sont-ils plus inégalitaires ? », *France TV*
www.lumni.fr/video/pays-ouvert-aux-echanges

Scanne-moi !

Ton **KIT DE SURVIE** pour le **BAC** avec SCHOOLMOUV

Chapitre 2

Quels sont les fondements du commerce international ?

Tu viens de voir les notions à connaître sur les fondements du commerce international. Pour t'aider à retenir l'essentiel et t'entraîner pour le Bac, voici ton kit de révisions clé en mains conçu par SchoolMouv !

Vidéo

Pour mieux comprendre et t'en souvenir à coup sûr, regarde la vidéo. C'est parfois bien plus clair en images.

Vidéo **Échanger : pourquoi, comment ?**

https://flashbelin.fr/focusbacschoolmouv/ses/2

Contenu additionnel

Voici un bonus autour du même sujet. La curiosité n'est pas toujours un vilain défaut. Il suffit de créer ton compte pour avoir accès à plein de contenus supplémentaires.

Fiche **Les fondements du commerce international**

https://www.schoolmouv.fr/eleves/cours/les-fondements-du-commerce-international-/fiche-de-cours

Tchat avec un prof

Pour poser toutes tes questions à un prof particulier, découvre l'abonnement tchat. Tu peux le tester gratuitement pendant 7 jours : fini les questions sans réponses, tu vas devenir incollable.

https://focusbac.schoolmouv.fr/offre

3 Comment contre le

LES BASES

RAPPELS 1re

Notions

→ **Aléa moral :** situation dans laquelle un agent ne remplit pas toutes ses obligations une fois le contrat conclu.

→ **Asymétrie d'information :** situation dans laquelle les agents sur un marché ne disposent pas de la même information, ce qui peut entraver le fonctionnement du marché (aléa moral, sélection adverse).

→ **Population active :** ensemble des personnes occupant un emploi (actifs occupés) ou en cherchant un (chômeurs).

→ **Qualification :** désigne la capacité à exercer un poste déterminé, mais aussi les capacités nécessaires pour occuper un poste.

→ **Sélection adverse :** asymétrie d'information portant sur la qualité du bien ou du service proposé sur un marché. Un agent (le vendeur ou l'acheteur) dispose d'une information cachée pour l'autre agent.

→ **Taux de chômage :** rapport entre le nombre de chômeurs et l'ensemble des actifs × 100.

→ **Taux d'emploi :** rapport entre le nombre d'actifs occupés et l'ensemble des personnes en âge de travailler.

Mécanisme

L'effet de relance décrit l'impact positif de la hausse de la dépense publique, qui stimule la production et, par conséquent, la croissance économique.

lutter chômage ?

L'ESSENTIEL EN 5 POINTS

1 Le **chômage** regroupe les individus prêts à travailler et en recherche d'emploi. Il existe plusieurs moyens de comptabiliser les chômeurs. Par ailleurs, la présence d'un **sous-emploi** rend plus compliquée la mesure et la prise en compte du chômage dans une économie.

2 Les fluctuations de l'activité économique expliquent le **chômage conjoncturel** : l'absence ou la faiblesse des débouchés anticipés conduit les employeurs à licencier et/ou à l'imiter l'embauche. Les **politiques de relance** de la demande permettent de limiter cette hausse du chômage.

3 La présence d'**institutions** encadrant le marché du travail peut être à l'origine d'un **chômage classique** ou d'un **chômage volontaire**. Plusieurs politiques visent à réduire ce type de chômage, en particulier abaisser le coût du travail ou inciter monétairement les chômeurs à reprendre un emploi.

4 L'information imparfaite ou les problèmes d'appariement vont également créer un **chômage frictionnel** à court terme ou un **chômage d'inadéquation** (chômage structurel). Les politiques de formation ou l'accompagnement des chômeurs sont des solutions pour lutter contre ce chômage.

5 Les **politiques de flexibilisation** du marché du travail, qui visent à faciliter l'entrée et la sortie du marché du travail, peuvent faciliter l'embauche et limiter le **chômage de longue durée**, mais peuvent également accroître les inégalités et la précarité.

→ Définitions des notions p. 60-67

LE COURS en 3 parties

1. La mesure du chômage et du sous-emploi

a. La mesure du chômage

→ Le **chômage** désigne au **sens du BIT** les personnes de 15 ans ou plus, sans emploi lors d'une semaine de référence, disponible pour occuper un emploi dans les 15 jours et recherchant activement un emploi.

→ **Pôle emploi** comptabilise aussi les chômeurs **demandeurs d'emploi en fin de mois (DEFM)**. Cette mesure administrative regroupe les chômeurs en cinq catégories. La **catégorie A**, qui rassemble les individus sans emploi tenus de rechercher un emploi, est la plus proche de la définition au sens du BIT. Les **catégories B et C** comprennent les personnes en recherche d'emploi mais ayant exercé une activité courte ou longue. Il s'agit donc des personnes qui souhaiteraient travailler plus, mais subissent un temps partiel (sous-emploi). Les **catégories D et E** rassemblent les chômeurs non disponibles pour travailler et non astreints à une recherche d'emploi.

b. La mesure du sous-emploi

→ Les personnes en **sous-emploi** font partie du « **halo du chômage** », qui désigne les personnes qui ne sont pas au chômage au sens du BIT, mais **dont la situation s'apparente à du chômage**. Au sens large (Doc 1), le halo décrit toutes les situations intermédiaires entre emploi, chômage et inactivité. En 2019, 1,6 million de personnes appartiennent au halo du chômage.

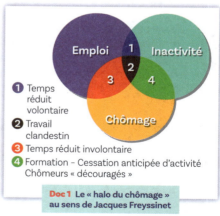

❶ Temps réduit volontaire
❷ Travail clandestin
❸ Temps réduit involontaire
❹ Formation – Cessation anticipée d'activité Chômeurs « découragés »

Doc 1 Le « halo du chômage » au sens de Jacques Freyssinet

MOTS CLÉS

Sous-emploi : situation d'individus ayant un emploi à temps partiel souhaitant travailler plus, ainsi que ceux ayant involontairement travaillé moins que d'habitude (chômage partiel, technique).

Halo du chômage : ensemble des individus proches du chômage mais non considérés comme chômeurs (personnes qui n'ont pas effectué de démarche active de recherche d'emploi ou qui ne sont pas disponibles dans les deux semaines pour travailler).

2. Les différents facteurs explicatifs du chômage

a. Les conséquences des fluctuations sur le niveau du chômage

John Maynard Keynes (1883-1946)
Économiste britannique qui met au cœur de son analyse le rôle de la demande (*Théorie générale de l'emploi, de l'intérêt et de la monnaie*, 1936).

→ Pour **John Maynard Keynes**, la **demande effective** est le niveau de la demande anticipé par les entreprises. Elle dépend du niveau de consommation et d'investissement estimé. ==La demande effective détermine le niveau de production et, par conséquent le niveau d'emploi.== Le niveau d'embauche va permettre de distribuer des salaires qui soutiendront la demande.

→ **Si la demande anticipée est faible**, les producteurs ne sont pas incités à produire plus, voire diminuent le niveau de production. Cela réduit les embauches et augmente les licenciements. On parle de **chômage keynésien**.

→ Il y a alors **équilibre entre offre et demande** sur le marché des biens. Mais le niveau de production atteint ne permet pas d'occuper toute la main-d'œuvre. Il s'agit d'un **équilibre de sous-emploi**, qui se traduit par un **chômage involontaire**. Dans ce cas, le **chômage** est qualifié de **conjoncturel**, lié aux variations conjoncturelles de la demande globale.

→ L'**écart de production** (*output gap*) désigne la différence entre PIB potentiel et effectif. Le PIB potentiel est le niveau de production que peut atteindre une économie si elle utilise pleinement ses capacités de production (travail, capital et technologie). La **loi d'Okun** établit une relation entre le taux de croissance du PIB et la variation du taux de chômage. ==Si la croissance effective est inférieure à la croissance potentielle, l'*output gap* se creuse et l'économie s'éloigne du plein emploi.== Le chômage s'accroît donc lorsque l'écart de production se creuse.

MOTS CLÉS

Équilibre de sous-emploi : au sens de Keynes, situation où coexistent un équilibre sur le marché des biens et un niveau d'emploi insuffisant pour occuper tous les chômeurs.

Chômage involontaire : situation dans laquelle les entreprises anticipent un niveau de demande insuffisant pour fixer un niveau de production et d'emploi permettant d'embaucher tous les chômeurs qui, de fait, ne sont pas responsable de leur chômage.

Chômage conjoncturel : chômage lié à un ralentissement temporaire de l'activité économique. À la différence du chômage structurel, doit pouvoir se résorber avec le retour de la croissance.

→ La sensibilité du chômage à l'augmentation de la croissance **varie d'un pays à l'autre**. En France, l'économie crée par exemple des emplois à partir d'un taux de croissance de 1,9 %. Ce taux était plus élevé au cours des années 1960. La croissance est devenue « plus riche en emplois » car la productivité a baissé (voir chapitre 1).

b. Des caractéristiques du marché du travail à l'origine du chômage structurel

➜ **Même lorsque la conjoncture économique est favorable, le taux de chômage peut rester élevé.** Il existe un **chômage structurel**.

> **MOTS CLÉS**
>
> **Chômage structurel :** il est lié à des mutations des structures de l'économie (démographiques, économiques, sociales, etc.), qui peuvent se traduire par des difficultés d'ajustement du marché du travail.
>
> **Coût du travail :** totalité des coûts supportés par l'employeur (somme du salaire net versé au salarié + cotisations sociales patronales et salariales).

➜ Le **chômage** est dit « **classique** » s'il est lié à un **coût du travail** trop élevé qui décourage l'embauche. Il décrit notamment la situation où le coût du travail est supérieur à la **productivité du salarié**. Comme le salarié rapporte moins que ce qu'il coûte à l'employeur, ce dernier n'a aucun intérêt à maintenir son emploi ou à embaucher un travailleur supplémentaire pour ce niveau de salaire. Pour décider s'il embauche, le producteur compare la **productivité marginale du travailleur** à son coût du travail (**Doc 2**).

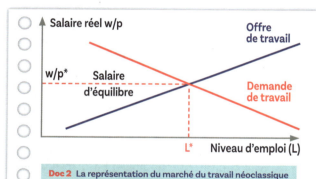

Doc 2 La représentation du marché du travail néoclassique

• La **demande de travail** émane des entreprises (offre d'emploi). Elle est une **fonction décroissante du salaire réel** et dépend de la productivité marginale du travail.

• L'**offre de travail** émane des travailleurs (demande d'emploi). Elle est une **fonction croissante du salaire réel** qui doit compenser la préférence des travailleurs pour le loisir.

• À l'équilibre, le salaire réel (w/p*) permet d'occuper tous les travailleurs. Le chômage ne peut alors être que **volontaire**.

> **MOTS CLÉS**
>
> **Chômage d'inadéquation :** composante du chômage structurel qui traduit la mauvaise qualité du processus d'appariement entre l'offre et la demande de travail.
>
> **Qualifications :** aptitudes nécessaires pour occuper un poste de travail. Elles résultent de la formation initiale, de la formation continue et de l'expérience acquise.

➜ Le **chômage structurel** peut aussi s'expliquer par l'absence de rencontre immédiate entre offre et demande de travail. Cela tient à la **qualité de l'appariement**, c'est-à-dire la facilité qu'ont les entreprises à remplir un poste vacant et celle qu'a un chômeur à trouver un emploi correspondant à ses attentes.

➜ Le **chômage d'inadéquation** découle d'un mauvais appariement, dû par exemple à des problèmes de mobilité géographique ou d'absence d'adéquation entre les **qualifications** et attentes des chômeurs et les besoins des employeurs (**Doc 3**).

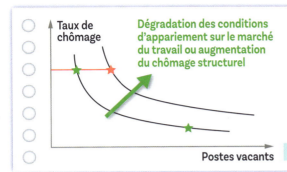

Doc 3 La courbe de Beveridge

La **courbe de Beveridge** décrit comment la dégradation des conditions d'appariement (impact du progrès technique sur la qualification des actifs, dégradation de la qualité de la formation ou du système éducatif) conduit à une présence importante d'emplois vacants alors que le nombre de chômeurs est élevé.

> **MOT CLÉ**
>
> **Chômage frictionnel :** chômage lié aux délais de transition entre deux emplois du fait d'un temps de recherche d'information sur les emplois ou pour organiser une mobilité.

→ D'autre part, l'**information imparfaite** peut engendrer des difficultés de rencontre entre offre et demande de travail : les chômeurs ne connaissent pas tous les emplois disponibles et doivent prendre le temps de chercher le meilleur poste. On parle alors de **chômage frictionnel**.

→ Les **asymétries d'information** entre employeurs et salariés peuvent avoir un impact sur le niveau de chômage. Dans la **théorie du salaire d'efficience**, les employeurs fixent un **niveau de salaire plus élevé** pour inciter les salariés à être productifs. Mais ce salaire étant **supérieur au salaire d'équilibre** du marché, il occasionne du chômage pour les personnes pourtant prêtes à travailler au salaire d'équilibre.

LE PETIT +

→ **La théorie du salaire d'efficience** établit un lien entre niveau des salaires et productivité des travailleurs. Pour l'employeur, un **salaire plus élevé résout** en effet **le risque d'aléa moral**, à savoir, ici, la possibilité qu'une fois le contrat signé, le travailleur fournisse moins d'efforts. Si le salaire est plus élevé que le salaire d'équilibre, le travailleur ne prendra pas le risque de perdre son emploi par une attitude de « tire-au-flanc » (J. Stiglitz). En outre, un salaire plus élevé **réduit le risque de sélection adverse** en attirant les meilleurs candidats (J. Yellen). Enfin, un meilleur salaire **stimule la productivité** en valorisant les salariés (G. Akerlof, J. Yellen).

c. Les effets des institutions sur le chômage structurel

> **MOT CLÉ**
>
> **Salaire minimum :** rémunération minimale (salaire plancher) qu'un employeur peut légalement accorder à un employé pour un travail.

→ L'État fixe des **règles encadrant le fonctionnement du marché du travail**. Certaines expliquent une partie du chômage. Ainsi, l'existence d'un **salaire minimum** peut impliquer un coût du travail fixé légalement au-delà de la productivité des travailleurs les moins qualifiés (**Doc 4**).

→ Cela peut conduire à une situation de **chômage classique**. En effet, il rend l'embauche des salariés les moins qualifiés plus coûteuse et peut exclure du marché du travail.

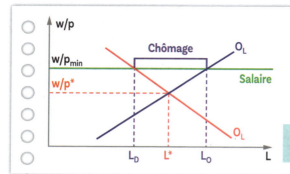

La hausse du salaire minimum est défavorable aux travailleurs peu productifs car les entreprises n'embauchent pas de salariés dont la **productivité marginale** est inférieur au salaire minimum.

Doc 4 Effet de l'existence d'un salaire minimum sur le marché du travail néoclassique

> 💡 **MOTS CLÉS**
>
> **Chômage volontaire :** chômage qui provient du refus des individus de travailler pour un niveau de salaire inférieur à leur salaire de réservation.
>
> **Trappe à inactivité :** cas où les individus s'enferment dans l'inactivité faute d'incitation à la reprise d'emploi.

→ Chez les néoclassiques, le chômage est avant tout volontaire, puisqu'au niveau du salaire d'équilibre, toutes personne souhaitant travailler peut être embauchée. Les allocations chômage participent selon eux au développement d'un **chômage volontaire**. Ce revenu de transfert crée en effet un **salaire de réservation** en deçà duquel les individus ne souhaitent pas travailler. La **théorie du « job search » ou de la prospection d'emploi** souligne que, grâce à ces allocations, les chômeurs peuvent chercher un emploi plus longtemps.

→ Dans certains cas, si l'écart entre les revenus de transfert (allocation chômage ou minima sociaux) et le salaire perçu lors d'une reprise d'emploi est trop faible, cela enferme les individus dans une « **trappe à inactivité** ». La reprise d'emploi apparaît plus coûteuse que le maintien au chômage.

LE PETIT +

→ **La théorie du « job search » ou de la prospection d'emploi** (G. Stigler, 1981)

Les offreurs de travail ont une **connaissance imparfaite** de tous les emplois disponibles. La **recherche d'information** présente un **coût d'opportunité** (absence de salaire), mais aussi l'avantage de permettre de trouver un **emploi plus adapté et mieux rémunéré**. Le chômage peut alors se prolonger le temps que les chômeurs trouvent un emploi qui corresponde à leurs caractéristiques. L'existence d'**indemnités chômage** allège le coût du temps de recherche et favorise donc la **prolongation du chômage**.

→ La fixation d'un niveau de salaire réel au-dessus de sa valeur d'équilibre peut découler de l'action des **syndicats**. La **théorie des « insiders/outsiders »** souligne l'opposition entre les salariés déjà employés dans l'entreprise (les insiders) et les chômeurs (les outsiders).

> **La théorie des « insiders/outsiders »** (A. Lindbeck et D. Snower, 1988)
>
> Les **insiders** (actifs occupés) ont plus d'information et de pouvoir de négociation que les **outsiders** (chômeurs). Ils utilisent leur pouvoir de négociation pour demander des hausses de salaires, au détriment de l'embauche d'outsiders. Cette théorie **explique le chômage involontaire et la persistance du chômage** : les insiders freinent la baisse du salaire et empêchent les outsiders de se faire embaucher pour un salaire plus bas.

MOTS CLÉS

Flexibilité du marché du travail : absence de rigidités (notamment institutionnelles) au fonctionnement du marché du travail.

Flexibilité quantitative externe : elle consiste à adapter les effectifs aux besoins de la production, en recourant à des contrats courts (contrat à durée déterminée, intérim) ou à des licenciements.

➜ Enfin, certaines règles de protection de l'emploi (règles contraignant notamment le licenciement) peuvent limiter la **flexibilité du marché du travail**, ce qui peut empêcher les entreprises d'ajuster rapidement les effectifs à leurs besoins, et donc de **limiter les flux entre emploi et chômage**.

➜ Il semble en effet que la **flexibilité quantitative externe** affecte moins le niveau d'emploi et de chômage que les flux d'entrée et de sortie sur le marché du travail. Cela induirait ==plus d'entrées et de sortie du chômage, mais pour une durée de chômage plus courte==. Les flux de création et de destruction d'emploi seraient ainsi deux fois plus importants aux États-Unis (où le marché du travail est particulièrement flexible) qu'en France.

Les outils de lutte contre les différents types de chômage

a. La lutte contre le chômage conjoncturel

➜ Comme le chômage keynésien découle d'un déficit de demande sur le marché des biens et services, une **politique budgétaire de relance** de la demande (une hausse des dépenses publiques par exemple) peut inciter les entreprises à embaucher pour répondre à ces débouchés supplémentaires. Le **multiplicateur budgétaire** permet de calculer l'impact de la hausse des dépenses publiques sur la production.

MOT CLÉ

Effets d'hystérèse : hausse du chômage suite à une crise peut se révéler durable si les chômeurs ne parviennent pas à retrouver facilement un emploi. Le chômage conjoncturel devient alors structurel.

➜ Cette **politique conjoncturelle** peut également éviter les **effets d'hystérèse**.

En effet, si la **récession** se prolonge, **le chômage conjoncturel peut se transformer en chômage structurel**, du fait par exemple de la dégradation des qualifications des chômeurs ou de leur recherche moins active (découragement).

b. La lutte contre le chômage classique

→ La **réduction du coût du travail** est le principal levier de lutte contre le chômage classique. Elle passe principalement par la **réduction des cotisations sociales**. Cela **améliore la compétitivité prix et favorise l'embauche de salariés peu qualifiés**, sans avoir à baisser leur salaire.

> **MOT CLÉ**
>
> **Trappe à bas salaire :** phénomène de tassement des rémunérations vers le bas de l'échelle salariale mais aussi d'aplatissement de la carrière salariale, qui illustre l'absence d'incitation pour les employeurs à augmenter la rémunération de certains travailleurs.

→ Ces mesures peuvent cependant engendrer des effets pervers, comme les **trappes à bas salaires**. En effet, puisque les réductions des cotisations sociales sont plus faibles ou disparaissent lorsque les salaires sont plus élevés, les employeurs ont intérêt à les faire stagner pour pouvoir bénéficier d'exonérations pour un plus grand nombre de salariés.

→ Par ailleurs, elles représentent un **coût important pour les finances publiques** et un **risque d'effet d'aubaine** si des employeurs bénéficient de la mesure alors qu'ils auraient de toute façon embauché.

c. La mise en œuvre de politiques actives

→ Si les **politiques passives** d'emploi visant à indemniser les chômeurs sont toujours très importantes, les économies engagent de plus en plus de **politiques actives** ou « **politiques d'activation** ». Celles-ci **visent la réduction du chômage structurel en améliorant la qualité de l'offre de travail, en agissant sur les incitations à travailler et en améliorant l'appariement par une formation professionnelle des chômeurs**.

→ Les **politiques d'accompagnement des chômeurs** permettent de lutter **contre le chômage frictionnel**. Ainsi, en les aidant à trouver des postes correspondant à leur qualification, on réduit le temps moyen passé à chercher un emploi. Mettre en place des incitations monétaires au retour à l'emploi, en brisant les trappes à inactivité, est un moyen complémentaire dans cette lutte. C'est l'objectif de la **prime d'activité**, qui incite les travailleurs peu qualifiés à accepter un emploi.

→ Les **politiques de formation luttent contre le chômage d'inadéquation**. Elles aident les chômeurs à avoir des niveaux de qualification qui correspondent aux besoins de l'économie, encourageant ainsi la **mobilité professionnelle** et le développement de nouveaux secteurs de production.

d. Les conséquences de la flexibilisation du marché du travail sur l'emploi

> **MOT CLÉ**
>
> **Flexibilité quantitative interne :** baisse de la rigidité du temps de travail (travail le dimanche…), temps partiel ou chômage partiel.

→ Les **politiques de flexibilisation du marché du travail** ont pour but de **favoriser la création d'emploi**. Elles doivent favoriser l'adaptation des effectifs (**flexibilité externe**) et du temps de travail (**flexibilité interne**) pour améliorer la productivité.

MOTS CLÉS

Segmentation du marché du travail : coexistence de plusieurs marchés fonctionnant avec des règles différentes.

Flexisécurité : politiques cherchant à concilier les avantages de la flexibilité en termes de compétitivité, avec les avantages d'un niveau élevé de protection sociale et de formation des travailleurs.

→ La **hausse de la flexibilité** peut néanmoins conduire à une **hausse de la précarité** et à une **dégradation des conditions de travail**. Cela engendre également une **segmentation du marché du travail**, qui peut être responsable d'une hausse des inégalités : on parle de travailleurs pauvres lorsque les revenus du travail de ces actifs occupés sont inférieurs au seuil de pauvreté.

→ Dans la **théorie de la dualisation du marché du travail**, le marché du travail se divise en deux sous-marchés cloisonnés : un **marché primaire** caractérisé par une forte protection de l'emploi et des perspectives de carrières et salariales ; et un **marché secondaire**, plus précaire, dont les conditions de travail sont moins favorables. Dans le premier domine l'**emploi typique** (à temps plein et durée indéterminée) et dans le second des **emplois atypiques** (contrats courts, comme l'intérim et les CDD, et temps partiels).

→ Les **politiques de flexisécurité**, inspirées du modèle danois (**Doc 5**), essaient de concilier les avantages de la **flexibilité** du marché du travail avec une forte **protection des salariés**, à travers un système protecteur d'indemnisation et des politiques actives d'emploi. ==Les employeurs peuvent ajuster les effectifs salariés à leurs besoins et, en contrepartie, les chômeurs bénéficient d'aides financières et d'un accompagnement important pour retrouver un emploi.==

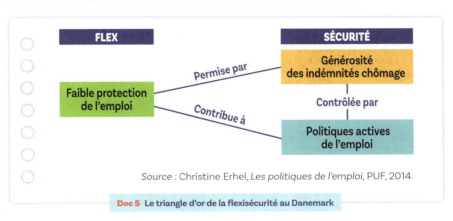

Source : Christine Erhel, *Les politiques de l'emploi*, PUF, 2014.

Doc 5 Le triangle d'or de la flexisécurité au Danemark

LE PETIT +

→ **La théorie de la dualisation du marché du travail** (M. Piore, P. Doeringer, 1971)

Le marché du travail a tendance à se polariser entre un **marché primaire**, caractérisé par une forte protection de l'emploi et des perspectives de carrière et salariale, et un **marché secondaire**, où la précarité de l'emploi est forte, les conditions de travail moins satisfaisantes et le niveau de salaire faible. Les individus qui occupent des emplois précaires sont plus souvent moins qualifiés et plus facilement remplaçables. Les employeurs sont alors moins enclins à accepter des augmentations de salaire.

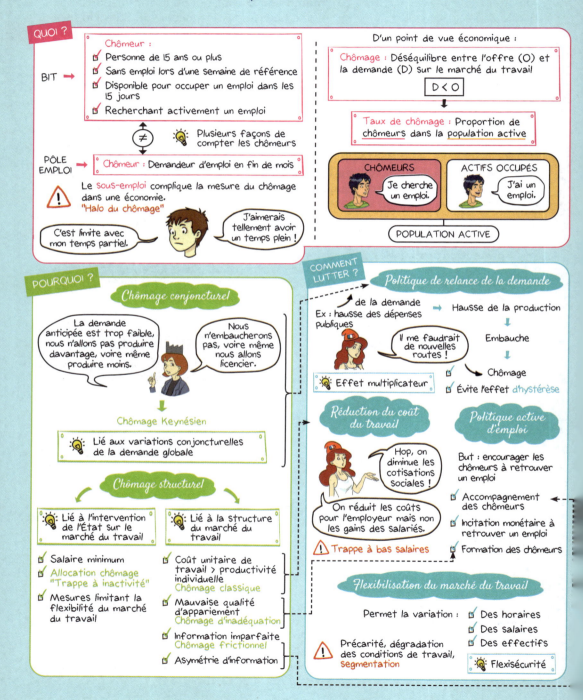

Une citation clé

> « Les deux vices marquants du monde économique où nous vivons sont le premier que le plein emploi n'y est pas assuré, le second que la répartition de la fortune et du revenu y est arbitraire et manque d'équité. »
>
> **John Maynard Keynes**, 1936.

NE PAS CONFONDRE

- Chômage au sens du BIT/de Pôle emploi
- Sous-emploi/halo du chômage
- Emploi typique/atypique
- Chômage classique/chômage keynésien
- Chômage structurel/conjoncturel
- Chômage volontaire/involontaire
- Salaire d'équilibre/équilibre de sous-emploi
- Taux d'activité/trappe à inactivité
- Politique active/passive d'emploi
- Flexibilité/flexisécurité
- Flexibilité quantitative interne/externe

Les principales théories

Assure-toi que tu es capable de mettre en lien les théories suivantes avec l'analyse des causes du chômage.

- La loi d'Okun et l'impact d'un écart de production élevé sur le chômage.
- La courbe de Beveridge et la coexistence d'emplois vacants et de chômage.
- L'insuffisance de la demande effective et le chômage involontaire chez John Maynard Keynes.
- L'analyse néoclassique du chômage volontaire et de l'impact d'un salaire minimum sur le chômage.
- La théorie du salaire d'efficience et l'effet des asymétries d'information sur le niveau de chômage.
- La théorie de la dualisation du marché du travail entre marché primaire et marché secondaire.

BILAN

SE TESTER
– Mobiliser ses connaissances –

1. Vrai ou faux ?

		Vrai	Faux
a	Le taux d'emploi mesure le rapport entre le nombre d'actifs occupés et la population totale en âge de travailler.	☐	☐
b	Le halo du chômage, au sens large, décrit les situations intermédiaires entre actifs occupés et chômeurs.	☐	☐
c	Le sous-emploi mesure l'ensemble des actifs occupés qui souhaiteraient travailler plus et sont donc en temps partiel subi ou au chômage technique (ou chômage partiel).	☐	☐
d	Les politiques de relance budgétaire permettent de lutter contre le chômage structurel.	☐	☐
e	Le coût du travail pour l'entreprise ne se limite pas au salaire brut du salarié.	☐	☐
f	Des coûts du travail trop élevés sont responsables du chômage classique.	☐	☐
g	La formation permet de lutter contre le chômage keynésien.	☐	☐

2. Coche la ou les bonne(s) réponse(s).

1. Le chômage volontaire :
- a résulte, selon les néoclassiques, d'un refus du travailleur de travailler pour le salaire d'équilibre par préférence pour le loisir. ☐
- b est une composante du chômage keynésien. ☐
- c peut dépendre du niveau des indemnités chômage, qui affecte le salaire de réserve. ☐

2. Le processus d'appariement :
- a renvoie au problème de l'adéquation entre l'offre et la demande de travail. ☐
- b peut être amélioré par une meilleure mobilité et formation des chômeurs. ☐
- c est le résultat d'un coût de travail trop élevé. ☐

3. La lutte contre le chômage structurel :
- a se fait par des politiques actives d'accompagnement des chômeurs. ☐
- b peut passer par une incitation financière au retour à l'emploi. ☐
- c consiste à augmenter les revenus des ménages. ☐

4. La flexibilité qualitative interne :
- a passe par l'usage de contrats courts. ☐
- b permet de faire varier la durée du travail des salariés. ☐
- c peut permettre le maintien en emploi par l'usage du chômage partiel. ☐

3. Associe chacun des termes suivants à sa définition.

1. sous-emploi – **2.** emploi atypique – **3.** halo du chômage au sens large
4. demande effective – **5.** chômage volontaire – **6.** chômage involontaire
7. trappe à inactivité ou à pauvreté – **8.** chômage frictionnel
9. chômage d'inadéquation – **10.** aléa moral

a Selon les classiques, chômage lié au refus des individus de travailler pour un salaire d'équilibre jugé trop bas par rapport à leur salaire de réserve.

b Chômage transitoire lié au temps de recherche nécessaire au chômeur pour trouver un autre emploi ou rentrer sur le marché du travail

c Résultat d'une insuffisante incitation à la reprise d'emploi lorsque l'écart entre les revenus sociaux et le revenu du travail est trop faible.

d Emploi qui n'est ni à temps plein, ni à durée indéterminée avec un employeur unique.

e Situation où les compétences de la main-d'œuvre disponible ne correspondent pas aux besoins des entreprises.

f Fait que les frontières entre emploi, chômage et inactivité sont devenues plus floues.

g Chômage lié à l'insuffisance du niveau de production et, par suite, du niveau d'emploi fixé par les entreprises pour absorber toute la population active.

h Situation des actifs occupés qui souhaiteraient travailler plus parce qu'ils occupent un temps partiel involontaire ou sont en chômage partiel.

i Incertitude sur le comportement d'un agent après signature d'un contrat.

j Demande de consommation et d'investissement anticipée par les entreprises.

4. Relie chacune des situations suivantes à l'une des formes de flexibilité.

1. Une entreprise décide de ne pas renouveler 50 % des contrats à durée indéterminée pour faire face au ralentissement de l'activité.

2. Une entreprise fabriquant des ventilateurs demande à ses salariés de faire des heures supplémentaires durant le printemps et l'été pour répondre à la demande.

3. Une entreprise met ses salariés au chômage partiel afin de les maintenir en poste dans la perspective d'une reprise de l'activité.

4. Une entreprise embauche des intérimaires supplémentaires pour faire face à une hausse de la demande qui lui est adressée.

Flexibilité quantitative externe

Flexibilité quantitative interne

Réponses : **1. a.** Vrai – **b.** Faux – **c.** Vrai – **d.** Faux – **e.** Vrai – **f.** Vrai – **g.** Faux • **2.** a, b, c – **3.** a, b – **4.** b, c • **3. 1.** h – **2.** d – **3.** f – **4.** j – **5.** a – **6.** g – **7.** c – **8.** b – **9.** e – **10.** i • **4. 1, 4.** externe – **2, 3.** interne.

SE PRÉPARER POUR L'EXAMEN

Analyser le sujet

SUJET : Les politiques d'allègement du coût du travail sont-elles suffisantes pour lutter contre le chômage ?

Document 1 > Taux de chômage et coûts horaires de la main-d'œuvre en 2019

	Taux de chômage (en %)	Coût horaire de la main-d'œuvre[1] (en euros)
Danemark	5,2	43,5
Allemagne	3,1	34,6
Grèce	16,8	16,1
France	8,4	35,8
Pologne	3,2	10,1
Union européenne à 28[2]	6,3	27,4

D'après Eurostat, 2020.

1. Coûts horaires de la main-d'œuvre en équivalent temps plein (EQTP) des entreprises de plus de 10 salariés, hors agriculture et administration publique.
2. Malgré le Brexit, le Royaume-Uni est encore intégré aux données de l'UE.

Document 2 > Part des entreprises de l'industrie, des services et du bâtiment déclarant rencontrer des barrières à l'embauche[1] (en %)

	Industrie	Bâtiment	Services
Existence de barrières	53	67	43
Incertitude sur la situation économique	25	27	22
Main-d'œuvre compétente indisponible	36	55	29
Coûts liés à l'emploi[2]	15	32	15
Réglementation[3]	11	19	8
Autres	4	2	3

Insee, Enquête de conjoncture, juin 2019.

1. À l'embauche de davantage de salariés en contrat à durée indéterminée (CDI) ou en contrat à durée déterminée (CDD) de longue durée.
2. Coûts de recrutement, cotisations sociales trop élevées, salaires trop élevés
3. Coûts du licenciement, risques juridiques associés au licenciement, pérennité de la législation du travail.

Note : une même entreprise peut signaler plusieurs types de barrières à l'embauche.

Document 3 > Taux de chômage selon le niveau de diplôme et l'âge

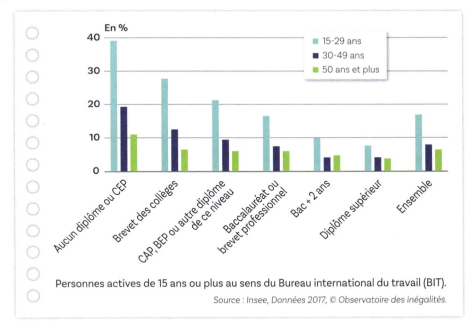

Personnes actives de 15 ans ou plus au sens du Bureau international du travail (BIT).

Source : Insee, Données 2017, © Observatoire des inégalités.

Document 4 > Baisses de charges : stop ou encore ?

La France fait face à un double problème : celui d'un chômage élevé et concentré sur les personnes les moins qualifiées et celui d'une dégradation des parts de marchés, plus rapide que dans les autres pays européens. […] Les allégements récents de prélèvements obligatoires, à l'instar du Crédit d'impôt compétitivité emploi (CICE) et du Pacte de responsabilité, ont poursuivi un double objectif de réduction du chômage et d'amélioration de la compétitivité-prix. […] Les mesures d'allégement de cotisations employeurs sur les bas salaires n'ont cessé de prendre de l'ampleur en France sur les vingt dernières années avec pour premier objectif le soutien à la création d'emplois peu qualifiés par les entreprises […]. L'ampleur des effets sur l'emploi dépend de la capacité des allégements de prélèvements obligatoires à se transformer en baisse effective du coût du travail. Plus elles affectent des niveaux de salaires élevés, plus les baisses de prélèvement ont potentiellement un effet inflationniste sur les salaires. Les travaux d'évaluation sur micro-données d'entreprises trouvent encore des effets positifs pour les mesures d'exonération ciblées jusqu'à 1,6 SMIC, mais les effets deviennent très faibles et peu significatifs au seuil de 2,5 SMIC. […] Certes, au fur et à mesure de l'approfondissement des mesures d'exonérations au niveau du salaire minimum, il est apparu nécessaire d'élargir la fenêtre d'exonération à des niveaux de rémunérations toujours plus éloignés du salaire minimum. Mais cette évolution s'explique par la volonté d'éviter de constituer des trappes à bas salaires et de faire obstacle aux carrières salariales. […] La politique de réduction du coût du travail de 2012 à 2018 a été caractérisée par l'empilement des dispositifs et la modification permanente des barèmes ce qui n'est pas un gage d'efficacité. La bascule du CICE en baisse de charges en 2019 va contribuer à simplifier les instruments et à stabiliser dans l'avenir les mesures et leurs barèmes, en particulier celles ciblées sur les salaires inférieurs à 1,6 SMIC dont l'efficacité a pu être démontrée.

Yannick L'Horty, Philippe Martin et Thierry Mayer, « Baisses de charges : stop ou encore ? », *Les notes du Conseil d'analyse économique*, n° 49, janvier 2019. ∎

MÉTHODE

Méthode et corrigé

Définir les mots clés

- **Politiques d'allègement du coût du travail** : politique publique de réduction du coût du travail par une exonération des cotisations sociales patronale sur les bas salaires.
- **Lutter contre le chômage** : il s'agit de réduire le chômage (définition du BIT) en mettant en œuvre une politique volontariste. Ici, il s'agit de combattre le chômage de type classique, lié à l'insuffisante rentabilité de l'offre.
- **Sont-elles suffisantes** : cette expression sous-entend qu'il faut évaluer l'efficacité de ces politiques.

Délimiter le cadre spatio-temporel

Comme ces politiques sont particulièrement utilisées en France depuis 1995, nous nous concentrerons sur la France. Depuis les années 1990, est mise en œuvre une réduction du coût du travail pour gagner en compétitivité prix face à la concurrence étrangère, tout en favorisant l'emploi des moins qualifiés, qui sont les plus exposés au chômage.

Comprendre la nature du travail attendu et déterminer le type de plan adapté

Le **plan de type dialectique**, qui permet de confronter des arguments, semble le plus adapté pour évaluer l'efficacité des politiques d'allègement des cotisations sociales sur les bas salaires pour lutter contre le chômage. Il induit une réponse de type « oui, mais »/« non, mais ».

COUP DE POUCE

Tu peux t'appuyer sur la méthode de la dissertation, p. 8.

Identifie la nature du travail demandé et montre la différence entre le sujet proposé et les sujets suivants.

- « *Montrez par quels mécanismes la baisse du coût du travail permet de réduire le chômage* »
  > Ce sujet induit une réponse sous forme de **plan analytique** décrivant les mécanismes conduisant à la baisse du chômage.

- « *Dans quelle mesure la baisse du coût du travail permet-elle de réduire le chômage ?* »
  > Ici, le sujet est très proche du tien et appelle une **réponse dialectique**. L'expression « dans quelle mesure » implique une évaluation de l'efficacité de la baisse du coût du travail. Mais le sujet est plus large que les politiques d'allègement des charges, il cherche à discuter plus précisément du chômage classique.

- « *Quels liens établir entre coût du travail et chômage ?* »
  > Ce sujet attend une mise en relation entre coût du travail et niveau du chômage.

Élaborer la problématique

Voici une **problématique possible** :
> Les politiques d'allègement du coût du travail sont-elles efficaces pour lutter contre le chômage ? À quelles limites se heurtent-elles ?

Ta démonstration doit donc présenter les avantages et réussites de cette politique, décrire les critiques qui peuvent lui être adressée (effets pervers) et enfin souligner qu'elles ne permettent pas de résoudre toutes les causes du chômage.

Proposition de plan détaillé

I. Les politiques d'allègement du coût du travail sont efficaces pour lutter contre le chômage classique.

A. *Les politiques d'allègement du coût du travail incitent les demandeurs de travail à embaucher...*
1. La baisse du coût du travail limite le chômage classique (**Doc 1**).
2. La flexibilité salariale est favorable à l'emploi (**Doc 2**).

B. *... ce qui est d'autant plus nécessaire dans le contexte actuel (**Doc 3**).*
1. L'allègement du coût du travail améliore la compétitivité prix.
2. Et réduit l'impact du progrès technique biaisé en baissant le coût du travail des peu qualifiés.

II. Mais elles peuvent avoir des effets pervers.

A. *La baisse du coût du travail est défavorable aux offreurs de travail.*
1. La baisse du salaire limite l'offre de travail.
2. La baisse du coût du travail peut créer des trappes à bas salaires (**Doc 3**).

B. *La baisse du coût du travail peut peser sur le chômage keynésien.*
1. La baisse des salaires limite la demande, ce qui crée du chômage.
2. La multiplicité des dispositifs peut créer de l'incertitude (**Doc 3**).

III. Elles doivent donc être complétées par d'autres dispositifs favorisant les offreurs.

A. *Il faut sécuriser le revenu des offreurs de travail.*
1. « Rendre le travail payant » pour les offreurs de travail.
2. Associer flexibilité et sécurité.

B. *Il faut s'assurer de l'adéquation entre offre et demande de travail.*
1. Favoriser la formation (**Doc 2**).
2. Subventionner l'embauche de chômeurs de longue durée.

Les sujets qui peuvent tomber au Bac...

Dissertation **Épreuve composée-3**

→ En quoi le chômage touche-t-il inégalement les actifs ?
→ Les politiques de soutien à la demande globale permettent-elles de réduire le chômage ?
→ Comment la flexibilité du marché du travail peut-elle réduire le chômage ?
→ Comment lutter contre le chômage structurel ?
→ Vous montrerez que différentes politiques pour l'emploi peuvent se compléter pour lutter contre le chômage.*

→ Vous présenterez les effets des asymétries d'information et de la segmentation du marché du travail sur son fonctionnement.

Épreuve composée-1

→ Comment l'insuffisance de la demande anticipée peut-elle expliquer le chômage ?*
→ Comment la flexibilité du marché du travail peut-elle réduire le chômage ?
→ Quelle est l'influence du salaire d'efficience sur le fonctionnement du marché du travail ?

*Sujets corrigés p. 264 et 297

Pour aller plus loin

À lire

> Jérôme Gautié, *Le Chômage*, La Découverte, « Repères », 2015.
> Patrick Cotelette, *Économie du travail et des politiques de l'emploi*, 2018.
> Christine Erhel, *Les Politiques de l'emploi*, PUF, « Que sais-je ? », 2014.

À voir

Film

> Ken Loach
> *Moi, Daniel Blake*, 2016

Vidéos en ligne

> « Comment lutter contre le chômage ? », *Dessine-moi l'éco* :
> www.drawmyeconomy.com/comment-lutter-contre-le-chomage

> « D'où vient le chômage ? Y a-t-il un remède ? », *Dessine-moi l'éco* :
> www.dessinemoileco.com/dou-vient-cho%CC%82mage-y-t-il-remede

> « Comment mesure-t-on le chômage ? », *Dessine-moi l'éco* :
> www.dessinemoileco.com/mesure-t-on-chomage

> « La France peut-elle adopter la flexisécurité ? » :
> www.lumni.fr/video/la-france-peut-elle-adopter-la-flexisecurite

À consulter

Sites Internet de référence

> Le site de la Dares (Direction de l'animation de la recherche, des études et des statistiques) :
> www.dares.travail-emploi.gouv.fr

> Le site de l'Insee, *Emploi, chômage, revenus du travail* :
> www.insee.fr/fr/statistiques/2891780
> Des données annuelles sur les chiffres du chômage et la situation du marché du travail en France.

Ton **KIT DE SURVIE** pour le **BAC** avec SCHOOLMOUV

Chapitre 3

Comment lutter contre le chômage ?

Tu viens de voir les notions à connaître sur les politiques de lutte contre le chômage. Pour t'aider à retenir l'essentiel et t'entraîner pour le Bac, voici ton kit de révisions clé en mains conçu par SchoolMouv !

Vidéo

Pour mieux comprendre et t'en souvenir à coup sûr, regarde la vidéo. C'est parfois bien plus clair en images.

Vidéo Définir et mesurer le chômage

https://flashbelin.fr/focusbacschoolmouv/ses/3

Contenu additionnel

Voici un bonus autour du même sujet. La curiosité n'est pas toujours un vilain défaut. Il suffit de créer ton compte pour avoir accès à plein de contenus supplémentaires.

Fiche Comment expliquer le chômage ?

https://www.schoolmouv.fr/eleves/cours/les-explications-du-chomage-en-science-economique/fiche-de-cours

Tchat avec un prof

Pour poser toutes tes questions à un prof particulier, découvre l'abonnement tchat. Tu peux le tester gratuitement pendant 7 jours : fini les questions sans réponses, tu vas devenir incollable.

https://focusbac.schoolmouv.fr/offre

4 Comment les crises et réguler le

LES BASES

Rappels 1re

Notions

→ **Action** : titre représentatif d'une partie du droit de propriété sur une entreprise, qui donne droit au versement d'un dividende (bénéfice distribué).

→ **Agents à besoin de financement** : agents qui ont des dépenses supérieures à leurs ressources et doivent s'endetter.

→ **Agents à capacité de financement** : agents qui ont des dépenses inférieures à leurs ressources et accumulent une épargne qu'ils peuvent prêter (le plus souvent les ménages).

→ **Financement externe** : recours des entreprises à l'emprunt, soit auprès des marchés financier (financement direct), soit par le recours à des intermédiaires financiers (financement indirect).

→ **Financement interne** : repose sur l'épargne brute accumulée par l'entreprise et qui compose l'autofinancement.

→ **Marché des capitaux** : composé du marché monétaire (marché interbancaire et marché des titres de créances négociables), qui est le marché des capitaux à court terme, et du marché financier, qui est le marché des capitaux à long terme (actions, obligations…).

→ **Obligation** : titre de créance à long terme émis par les entreprises ou les États pour emprunter en contrepartie du versement d'un taux d'intérêt.

Mécanisme

Baisse des taux d'intérêt → Hausse des emprunts bancaires → Hausse de la masse monétaire → Hausse de l'inflation

expliquer financières système financier ?

L'ESSENTIEL EN 5 POINTS

1 Une **crise financière** est caractérisée par une perturbation brutale du système financier, qui peut prendre la forme d'une chute des cours de la bourse (**crise boursière**), de faillites d'entreprises et de banques ; ce qui, comme lors de la crise de 1929, puis celle de 2008, conduit à une chute du PIB et à une progression du chômage.

2 L'**endettement** des agents économiques participe à la formation de **bulles financières**. La crise se prépare dans les phases de croissance, lorsque la **confiance** des investisseurs les pousse à emprunter (« **paradoxe de la tranquillité** »). La hausse des crédits entretient alors la hausse des prix et encourage encore l'emprunt, mais aussi des crédits de plus en plus risqués.

3 Par des **comportements mimétiques**, les agents amplifient les **bulles spéculatives** : les prix se déconnectent de plus en plus de la valeur fondamentale des titres. Par des **prophéties autoréalisatrices**, les phénomènes anticipés se produisent.

4 Le système bancaire est exposé à un **risque de crédit** et peut faire face à un **risque d'illiquidité** lors de **paniques bancaires**, pouvant entraîner des **faillites en chaîne**. La diffusion de la **crise financière** et bancaire à la sphère réelle passe par la contraction du crédit, les effets de richesse négatifs et la **déflation par la dette**.

5 Les crises financières accentuant le **risque systémique**, les pouvoirs publics cherchent à réguler le système financier pour éviter de devoir refinancer le secteur bancaire et de créer un **aléa moral**. Mais la **régulation** est complexe à mettre en œuvre.

→ *Définitions des notions p. 80-89*

LE COURS en 3 parties

1. Les caractéristiques des crises financières : l'exemple des crises de 1929 et 2008

a. Cycles et crises

MOTS CLÉS

Récession : selon l'Insee, recul du PIB pendant au moins deux trimestres.

Marché boursier : marché financier sur lequel s'échangent des actions, ce qui détermine le cours des actions cotées en bourse, selon la loi de l'offre et de la demande.

→ Une **crise économique** est le **retournement de la conjoncture** dans un cycle économique après une période de prospérité. La **récession**, éventuellement accompagnée d'une **déflation**, correspond à la phase descendante du cycle, période durant laquelle la production diminue. Lorsqu'elle se prolonge, la récession devient une **dépression**.

→ Une **crise financière** est une perturbation brutale du système financier. Elle peut s'expliquer par : une **crise boursière**, c'est-à-dire l'effondrement du **marché boursier** ; une **crise bancaire** caractérisée par des difficultés rencontrées par les banques ; une **crise de change**, qui est l'effondrement brutal du cours d'une ou plusieurs devises ; ou encore une **crise obligataire**, qui se traduit par la hausse brutale des taux des emprunts d'État.

→ Les crises de 1929 et de 2008 sont caractérisées par des **krachs boursiers**, c'est-à-dire un **effondrement brutal et spectaculaire** des **cours des actions** cotées en bourse, et plus généralement des titres financiers sur un marché financier. Les investisseurs sont prêts à vendre leurs actions, leurs titres, à n'importe quel prix, car ils **anticipent** une baisse encore plus importante des prix. On peut aussi parler de krach immobilier (chute des prix des maisons).

b. Les caractéristiques de la crise de 1929

→ Dans les périodes d'expansion, les agents ont **confiance** en l'avenir et prennent des **risques croissants**. C'est le « **paradoxe de la tranquillité** » (Hyman Minsky). La crise de 1929 suit ainsi une période de croissance dynamique, celle des années 1920 (les « années folles » ou *Roaring Twenties*) soutenue par d'importants gains de productivité, liés à la généralisation du modèle fordiste et à une hausse de la production industrielle.

MOT CLÉ

Bulle spéculative : augmentation auto-entretenue et excessive de l'écart entre le prix et la valeur fondamentale d'un actif (action, obligation, monnaie, matière première, etc.).

→ Le **crédit** se développe. Le montant des crédits bancaires est multiplié par douze entre 1924 et 1929 tandis que, sur les marchés des capitaux, les Américains sont encouragés à **acheter des actions à crédit** grâce à un système leur permettant de payer seulement 10 % de leur valeur. Du fait notamment de cette innovation financière, à Wall Street, la valeur totale des actions des sociétés cotées augmente de 250 % de 1925 à 1928. La **dynamique haussière** des cours nourrit les **anticipations** (les espoirs) de plus-values, qui motivent les achats d'actions, lesquels alimentent la hausse de leur prix... et donc des phénomènes de **bulles spéculatives**. Face à cela, la banque centrale américaine, la **Réserve fédérale** (Fed), augmente les **taux d'intérêt** pour limiter la hausse des prix.

→ Le 24 octobre 1929, c'est le « **jeudi noir** » : le **retournement de la confiance** conduit à une vente massive de titres ; la bourse de Wall Street perd 20 % de sa valeur dans la journée.

→ La **crise financière** se traduit par une **crise bancaire** et plusieurs vagues de **faillites bancaires**. Au total, le nombre de banques est divisé par deux aux États-Unis : de 25 000 en 1929 à 12 000 en 1933. Ces phénomènes conduisent à une augmentation de l'**incertitude**, ce qui incite les consommateurs à **reporter leurs achats**, alors même qu'une partie de leur épargne a été réduite par les faillites bancaires.

→ Les **banques**, fragilisées, réduisent le financement de l'économie (*credit crunch*). L'investissement se contracte, la production diminue de plus de 40 % aux États-Unis entre 1929 et 1932. Ainsi, la **faiblesse de la création monétaire**, le **désendettement** (destruction monétaire) et la **baisse du prix des actifs** conduisent à la **déflation**. Entre 1929 et 1933, les prix et l'activité ont diminué de concert, aboutissant pour les pays développés à un recul important du PIB (de 30 % aux États-Unis). La crise s'aggrave et les licenciements augmentent. Le **chômage** passe de 3 à 15 % de la population active aux États-Unis.

→ La crise s'étend aux autres pays du monde et l'économie mondiale se retrouve plongée dans une **crise de surproduction**, qui se traduit par une **dépression** de longue durée dans les années 1930. Cela déclenche des **tensions protectionnistes** et, à terme, une montée des **populismes** sur le continent européen.

→ L'échec des politiques restrictives, qui compriment encore la demande, conduit à l'adoption de **politiques d'inspiration keynésienne**, à l'instar du **New Deal** de **Franklin Delano Roosevelt**. Il s'agit de soutenir la demande par la dépense publique (politique budgétaire) et la baisse des taux d'intérêt (politique monétaire). Ce sera le paradigme dominant des années 1930 aux années 1970.

 **LE PETIT +**

→ **Le paradoxe de la tranquillité**

Hyman Minsky (1919-1996), qui s'inspire des analyses de J. M. Keynes (voir p. 61), montre le **caractère endogène des crises financières**, qui se construisent dans la **phase d'expansion** du cycle : la stabilité engendre toujours l'instabilité financière. Elle ne provient pas de chocs externes, mais du fonctionnement même du système financier : plus les investisseurs sont confiants, plus ils vont s'endetter. Les modalités de l'endettement deviennent de plus en plus risquées. Le « **moment Minsky** » est celui de l'effondrement soudain de la valeur des actifs, qui marque la fin de la phase de croissance d'un cycle.

c. Les caractéristiques de la crise de 2008

MOTS CLÉS

Marché des fonds prêtables : dans l'approche néoclassique, lieu de rencontre entre la demande (investissement) et l'offre (épargne) de capitaux. Cela détermine le taux d'intérêt de l'emprunt.

Crédit hypothécaire : prêt qu'une banque accorde à un particulier en se réservant le droit de saisir le bien financé (en général un bien immobilier) si l'emprunteur n'assure pas le paiement de la dette.

Risque de crédit : risque qu'un emprunteur ne rembourse pas tout ou une partie de son crédit aux échéances prévues.

→ Entre la fin des années 1990 et la fin des années 2000, l'économie mondiale connaît une période de prospérité qualifiée de « **grande modération** » : la croissance mondiale est soutenue notamment par l'ouverture croissante des économies émergentes et la révolution des technologies de l'information et de la communication (TIC) ; le taux de chômage est faible et l'inflation contenue à la suite des **politiques de désinflation** menées à partir des années 1980.

→ Les agents économiques sont **confiants** et les **anticipations d'inflation faibles**. L'épargne est abondante sur le **marché des fonds prêtables**, et le crédit bancaire peu coûteux, car la Fed maintient des **taux d'intérêt bas** (en réponse à l'éclatement de la bulle internet de 2001). Ces différents facteurs vont progressivement **encourager l'emprunt et la prise de risque**.

→ Dans ce contexte, les banques américaines, en quête de rentabilité (car les taux d'intérêts sont faibles), assouplissent les conditions d'octroi de crédits. Les **crédits subprimes**, au cœur de la crise, sont des **crédits hypothécaires** attribués aux États-Unis à des ménages qui jusqu'ici n'étaient pas jugés assez **solvables**, (c'est-à-dire capables de dégager assez de ressources pour payer leurs dettes) pour accéder à la propriété. Ils sont **plus risqués**, et donc **plus rémunérateurs** pour les banques qui les accordent. Ces crédits sont à taux fixes (et attractifs) pour les deux ou trois premières années, puis les **taux** deviennent **variables** et augmentent, ce qui peut entraîner une forte hausse des charges financières pour les emprunteurs. Néanmoins, comme le marché immobilier est à la hausse, les maisons sont revendues sans perte par les banques en cas de **défaut de paiement** des particuliers.

→ Pour se protéger encore du **risque de crédit**, les banques développent, depuis les années 1990, une nouvelle technique financière : la **titrisation** (**Doc 1**). Celle-ci permet de **transformer les crédits bancaires en obligations** en les transférant

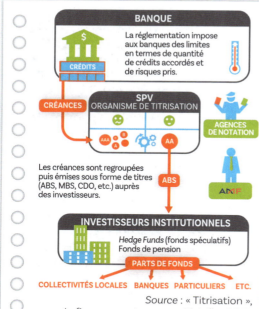

Source : « Titrisation », Lafinancepourtous.com, 29 juillet 2019.

Note : Le terme générique de la titrisation est ABS (*Asset Backed Securities*) : il exprime que les titres (*securities*) sont adossés (*backed*) à des actifs (*asset*). Selon ce qu'on met dans les véhicules de titrisation, ils s'appellent CDO (*Collateralised Debt Obligation*) lorsqu'il s'agit de titres garantis par des créances bancaires, MBS (*Mortgage Backed Securities*) quand ils reposent sur des crédits hypothécaires, etc.

Doc 1 Le mécanisme de titrisation des crédits

> **→ La titrisation**
>
> Il s'agit d'une **transformation des crédits bancaires**, qui constituent normalement une relation de long terme entre la banque et un emprunteur, en titres financiers (obligations notamment), en sortant du bilan des banques les crédits risqués et peu liquides pour les vendre à des institutions financières nommés « **véhicules de titrisation** » (SPV : *Special Purpose Vehicle*). Ceux-ci compilent ces crédits peu sûrs avec des créances de meilleure qualité pour proposer des **titres obligataires plus liquides** (CDO : *Collateralized Debt Obligation*) **et bien notés** par les agences de notation.
>
> Avant la titrisation, l'activité bancaire était à l'origine des crédits et en gérait le risque (*originate and hold*) ; avec la titrisation, elle **génère le risque** et **le transfère vers d'autres acteurs** sans avoir à l'assumer (*originate and distribute*) et en les évacuant de son bilan, ce qui permet d'attribuer de nouveaux crédits de plus en plus risqués, puisqu'adressés à des ménages de moins en moins solvables.

vers d'autres institutions financières. ==Ces produits financiers structurés et opaques sont alors distribués dans tout le système bancaire et financier.==

→ L'avantage pour les banques est de **céder des crédits risqués** tout en continuant à consentir de nouveau crédits, ce en respectant la réglementation bancaire. Cela conduit néanmoins les banques à **relâcher leur vigilance** dans la sélection des emprunteurs. La titrisation apparaît comme une innovation financière permettant d'évacuer le **risque** mais, en définitive, il le disperse **à l'ensemble du système financier**.

→ Ainsi, **lorsque la Fed remonte ses taux en 2006**, les **défauts de paiements** se multiplient : à l'été 2007 le taux de non-remboursement sur les crédits subprimes dépasse les 15 % contre 5 % en moyenne. Les prix commencent à stagner, puis à baisser, sur le marché immobilier (plus d'offre), **la confiance se retourne**. En automne 2008, les cours boursiers chutent à la suite de l'**éclatement de la bulle formée autour des crédits hypothécaires subprimes**.

Le **krach boursier** de 2008 est suivi d'une **crise bancaire**, qui se manifeste par la faillite de plusieurs institutions financières américaines (Bear Stearns racheté par JP Morgan, puis le choc de Lehman Brothers). Les pertes sont colossales pour de nombreuses banques.

→ Les banques **contractent le crédit** (*credit crunch*), ce qui réduit la consommation et l'investissement et diffuse la crise à la **sphère réelle** : tensions déflationnistes, récession et progression du chômage. ==La mondialisation économique et financière propage la crise à toutes les économies industrialisées==, ce qui conduit à un **ralentissement de la croissance économique** mondiale et à une chute de 12 % du commerce mondial en 2009.

> **MOT CLÉ**
>
> **Trappe à liquidité :** situation où les taux d'intérêt directeurs sont très bas, ce qui limite la capacité d'action de la politique monétaire.

→ La réponse des banques centrale passe d'abord par la **baisse des taux d'intérêt**, mais ils sont déjà trop faibles (situation de « **trappe à liquidité** ») ; puis elles fournissent des liquidités aux banques en rachetant des **actifs toxiques**. Par ailleurs, de puissants plans de relance budgétaires sont engagés. L'endettement induit déclenchera néanmoins une **crise des dettes souveraines** dans l'UE en 2011.

COURS

2. De l'éclatement de bulles spéculatives aux paniques bancaires : l'impact des crises financières sur la sphère réelle

a. La formation et l'éclatement des bulles spéculatives à l'origine des crises financières

Herald Tribune, 27 octobre 1989.

Doc 2 Les comportements mimétiques

MOT CLÉ

Comportement mimétique : situation où les décisions des investisseurs sont influencées par celles des autres agents, par conformisme (mimétisme normatif), parce qu'ils les croient mieux informés (mimétisme informationnel) ou parce qu'il est pertinent de suivre l'opinion de la majorité (mimétisme auto-référentiel).

→ Les agents acquièrent des **actifs financiers** pour obtenir des **revenus du capital** (l'intérêt étant la rémunération du prêteur, le dividende et le gain en capital celle de l'actionnaire) ou pour les revendre à un prix plus élevé afin d'**encaisser une plus-value**.

→ La **variation des cours** des actifs financiers résulte souvent de **comportements mimétiques** (Doc 2), chaque individu ayant intérêt à se conformer aux croyances du groupe. Face à l'impossibilité d'évaluer scientifiquement la « vraie valeur » d'un actif, les acteurs de la finance se font une **opinion** sur cette valeur en s'appuyant sur leur **anticipation du comportement des autres** (métaphore du concours de beauté décrit par Keynes).

→ **André Orléan** emploie le mot « **convention** » pour désigner cette opinion collectivement produite que tout le monde a intérêt à adopter. La valeur d'un titre financier reflète un processus autoréférentiel, puisque la référence devient le choix des autres. En général, un **discours très construit** vient **légitimer** la « convention » par des raisonnements qui paraissent conforter le mouvement haussier. Ainsi, la croyance en la nouveauté radicale donne toujours l'idée que « **Cette fois, c'est différent** » (Carmen Reinhart et Kenneth Rogoff).

LE PETIT +

→ **La métaphore du concours de beauté selon Keynes**

Pour **John M. Keynes**, dans *Théorie générale de l'emploi, de l'intérêt et de la monnaie* (1936), l'agent rationnel sur les marchés financier ne forme pas ses anticipations à partir des fondamentaux d'un titre, mais en **anticipant ce qu'il pense être l'opinion moyenne du marché**. Il compare cela à un **concours de beauté** organisé par un journal où l'individu ne sélectionne pas les visages selon ses préférences, mais selon son anticipation du choix moyen des plus beaux visages : « il ne s'agit donc pas pour chacun de choisir les visages qui, autant qu'il en peut juger, sont réellement les plus jolis, ni même ceux que l'opinion moyenne considérera réellement comme tels ».

MOTS CLÉS

Comportement spéculatif : achat (ou vente) de marchandises ou de titres financiers en vue d'une revente (ou d'un rachat) à une date ultérieure, avec pour mobile une recherche de plus-value et non un objectif lié à l'activité productive.

Prophétie autoréalisatrice : anticipation d'un phénomène qui modifie des comportements de telle sorte qu'ils font advenir ce qui a été anticipé ou craint.

→ La bulle est donc alimentée par des **comportements spéculatifs** : des individus investissent dans des actifs dont ils anticipent, de façon souvent exagérément optimiste, que les prix vont continuer d'augmenter. Cela conduit à la réalisation de **prophéties autoréalisatrices** (**Robert K. Merton**), puisque **les anticipations des agents produisent les effets qui sont anticipés**. La croyance en une hausse des prix encourage les acteurs à parier sur cette hausse des prix, ce qui l'accélère, entretenant alors une **euphorie**. En phase d'euphorie, la confiance en la hausse des prix est entretenue par un « **aveuglement au désastre** », selon l'expression de l'économiste **Clément Juglar**, c'est-à-dire une absence de perception de la montée des risques et de la possibilité de retournement du marché.

→ Mais, lorsqu'un choc défavorable apparaît ou que le retournement de la confiance s'opère à la suite d'une remise en cause de la **convention dominante**, les agents économiques ont des **anticipations négatives** et, par un mécanisme de **prophéties autoréalisatrices**, vendent leurs actifs comme les autres agents, ce qui provoque la baisse des prix anticipée.

b. Les phénomènes de panique bancaire et de faillites bancaires en chaîne

MOTS CLÉS

Risque de crédit : possibilité que le débiteur (l'emprunteur) se révèle incapable de respecter ses engagements, ici rembourser sa dette et en payer les intérêts.

Risque d'insolvabilité : situation où le passif (dettes) est supérieur à l'actif (ressources).

→ Les **banques** jouent un rôle clé dans le financement de l'économie. Elles **créent de la monnaie** en accordant des **crédits aux ménages et aux entreprises** et, grâce à l'**information** dont elles disposent sur les emprunteurs, elles peuvent réduire le **risque de crédit** en les **sélectionnant**. Elles limitent alors le **risque d'insolvabilité** lié à des pertes sur le capital prêté. Elles peuvent être en capacité de **réduire les asymétries d'information** par la bonne connaissance de leurs clients. Les banques créent aussi de la monnaie en **achetant des titres financiers** sur les marchés des capitaux. Elles jouent enfin un rôle d'**intermédiaire** en revendant ces titres à des institutions financières non bancaires (investisseurs institutionnels, hedge funds qui gèrent l'épargne).

COURS

> **💡 MOTS CLÉS**
>
> **Risque d'illiquidité :** impossibilité de faire face aux échéances de remboursement ou de paiement à court terme, alors que la banque a un bilan sain.
>
> **Collatéral :** actif déposé en garantie au prêteur par le débiteur lors d'un emprunt. En cas de défaillance du débiteur, le prêteur a le droit de conserver les actifs remis en collatéral afin de se dédommager de la perte financière subie.

→ Les banques effectuent aussi des opérations de **transformation** puisqu'elles **collectent des dépôts à court terme** (liquides) et **financent des emprunts à long terme** (illiquides). Cette activité de transformation ne peut fonctionner que si les déposants n'exigent pas de récupérer leurs dépôts tous en même temps. La banque devrait alors se procurer des liquidités auprès d'autres banques ou vendre certains de ses actifs (prêts aux entreprises, prêts immobiliers) à d'autres agents, et s'exposerait à un **risque d'illiquidité**.

→ C'est ce risque qui est au cœur des **paniques bancaires (*bank run*)**, lorsque des déposants se ruent au guichet des banques pour demander le retrait de leurs liquidités mises en dépôt. Cette situation peut se représenter avec le **modèle du dilemme du prisonnier** : collectivement, les agents ont intérêt à ce que la banque reste liquide (donc à ce que personne ne se rue au guichet), mais chacun est individuellement incité à retirer ses dépôts avant que les autres ne se ruent au guichet, ce qui contribue à précipiter la banque dans l'**illiquidité** dans la logique d'une **prophétie autoréalisatrice**.

→ La **qualité des prêts octroyés** a des effets sur la **solvabilité**, et même la **liquidité** de la banque. Si une partie des actifs de la banque perd de sa valeur (par exemple, les défauts de paiements des emprunteurs de crédits subprimes), non seulement les revenus de la banque se réduisent, mais surtout, elle **ne peut plus utiliser ses actifs comme garantie pour obtenir des liquidités** sur le marché monétaire, car ses créanciers — déposants et autres banques lui prêtant — ne vont plus lui faire confiance. Dans le cas de la crise des subprimes, le **collatéral** laissé en garanti à la banque (crédit hypothécaire) a perdu de la valeur avec la baisse des prix de l'immobilier après 2006.

→ Les **comportements** des acteurs contribuent ensuite à la **propagation** des crises. Le besoin de se désendetter et de se procurer de la liquidité conduit notamment les banques à procéder à des **ventes en catastrophes**, qui diffusent la tendance baissière sur les marchés. La **crise de confiance** s'en trouve aggravée (**Doc 3**).

→ Un **choc subi par une banque** a en outre de très fortes chances de **se transmettre rapidement aux autres**, car elles sont, du fait de la nature de leurs activités, tour à tour **créancières les unes des autres** ; chaque jour elles se prêtent de la monnaie à très court terme pour régler les opérations de paiement de leurs clients (opérations de compensation). Par conséquent, quelle que soit l'origine de la panique qui touche une banque, une **panique bancaire** peut conduire à des **faillites bancaires en chaîne**.

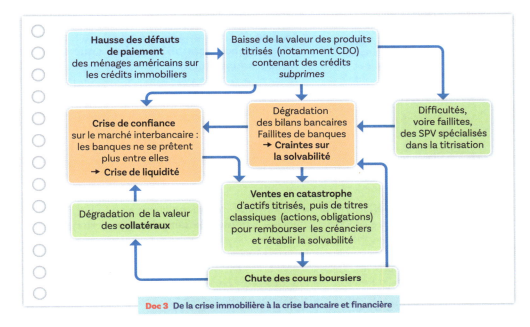

Doc 3 De la crise immobilière à la crise bancaire et financière

c. La transmission des crises financières à l'économie réelle

➜ Les **crises financières** de 1929 et de 2008 se sont **diffusées à l'économie réelle** par plusieurs mécanismes, dont le premier est la **contraction du crédit** (*credit crunch*) : les banques prêtent moins, car elles n'ont plus confiance dans la capacité de remboursement des emprunteurs ou parce qu'elles conservent leurs liquidités pour faire face à des pertes sur la valeur de leurs actifs devenus douteux. La conséquence concrète est une **réduction de la consommation et de l'investissement**, ce qui se répercute sur la production et l'emploi.

 MOT CLÉ

Effet de richesse : impact de la variation du patrimoine d'un agent économique sur son comportement en matière de consommation. Il est négatif si la baisse du patrimoine réduit la consommation.

➜ Du fait de la chute des cours boursiers, les détenteurs d'actifs financiers sont en outre victimes d'**effets de richesse** négatifs, qui les conduisent à réduire leurs dépenses. À la suite de la **perte de valeur de leurs actifs** (actions, obligations, biens immobiliers, etc.), les agents réduisent leurs dépenses.

➜ Ensuite, la **baisse de la valeur du patrimoine** réduit le montant des garanties que les agents peuvent apporter en échange d'un prêt et peut les pousser à **vendre l'actif avant que son prix ne baisse trop**. Au cours de la crise de 2008, la baisse des prix de l'immobilier conduit les ménages surendettés et les banques qui saisissent les logements à vendre ces biens immobiliers (**collatéral**) dans l'urgence. Cette **vente forcée** fait fortement baisser le prix du bien, d'abord par augmentation de l'offre sur le marché, mais aussi parce qu'elle oblige le vendeur à accepter une **décote** puisque la vente doit se faire rapidement et dans un marché baissier. Ce mécanisme aggrave encore la diminution de la valeur du patrimoine des agents, et donc de leurs dépenses.

> **MOT CLÉ**
>
> **Déflation par la dette :** effet du désendettement des agents économiques qui, à la suite d'une crise, vendent leurs actifs, ce qui accentue la baisse de leur prix et participe à l'accroissement de leur dette réelle.

→ Enfin, la **recherche du désendettement** et la **hausse de l'épargne de précaution** accentuent encore la **contraction de la demande** et donc **de la production**. La tendance baissière se généralisant à l'ensemble des prix, un cercle vicieux de **déflation par la dette** peut même se créer. Cette **spirale déflationniste** est décrite par l'économiste américain **Irving Fisher**.

> **LE PETIT +**
>
> → **La spirale déflationniste**
>
> Le mécanisme de **déflation par la dette** (*debt-deflation*) décrit par **Irving Fisher** (1867-1947) est susceptible de déclencher une **spirale déflationniste**. Lorsque les agents économiques voient les prix des actifs financiers chuter brutalement, ils **anticipent** une dégradation supplémentaire des prix et cherchent à **revendre rapidement** leurs actifs pour limiter les pertes, amplifiant ainsi la baisse des prix sur les marchés financiers. La baisse du niveau général des prix augmente la valeur réelle des dettes (taux d'intérêt réel) et renforce la propension à réaliser des « ventes en catastrophe ». « Plus les débiteurs remboursent, plus ils doivent », explique l'économiste.

3 La régulation du système financier : une mise en œuvre complexe

a. La nécessaire régulation du système financier pour limiter le risque d'aléa moral

> **MOTS CLÉS**
>
> **Risque systémique :** risque qu'un événement particulier entraîne par réactions en chaîne des effets négatifs considérables sur l'ensemble du système, pouvant occasionner une crise générale de son fonctionnement.
>
> **Aléa moral :** fait qu'un acteur soit porté à prendre des risques parce qu'il sait qu'il n'aura pas à en assumer le coût.

→ Les banques centrales jouent depuis toujours un « **rôle de prêteur en dernier ressort** », selon l'expression de **Walter Bagehot** (*Lombart Street*, 1873), c'est-à-dire que la **banque centrale** réduit l'instabilité financière en octroyant des **liquidités aux banques en difficulté**. Cela empêche une propagation de faillites en chaîne.

→ Mais l'**accroissement des interdépendances** entre acteurs qu'a provoquée la **globalisation financière**, renforce le **risque systémique** en facilitant la contagion. Ainsi, en 2008, la faillite de la banque américaine Lehman Brothers a accentué la diffusion de la crise, en raison de la **dispersion des actifs contenant des crédits subprimes**.

→ La faillite de cette banque devait sanctionner sa prise de risque, mais l'impact de sa faillite renforce paradoxalement le phénomène d'**aléa moral**, car désormais, **les grandes banques peuvent anticiper un sauvetage**, et ce d'autant plus que leur taille s'est accrue (concentration) depuis la crise. Une institution financière « *too big to fail* » est un établissement dont la taille et les interdépendances avec d'autres institutions font craindre que la faillite génère une crise de l'ensemble du système financier.

Régulation : réglementation et supervision du secteur bancaire et financier.

→ Les banques, en particulier celles considérées comme **systémiques**, peuvent alors être incitées à **augmenter leur prise de risque** : elles n'en assument pas entièrement le coût, puisqu'elles bénéficient d'une **garantie implicite de sauvetage** par les banques centrales et les pouvoirs publics.

→ C'est une raison de **réguler leur activité**. La **régulation** du système financier est d'abord motivée par le **coût élevé des crises financières** en termes de contraction de l'activité économique et de hausse du chômage. Le sauvetage des établissements financiers pour limiter l'ampleur des crises représente en outre un **surcroît important de dépenses pour l'État**.

b. Les divers moyens de réguler le système financier

→ Une première forme de régulation consiste à **séparer les activités à risque des banques des activités utiles** au financement de l'économie et essentielles à sa stabilité. Ce fut la voie choisie après la crise de 1929 (le *Glass-Steagall Act* de 1933 sépare les banques de dépôts des banques d'affaires).

→ L'autre option consiste à **obliger les banques à respecter des règles prudentielles**. Ce sont des mécanismes de **contrôle** et de **surveillance** mis en place par les autorités publiques pour éviter la survenue de choc ou d'événements à portée systémique. Les banques sont en particulier contraintes de détenir un montant de **fonds propres** leur permettant de **couvrir leurs pertes**.

Ratio de solvabilité : ratio en deçà duquel une banque présente un risque d'insolvabilité. Il se mesure en comparant le montant que la banque prête au montant de ses fonds propres (capital apporté par les actionnaires et profit de la banque).

→ Depuis les années 1980, sont imposés des **ratios de solvabilité** par le Comité de Bâle (Banque des règlements internationaux), dont l'exigence a été renforcée après la crise de 2008 (Bâle III).

→ L'**Europe** a largement réformé les règles du jeu bancaire, notamment avec l'**Union bancaire** (dès 2014), introduisant des mécanismes de supervision des banques et de résolution des crises. L'**Autorité bancaire européenne** (EBA) pratique aussi régulièrement des **tests de résistance** (*stress tests*) auxquels 48 banques du continent (couvrant 70 % des actifs du système bancaire européen) sont soumises régulièrement.

c. Les difficultés auxquelles se heurte la régulation

→ Le secteur financier dispose de moyens qui lui permettent d'exercer un puissant **lobbying** pour **limiter la sévérité de la règlementation**. Son influence s'exerce également via le phénomène des **portes tournantes**, certains experts alternant fonction de régulateur et responsabilités dans le secteur privé.

Shadow banking system : ensemble d'institutions financières engagées dans une activité d'intermédiation du crédit en dehors du système bancaire réglementé.

→ Mais la régulation est également compliquée par la dynamique des **innovations financières**, dont certaines sont justement motivées par un effort de contournement de la réglementation. L'émergence du *shadow banking system* est ainsi en partie le produit de la volonté des banques d'échapper aux contraintes imposées par les ratios de solvabilité.

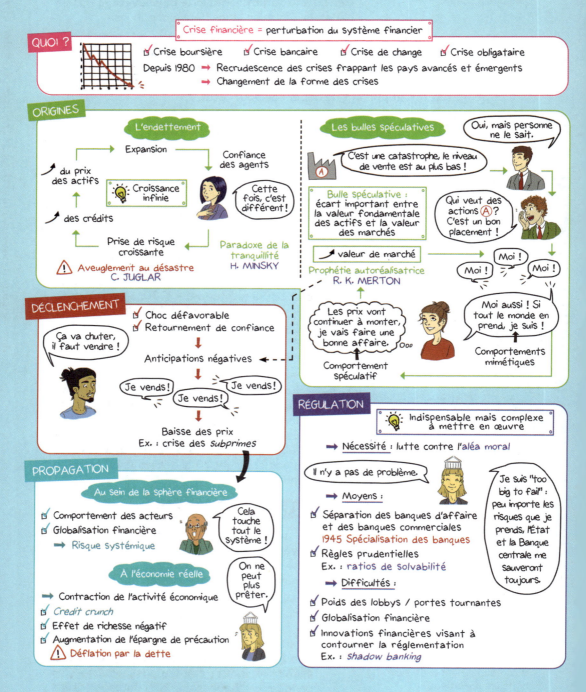

Une citation clé

> « Les crises financières nous confrontent à l'énigmatique paradoxe d'emballements spéculatifs toujours recommencés et pourtant jamais anticipés. Aussi, à chaque fois, est-ce avec la même surprise que le surgissement de la crise est accueilli. »
>
> **André Orléan** (économiste français, directeur d'études à l'EHESS), *L'Aveuglement au désastre*, 2009.

Ne pas confondre

- Crise économique/crise financière
- Crise bancaire/crise boursière
- Actions/obligations
- Risque de crédit/risque d'illiquidité/risque de solvabilité.
- Risque systémique/banque systémique
- *Credit crunch*/*bank run*
- Effet de richesse/déflation par la dette

Les principales théories

Assure-toi que tu es capable de synthétiser tes connaissances sur ces auteurs et leurs concepts clés.

- **Hyman Minsky :** le paradoxe de la tranquillité.
- **Clément Juglar :** l'« aveuglement au désastre ».
- **John Maynard Keynes :** la métaphore du concours de beauté.
- **André Orléan :** le rôle des conventions dans les crises.
- **Carmen Reinhart et Kenneth Rogoff :** la récurrence des crises (« cette fois, c'est différent »).
- **Irving Fisher :** la déflation par la dette.
- **Walter Bagehot :** le rôle de prêteur en dernier ressort.

BILAN

SE TESTER
– Mobiliser ses connaissances –

1. Vrai ou faux ?

		Vrai	Faux
a	Une crise financière se distingue d'une crise économique, car elle se manifeste dans la sphère bancaire et financière (marché boursier, obligataire, des changes).	☐	☐
b	L'endettement des agents économiques conduit systématiquement à une crise financière.	☐	☐
c	En phase d'euphorie, la confiance en la hausse des prix est entretenue par un « aveuglement au désastre ».	☐	☐
d	Les comportements mimétiques peuvent être rationnels et participer à la formation d'une « bulle spéculative rationnelle ».	☐	☐
e	La crise financière se déclenche lorsque la confiance est fragilisée.	☐	☐
f	Les paniques bancaires (*bank run*) peuvent se produire à la suite d'une faillite bancaire.	☐	☐
g	Les accords de Bâle cherchent à séparer les activités bancaires de détail et d'investissement.	☐	☐

2. Coche la ou les bonne(s) réponse(s).

1. Une bulle spéculative :

a	se traduit par une déconnection de la valeur d'un actif de sa valeur fondamentale.	☐
b	est le résultat de comportements irrationnels des agents économiques.	☐
c	résulte de phénomènes mimétiques, qui contribuent à entretenir la hausse des prix dans la phase euphorique et leur baisse lorsque la confiance se retourne.	☐

2. La déflation par la dette :

a	résulte d'une baisse de la dette des agents économiques lorsqu'éclate la crise.	☐
b	est entretenue par la vente des titres dont la valeur baisse, ce qui amplifie la baisse des prix.	☐
c	est liée à la volonté de désendettement des agents économiques.	☐

3. La réglementation bancaire :

a	n'est pas parvenue à limiter la prise de risque des banques.	☐
b	cherche à responsabiliser les banques pour éviter le risque d'aléa moral.	☐
c	ne concerne que les banques dites « systémiques ».	☐

3. Complète le texte à l'aide des termes suivants.

a. *bulles financières* – **b.** *réelles* – **c.** *aversion au risque* – **d.** *déflation par la dette* – **e.** *euphorie* – **f.** *crédit* – **g.** *prix.*

Les cinq phases du cycle financier

Phase 1. Une phase d'expansion suit une période de récession. La hausse du revenu va de pair avec le développement du **(1)** .... qui permet de financer les investissements, alimentant ainsi la croissance économique. Les agents économiques font preuve d'optimisme et achètent des actifs, ce qui participe à l'augmentation de leur **(2)** .... selon la loi de l'offre et de la demande.

Phase 2. La confiance engendre une phase d' **(3)** .... durant laquelle l'apparente tranquillité crée les conditions de la crise à venir en permettant le développement de l'endettement et la hausse du prix des actifs, favorisant ainsi les **(4)** .... Ce phénomène se transmet à l'ensemble des marchés en raison de leur interdépendance. Les agents économiques sous-évaluant le risque, beaucoup se surendettent.

Phase 3. Cette fragilisation croissance crée les conditions d'un retournement de la confiance, qui aura lieu à la suite d'un événement particulier (hausse des taux des banques centrales, par exemple).

Phase 4. La confiance laisse alors place au pessimisme des agents économiques. L' **(5)** .... gagne les banques et engendre une contraction du crédit.

Phase 5. Apparaît alors un mécanisme de **(6)** .... La réduction du crédit ne permet plus de financer l'activité économique, ce qui limite les investissements et engendre une récession. L'obsession du désendettement pousse les agents économiques à vendre leurs actifs pour rembourser leurs crédits, et crée ainsi une baisse des prix et une augmentation du poids de leur dette **(7)** ....

D'après Vincent Barou et Benjamin Ting, *Fluctuations et crises économiques*, Armand Colin, 2015. ■

4. Complète le schéma à l'aide des expressions suivantes. Une même expression peut être employée plusieurs fois.

a. *contraction du crédit* – **b.** *effet de richesse négatif* – **c.** *anticipations pessimistes* – **d.** *ventes en catastrophe* – **e.** *hausse de la valeur réelle des dettes*

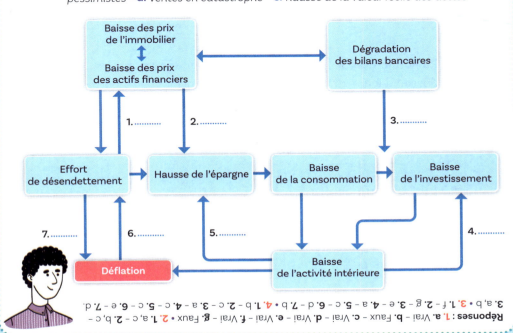

Réponses : 1. a. Vrai - b. Faux - c. Vrai - d. Vrai - e. Vrai - f. Vrai - g. Faux • 2. 1. a, c - 2. b, c - 3. a, b, c • 3. 1. f - 2. g - 3. e - 4. a - 5. c - 6. d - 7. b • 4. 1. b - 2. c - 3. a - 4. c - 5. e - 6. e - 7. d.

MÉTHODE

SUJET GUIDÉ — ÉPREUVE COMPOSÉE

SE PRÉPARER POUR L'EXAMEN

Exploiter les documents d'un dossier documentaire (partie 3)

SUJET

PARTIE 1 Mobilisation des connaissances *(4 points)*

Expliquez à l'aide d'un exemple comment se forme une bulle spéculative.

PARTIE 2 Étude de document *(6 points)*

Document > L'évolution de la dette aux États-Unis[1] en % du PIB

1. Présentez le niveau de la dette privée au moment du déclenchement de la crise de 1929 et de la crise de 2008.
2. Montrez que les cycles économiques reflètent en partie la dynamique de l'endettement.

[1]. Hors dette des institutions financières et du gouvernement fédéral.

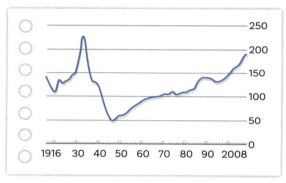

Source : « Irving Fisher, dans l'ombre de Keynes », *Problèmes économiques*, n° 2970, avril 2009.

PARTIE 3 Raisonnement s'appuyant sur un dossier documentaire *(10 points)*

À partir du dossier documentaire et de vos connaissances, vous montrerez que différents mécanismes sont susceptibles d'engendrer des crises financières.

Document 1 > Conditions du crédit bancaire aux entreprises dans la zone euro et croissance économique

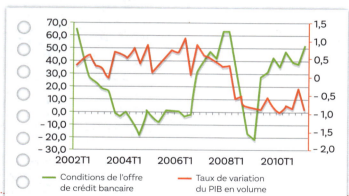

Note : l'indicateur varie de −100 (fort assouplissement) à +100 (fort durcissement), ce qui signifie qu'il est plus facile ou plus difficile de contracter un crédit auprès d'une banque commerciale.

Source : P. Artus, *Flash économie*, n° 811, Natixis, 4 novembre 2011.

Document 2 > La récurrence des crises

Joseph Schumpeter et Charles Kindleberger insistent sur le rôle des innovations réputées radicales dans l'occurrence de crises majeures. Dans la mesure où le capitalisme incite en permanence à l'innovation, périodiquement, certaines d'entre elles paraissent offrir des perspectives spécialement attractives en termes d'extension des marchés et des profits. Sur cette croyance, d'autres firmes suivent les innovateurs et s'endettent pour mettre en œuvre plus rapidement les nouvelles techniques de production et/ou vendre les nouveaux produits. Ce faisant, elles déclenchent une phase d'expansion que la spéculation financière, la distribution accrue de crédits par les banques, amplifie. Au point de provoquer à un moment l'apparition de surcapacités, d'où une réévaluation des perspectives de profit, l'apparition de mauvaises dettes et un retournement endogène de la conjoncture économique.

Tel est le schéma qui est à l'origine de la plupart des crises financières contemporaines [...], ce dont témoignent l'éclatement de la bulle Internet aux États-Unis en 2000, mais aussi celle du marché hypothécaire américain depuis 2007. Tant les innovations productives que les financières peuvent donc déboucher sur des crises majeures, et la période contemporaine en est riche.

Enfin, un dernier facteur de crise n'est autre que la généralisation de la libéralisation financière et l'interdépendance croissante des systèmes nationaux. En effet, la levée des règlements qui codifiaient antérieurement l'allocation des crédits, en particulier la spécialisation des institutions financières, a suscité la multiplication des innovations à l'initiative des agents privés.

Robert Boyer, « Pourquoi tant de crises ? », *La crise*, hors-série poche, *Alternatives économiques*, avril 2010. ∎

Document 3 > Évolution des valeurs du CAC 40 et du Standard & Poor's 500 entre 1991 et 2012

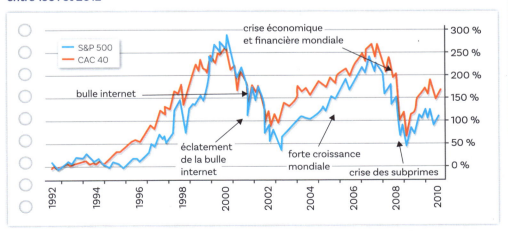

Note : le Standard & Poor's 500 est un indice boursier basé sur 500 grandes sociétés cotées sur les bourses aux États-Unis. Le CAC 40 est le principal indice boursier de la Bourse de Paris.

Source : NYSE, Bourse de Paris, 2012.

MÉTHODE

Méthode et corrigé

Définir les mots clés

Définis les termes « Crise financière », « différents mécanismes », « engendrer ».

Identifier la nature du travail attendu

Il faut ici se concentrer sur la description (« montrer ») des facteurs qui participent à créer les conditions d'une crise financière.

Dégager les informations pertinentes de chaque document

→ **Dégage les idées principales de chaque document** (arguments des auteurs, tendance générale d'un tableau ou d'un graphique).

COUP DE POUCE

Tu peux t'appuyer sur la méthode de l'épreuve composée, p. 13.

→ **Illustre la ou les idée(s) principale(s).**

CONSEIL : Interprète les données statistiques et ne te contente pas de les restituer.

→ **Extrais** ensuite **des idées secondaires et interprète-les.**

→ **Mobilise tes connaissances pour chaque thématique** (références théoriques, mécanismes, vocabulaire précis…). Complète avec d'autres idées. Pense à bien définir les termes dans tes analyses.

→ **Tu peux organiser ton travail dans un tableau**, sur le modèle suivant.

N° du doc.	Argument principal ayant un lien avec le sujet/arguments secondaires	Données/exemples à utiliser	Place dans le plan	Connaissances personnelles en lien avec les données (cours, auteurs, exemples, lectures…)
1	Dès 2002, assouplissement important et va de pair avec la reprise de la croissance économique. C'est le durcissement progressif des conditions de crédit entre 2006 et 2008 qui explique en partie le déclenchement de la crise des subprimes.	En 2005 l'indicateur est de - 20, ce qui atteste d'un fort assouplissement de la politique monétaire. Cela se durcit ensuite avec la remontée des taux en 2006, ce qui induira une récession.	I. Sur le rôle de l'endettement dans les crises.	• La dynamique d'endettement se construit dans les phases de croissance (H. Minsky). • Les mécanismes de diffusion des crises de la sphère bancaire et financière à la sphère réelle (déflation par la dette d'I. Fisher, effet de richesse négatif et *credit crunch*).

Établir des liens entre les documents

→ **Fais apparaître les oppositions et complémentarités** entre documents.

→ **Ordonne les arguments des documents en les regroupant par thématiques** abordées et, le cas échéant, par ordre d'importance.

Exemple de lien entre les Doc 1 et 2 : Une des innovations sous-jacentes est la titrisation (**Doc 1**) qui explique le fort accroissement des conditions de crédit dans la phase d'expansion (**Doc 2**).

Exemple de lien entre les Doc 2 et 3 : analyse la phrase soulignée du texte pour la relier au **Doc 1**, mais aussi aux bulles spéculatives qui apparaissent dans le **Doc 3**.

PARTIE 3 Raisonnement s'appuyant sur un dossier documentaire

Proposition de plan détaillé

I. **L'endettement est à l'origine des crises financières.**

A. *Les périodes d'expansion qui précèdent les crises financières sont des moments de fort endettement.*
   - Un endettement accru par la dynamique d'innovation. **> Doc 2**
   - Paradoxe de la tranquillité d'H. Minsky : la confiance mène à l'endettement.

B. *Dans les périodes d'expansion, les agents ne perçoivent pas la possibilité d'occurrence d'un choc macroéconomique défavorable, ils prennent des risques.*
   - Des facilités d'emprunt. **> Doc 1**
   - Des emprunts trop risqués. **> Doc 2**

II. **La formation de bulles spéculatives entraîne aussi des crises financières.**

A. *Des bulles spéculatives se forment dans les périodes d'expansion.*
   - Une forte croissance de la valeur des indices boursiers. **> Doc 3**
   - Confiance qui pousse à l'euphorie et à des comportements mimétiques.
   - Prophéties autoréalisatrices : la hausse des prix anticipée se produit du fait des achats de titres.

B. *On assiste à une explosion de la bulle spéculative quand la confiance disparaît.*
   - Exemple de la bulle internet, qui a explosé en 2001. **> Doc 3**
   - Retournement de la convention dominante du fait d'un affaiblissement de la confiance (A. Orléan).

Comment expliquer les crises financières et réguler le système financier ?

Les sujets qui peuvent tomber au Bac...

Dissertation – Épreuve composée – Partie 3
- Pourquoi les crises financières sont-elles récurrentes ?*
- Comment peut-on expliquer les crises financières ?
- Quel rôle jouent les banques dans les crises financières ?
- Les crises financières trouvent-elles leur origine dans l'endettement ?
- Les crises financières peuvent-elles être évitées ?
- Comment les crises financières se propagent-elle ?
- Pourquoi réguler le système financier ?
- Peut-on réguler le système financier ?

Épreuve composée – Partie 1
- Présentez les principales causes de la crise de 1929 et de celle de 2008.
- En quoi les comportements mimétiques sont-ils à l'origine de bulles ?*
- Présentez le rôle des comportements des agents dans le déclenchement des crises financières.
- Décrivez le phénomène de déflation par la dette.
- Quels sont les causes et les effets des paniques bancaires ?
- Par quels mécanismes les crises financières deviennent-elles bancaires ?
- Comment les crises financières se diffusent-elles à la sphère réelle ?

*Sujets corrigés p. 276 et 309

Pour aller plus loin

À lire

> Vincent Barou, Benjamin Ting, *Fluctuations et crises économiques*, Armand Colin, 2015.

> Jean-Pierre Biasutti, Laurent Braquet, *Comprendre le système financier*, Bréal, 2011.

> Charles Kindleberger, *Histoire mondiale de la spéculation financière*, Valor, 1978.

À voir

Films

> Adam McKay, *The Big Short : le casse du siècle*, 2015

> Charles Ferguson, *Inside Job*, 2010

Schéma de révision

> « Le paradoxe de la tranquillité », *L'éco en schéma*
> www.ecoenschemas.com/schema/paradoxe-de-tranquillite-de-h-minsky

À consulter

Sites Internet de référence

> La Finance pour tous : **www.lafinancepourtous.com**

> Le site de la Banque de France : **www.banque-france.fr**

Ton **KIT DE SURVIE** pour le **BAC** avec **SCHOOLMOUV**

Chapitre 4

Comment expliquer les crises financières et réguler le système financier ?

Tu viens de voir les notions à connaître sur les crises financières. Pour t'aider à retenir l'essentiel et t'entraîner pour le Bac, voici ton kit de révisions clé en mains conçu par SchoolMouv !

Vidéo

Pour mieux comprendre et t'en souvenir à coup sûr, regarde la vidéo. C'est parfois bien plus clair en images.

Vidéo Les caractéristiques de la crise financière des années 1930 et de celle de 2008

https://flashbelin.fr/focusbacschoolmouv/ses/4

Contenu additionnel

Voici un bonus autour du même sujet. La curiosité n'est pas toujours un vilain défaut. Il suffit de créer ton compte pour avoir accès à plein de contenus supplémentaires.

Fiche Bulles spéculatives et faillites bancaires

https://www.schoolmouv.fr/eleves/cours/bulles-speculatives-et-faillites-bancaires/fiche-de-cours

Tchat avec un prof

Pour poser toutes tes questions à un prof particulier, découvre l'abonnement tchat. Tu peux le tester gratuitement pendant 7 jours : fini les questions sans réponses, tu vas devenir incollable.

https://focusbac.schoolmouv.fr/offre

5 Quelles économiques européen ?

LES BASES

Notions

→ **Abus de position dominante :** situation où une firme utilise son pouvoir de marché afin d'éliminer, de contraindre ou de dissuader tout nouveau concurrent d'entrer sur ce marché, faussant ainsi la concurrence.

→ **Déflation :** processus permanent et général de baisse des prix.

→ **Dette publique :** ensemble des emprunts effectués par l'État, les collectivités territoriales et les institutions de Sécurité sociale. Son montant total (stock) résulte de l'accumulation des déficits publics (flux annuel).

→ **Effet d'éviction :** effet de la hausse de la dépense publique sur celle des taux d'intérêt déterminés sur le marché des fonds prêtables, au détriment de l'investissement privé.

→ **Politique budgétaire :** ensemble des mesures consistant à utiliser les impôts et dépenses publiques afin d'amortir les oscillations du cycle économique.

→ **Politique monétaire :** elle a pour mission de réguler l'offre de crédit et de monnaie, qui résulte, pour l'essentiel, de l'activité des banques.

Mécanisme

Déficit public → Emprunt par émission d'obligations → ↗ de la demande de capitaux (marché des fonds prêtables) → ↗ des taux d'intérêt et risque d'effet d'éviction

politiques dans le cadre

L'ESSENTIEL EN 5 POINTS

1 L'**intégration européenne** s'est faite par étapes, de la zone de libre-échange en 1957, à l'union douanière en 1968, puis au marché unique en 1993, et enfin à l'union économique et monétaire en 1999.

2 Le **marché unique** repose sur la libre circulation des biens et des services, des capitaux et des personnes. Il est favorable à la croissance, mais reste inachevé.

3 La construction européenne repose sur des politiques économiques communes, notamment la **politique de la concurrence**, qui cherche à limiter le pouvoir de marché des entreprises.

4 L'adoption de la **monnaie unique** accompagne l'intégration économique. Elle conduit à une combinaison d'une **politique monétaire** supranationale, conduite par la BCE, et de **politiques budgétaires** nationales, encadrées par les traités européens.

5 La **gouvernance économique** de la zone euro présente des défauts de coordination, favorisant le maintien de déséquilibres entre pays membres, en dépit d'adaptations récentes.

→ Définitions des notions p. 102-111

LE COURS en 3 parties

1. Un processus croissant d'intégration des économies européennes

a. Les étapes de l'intégration économique et monétaire

Marché unique : espace sans frontières intérieures, dans lequel les marchandises, les services et les capitaux circulent librement et où les citoyens européens peuvent librement vivre, travailler, voyager, consommer, étudier...

→ À la suite de la création de la **Communauté européenne du charbon et de l'acier (CECA)** en 1951, six pays européens signent, en 1957, le **traité de Rome**, qui crée la **Communauté économique européenne (CEE)**. L'union régionale connaît ensuite à la fois un **approfondissement** (passage d'une zone de libre-échange à une union économique et monétaire, selon la **typologie de Bela Balassa**) et un **élargissement** à de nombreux pays.

→ L'**Acte unique européen** (1986) organise la réalisation d'un **marché unique**. Le marché intérieur de l'Union européenne est une **union douanière** entre tous les États membres, qui repose sur **quatre libertés fondamentales** : la libre circulation des biens et des services (1993), des personnes (accords de Schengen, 1985) et des capitaux (1990) (Doc 1).

→ Le **traité de Maastricht** (1992) met en place les étapes du passage à la monnaie unique en 1999 et étend le champ des compétences de la Communauté européenne, qui **devient l'Union européenne (UE)**, dotée d'**institutions communes** (Conseil européen, Commission, Parlement, etc.).

→ Les pays doivent respecter des **critères de convergence** pour pouvoir adopter l'**euro** (un taux d'inflation limité, un taux d'intérêt permettant de réduire l'inflation, une dette publique inférieure à 60 % du PIB, un déficit inférieur à 3 % du PIB et enfin, un taux de change stable).

→ La **Banque centrale européenne (BCE)** est créée en 1998 et en 1999, la **monnaie unique circule officiellement** sous forme scripturale : 11 des 15 pays de l'UE adoptent l'euro. Les **billets et des pièces** en euros sont mis en circulation au **1er janvier 2002**. La Slovénie (2007), Malte et Chypre (2008), la Slovaquie (2009), l'Estonie (2011), la Lettonie (2014) et la Lituanie (2015) deviennent membres de la **zone euro**, qui compte désormais **19 membres**.

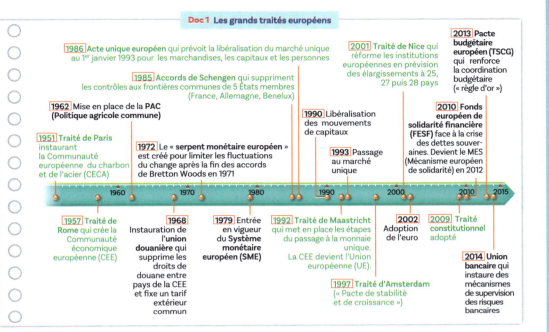

Doc 1 Les grands traités européens

→ **La typologie de Bela Balassa**

L'économiste hongrois **Bela Balassa** (1928-1991) a classé, en 1961, les différentes étapes d'un processus d'intégration régionale :

– **la zone de libre-échange**, dans laquelle les pays membres suppriment toutes les barrières commerciales entre eux, mais conservent leurs tarifs douaniers avec le reste du monde ;

– **l'union douanière**, où les pays membres suppriment toutes les barrières commerciales entre eux et adoptent un tarif douanier commun à l'égard du reste du monde ;

– **le marché commun** suppose une circulation parfaite des marchandises, une libre circulation des facteurs de production, main-d'œuvre et capital, entre les pays membres ;

– **l'union économique et monétaire** est la forme ultime du processus d'intégration régionale. Pour que le marché commun devienne pleinement efficace, la politique économique doit être unifiée ou étroitement coordonnée, avec une gouvernance commune.

b. L'effet du marché unique sur la croissance

→ Le **marché unique** supprime les obstacles à la circulation des capitaux, des biens et services, et des personnes. Cela intensifie la **concurrence entre les firmes** des États membres, qui peuvent rationaliser leur production, innover et faire des **économies d'échelle**, c'est-à-dire réduire les coûts de production lorsque la quantité de production augmente. Les **entreprises** sont plus **compétitives** sur les marchés extérieurs, ce qui permet une amélioration du solde extérieur. La baisse des coûts exerce aussi une **pression à la baisse sur les prix**, favorisant le pouvoir d'achat des ménages.

> **MOTS CLÉS**
>
> **Convergence économique :** tendance au rapprochement du niveau de vie et des principaux indicateurs économiques d'un ensemble de pays.
>
> **Rattrapage économique :** accélération de la croissance des pays dont le niveau de richesse économique est plus faible (PIB par habitant), leur permettant de se rapprocher du niveau de développement des pays les plus avancés.

→ L'**intégration économique de pays proches** par leur niveau de développement et leurs dotations factorielles permet une **convergence économique** des différentes économies nationales, c'est-à-dire des **effets de rattrapage** des pays les moins prospères, à l'instar de l'Espagne ou de l'Irlande. Les débuts du marché commun sont en effet rapidement accompagnés d'un développement de la **spécialisation intrabranche** des appareils productifs, pour offrir une plus grande variété de gamme de produits aux consommateurs et ainsi répondre à « une demande de différence » caractéristique de situations de marché en **concurrence monopolistique** (voir chapitre 2). Dans ce contexte, les pertes de bien-être liées aux réallocations de main-d'œuvre et de capital d'une branche à une autre sont assez limitées.

→ Les **effets** du démantèlement douanier et de la suppression des restrictions quantitatives aux échanges pendant la période de transition (1958-1970) sont spectaculaires : **le commerce intracommunautaire est multiplié par 6**, tandis que les échanges de la CEE avec les pays tiers sont multipliés par 3. Le PNB moyen progresse de 70 %. Aujourd'hui, la France réalise les **deux tiers de ses échanges commerciaux** avec les pays de l'UE.

→ Le **marché unique** est aujourd'hui composé de **444 millions de consommateurs**. Il est plus étendu que celui des États-Unis (325 millions).

c. Un marché unique inachevé

> **MOT CLÉ**
>
> **Travailleur détaché :** salarié envoyé par son employeur dans un autre État membre en vue d'y fournir un service à titre temporaire, souvent dans des conditions salariales proches de celles du pays d'origine (moindres cotisations sociales, salaires et protections plus faibles).

→ Néanmoins, malgré les efforts d'intégration et d'harmonisation menés depuis plusieurs décennies, des **obstacles à la libre circulation** demeurent à l'intérieur du marché commun, notamment en matière de services. Il existe aussi toujours des **freins à la mobilité** des Européens (barrières linguistiques, administratives ou culturelles) et des **difficultés à faire respecter les règles européennes**, notamment en matière de droit du travail (exemple des **travailleurs détachés**) et de fiscalité (**dumping social et fiscal** de petits pays, voir chapitre 2). L'harmonisation est en effet réduite en termes d'impôts et salaires et, ces dernières années, la **concurrence fiscale** pour attirer les entreprises ou les hauts patrimoines s'accentue même.

→ Tous les pays n'ont pas également bénéficié de la mise en place du marché unique (**Doc 2**). Selon l'**enquête de la Fondation Bertelsmann**, l'existence du marché unique fait gagner 840 euros par an en moyenne à chaque citoyen européen, mais avec des **écarts en faveur des régions du centre**, qui renforcent leurs avantages comparatifs grâce à leurs réseaux denses de PME et leur tissu industriel. Il est aussi plus favorable aux **États relativement petits**, qui disposent de filières compétitives et sont dépendants de l'exportation en raison d'un marché domestique trop étroit (Pays-Bas, Autriche). Enfin, les **grandes agglomérations**, qui attirent une main-d'œuvre qualifiée, bénéficient plus du marché unique. Celui-ci favorise donc les **centres** au détriment des **périphéries**.

Doc 2 Gains annuels moyens du marché intérieur européen par région (en euros par habitant)

Note : quatre pays accèdent au marché unique grâce à l'Espace économique européen (Islande, Liechtenstein, Norvège, Suisse).

Source : Giordano Mion, Dominic Ponattu, « Estimating the economic impact of Brexit on European countries and regions », *Bertelsmann Stifung Policy Paper*, mars 2019.

➜ L'élargissement aux pays de l'Est dès 2004 se traduit enfin plus souvent par des **échanges interbranches**, entraînant des changements de spécialisation et d'importantes réallocations de ressources dans l'espace régional européen. Cela induit des **délocalisations** et du **chômage**, même si l'union économique peut espérer de ce processus une diminution des coûts de production et des prix pour les consommateurs. On peut alors assister à une divergence des structures économiques du fait d'une **spécialisation croissante** des territoires. Les pays de l'Est ont ainsi plus bénéficié d'une **division régionale du processus productif** avec l'Allemagne (autour du secteur automobile) que les pays du Sud de l'Europe.

➜ Face aux effets incertains du marché unique, la priorité n'est plus aujourd'hui à son élargissement et le **Brexit** vient encore freiner cette dynamique.

d. La politique de la concurrence : un complément au marché unique

MOT CLÉ

Politique de la concurrence : ensemble des dispositifs permettant de contrôler et réguler le degré de concurrence sur un marché.

➜ La **politique de la concurrence** est une composante historique de la construction européenne, et ce depuis les années 1950. Tel qu'il a été conçu, le marché unique européen est supposé garantir et fonctionner avec une **concurrence libre, loyale et non faussée** qui, selon la théorie économique néoclassique, est un moyen d'**allocation optimale des ressources**.

➜ La politique de concurrence européenne se veut une politique économique au service des consommateurs et de la compétitivité des entreprises européennes. La concurrence doit **encourager l'innovation** des entreprises, ce qui améliore leur efficacité et leur compétitivité pour faire face à la concurrence internationale. Elle conduit également à **faire baisser les prix** pour les consommateurs.

➜ Dès 1957, le **traité de Rome** prévoit déjà des règles de concurrence qui donnent en particulier le droit aux autorités européennes de **surveiller les cartels**. Le **droit européen de la concurrence** est ensuite renforcé dans les années 1990, avec l'apparition notamment du **contrôle des concentrations** et lorsque de nombreux secteurs, auparavant confiés à des monopoles nationaux, ont été ouverts à la concurrence.

➜ Afin que ces règles soient respectées et les plus impartiales possibles, la **Commission européenne** a la **compétence exclusive de la mise en œuvre du droit européen de la concurrence**. Elle dispose de moyens étendus pour contrôler les situations pouvant restreindre la concurrence et accroître les prix à la consommation : **ententes, abus de positions dominantes, monopoles, concentrations** et **aides publiques** à certaines entreprises (**Doc 3**). Ces aides peuvent en effet engendrer une **distorsion de concurrence** en favorisant certaines entreprises ou certaines productions (prêts à taux faibles, de subventions ou d'investissements publics, notamment).

> 🌐 **MOT CLÉ**
>
> **Politique industrielle** : ensemble des dispositifs visant à orienter la spécialisation sectorielle ou technologique de l'économie, de manière à accroître sa compétitivité.

➜ L'application des règles contre les ententes, les abus de position dominantes fait relativement peu débat, puisque l'on s'accorde sur leur capacité à augmenter le **surplus du consommateur**. En revanche, le contrôle des concentrations est parfois **accusé de limiter la croissance de certains groupes** européens, et donc leur compétitivité sur les marchés mondiaux. Le contrôle des fusions peut parfois ainsi apparaître comme contraire à la **politique industrielle**.

➜ Le contrôle des aides d'État est aussi régulièrement l'objet de critiques : il **réduirait les possibilités d'incitation publique à l'innovation**, et donc la politique industrielle, alors que d'autres pays non-européens n'hésitent pas à aider leurs entreprises à gagner en compétitivité.

Objectifs généraux	Moyens	Objectifs intermédiaires	Types de sanctions
Stimuler l'efficience économique des marchés	**Action en amont :** assurer le contrôle préalable des opérations de concentration.	Vérifier que la fusion entre des entreprises ne porte pas atteinte à la concurrence en créant ou renforçant un **pouvoir de marché**.	– **Injonctions :** prévenir avant d'entamer des poursuites – **Amendes** pour sanctionner des pratiques jugées anticoncurrentielles (ex. : Microsoft et Intel) – **Interdiction d'opérations de concentration**
Améliorer le bien-être des consommateurs	**Action en aval :** surveiller les comportements et identifier, puis sanctionner, les pratiques anticoncurrentielles.	Repérer deux formes de pratiques : – les **ententes illicites** (accords et pratiques concertées entre entreprises – cartels) ; – l'**abus de position dominante** (faire obstacle à des concurrents potentiels).	

Doc 3 Les missions de la Direction générale à la concurrence de la Commission Européenne

→ **La politique de la concurrence européenne est enfin parfois accusée d'avoir freiné l'émergence d'acteurs européens du numérique**, alors que l'économie numérique repose sur des acteurs de grande taille. Cette tendance à l'**oligopolisation**, voire à la **quasi-monopolisation** des marchés, s'apparente au phénomène de « *winner takes all* », où le gagnant détient l'essentiel des parts de marchés en éliminant ou rachetant ses concurrents. Mais ce manque de concurrence peut, à terme, freiner l'innovation et, comme aux États-Unis, se traduire par une hausse des prix pour les consommateurs.

❷ Une politique conjoncturelle déterminée au niveau européen

a. Agir sur l'activité et l'inflation par la politique monétaire

Robert Mundell (1932-2021) est un économiste canadien considéré comme le « père de l'euro ».

→ L'**euro** naît le 1er janvier 1999 dans le cadre de l'**Union économique et monétaire** (UEM). **La monnaie unique apparaît comme un complément logique au marché unique**, permettant de **réduire le coût des opérations de change** qui entravait les échanges intra-européens. Elle a aussi pour objectifs de **limiter les fluctuations du change** entre les devises européennes depuis le passage à un régime de changes flottants en 1971 (fin officielle des accords de Bretton-Woods en 1976), mais aussi la **spéculation sur les taux de change**, facilitée notamment dans les années 1990 par le développement des marchés des capitaux. Cette instabilité pénalisait fortement les échanges et pesait sur le niveau des prix, mais limitait aussi la capacité des États à mener leur politique monétaire. C'est ce que Robert Mundell théorise avec son **triangle des incompatibilités**, qui plaide en faveur d'une monnaie unique.

LE PETIT +

→ **Le triangle des incompatibilités de Robert Mundell**

La politique économique doit faire un choix entre trois objectifs :
– un **taux de change fixe** ;
– une **politique monétaire indépendante**, qui permet de fixer le niveau des taux d'intérêt en fonction des besoins internes de niveau d'inflation ;
– une parfaite **mobilité des capitaux**.

Seuls deux de ces trois objectifs sont compatibles. La création de l'euro, en permettant un passage aux changes flottants pour l'ensemble de la zone euro, a redonné de l'autonomie à la politique monétaire définie par la BCE, mais les politiques monétaires nationales disparaissent.

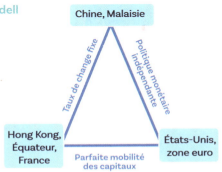

Source : Agnès Benassy-Quéré, *Économie monétaire internationale*, Économica, 2017.

MOTS CLÉS

Politique monétaire : action de la banque centrale sur la quantité de monnaie en circulation dans l'économie pour favoriser l'activité économique et stabiliser le niveau des prix.

Taux d'intérêt directeur principal (« refi ») : instrument de la politique monétaire pour agir sur le niveau de l'activité et de l'inflation à travers le crédit bancaire. Il est déterminé par la Banque centrale sur le marché interbancaire.

→ La **Banque Centrale Européenne** (BCE), **indépendante des gouvernements**, doit respecter l'objectif-cible de 2 % d'inflation et n'est pas autorisée à financer les États (clause de non-renflouement ou « *no bail out* »). Elle détermine la **politique monétaire** (**Doc 4**), sans être influencée par chacun des gouvernements. Elle agit sur l'activité par l'usage des **taux d'intérêt directeurs**, en les baissant pour stimuler la consommation et l'investissement et en les augmentant pour limiter les tensions inflationnistes liées à une trop forte création monétaire. Le **taux d'intérêt directeur** est ainsi fixé par la BCE sur le **marché interbancaire** par des **opérations d'*open market***. Il agit sur les taux d'intérêt proposés par les banques de second rang aux emprunteurs, et donc sur le volume de crédit distribué aux agents économiques pour satisfaire leurs besoins de consommation et d'investissement. Or, le crédit repose sur la création monétaire, qui fait varier la masse monétaire en circulation, et donc le niveau de l'inflation.

→ Face à la crise de 2008, la BCE a mené une **politique active et pragmatique**, baissant les **taux d'intérêt**, puis mettant en œuvre des **politiques monétaires non conventionnelles**. Celles-ci sont utilisées par les banques centrales lorsque l'action sur les taux d'intérêt est impossible pour stimuler l'activité (ils sont trop faibles pour être baissés ; Keynes parle de situation de « **trappe à liquidité** »).

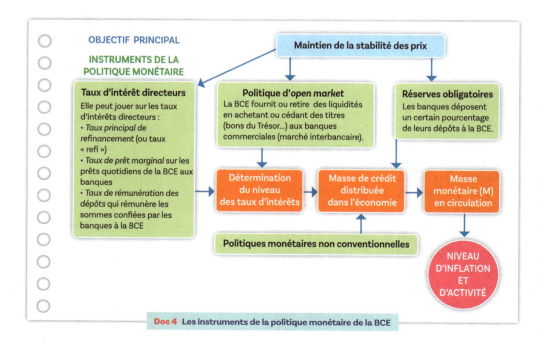

Doc 4 Les instruments de la politique monétaire de la BCE

MOTS CLÉS

Base monétaire (ou monnaie de Banque centrale) : désigne à la fois les billets et pièces en circulation et les avoirs monétaires détenus par les banques auprès de la Banque centrale (comptes détenus par les banques commerciales à la Banque centrale : réserves obligatoires, facilités des dépôts).

Taux d'intérêt sur les obligations souveraines : il détermine les taux d'emprunts à long terme que devront payer les États aux prêteurs sur les marchés financiers.

→ Le *quantitative easing* consiste en des **rachats de titres** en contrepartie d'une création de **base monétaire** (monnaie de Banque centrale). Cette politique a permis aux banques centrales de **fournir des liquidités aux banques** en leur achetant des titres de mauvaise qualité, ce qui a limité le *credit crunch* et le risque de déflation. Il a aussi permis d'**acheter des obligations d'État** pour limiter la hausse des **taux d'intérêt sur les obligations souveraines**, notamment pour faire face à la **crise des dettes souveraines** en Europe en 2011 et pour répondre à la **crise sanitaire** dès 2020, avec le *Pandemic emergency purchase program* (PEPP). Enfin, la **parole des gouverneurs** de la Banque centrale devient de plus en plus importante pour agir sur les anticipations, avec le « guidage prospectif » (*forward guidance*), qui consiste à annoncer à l'avance les intentions de la Banque.

b. Une politique budgétaire encadrée par des traités

MOTS CLÉS

Politique budgétaire conjoncturelle : elle agit sur le niveau de l'activité économique à travers le budget. Elle détermine le niveau des dépenses publiques et des impôts. La politique budgétaire est « structurelle » si elle agit sur l'activité à long terme (politiques de formation, infrastructure, innovation...).

Principe de subsidiarité : consiste à privilégier le niveau inférieur d'un pouvoir de décision (États membres, régions...) aussi longtemps que le niveau supérieur (UE) ne peut agir de manière plus efficace.

Déficit public : différence entre les recettes et les dépenses des administrations publiques. Ces déficits (flux annuel) alimentent chaque année la dette (stock accumulé).

→ La **politique budgétaire conjoncturelle** peut passer par des **plans de relance** pour soutenir l'activité (politiques expansionnistes) ou par des **politiques de rigueur** qui cherchent à la freiner (politiques restrictives).

→ Les **stabilisateurs automatiques** correspondent aux **variations** des prélèvements obligatoires et des dépenses publiques **liées au cycle économique**, mais non déterminées par des choix politiques (politiques dites « discrétionnaires »). En effet, lorsque la croissance ralentit, les recettes baissent (moins d'impôts et cotisations sociales perçus) et les dépenses augmentent (prestation chômage, par exemple), ce qui creuse mécaniquement le déficit et soutient donc la demande dans l'économie (**effet contra-cyclique**).

→ Dans le cadre de l'UE, la **politique budgétaire conjoncturelle** est **limitée**. Le **budget communautaire** existe et est voté tous les sept ans, mais il doit être toujours **équilibré** et rester **en deçà de 1,27 % du PIB** de l'ensemble des États membres de l'UE. Cela reste très **insuffisant** pour assurer des transferts entre États en cas de choc économique touchant l'un d'entre eux.

→ Les **politiques budgétaires** restent de la compétence des États selon le **principe de subsidiarité**, mais sont **encadrées par des traités** comme le **Pacte de stabilité et de croissance** (1997), qui fixe des règles relatives au **déficit public**

(< 3 % du PIB) et à la **dette publique** (< 60 % du PIB). Les règles de ce pacte se sont révélées trop rigides pour tenir compte des situations particulières et il n'est pas parvenu à assurer un contrôle suffisant sur les finances des États, annonçant la **crise des dettes souveraines en 2011**. La surveillance des indicateurs budgétaires n'a notamment pas permis de saisir la **dynamique de l'endettement privé**.

➡ Depuis 2012, le **Pacte budgétaire** (officiellement nommé « **traité sur la stabilité, la coordination et la gouvernance** », TSCG) renforce les procédures de contrôle des États et vise l'équilibre structurel (« règle d'or »), mais la crise sanitaire conduit à l'abandon, au moins temporaire, des critères de déficit et de dette publics.

3 Les faiblesses de la gouvernance économique européenne

a. Un *policy mix* asymétrique qui a favorisé la divergence des économies

➡ La **zone euro** est caractérisée par la **combinaison** d'une **politique monétaire unique** gérée par la BCE et de **politiques budgétaires nationales** encadrées (***policy mix***).

> **MOT CLÉ**
>
> **Taux d'intérêt réel** : différence entre le taux d'intérêt nominal déterminé par la Banque centrale et le taux d'inflation.

➡ La **politique monétaire de la BCE** étant unique, elle propose également un **taux d'intérêt nominal unique** (taux d'intérêt directeur). De fait, certaines économies plus inflationnistes ont pu consommer et s'endetter plus que d'autres grâce à de faibles **taux d'intérêt réels**. En somme, la politique monétaire commune est stimulante dans les pays dont la croissance et l'inflation sont supérieures à la moyenne de la zone euro (taux d'intérêt réels faibles ou négatifs), mais restrictive dans les pays dont la croissance et l'inflation sont inférieures à la moyenne de la zone euro (taux d'intérêt réels trop élevés). Elle s'est avérée **procyclique**, c'est-à-dire qu'elle **amplifie le cycle** en augmentant la croissance des pays en croissance, et inversement.

➡ Cela a entraîné une **divergence des économies** au sein de la zone euro, en encourageant l'**endettement privé** des entreprises et des ménages et les **bulles spéculatives**, notamment immobilières, dans les **pays en rattrapage** (Irlande, Portugal, Espagne, Grèce…). Parallèlement, grâce à la **convergence des taux obligataires**, les États des pays en rattrapage ont pu s'endetter à moindre prix qu'avant le passage à la monnaie unique. Ceci a pu encourager l'**endettement public**. Cet endettement a été possible du fait du **déplacement des capitaux des pays du Nord** (à forte capacité de financement) **vers les pays en rattrapage** (ayant de forts besoin d'investissement).

➡ Enfin, l'union monétaire a creusé les **écarts de compétitivité** entre les pays les plus productifs et les plus au centre de l'Europe et ceux de la périphérie, dont les **déficits extérieurs** augmentent. Ceci est lié au **différentiel d'inflation**, qui dégrade la compétitivité prix des pays en rattrapage, mais aussi au renforcement de la **dynamique de spécialisation** selon l'avantage comparatif dans les unions monétaires, qui font disparaitre le risque de change et permettent la production dans les zones concentrant le capital physique et humain pour exporter ensuite vers la périphérie.

→ La crise initiée à l'été 2007 a révélé ces **déséquilibres**. Les **taux d'intérêt sur les emprunts publics** se sont considérablement accrus, déclenchant une **crise de la dette publique**. Les marchés ont aussi sanctionné cette gouvernance.

b. Une difficulté à répondre aux chocs asymétriques

→ L'**abandon de la politique monétaire** présente un **coût** pour les économies de la zone euro, car elles ne peuvent plus ajuster leur taux d'intérêt ou leur taux de change en fonction des besoins de leurs économies. Une **zone monétaire optimale** est une région géographique dans laquelle il serait bénéfique d'établir une monnaie unique, car les **bénéfices** (progression des échanges, meilleure spécialisation productive, disparition de l'incertitude liée aux fluctuations du change…) seraient **supérieurs aux coûts** (perte de l'autonomie de la politique monétaire et de change).

MOT CLÉ

Choc asymétrique : événement ayant un impact seulement dans un pays, ou avec une intensité différente selon les pays (ex. : variation de la demande dans un secteur de spécialisation, événement politique ou social, catastrophe naturelle…).

→ **Robert Mundell** a mis en évidence dès 1961 que l'**impossibilité d'agir sur le taux de change** (en raison de la monnaie unique) **en cas de choc asymétrique** dans un pays devait pouvoir être **compensée** par la mobilité des facteurs de production (capital, travail), la flexibilité des prix et des salaires, une forte intégration financière, une harmonisation fiscale… Améliorer l'optimalité de la zone passe aussi par des **transferts** et une **coordination** budgétaire plus importants pour répondre aux **chocs asymétriques**.

→ Comme le **budget fédéral** (commun) est peu important dans la zone euro, un pays en difficulté doit d'abord soutenir son économie, puis réduire son déficit public, **sans recevoir d'aide** des autres pays, ce qui aggrave évidemment ses difficultés. Ceci s'est clairement manifesté de 2008 à 2014 dans les pays périphériques, pendant la récession et la crise des dettes souveraines.

→ Dans ce contexte, lorsqu'un pays de la zone euro a une **compétitivité dégradée**, un **déficit extérieur**, il doit finalement **baisser ses coûts salariaux** pour rétablir sa compétitivité, ce qui comprime sa demande intérieure et sa croissance. On parle de **dévaluation interne**. L'**ajustement** des compétitivités coût est donc **asymétrique** : il est essentiellement **à la charge des pays en difficulté**, ce qui aggrave ces difficultés et accroît l'hétérogénéité entre les pays.

→ Seuls un **fédéralisme budgétaire**, reposant sur un budget commun plus important ou des transferts entre États, permettrait d'éviter un appauvrissement des pays ayant une compétitivité prix dégradée. À cet égard, la réponse à la crise sanitaire liée au Covid-19 ouvre la voie à une plus grande **solidarité budgétaire**. En effet, un plan de relance de 750 milliards d'euros a autorisé la Commission européenne, en juillet 2020, à **emprunter sur les marchés** pour le compte des États membres, notamment pour verser des **subventions aux États les plus touchés** par la crise.

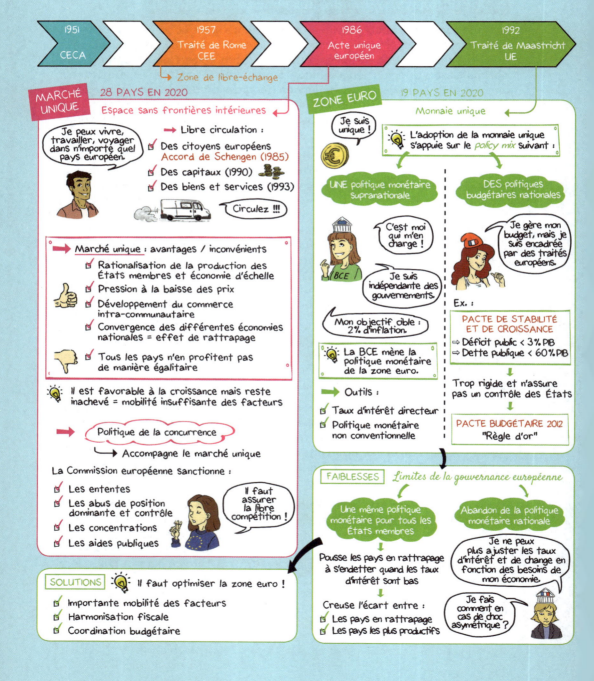

Une citation clé

> « L'Europe se fera par la monnaie ou ne se fera pas. »
>
> **Jacques Rueff** (économiste libéral français, conseiller économique du général Charles de Gaulle), déclaration prononcée en 1949.

Ne pas confondre

- Zone de libre-échange/union douanière/marché commun
- Politique monétaire/politique budgétaire
- Taux d'intérêt directeur nominal/taux d'intérêt réel
- Taux d'intérêt directeur/taux d'intérêt sur les obligations souveraines
- Politique monétaire conventionnelle/non conventionnelle
- Déficit public/dette publique
- Dumping fiscal/dumping social

Les mécanismes à comprendre

- **La politique monétaire de la BCE** : voir p. 108
- **L'action de la politique budgétaire sur la conjoncture** :

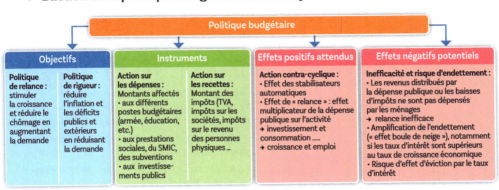

Objectifs		Instruments		Effets positifs attendus	Effets négatifs potentiels
Politique de relance : stimuler la croissance et réduire le chômage en augmentant la demande	**Politique de rigueur :** réduire l'inflation et les déficits publics et extérieurs en réduisant la demande	**Action sur les dépenses :** Montants affectés • aux différents postes budgétaires (armée, éducation, etc.) • aux prestations sociales, du SMIC, des subventions • aux investissements publics	**Action sur les recettes :** Montant des impôts (TVA, impôts sur les sociétés, impôts sur le revenu des personnes physiques …)	**Action contra-cyclique :** • Effet des stabilisateurs automatiques • Effet de « relance » : effet multiplicateur de la dépense publique sur l'activité ➔ investissement et consommation …… ➔ croissance et emploi	**Inefficacité et risque d'endettement :** • Les revenus distribués par la dépense publique ou les baisses d'impôts ne sont pas dépensés par les ménages ➔ relance inefficace • Amplification de l'endettement (« effet boule de neige »), notamment si les taux d'intérêt sont supérieurs au taux de croissance économique • Risque d'effet d'éviction par le taux d'intérêt

BILAN

SE TESTER
– Mobiliser ses connaissances –

1. Coche la ou les bonne(s) réponse(s).

1. Le marché unique :
- **a** apparaît déjà comme un objectif dans le traité de Rome de 1957 et est organisé par l'Acte unique européen en 1986. ☐
- **b** doit permettre la mise en place de quatre libertés de circulation : des biens, des services, des capitaux et des hommes. ☐
- **c** est entré en vigueur le 1er janvier 1999. ☐

2. La création de l'euro :
- **a** se fait dans la continuité de la mise en place du marché commun, pour limiter les fluctuations de change et favoriser le commerce intra-européen. ☐
- **b** repose sur la mise en place d'un budget européen commun aux États membres de l'UE. ☐
- **c** a impliqué le respect des critères de convergence du traité de Maastricht, notamment de déficit et d'endettement publics. ☐

3. La zone euro :
- **a** rassemble 19 États membres de l'UE sur les 27 (après le Brexit). ☐
- **b** conduit les États membres à abandonner leur politique monétaire nationale au profit d'une politique monétaire unique menée par la Banque centrale européenne (BCE), indépendante des pouvoirs publics et avec pour objectif unique la stabilité des prix. ☐
- **c** s'appuie sur un budget européen important et des politiques budgétaires très coordonnées. ☐

2. Associe chacun des termes suivants à sa définition.

1. zone monétaire optimale – **2.** policy mix – **3.** marché unique – **4.** politique de la concurrence – **5.** convergence économique – **6.** dumping social et fiscal – **7.** choc asymétrique

- **a** Espace économique dans lequel les biens, les services, les capitaux et les hommes circulent librement, sans barrières tarifaires ou techniques. Comme dans le cas d'une union douanière, un tarif extérieur commun peut être appliqué aux pays tiers.
- **b** Stratégie qui cherche à tirer avantage des écarts de salaires, de charges sociales ou de fiscalité pour attirer des entreprises sur son territoire ou pour remettre en cause des acquis sociaux, de manière à conserver des emplois.
- **c** Tendance au rapprochement du niveau de vie et des principaux indicateurs économiques d'un ensemble de pays.
- **d** Politique structurelle qui cherche à lutter contre certaines concentrations d'entreprises, les ententes et abus de position dominante, afin de veiller à ce que les prix n'augmentent pas pour les agents économiques.

e. Combinaison des politiques monétaire et budgétaire.

f. Lorsque des pays ont intérêt à adopter une monnaie unique, car cela représente plus d'avantages que de coûts par rapport à une situation de changes fixes. C'est d'autant plus le cas qu'il existe une liberté de circulation des hommes et des capitaux, que les économies ont des structures comparables, et qu'il existe des mécanismes d'ajustement aux chocs (budget fédéral ou fonds de transfert).

g. Événement macroéconomique qui affecte seulement un secteur d'activité et un pays donné, ou avec une intensité variable selon les pays.

3. Replace les événements suivants sur l'axe chronologique (attention, certaines dates peuvent correspondre à plusieurs événements).

a. 1957 – b. 1968 – c. 1979 – d. 1990 – e. 1986 – f. 1992 – g. 1993 – h. 1997 – i. 1999 – j. 2010 – k. 2015

1. Création de la CEE.
2. La BCE engage une politique de *quantitative easing*.
3. Signature de l'Acte unique.
4. Adoption de l'euro.
5. Création de l'union douanière.
6. Signature du traité de Rome.
7. Mobilité des capitaux entre les pays membres de la CEE.
8. Mise en place du Système monétaire européen (SME).
9. Début de la crise des dettes souveraines et adoption du Fonds européen de stabilité financière (FESF).
10. Signature du traité de Maastricht.
11. Mise en place du marché unique.
12. La CEE devient l'UE.
13. Pacte de stabilité et de croissance.

4. Complète le schéma à l'aide des dates et chiffres suivants.

a. 1,27 % – b. 2 % – c. 3 % – d. 60 % – e. 2012 – f. 1997 – g. 2014

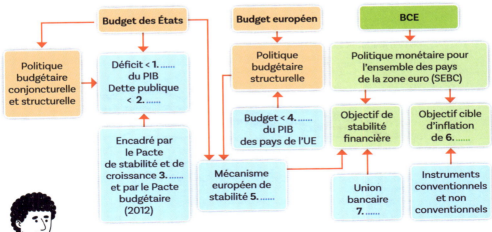

Un *policy mix* asymétrique et doté de mécanismes de contrôle

Réponses : **1.** 1.a – 2.a,c – 3.a,b • **2.** 1.f – 2.e – 3.a – 4.d – 5.g – 6.b – 7.g
• **3.** 1.a – 2.k – 3.e – 4.i – 5.b – 6.a – 7.d – 8.c – 9.j – 10.h – 11.g – 12.f – 13.f
• **4.** 1.b – 2.d – 3.f – 4.a – 5.e – 6.b – 7.g.

MÉTHODE

SUJET GUIDÉ — DISSERTATION

SE PRÉPARER POUR L'EXAMEN

Distinguer argumentation et illustration

SUJET — L'intégration économique et monétaire a-t-elle favorisé la convergence des économies européennes ?

📖 Document 1 > Les critères de convergence

Les critères de convergence (ou « critères de Maastricht ») sont des critères, fondés sur des indicateurs macroéconomiques, que doivent respecter les pays membres de l'Union européenne (UE) candidats à l'entrée dans la zone euro. Ces critères furent établis lors du traité de Maastricht, signés par les membres de l'Union européenne le 7 février 1992. Les quatre critères sont définis dans l'article 121 du traité instituant la Communauté européenne. Ils imposent la maîtrise de l'inflation, de la dette publique et du déficit public, la stabilité du taux de change et la convergence des taux d'intérêt.

1. Stabilité des prix : le taux d'inflation d'un État membre donné ne doit pas dépasser de plus de 1,5 point celui des trois États membres présentant les meilleurs résultats en matière de stabilité des prix.

2. Situation des finances publiques : **a.** Interdiction d'avoir un déficit public annuel supérieur à 3 % du PIB. **b.** Interdiction d'avoir une dette publique supérieure à 60 % du PIB.

3. Taux de change : interdiction de dévaluer sa monnaie ; ceci fut rendu obsolète avec le passage à l'euro pour les pays de la zone euro. En outre, l'État membre doit avoir participé au mécanisme de taux de change du système monétaire européen (SME) sans discontinuer pendant les deux années précédant l'examen de sa situation, sans connaître de tensions graves.

4. Taux d'intérêt à long terme : ils ne doivent pas excéder de plus de 2 % ceux des trois États membres présentant les meilleurs résultats en matière de stabilité des prix.

Insee, « Les critères de convergence », 2016.

📖 Document 2 > Évolution du PIB réel par habitant

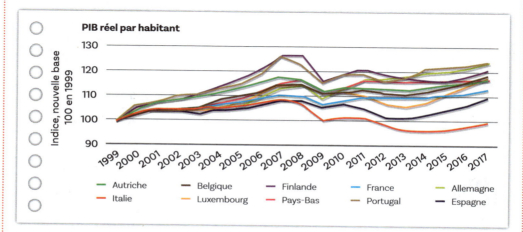

Source : Données FMI, 2018.

📖 **Document 3** > Commerce de biens intra-UE à 28 et extra-UE à 28, en 2018 (importations + exportations, en % du commerce total)

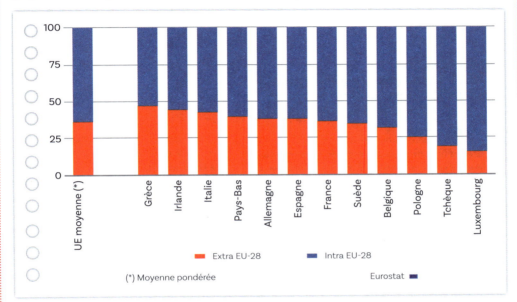

Source : Eurostat., 2019.

📖 **Document 4** > Part de la valeur ajoutée manufacturière dans celle de la zone euro (en %)

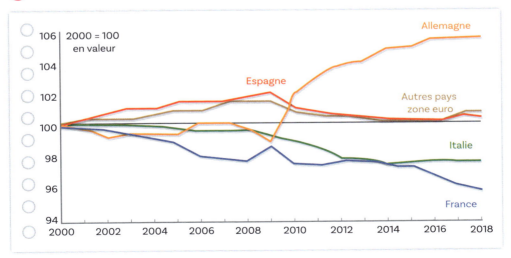

Source : Eurostat, 2020.

MÉTHODE

Méthode et corrigé

Analyser le sujet et extraire les informations des documents

COUP DE POUCE

Tu peux t'appuyer sur la méthode de la dissertation, p. 8.

➜ **Analyse le sujet** : définis les mots clés et réfléchis à la nature du travail attendu.

➜ Le **plan** attendu est ici **dialectique**. Tu dois rechercher les idées qui permettent de montrer la **dynamique de convergence**, puis dégager ensuite les **facteurs de divergence**. Tu peux aussi proposer une **troisième partie** qui interroge sur le rôle de la gouvernance dans la dynamique de divergence.

➜ **Résume** en quelques mots **les apports des documents par rapport au sujet.**

Exemple pour le **Doc 1** : La mise en place de critères de convergence a contraint les pays à respecter des règles communes en matière d'inflation, de taux de change, de taux d'intérêt et de dépense publique. La logique de convergence est au cœur de la mise en place de l'euro, et des règles encadrent ensuite le comportement des États pour maintenir une convergence macroéconomique.

➜ Pour chaque document, **dégage les idées principales**, puis **ordonne les arguments** en les regroupant par thématique et par ordre d'importance. **Extrais ensuite des idées secondaires.** Fais apparaître les oppositions et complémentarités entre les documents. **Complète** enfin les idées des documents **par tes propres connaissances**. Tu peux les organiser dans un tableau (voir méthode p. 96).

Repérer des illustrations dans chaque document

➜ **Dégage les exemples et données chiffrées les plus significatifs** des documents pour illustrer les arguments.

Exemple pour le **Doc 2**, qui permet d'illustrer d'abord des phénomènes de rattrapage, puis des divergences : Le document 2 montre que le PIB réel par habitant, qui mesure le niveau de vie a progressé pour l'ensemble des pays entre 1999, année du passage à l'euro et 2008, au moment du déclenchement de la crise des subprimes. Certains pays voient toutefois leur niveau de vie progresser plus rapidement que d'autres. Ainsi, celui de la Finlande progresse de près de 30 %, contre 8 % pour l'Italie. Les pays de plus petite taille ont en effet particulièrement bénéficié du marché unique et de la monnaie unique (suppression des obstacles aux échanges).

➜ Pour chaque idée, **organise ton exploitation du document (constat/illustration/interprétation)**. Relie-les à tes connaissances pour les expliquer.

Exemple pour le **Doc 4** :

Constat : La structure productive des pays de la zone euro se différencie. Certains sont plus spécialisés dans la production de biens manufacturés, alors que d'autres se désindustrialisent.

Illustration : Ainsi, la part de la valeur ajoutée manufacturière, à savoir la richesse produite par le secteur secondaire, progresse de 6 % en Allemagne entre 2000 et 2018, mais baisse sur la même période de 4,5 % en France et de 2 % en Italie.

Interprétation : L'intégration régionale et la disparition du risque de change avec le passage à la monnaie unique favorisent la spécialisation des États membres selon leur avantage comparatif. En outre, les États membres ont mené des politiques publiques différentes (compression du coût du travail en Allemagne avec les lois Hartz 2003-2005, politique de soutien à la demande et de réduction des inégalités dans les pays du sud de l'Europe).

Enfin, l'existence même d'une zone monétaire renforce les divergences du fait d'écarts de taux d'intérêt réels liés aux différentiels d'inflation, facilités d'emprunts offertes aux pays du Sud en croissance grâce à l'afflux de capitaux des pays du Nord…

Proposition de plan détaillé

I. La construction européenne s'est appuyée sur un effort de convergence des économies.

A. *La construction européenne a rendu nécessaire la convergence des économies.*
- Mise en place du marché commun et de politiques structurelles.
- Effort de coordination des politiques conjoncturelles.

B. *Les critères de convergence sont au cœur du dispositif d'adoption de la monnaie unique.* **> Doc 1**

C. *Une convergence relative des variables réelles.*
- Un mécanisme de rattrapage des niveaux de vie. **> Doc 2**
- Des échanges économiques croissants au sein du marché unique. **> Doc 3**

II. Mais le passage à l'euro et les derniers élargissements n'ont pas facilité la convergence des économies.

A. *La gouvernance européenne (policy mix asymétrique) a contribué à accentuer les divergences entre les économies européennes.* **> Doc 1**
- Une politique monétaire procyclique.
- Une politique budgétaire contrainte par un budget très limité.

B. *La constitution d'une zone monétaire induit des dynamiques de divergences qui apparaissent inévitables.*
- Des divergences de politiques économiques qui ont renforcé l'hétérogénéité entre États. **> Doc 4**

C. *L'élargissement de l'UE a renforcé la divergence des économies et fragilisé la gouvernance.*

Les sujets qui peuvent tomber au Bac...

Dissertation Épreuve composée – Partie 3

→ Comment la constitution d'une union économique et monétaire a-t-elle été une étape importante de l'intégration européenne ?

→ Quels sont les objectifs et les limites de la politique de concurrence ?

→ Quels sont les objectifs de l'adoption d'une monnaie unique et ses difficultés ?

→ Quels sont les avantages/difficultés de la mise en place du marché unique ?

→ La création de l'UEM a-t-elle été favorable à la croissance/à la convergence des économies de la zone euro ?

→ À quelles difficultés les États membres de l'Union économique et monétaire se heurtent-ils pour coordonner leurs politiques conjoncturelles ?*

Épreuve composée – Partie 1

→ Présentez les principales étapes de la construction européenne.

→ Quels sont les avantages attendus du marché unique ?

→ Présentez les objectifs et modalités de la politique de concurrence européenne.

→ Quelles sont les caractéristiques de la politique monétaire européenne ?

→ Présentez les caractéristiques du *policy mix* européen.

→ Décrivez la politique budgétaire au sein de la zone euro.

→ Quels sont les mécanismes d'action de la politique monétaire/budgétaire ?

→ Comment la zone euro peut-elle faire face à un choc asymétrique ?

*Sujet corrigé p. 297

Pour aller plus loin

À lire

Ouvrages de référence
- OFCE, *L'économie européenne 2019, 2020...*, La Découverte, « Repères ».
- Michel Dévoluy, Gilbert Koenig, *Les Politiques économiques européennes*, Points, 2015.
- Marie-Annick Barthe, *Économie de l'Union européenne*, Economica, 2014.
- Patrick Artus, Isabelle Gravet, *La Crise de l'euro*, Armand Colin, 2012.

Bande dessinée
- Maud Hopsie, Claire Fumat, *Toute l'éco en BD*, « La monnaie » (tome 1), La Boîte à bulles/Belin Éducation, 2018.

À voir

Vidéos en ligne
- « Les grandes étapes de la construction européenne », *Le Monde* www.lemonde.fr/europe/video/2017/03/24/les-grandes-etapes-de-la-construction-europeenne-en-quatre-minutes_5100427_3214.html
- « La création monétaire et le rôle de la Banque centrale », *France TV* www.education-et-numerique.org/la-creation-monetaire-et-le-role-de-la-banque-centrale
- « Le fonctionnement du Système européen des banques centrales », *Cité de l'économie* www.citeco.fr/la-banque-centrale-europeenne-bce
- Débats de France Stratégie – Thomas Piketty, « Zone euro : des institutions pour le futur » www.strategie.gouv.fr/debats/debat-zone-euro-institutions-futur – Daniel Cohen, « «La crise de la zone euro : nature et remèdes possibles » www.strategie.gouv.fr/debats/debat-crise-de-zone-euro-nature-remedes-possibles

À consulter

Sites Internet de référence
- Le site de la Banque centrale : **www.banque-france.fr**
- La Finance pour tous : **www.lafinancepourtous.com**
- Le dossier Facil'Éco du ministère de l'Économie sur la Banque centrale européenne : **www.economie.gouv.fr/facileco/banque-centrale-europeenne**
- Le site de la Commission européenne : **www.ec.europa.eu**

Ton KIT DE SURVIE pour le BAC avec SCHOOLMOUV

Chapitre 5 : Quelles politiques économiques dans le cadre européen ?

Tu viens de voir les notions à connaître sur les politiques économiques de l'UE. Pour t'aider à retenir l'essentiel et t'entraîner pour le Bac, voici ton kit de révisions clé en mains conçu par SchoolMouv !

Vidéo

Pour mieux comprendre et t'en souvenir à coup sûr, regarde la vidéo. C'est parfois bien plus clair en images.

Vidéo Le processus d'intégration européenne

https://flashbelin.fr/focusbacschoolmouv/ses/5

Contenu additionnel

Voici un bonus autour du même sujet. La curiosité n'est pas toujours un vilain défaut. Il suffit de créer ton compte pour avoir accès à plein de contenus supplémentaires.

Fiche La gestion des politiques économiques européennes : une coordination difficile

https://www.schoolmouv.fr/eleves/cours/la-gestion-de-la-politique-economique-a-l-echelle-de-l-union-europeenne/fiche-de-cours

Tchat avec un prof

Pour poser toutes tes questions à un prof particulier, découvre l'abonnement tchat. Tu peux le tester gratuitement pendant 7 jours : fini les questions sans réponses, tu vas devenir incollable.

https://focusbac.schoolmouv.fr/offre

6. Comment est la société actuelle ?

LES BASES

Notions

→ **Groupe social :** ensemble d'individus présentant des caractéristiques sociales communes et un sentiment d'appartenance.

→ **Individualisation :** processus par lequel les individus acquièrent une autonomie par rapport au groupe d'appartenance.

→ **Lien social :** ensemble des relations qui unissent des individus aux groupes sociaux dont ils font partie.

→ **Socialisation :** processus d'acquisition des valeurs et des normes propres à la société dans laquelle un individu est appelé à vivre.

→ **Socialisation différentielle (ou différenciée) :** processus par lequel la socialisation varie selon les milieux sociaux et le genre.

→ **Solidarité :** au sens d'Émile Durkheim, liens invisibles qui relient les individus entre eux et qui forment le « ciment » de la société.

→ **Statut social :** position qu'un individu occupe dans la société ou dans un groupe. Il détermine les rôles qui sont attendus de lui et ceux que l'individu est en droit d'attendre des autres.

Mécanisme

Groupe social	→	Socialisation	→	Normes et valeurs	→	Statut et rôle social
détermine		permet l'intériorisation		favorisent l'intégration		

structurée française

L'ESSENTIEL EN 5 POINTS

1 Différents facteurs structurent l'espace social et participent à sa **hiérarchisation**, comme la catégorie socioprofessionnelle, le niveau de revenu, de diplôme, l'âge, le lieu de vie…

2 La **structure sociale** a évolué depuis la seconde moitié du XXe siècle du fait d'une **salarisation** et d'une **tertiairisation** croissantes, mais également de l'évolution du niveau de **qualification** et de la **féminisation** des emplois.

3 Dans l'approche sociologique, la structure sociale peut s'analyser en termes de **classes sociales** (inspiration marxiste) ou de **strates** (inspiration wébérienne).

4 La pertinence de l'analyse en termes de **classes sociales** est affaiblie par les mutations de la structure sociale au cours des Trente Glorieuses (**moyennisation**), mais la fragilisation des trajectoires lui redonne du crédit depuis quelques années, avec la progression du chômage et de la précarité.

5 L'identification à un **groupe social** est brouillée par d'autres logiques identitaires qui s'y articulent (rapports de genre, par exemple) et affaiblie par la multiplication des facteurs d'**individualisation**.

→ Définitions des notions p. 124-131

LE COURS en 3 parties

1. La diversité des facteurs de structuration et de hiérarchisation de l'espace social

a. Comprendre la stratification sociale

MOTS CLÉS

Stratification sociale : système de différenciation et de hiérarchisation des positions sociales au sein d'une société.

Inégalités : différences entre individus ou groupes sociaux, qui se traduisent en termes d'avantages ou de désavantages et qui fondent une hiérarchie entre ces individus ou groupes. Une différence devient une inégalité si la société la classe et la hiérarchise.

Classes sociales : approche de la stratification sociale dans laquelle les différents groupes sociaux peuvent entretenir des rapports de domination et/ou d'exploitation.

→ Au sens large, la **stratification sociale** désigne le **découpage des sociétés** humaines en **catégories hiérarchisées**, présentant en leur sein une certaine **homogénéité**, et qui résulte de l'ensemble des différences sociales associées aux inégalités de richesses, de pouvoir, de prestige ou de connaissance.

→ Les principes qui régissent la stratification sociale peuvent différer sensiblement d'une société à une autre, car les **rapports d'inégalité et de domination** varient également. La division en classes sociales est ainsi un mode de stratification parmi d'autres. Il est le mode dominant de l'organisation des **sociétés industrielles**. Mais d'autres logiques d'organisation de la société existent ou ont existé comme, par exemple, le système des castes ou la division de la société en ordres, qui reposent notamment sur la naissance.

→ La stratification sociale repose aujourd'hui sur différents **critères**, certains d'ordre **socioéconomique** (statut professionnel, revenus, niveau de diplôme, prestige…), d'autres d'ordre **sociodémographiques** (âge, genre, origine ethnique, lieu de vie…).

b. Les facteurs socioéconomiques de la stratification sociale

→ Parmi les facteurs socioéconomiques qui peuvent expliquer la hiérarchisation de l'organisation de la structure sociale, on trouve le niveau de **revenu**, de **patrimoine** et la **profession**. Ces critères permettent aux individus les mieux dotés d'**accéder à des ressources valorisables** (habitat, consommation, loisirs…) et d'échapper au risque de pauvreté, de précarité ou de chômage.

→ La **nomenclature des professions et catégories socio-professionnelles (PCS)** de l'Insee donne en France une lecture de la stratification sociale selon la **profession**, qui apparaît comme le **critère principal de classification** de la population active.

→ Cette classification a été créée en 1954 par l'Insee et modifiée en 1982 et 2000 pour tenir compte des évolutions de la structure sociale. Elle procède à un découpage large en **six catégories d'actifs** (et deux d'inactifs en âge de travailler) : **1.** agriculteurs exploitants ; **2.** artisans-commerçants et chefs d'entreprise ; **3.** cadres et professions intellectuelles supérieures ; **4.** professions intermédiaires ; **5.** employés ; **6.** ouvriers.

→ Les PCS sont un **outil statistique**, qui regroupe les individus dans des catégories construites selon des **critères objectifs** (profession, niveau de diplôme et de qualification, diplôme, statut indépendant/salarié...). Les membres de ces catégories présentent **une certaine homogénéité sociale** (proximité des niveaux de vie, des comportements, comme les pratiques culturelles, de consommation, etc.). Mais ces catégories ne constituent **pas véritablement des classes sociales**. Elles offrent une grille de lecture de la structure sociale centrée sur le travail, mais certaines catégories sont hétérogènes et la grille exclut de nombreux critères de classement (lieu de vie, genre...).

c. Les facteurs sociodémographiques de la stratification sociale

→ Le **genre** est un critère de stratification complexe à analyser. En effet, dans certains domaines, comme celui de la **santé** ou de l'**accès aux études supérieures**, les femmes apparaissent **plus avantagées** que les hommes mais, dans d'autres, elles le sont **moins**, notamment dans **la sphère économique**, où elles subissent plus la précarité et l'emploi à temps partiel. Les **écarts salariaux se maintiennent aussi en dépit d'un meilleur niveau de diplôme** (choix de métiers moins rémunérés, difficile conciliation entre vie familiale et professionnelle, « plafond de verre » qui limite l'accès aux positions les plus prestigieuses, autocensure...).

→ L'**âge** est aussi un **marqueur d'appartenance** à un groupe social. Il peut de fait évoluer au cours du cycle de vie. Les jeunes sont, par exemple, plus touchés par le chômage, la précarité et la pauvreté que les personnes d'âge intermédiaire, même si d'importantes différences existent au sein de ce groupe social. **Pierre Bourdieu** disait à cet égard que « la jeunesse n'est qu'un mot ».

→ Le **lieu de résidence** (grands ensembles dans des pôles urbains, zones périurbaines ou rurales...) affecte aussi la position dans la stratification sociale et influence la trajectoire sociale. On peut ainsi observer des situations de **ségrégation spatiale**.

→ Le **type de ménage** dans lequel vit un individu peut aussi avoir un impact sur son existence. Ainsi plus d'un enfant sur cinq vit dans une famille monoparentale en France ; or, environ 40 % d'entre elles vivent sous le seuil de pauvreté.

→ Enfin, l'**origine ethnique** peut exposer les individus à des discriminations pour l'accès à l'emploi, au logement, ce qui fragilise les trajectoires individuelles et collectives.

> **MOTS CLÉS**
>
> **Genre :** désigne les rapports sociaux liés au sexe dans une société donnée (statuts, rôle sociaux, relations entre les hommes et les femmes).
>
> **Ségrégation spatiale :** séparation, subie ou souhaitée, de groupes sociaux dans l'espace.

COURS

2 Les principales mutations de la structure sociale depuis la seconde moitié du XXᵉ siècle

a. Une salarisation et une tertiairisation croissantes de l'économie

→ La **structure sociale** s'est profondément modifiée depuis l'après-guerre, du fait des mutations de l'économie.

→ La progression des gains de productivité dans l'agriculture a fait **baisser le nombre d'agriculteurs** et progresser la taille des exploitations. Par ailleurs, le déclin des artisans et petits commerçants qui subissent le développement de la grande distribution et des grandes usines, explique aussi la **baisse de la part des indépendants** dans la population active. La part des indépendants connaît toutefois un léger regain depuis quelques années, avec notamment la création en 2009 du statut de **micro-entrepreneur**, qui répond à la hausse du chômage et au développement de l'économie numérique.

→ Le **développement de la production de masse** et l'**organisation scientifique du travail (OST)** (taylorisme, fordisme) explique le mouvement de **salarisation** au cours du XXᵉ siècle : la part des **salariés** passe ainsi de 56 % au début du XXᵉ siècle à 72 % en 1962, et atteint 90 % aujourd'hui.

→ Le progrès technique dans les secteurs primaire et secondaire, mais aussi l'amélioration du niveau de vie, favorisent la **tertiairisation** de l'économie, ce qui se traduit par une **forte progression de la catégorie « employés »**. Les emplois salariés se développent en effet dans le secteur tertiaire, notamment dans les domaines de la santé, de l'action sociale, culturelle, et dans les services aux particuliers. *A contrario*, certains secteurs industriels pâtissent de la concurrence internationale (textile, sidérurgie, métallurgie). Les « **cols blancs** » deviennent progressivement plus nombreux que les « **cols bleus** » (Doc 1).

> **MOTS CLÉS**
>
> **Indépendant :** personne travaillant pour son propre compte.
>
> **Organisation scientifique du travail (OST) :** forme d'organisation taylorienne, puis fordiste, du travail, visant à rationaliser la production industrielle pour la rendre plus productive (voir chapitre 9)
>
> **Salarisation :** progression de la part des salariés dans la population active, alors que celles des indépendants régresse.
>
> **Salarié :** personne liée à un employeur par un contrat et recevant une rémunération en contrepartie d'un travail.
>
> **Tertiairisation :** processus de développement du secteur tertiaire (services et commerce).

LE PETIT +

→ **Le développement de la production de masse**

L'âge d'or du salariat se situe pendant les Trente Glorieuses, avec l'institution d'un **compromis salarial fordiste** : les salariés bénéficient d'un quasi plein-emploi et leurs salaires réels augmentent régulièrement avec les gains de productivité liés à l'**organisation scientifique du travail (OST)**, mais les travailleurs acceptent des conditions de travail difficiles liées à la parcellisation des tâches. Grâce à l'amélioration du niveau de vie, la consommation de masse accompagne alors la production de masse. Le **salariat** devient un **véritable statut**, source de reconnaissance sociale et de protection.

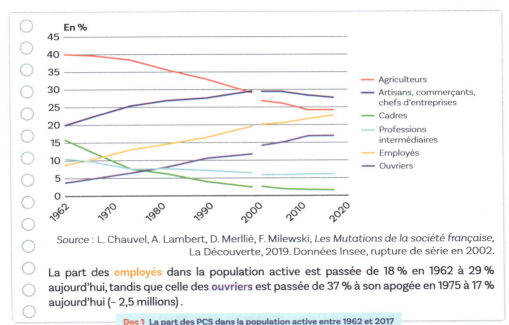

La part des **employés** dans la population active est passée de 18 % en 1962 à 29 % aujourd'hui, tandis que celle des **ouvriers** est passée de 37 % à son apogée en 1975 à 17 % aujourd'hui (– 2,5 millions).

Doc 1 La part des PCS dans la population active entre 1962 et 2017

b. Des niveaux de diplôme et de qualification croissants

➜ Dans un contexte de forte croissance après-guerre, le **besoin d'actifs qualifiés** s'accroît et explique l'**allongement de la scolarité** (voir chapitre 7).

➜ Le **niveau de qualification** des actifs a ainsi fortement progressé : il y a 30 ans, 23 % des actifs de 25-34 ans étaient sans diplôme contre 8,8 % aujourd'hui, et 14,5 % avaient un diplôme supérieur à bac +2 contre 29,6 % aujourd'hui. De fait, le nombre d'actifs des PCS les plus qualifiées progresse. La **part des cadres** passe de 4 % de la population active en 1962 à 17 % aujourd'hui, et celle des professions intermédiaires de 10 % de la population active en 1962 à 25 % aujourd'hui (**Doc 1**).

➜ La qualification croissante est également visible au sein des métiers d'ouvriers. Le nombre d'ouvriers non qualifiés a ainsi chuté du fait de l'**automatisation** de la production et des **délocalisations** d'emplois à bas salaire, tandis que celui des **ouvriers qualifiés** est resté stable. Le progrès technique serait ainsi **biaisé en faveur des plus qualifiés**, qui bénéficient des meilleures conditions de travail et salariales (voir chapitre 1).

c. Une féminisation de l'emploi

➜ À partir du début des années 1960, les femmes s'insèrent dans l'emploi. Le travail salarié devient une source d'**indépendance financière**. Il permet aussi aux femmes d'établir une coupure nette entre lieu de domicile (leur travail dans l'activité artisanale ou agricole n'était pas rémunéré) et lieu de travail.

➜ Le processus de **féminisation de l'emploi** accompagne la **tertiairisation** de l'économie (la catégorie « employés » est aussi la plus féminisée). Les années 1970 ont représenté un **bouleversement des pratiques et des mentalités**. Les jeunes filles ont été massivement scolarisées et sont entrées dans les universités. Progressivement, l'accroissement de leur niveau d'éducation et de formation leur a rendu accessibles des fonctions plus qualifiées, même si une **forte segmentation** des emplois masculins et féminins persiste.

COURS

> **MOT CLÉ**
>
> **Taux d'activité des femmes** : part des femmes actives dans l'ensemble de la population des femmes en âge de travailler.

→ Le **taux d'activité des femmes** a donc sensiblement augmenté depuis le milieu des années 1970 et converge vers le taux d'activité masculin. Il en est de même pour le taux de chômage. Désormais, plus de 80 % des femmes de 25 à 49 ans sont actives.

3. Les théories des classes et de la stratification sociale

a. Marx et Weber, deux visions de la structure sociale

> **Karl Marx (1818-1881)** est un philosophe et sociologue allemand. Il a étudié les rapports de production capitaliste.

→ **Karl Marx** montre que la société tend à se polariser en deux **classes sociales** : les **bourgeois**, qui détiennent les moyens de production, et les **prolétaires**, qui ne disposent que de leur force de travail. Ces groupes sociaux sont des **classes en soi**, puisque les individus qui les composent partagent des conditions de vie objectives et une même position dans les rapports de production et d'exploitation. Une **classe pour soi** est une classe dont les membres ont conscience de leur communauté d'intérêt et sont capables de lutter pour les défendre (**Doc 2**).

> **MOT CLÉ**
>
> **Classe sociale** : ensemble d'individus qui partagent une même position au sein du système productif et des conditions de vie similaires.

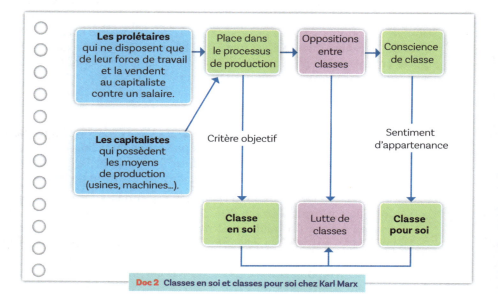

Doc 2 Classes en soi et classes pour soi chez Karl Marx

➜ **Max Weber** propose une **théorie multidimensionnelle** : il retient **trois sphères d'activité sociale** conduisant, chacune, à une hiérarchie spécifique : la **classe sociale** n'est qu'une dimension de la stratification sociale, qui correspond à l'ordre économique ; le **groupe de statut** établit une hiérarchie de prestige dans l'ordre social et les **partis** une différenciation du pouvoir dans l'ordre politique (**Doc 3**).

Max Weber (1864-1920) est un sociologue allemand qui a analysé le processus de rationalisation des sociétés occidentales.

➜ L'analyse wébérienne en termes de **strates sociales** repose sur l'idée que les positions sociales sont moins distinctes entre elles et ne s'inscrivent pas dans des rapports de **domination** et **conflictuels**. L'analyse de **Karl Marx** est présentée comme « **réaliste** » car les groupes sociaux sont concrets, tandis que chez **Max Weber**, les groupes sont des collections d'individus, des outils de classement pour le sociologue. On parle d'approche « **nominaliste** ».

💡 **MOT CLÉ**

Groupe de statut : ensemble d'individus disposant d'un même degré de prestige, associé à leur statut social.

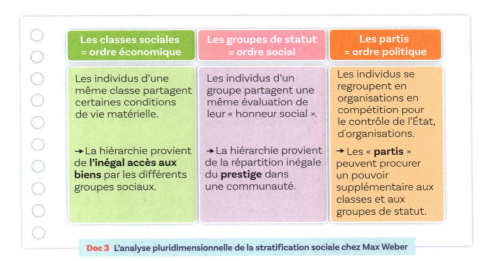

Doc 3 L'analyse pluridimensionnelle de la stratification sociale chez Max Weber

b. Affaiblissement ou maintien de logiques de classe ?

💡 **MOT CLÉ**

Moyennisation : processus de constitution d'une vaste classe moyenne.

➜ Si **Alexis de Tocqueville** (1805-1859) avait déjà montré au milieu du XIXᵉ siècle que la **démocratie** conduisait à un **processus d'égalisation des conditions** (p. 130), ce processus de **moyennisation** semble se concrétiser au cours des Trente Glorieuses. Dans sa représentation de la société en « **toupie** », **Henri Mendras** (1927-2003) présente ainsi une vaste « **constellation centrale** », qui constitue le principal groupe social (**Doc 4**, p. 130).

➜ Ce phénomène de **moyennisation** s'explique par le développement de la société de consommation, l'amélioration des salaires et des conditions de travail, l'accès croissant à l'éducation, à l'origine d'un **rapprochement des niveaux et modes de vie** dans les années d'après-guerre.

LE PETIT +

→ **La démocratie comme processus d'égalisation des conditions chez Tocqueville**

Alexis de Tocqueville (1805-1859) dans *De la démocratie en Amérique* (1835) montre que la démocratie est un mouvement historique inéluctable des sociétés modernes qui produit une **égalisation des conditions**. Elle supprime progressivement l'hérédité des positions sociales et se traduit par un rapprochement des niveaux de vie. Cela engendre néanmoins une « **passion pour l'égalité** » qui rend intolérables les inégalités, même si elles se sont réduites.

→ **L'affaiblissement des conflits** (déclin syndical, amélioration des conditions de vie) dans une classe ouvrière, dont les effectifs se réduisent dès le milieu des années 1970, participe au déclin de la conscience de classe. Le **sentiment d'appartenance à la classe moyenne** progresse même dans la classe populaire.

→ La fin des Trente Glorieuses marque néanmoins le **ralentissement de la croissance du pouvoir d'achat** et l'on assiste à nouveau à une **croissance des inégalités** salariales, mais aussi patrimoniales. La précarisation de l'emploi et le chômage participent à la **recomposition de logiques de classe** (c'est une lecture possible du mouvement des Gilets jaunes). On assiste alors à une fragilisation des catégories les moins diplômées de la **classe moyenne**.

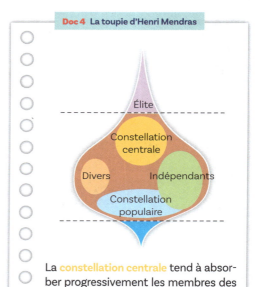

Doc 4 La toupie d'Henri Mendras

La **constellation centrale** tend à absorber progressivement les membres des autres groupes sociaux, en brouillant les frontières entre les strates de la société. Chez Marx, la population était au contraire absorbée par le prolétariat.

→ Il est aussi possible de penser que les logiques de classe n'ont jamais véritablement disparu. **Pierre Bourdieu** (1930-2002) considère que l'**espace social** est resté hiérarchisé, en fonction de la possession de différents types de **capitaux**. Dans cette approche, les inégalités entre groupes sociaux se maintiennent, du fait d'une répartition inégale des **capitaux économique**, **culturel** et **social**, mais aussi à l'intérieur de chacun des groupes.

→ **Michel Pinçon et Monique Pinçon-Charlot** montrent ainsi, dans *Sociologie de la bourgeoisie* (2007), que la **bourgeoisie** est parvenue à conserver sa capacité à défendre ses intérêts, à transmettre son patrimoine et à maintenir sa position sociale. Elle reste une **classe en soi et pour soi**.

MOTS CLÉS

Capital économique : ensemble des ressources économiques que détient un individu (revenus, patrimoine).

Capital culturel : ensemble des ressources culturelles qu'un individu peut mobiliser.

Capital social : réseau de relations qu'un individu peut mobiliser.

c. Des mécanismes d'identification à un groupe social de plus en plus complexes

➔ L'analyse de la structure sociale à travers la classe sociale au sens marxiste, c'est-à-dire la position dans le système de production, a pu cacher certains **processus de domination**, ou du moins d'**autres déterminations sociales** ou **critères de différenciation** des individus. Elle a longtemps négligé les autres critères structurants des inégalités que sont le **genre**, le **territoire**, l'**âge** ou la **couleur de la peau**. Un ouvrier était avant tout un ouvrier, quelles que soient ses autres caractéristiques.

➔ Ainsi, quelle que soit leur classe sociale, les **femmes** subissent souvent des **inégalités** ou des **discriminations** qui leur sont propres et, le plus souvent, la division du travail se juxtapose très étroitement à la division sexuelle. Des logiques de genre, d'âge, d'origine ethnique ou de classe sociale peuvent s'articuler entre elles, conduisant pour certains individus à un **cumul de formes de domination**. François Dubet parle ainsi de « régime des inégalités multiples ».

Individualisation : autonomie croissante des individus par rapport au groupe.

Socialisation anticipatrice : processus par lequel un individu cherche à imiter les normes et valeurs d'un groupe social dans lequel il souhaite s'intégrer.

Groupe de référence : groupe, virtuel ou réel, différent du **groupe d'appartenance** d'un individu (celui dans lequel il a été socialisé), auquel il s'identifie subjectivement en adoptant ses normes et ses valeurs.

➔ L'**individualisation** contribuerait à affaiblir l'influence des déterminations de classes sur les individus. Les individus développeraient ainsi des pratiques diversifiées et moins strictement liées à leur appartenance sociale. Selon **Bernard Lahire**, l'expérience des individus est plurielle parce qu'ils sont socialisés dans des contextes variés.

➔ Cela peut conduire à une diversification des statuts sociaux des individus. Ainsi, la **socialisation anticipatrice** atteste de situations de décalages entre le **groupe d'appartenance** et le **groupe de référence**. Cela montre que l'appartenance sociale ne fige pas les trajectoires.

LE PETIT +

➔ **Du régime de classe au régime des inégalités multiples**

Pour **François Dubet**, les critères de classe ne suffisent plus à définir le statut social et sont fragmentés, puisque d'autres identifications apparaissent (appartenance ethnique, genre, lieu de vie). **Les inégalités s'individualisent.** Or, si dans un régime de classe, les mouvements sociaux canalisaient les frustrations (lutte politique), dans le **régime des inégalités multiples**, le sentiment d'injustice se transforme en ressentiment.

Les individus ont alors le sentiment de n'être jamais représentés, et la défiance s'installe envers ceux qui prétendent parler en leur nom. On rentre alors dans le « **temps des passions tristes** » (titre de son ouvrage paru en 2019).

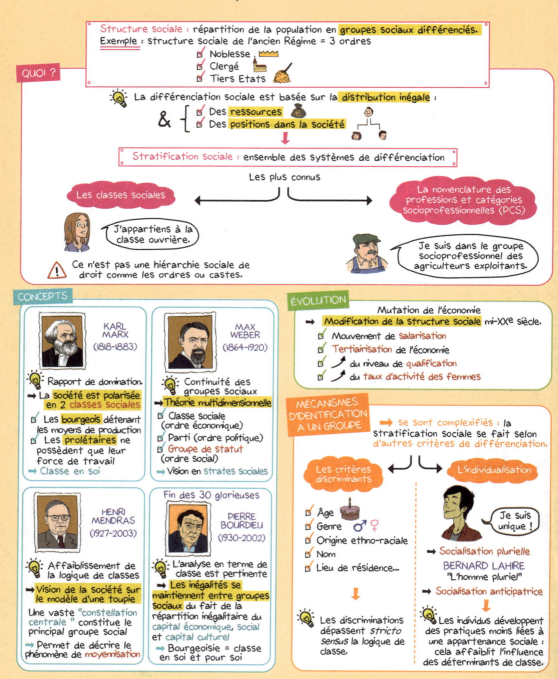

Une citation clé

> « Les pensées de la classe dominante sont aussi, à toutes les époques, les pensées dominantes. »
> **Karl Marx,** *L'Idéologie allemande*, 1932 (publication posthume).

Ne pas confondre

- Stratification sociale/inégalités
- Groupe social/PCS
- Salarisation/tertiairisation
- Classe sociale/strate sociale
- Classe sociale/groupe de statut
- Capital économique/social/culturel
- Groupe d'appartenance/groupe de référence
- Individualisme/individualisation

Les principales théories

Assure-toi que tu es capable d'appliquer les théories suivantes à l'analyse de la structure sociale.

- **Karl Marx :** la définition des classes sociales (classe en soi et pour soi).
- **Max Weber :** l'analyse pluridimensionnelle de la stratification sociale.
- **Alexis de Tocqueville :** la démocratie comme processus d'égalisation sociale.
- **Henri Mendras :** le processus de moyennisation et la constellation centrale.
- **Pierre Bourdieu :** la représentation de l'espace social selon le volume et la nature du capital détenu par les différentes classes sociales et fractions de classes sociales.
- **Bernard Lahire :** les expériences plurielles de socialisation.

BILAN

SE TESTER
– Mobiliser ses connaissances –

1. Vrai ou faux ?

		Vrai	Faux
a	Pour Karl Marx, les classes sociales sont à la fois des classes en soi et des classes pour soi.	☐	☐
b	L'analyse de Max Weber n'intègre pas la dimension économique de la stratification.	☐	☐
c	Max Weber propose une analyse multidimensionnelle de la stratification sociale selon quatre critères.	☐	☐
d	Pierre Bourdieu analyse la structure sociale en termes d'espace social selon la nature et le volume du capital détenu.	☐	☐
e	Le phénomène de moyennisation a été analysé par Henri Mendras à travers son concept de « constellation populaire ».	☐	☐
f	La population active devient de plus en plus qualifiée au cours des Trente Glorieuses, ce qui explique la progression de la catégorie « employés ».	☐	☐
g	Si la part des ouvriers régresse dans la population active, c'est surtout lié à la disparition des emplois d'ouvriers peu qualifiés.	☐	☐
h	La précarisation et la polarisation de l'emploi fragilisent certaines composantes de la classe moyenne.	☐	☐

2. Associe chacun des termes suivants à sa définition.

1. strate sociale – **2.** classe sociale – **3.** classe en soi – **4.** classe pour soi – **5.** groupe de statut

- **a** Tout groupe connaissant la même situation, caractérisée par les mêmes « chances » de disposer de certains biens et services.
- **b** Fait de partager une même position dans les rapports de production, ce qui génère des conditions de vie communes.
- **c** Représentation de la structure sociale fondée sur l'idée que les groupes sont hiérarchisés sans forcément être en opposition.
- **d** Regroupement des individus en fonction du prestige social, c'est-à-dire du degré de considération attribué par une société à une situation donnée.
- **e** Classe ayant conscience d'elle-même, c'est-à-dire de la convergence des intérêts et de la possibilité de les défendre en se mobilisant.

3. Classe les facteurs suivants dans le tableau ci-contre selon qu'ils expliquent la moyennisation de la société ou qu'ils déterminent l'évolution de la structure sociale.

- **a** Fort niveau de croissance au cours des Trente Glorieuses : le pouvoir d'achat a doublé en trente ans.
- **b** Démocratisation de l'enseignement, qui a favorisé la mobilité sociale.
- **c** Entrée croissante des femmes sur le marché du travail du fait de leur émancipation culturelle et économique.

d Homogénéisation des comportements, des pratiques et des styles de vie (diffusion des biens de consommation et culturels).

e Expansion numérique de « nouvelles classes moyennes salariées » travaillant dans le secteur tertiaire (cadres, professions intermédiaires, employés).

f « Cols blancs » présentant des similitudes dans leurs modes de vie et participant à affaiblir la conscience de classe.

g Besoins croissants en actifs qualifiés, qui expliquent la massification scolaire et la progression du niveau de qualification des actifs.

h Développement de la protection sociale et de la redistribution, ce qui atténue les inégalités sociales.

i Réduction des emplois d'indépendants (artisans, commerçants, agriculteurs) du fait de la concentration des entreprises et des gains de productivité dans l'agriculture.

j Forte progression de l'emploi salarié.

k « Embourgeoisement » des ouvriers les plus qualifiés au cours des Trente Glorieuses, ce qui contribue à affaiblir les identités de classe.

Facteurs explicatifs de la moyennisation	Facteurs explicatifs des mutations de la structure sociale

4. Relie chacun des éléments théoriques suivants au(x) théoricien(s) auxquels il se rapporte.

1. La structure sociale est organisée autour de deux classes sociales antagoniques.
2. Les groupes sociaux sont décrits à partir de critères économiques et culturels.
3. Une vaste « constellation centrale », représentée sous la forme d'une toupie, absorbe une partie croissante de la population.
4. Les classes sociales sont un critère d'analyse de la structure sociale parmi d'autres (ordre économique).
5. La société française se moyennise au cours des Trente Glorieuses.
6. Les individus sont classés en fonction d'un ordre social (prestige) et d'un ordre politique (partis).

- Karl Marx
- Max Weber
- Pierre Bourdieu
- Henri Mendras

Réponses : 1. a. Vrai – **b.** Faux – **c.** Faux – **d.** Vrai – **e.** Vrai – **f.** Vrai – **g.** Vrai – **h.** Vrai • **2. 1.** c – **2.** a – **3.** b – **4.** e – **5.** d – **3. Moyennisation :** a, b, d, f, h, k – **Mutation structure sociale :** c, e, f, g, i, j • **4. 1.** Marx – **4, 6.** Weber – **2.** Bourdieu – **3, 5.** Mendras.

SE PRÉPARER POUR L'EXAMEN

MÉTHODE — **SUJET GUIDÉ** — **ÉPREUVE COMPOSÉE**

Mobiliser ses connaissances pour répondre à une question de cours

SUJET

PARTIE 1 Mobilisation des connaissances *(4 points)*

Distinguez classes sociales et groupes de statut dans l'approche wébérienne.

PARTIE 2 Étude d'un document *(6 points)*

📖 **Document > Caractéristiques socioéconomiques selon la PCS**

	Salaire moyen net (en % de celui des cadres et professions intellectuelles supérieures)	Taux de chômage (en %) en 2020	Travail d'exécution[1] (en %) en 2002	Titulaire d'un niveau de diplôme supérieur à bac +2 (en %)	Taux d'obésité des enfants des différentes PCS (en %)
Cadres et professions intellectuelles supérieures	100	3,7	8	68	2,7
Professions intermédiaires	54	4,8	20	25	3,4
Employés	38	8,7		8	6,2
Employés qualifiés			37		
Employés non qualifiés			49		
Ouvriers	40	11,4		2	7,5
Ouvriers qualifiés		10,5	49		
Ouvriers non qualifiés		18,4	70		

Champ : ensemble des salariés sauf pour le salaire moyen (il s'agit alors des salariés à temps plein du secteur privé et des entreprises publiques) et pour le taux d'équipement en lave-vaisselle (il s'agit alors des ménages classés selon la PCS de la personne de référence)

Note : les cases vierges signifient que les données ne sont pas disponibles.

1. « Avoir un travail répétitif » ou « se faire indiquer la manière d'effectuer son travail ».

Source : Insee, 2019.

1. Présentez les données concernant la France en 2012.
2. À partir des données chiffrées, montrez comment a évolué la place de la classe moyenne aux États-Unis et en France.

PARTIE 3 Raisonnement s'appuyant sur un dossier documentaire *(10 points)*

À l'aide de vos connaissances et du dossier documentaire, vous montrerez que la différenciation des groupes sociaux repose sur une diversité de critères.

Document 1 > Statut d'emploi et type de contrat selon le sexe et l'âge en 2018 (en %)

Statut d'emploi et type de contrat	Âge			Sexe		Ensemble
	15-24 ans	25-49 ans	50 ans ou plus	Femmes	Hommes	
Non salariés	2,4	10,5	16,5	8,4	14,8	11,7
Salariés	97,6	89,4	83,5	91,6	85,2	88,3
Emplois à durée indéterminée	43,9	77,8	77,2	77,2	72,6	74,8
Contrats à durée déterminée	28,5	8,8	4,9	11,6	7,2	9,3
Apprentis	17,2	0,2	0,0	1,2	1,9	1,6
Intérimaires	8,0	2,5	1,3	1,6	3,5	2,6
Total	100,0	100,0	100,0	100,0	100,0	100,0
Effectif (en milliers)	2 274	16 549	8 299	13 091	14 031	27 122

Lecture : en 2018, 43,9 % des personnes en emploi âgées de 15 à 24 ans sont salariées en emploi à durée indéterminée.
Champ : France hors Mayotte, population des ménages, personnes en emploi.

Source : Insee, enquête « Emploi », 2018.

Document 2 > Classes sociales et description de la société

Longtemps identifiée à la question du travail ouvrier et de la misère du salariat, la question sociale s'est déplacée vers d'autres clivages. Ce sont d'abord les clivages culturels opposant les « minorités visibles » aux « Français de souche », et comme ces clivages sont associés au chômage de masse et à la ségrégation urbaine, il en a résulté une transformation profonde de la question sociale. Auparavant centrée sur l'exploitation, l'usine et le travail ouvrier, la question sociale s'est déplacée vers les « quartiers difficiles », le chômage des jeunes, la diversité des cultures… […]

Sur fond d'effacement relatif des classes sociales, d'autres clivages sociaux paraissent aujourd'hui tout aussi importants que les clivages de classes. Non seulement les *gender studies* et les *post-colonial studies* mettent en évidence des inégalités non réductibles aux inégalités et aux rapports de classes, mais elles prétendent, elles aussi, construire un point de vue global sur la société.

Dubet François, « Classes sociales et description de la société », *Revue française de socio-économie*, février 2012. ■

Document 3 > Pratiques culturelles des Français

Pourcentage de personnes ayant en 2018…

	15-24 ans	60 ans et plus	Hommes	Femmes	Cadres	Employés et ouvriers	Moyenne
… lu au moins un livre	59	62	52	70	85	53	62
… lu au moins vingt livres	11	20	10	19	24	8	15
… fréquenté une bibliothèque	44	19	22	31	37	19	27

Sources : Enquête Pratiques culturelles, Deps, ministère de la Culture, 2020.

MÉTHODE

Méthode et corrigé

Analyser le sujet

→ **Distingue dans le sujet les termes clés et définis-les.**

Il faut définir « classes sociales », « groupe de statut » et préciser brièvement qui est Max Weber.

« Distinguer » implique de bien faire la différence entre ces deux ordres de classement.

→ **Compare la nature du travail demandé dans les trois questions de cours suivantes :**

• Question 1 : « Distinguez classes sociales et groupes de statut dans l'approche wébérienne. »

> Ici, il nous est demandé de bien faire la différence entre deux des trois dimensions de l'analyse multidimensionnelle de la stratification sociale par Weber.

• Question 2 : « Quelles sont les caractéristiques de la stratification sociale selon Max Weber ? »

> Dans ce sujet, il faut présenter les trois ordres de la stratification sociale : ordre économique, social et politique. Il faut donc rajouter la question des partis.

• Question 3 : « En quoi l'analyse des classes sociales de Max Weber se distingue-t-elle de celle de Karl Marx ? »

> Ce sujet invite à se concentrer sur les différences d'approche dans l'ordre économique entre Weber et Marx, en instant sur l'importance de la conscience de classe (classe en soi et pour soi) chez Marx et sur la distinction entre approche réaliste et nominaliste des classes sociales.

COUP DE POUCE

Tu peux t'appuyer sur la méthode de l'épreuve composée, p. 13.

Rassembler ses connaissances

→ Retrouve les critères de la stratification sociale chez Max Weber.

→ Retrouve le vocabulaire important pour définir les classes sociales chez Karl Marx.

Organiser sa réponse

→ **Propose une phrase introductive.** *Par exemple* : « Le sociologue allemand Max Weber appréhende la structure sociale de manière pluridimensionnelle à l'aide de trois ordres que sont l'ordre économique, dans lequel il place les classes sociales, l'ordre social, dans lequel il met les groupes de statut, l'ordre politique dans lequel il présente les partis qui décrivent la compétition pour l'accès au pouvoir dans une institution donnée. »

→ **Propose un plan de réponse.**

Proposition :

I. Les classes sociales dans l'ordre économique

II. Les groupes de statut dans l'ordre social

→ **Entraîne-toi** en suivant la même méthode sur les questions 2 et 3 proposées ci-contre.

CONSEIL — Dans la **question 2**, il s'agit de bien présenter l'approche multidimensionnelle de la stratification sociale chez Weber et d'en montrer l'intérêt. Dans la **question 3**, il s'agit de bien distinguer l'approche de l'ordre économique chez Weber et chez Marx, en mettant en évidence les différences (critère de propriété ou non propriété des moyens de production chez Marx/critère d'accès aux biens chez Weber ; conscience de classe et lutte des classes chez Marx/pas nécessairement de conscience de classe chez Weber).

PARTIE 3 — Raisonnement s'appuyant sur un dossier documentaire

Proposition de plan détaillé

I. La différenciation sociale repose largement sur la place des individus dans la division du travail.

A. Les groupes sont différenciés en fonction de la hiérarchie des revenus et de leur niveau de patrimoine.

B. Ils se différencient aussi selon leur exposition au chômage et à la précarité. **> Doc 1**

C. La place dans la division du travail peut aussi déterminer une différenciation selon le lieu de vie (ségrégation urbaine, périurbanisation). **> Doc 2**

II. La différenciation des groupes sociaux repose aussi sur des critères sociodémographiques.

A. Une différenciation selon l'âge et le genre. **> Doc 2**

B. L'importance de l'origine ethnique dans la différenciation des groupes sociaux. **> Doc 2**

Les sujets qui peuvent tomber au Bac...

Dissertation — Épreuve composée – Partie 3

→ L'analyse en termes de classes sociales est-elle pertinente pour rendre compte de la structure sociale ?

→ Assiste-t-on à un retour des classes sociales ?

→ Observe-t-on toujours une dynamique de moyennisation de la structure sociale ?

→ Assiste-t-on à une déstabilisation de la classe moyenne ?

→ La stratification sociale n'est-elle déterminée que par des facteurs économiques ?*

→ L'individualisation croissante affaiblit-elle l'identification à une classe sociale ?

→ Vous présenterez les facteurs qui semblent attester d'une pertinence de l'analyse en termes de classes sociales.

→ Vous expliquerez les principales causes de mutations de la structure sociale depuis le milieu du XXe siècle.

Épreuve composée – Partie 1

→ Montrez que les catégories socioprofessionnelles sont un moyen de rendre compte de la structure sociale.

→ Identifiez deux facteurs de structuration et de hiérarchisation de l'espace social.

→ Présentez deux phénomènes expliquant les mutations de la structure sociale depuis les années 1950.

→ Distinguez l'analyse de la structure sociale par Max Weber et par Karl Marx.

→ Quels facteurs peuvent limiter l'influence de l'identification à une classe sociale ?

→ Comment expliquer la féminisation de l'emploi ?

→ Justifiez, à l'aide de deux exemples distincts, le fait que l'analyse en termes de classes sociales présente encore une pertinence aujourd'hui.

*Sujet corrigé p. 276

Pour aller plus loin

 ### À lire

> Olivier Gallant, Xavier Lemel, *Sociologie des inégalités*, Armand Colin, 2018.

> Patrice Bonnewitz, *Classes sociales et inégalités : stratification et mobilité*, Bréal, 2015.

 ### À voir

Films et séries

> Ladj Ly, *Les Misérables*, 2019

> Raoul Peck, *Le Jeune Karl Marx*, 2017

> Julian Fellowes, *Downton Abbey*, 2010-2015.
  Une série traitant notamment de la position sociale dans l'Angleterre de la première moitié du XXe siècle.

Scanne-moi !

Vidéos en ligne

> « La stratification », *L'Antisèche*
  www.youtube.com/watch?v=FPv5BNagJeY

> « La classe moyenne », *France Info*
  www.youtube.com/watch?v=qG0mKmW4zEI

Ton **KIT DE SURVIE** pour le **BAC** avec **SCHOOLMOUV**

Chapitre 6

Comment est structurée la société française actuelle ?

Tu viens de voir les notions à connaître sur la structure de la société. Pour t'aider à retenir l'essentiel et t'entraîner pour le Bac, voici ton kit de révisions clé en mains conçu par SchoolMouv !

Vidéo

Pour mieux comprendre et t'en souvenir à coup sûr, regarde la vidéo. C'est parfois bien plus clair en images.

Vidéo La structuration de l'espace social

https://flashbelin.fr/focusbacschoolmouv/ses/6

Contenu additionnel

Voici un bonus autour du même sujet. La curiosité n'est pas toujours un vilain défaut. Il suffit de créer ton compte pour avoir accès à plein de contenus supplémentaires.

Fiche Les théories des classes socials

https://www.schoolmouv.fr/eleves/cours/les-theories-des-classes-sociales/fiche-de-cours

Tchat avec un prof

Pour poser toutes tes questions à un prof particulier, découvre l'abonnement tchat. Tu peux le tester gratuitement pendant 7 jours : fini les questions sans réponses, tu vas devenir incollable.

https://focusbac.schoolmouv.fr/offre

7 Quelle est sur les destins sur l'évolution

LES BASES

Notions

→ **Capital culturel :** ensemble des ressources matérielles (livres, œuvres d'art...) et immatérielles (connaissances littéraires et artistiques, maîtrise d'un langage soutenu, habitudes culturelles...) ou institutionnalisées (diplômes scolaires) faisant l'objet d'une transmission dans le cadre familial et d'une valorisation dans le cadre scolaire.

→ **Capital économique :** ensemble des ressources économiques d'un individu, regroupant à la fois ses revenus et son patrimoine.

→ **Capital humain :** connaissances et expériences acquises et accumulées par l'individu grâce à sa formation initiale ou à sa formation continue.

→ **Capital social :** ensemble des ressources d'un individu liées à la possession d'un réseau de relation parfois hérité de sa position familiale. Elles peuvent en particulier être mobilisées dans la recherche d'emploi.

→ **Socialisation différentielle :** processus de socialisation qui diffère selon le milieu social, mais aussi selon le genre.

Mécanisme

 détermine  favorisent

Socialisation familiale → Pratiques culturelles / Langage / Goût pour la lecture → Réussite scolaire

l'action de l'école individuels et de la société ?

L'ESSENTIEL EN 5 POINTS

1 — On observe tout au long du XXᵉ siècle, et plus encore à partir des années 1950, une progression de la **scolarisation** des enfants, qui est prolongée par une hausse de l'**accès aux diplômes** du secondaire et du supérieur.

2 — La progression de l'accès à l'école ne s'est que partiellement traduite par une réduction de l'inégalité des chances de réussite scolaire. Ceci conduit à préférer le terme de **massification scolaire** à celui de **démocratisation**.

3 — La réussite scolaire d'un individu est largement déterminée par sa position sociale d'origine. L'inégale dotation des familles en **capital culturel** et la **socialisation familiale** en sont l'une des explications principales.

4 — Les **stratégies scolaires** et l'**investissement des familles** jouent également un rôle déterminant dans les destins scolaires. Cela peut conduire à complexifier le lien entre origine sociale et réussite scolaire.

5 — La socialisation scolaire est, au même titre que la socialisation familiale, **différenciée selon le sexe**, ce qui conduit aussi à une différenciation des parcours scolaires et donc professionnels des femmes.

→ Définitions des notions p. 144-151

LE COURS en 3 parties

1 Les grandes évolutions du système éducatif

a. Les missions de l'école dans les sociétés démocratiques

Émile Durkheim (1958-1917) est considéré comme le fondateur de la sociologie française. Il met en évidence la fonction de socialisation que remplit l'école dans les sociétés modernes.

→ Les **lois scolaires de Jules Ferry** (1881-1882) instituant l'**école gratuite, laïque et obligatoire** (**Doc 1**) assignent à cette dernière un rôle de **transmission des savoirs** et une mission centrale : renforcer la cohésion sociale, dans une France dont les cultures et langues régionales sont encore très prégnantes. En effet, selon les mots d'**Émile Durkheim**, qui influence la politique scolaire de la IIIe République, « **la société ne peut vivre que s'il existe entre ses membres une suffisante homogénéité** ». L'école transmet des **valeurs** et des **normes** communes aux individus qui la fréquentent, elle est une des instances fondamentales de la **socialisation primaire**.

→ Si l'école renforce la **cohésion sociale**, c'est aussi parce qu'elle se veut le vecteur de la **mobilité sociale** : elle accompagne l'avènement d'une **société méritocratique**, dans laquelle seul le mérite explique la position sociale. En cela, l'extension progressive de l'éducation aux enfants des différents milieux sociaux et aux filles doit favoriser l'**égalité des chances** (voir chapitre 9).

→ L'obtention d'un diplôme et des savoir-faire et savoir-être qui lui sont associés permet enfin de **former la population active** et de favoriser l'**insertion** des individus **sur le marché du travail**. Sous l'influence de la **théorie du capital humain**, les pouvoirs publics ont encouragé la prolongation des études pour améliorer la **qualification** et donc la **productivité des actifs**, dans un contexte de croissance et de dynamique démographique.

MOTS CLÉS

Mobilité sociale : changement de catégorie sociale d'un individu par rapport à son origine sociale (catégorie sociale des parents).

Société méritocratique : société dans laquelle les places se distribuent indépendamment de la naissance, en fonction des seuls mérites et capacités des individus.

Égalité des chances : situation dans laquelle on donne à chacun le droit d'accéder à n'importe quelle position sociale et où l'on garantit à tous les mêmes chances d'accès au départ.

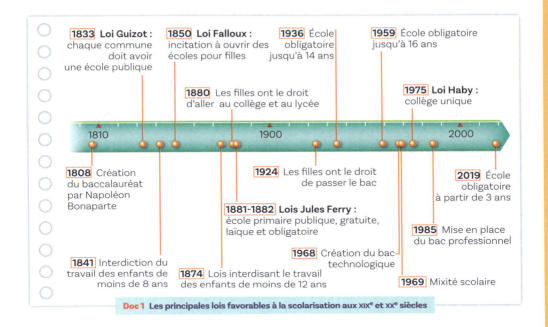

Doc 1 Les principales lois favorables à la scolarisation aux XIXᵉ et XXᵉ siècles

b. Démocratisation ou massification scolaire ?

→ La progression très importante des **taux de scolarisation** dès la fin du XXᵉ siècle ou des **taux d'accès au baccalauréat**, puis aux diplômes du supérieur, à partir des années 1950, a poussé à parler de **démocratisation scolaire**. Ainsi, les populations qui étaient largement écartées de l'école ou qui en sortaient prématurément, comme les **enfants de catégorie populaire**, mais aussi les **filles**, voient leur scolarité s'allonger et accèdent aux diplômes réservés pendant longtemps à une élite issue des catégories les plus favorisées. Jusqu'au début des années 1950, moins de 5 % des élèves d'une classe d'âge accède au baccalauréat. En 2019, cette proportion est de 80 %, ce qui correspond à l'objectif fixé en 1989. ==L'accès à l'enseignement secondaire a bénéficié aux jeunes issus de milieux modestes.==

→ La **démocratisation scolaire** est toutefois **limitée par** la **filiarisation** croissante **du système éducatif** (création du baccalauréat technologique en 1968, puis du baccalauréat professionnel en 1985, qui contribuent beaucoup à la hausse du taux de bacheliers). Ainsi, en 2020, ==les enfants d'ouvriers et d'employés représentent plus de 50 % des bacheliers professionnels, contre 9 % pour les enfants de cadres== (**Doc 2**).

🔑 MOTS CLÉS

Taux de scolarisation : proportion d'élèves d'un âge déterminé, inscrits dans un établissement d'enseignement, parmi l'ensemble des jeunes de cet âge.

Taux d'accès à un diplôme : proportion des individus qui, dans une génération donnée, obtient le diplôme donné.

Démocratisation scolaire : accès de plus de jeunes à des niveaux élevés de diplômes, qui s'accompagne d'une diminution des écarts de réussite et des différences de parcours entre élèves d'origines sociales différentes.

Filiarisation : développement de différentes voies spécifiques d'orientation qui induisent des choix et une sélection à certains niveaux (fin de 3ᵉ, de 2ᵈᵉ...).

Quelle est l'action de l'école sur les destins individuels et sur l'évolution de la société ?

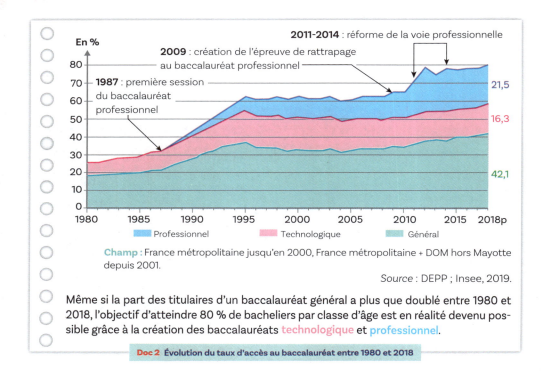

Même si la part des titulaires d'un baccalauréat général a plus que doublé entre 1980 et 2018, l'objectif d'atteindre 80 % de bacheliers par classe d'âge est en réalité devenu possible grâce à la création des baccalauréats technologique et professionnel.

Doc 2 Évolution du taux d'accès au baccalauréat entre 1980 et 2018

→ Les enfants de **milieux populaires** sont plus largement **surreprésentés dans les filières techniques et professionnelles** et dans les études supérieures courtes et gratuites, et les **filles sous-représentées dans les filières scientifiques** et dans les formations aux métiers de la production. Cela conduit de nombreux sociologues à privilégier le terme de **massification scolaire**, puisqu'en dépit d'un accès élargi socialement au bac et aux études supérieures, le **recrutement social des différentes filières** reste très différencié.

Massification scolaire : processus de hausse de la scolarisation et d'augmentation de l'accès aux différents diplômes sans que soit remise en cause l'inégalité des chances face à la réussite scolaire.

LE PETIT +

→ **Démocratisations quantitative et qualitative**

Au milieu des années 1980, l'historien **Antoine Prost** distingue la « **démocratisation quantitative** » (allongement de la scolarisation pour plus d'élèves, qu'on nomme aussi « massification ») de la « **démocratisation qualitative** » (plus d'élèves accèdent à des études également prestigieuses). Les inégalités sont repoussées plus loin dans le système scolaire et la structure des inégalités évolue peu. L'élimination des enfants issus de milieux les moins favorisés reste plus rapide et précoce que celle des enfants de milieux plus favorisés, même si tous étudient en moyenne plus longtemps.

2 L'influence de l'origine sociale sur les parcours scolaires

a. Le rôle de la socialisation familiale dans le maintien des inégalités scolaires

MOTS CLÉS

Capital économique, social et culturel : voir p. 142.

Transfuge de classe : individu ayant grandi dans un milieu social et qui vit à l'âge adulte dans un tout autre milieu social, du fait d'une forte mobilité sociale.

→ L'étude de la **socialisation familiale** montre que celle-ci se différencie largement **en fonction du milieu social**. Les familles les plus favorisées disposent en effet de plus de **capital économique, social et culturel**, favorable à la réussite scolaire (**Doc 3**).

→ Dès les années 1960, **Pierre Bourdieu** montre dans *Les Héritiers* (1964) le **rôle de l'école dans la reproduction des inégalités sociales**. L'école valorise les enfants les mieux dotés en **capital culturel** en faisant passer ces aptitudes scolaires déterminées par leur milieu social pour du mérite personnel. La **culture scolaire** apparaît alors comme « une culture de classe », le plus souvent étrangère aux enfants des catégories populaires, qui doivent en faire l'apprentissage.

→ L'école ignore donc les inégalités initiales entre enfants et **légitime la domination** des classes supérieures en transformant le capital culturel en titres scolaires. Ainsi, la réussite scolaire **apparaît comme un don individuel**, alors qu'elle est le résultat d'une inégale distribution du capital culturel.

Pierre Bourdieu (1930-2002) est un sociologue français dont les travaux cherchent à dévoiler les mécanismes de domination entre groupes sociaux et au sein d'institutions.

→ L'existence de **trajectoires scolaires improbables** rend néanmoins nécessaire le développement d'analyses plus fines sur les déterminants de la réussite scolaire. Les sociologues ont étudié les « réussites paradoxales » des **transfuges de classe** : **Gaële Henri-Panabière** a présenté dans un ouvrage en 2011 des trajectoires d'« *Héritiers* » *en échec scolaire*, montrant que certains facteurs peuvent parasiter la transmission d'un capital culturel et scolaire dans des familles de cadres (rapport complexe des parents à l'institution scolaire, focalisation sur le capital économique…).

→ À l'inverse, **Bernard Lahire**, dans *Enfances de classes* (2019), montre que les configurations familiales dans lesquelles évoluent les enfants sont diverses et que, **même dans les univers populaires, l'environnement peut être propice** au développement d'**aptitudes favorables à la réussite scolaire** (attention accordée à l'école, rôle d'un aîné, encouragements, adultes référents qui orientent le parcours scolaire…).

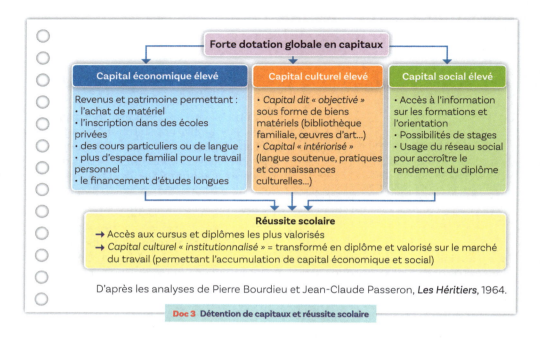

Doc 3 Détention de capitaux et réussite scolaire

b. Des stratégies familiales inégalement favorables à la réussite scolaire

Raymond Boudon (1934-2013) est un sociologue français qui s'intéresse aux comportements et calculs stratégiques des acteurs.

Stratégies scolaires : ensemble des actions ou attitudes des membres d'une famille, coordonnées dans le but de faire réussir leurs enfants.

→ **Raymond Boudon**, dans *L'inégalité des chances* (1973), critique l'approche bourdieusienne qui, pour lui, donne une **représentation passive et déterministe** des acteurs sociaux. Les écarts de réussite entre groupes sociaux ne relèveraient pas directement de la responsabilité de l'école, mais seraient la **conséquence de choix rationnels, de stratégies des familles**.

→ À chaque palier d'orientation que comporte le système scolaire, les familles doivent décider ou non d'une poursuite d'études. Or, **les coûts et avantages** de la poursuite d'étude ne sont pas appréciés de la même façon selon l'origine sociale et les performances de l'élève. Ses **risques** (échec, coût économique, **coût d'opportunité** de ne pas entrer plus vite sur le marché du travail) sont **surévalués** dans les classes populaires, tandis que ses avantages sont sous-estimés, notamment parce que les enfants de classe populaire atteignent plus vite le niveau scolaire leur permettant d'espérer un **statut social supérieur** à celui de leur parents. Ainsi, les enfants d'ouvriers font des études plus courtes et se professionnalisent plus tôt.

→ En outre, si en moyenne les enfants d'ouvriers réussissent moins bien que les enfants de cadres, **à niveau scolaire égal**, ils sont aussi **moins nombreux** à s'engager dans les **filières générales** : pour un niveau compris entre 10 et 12 en 3ᵉ,

> **MOT CLÉ**
>
> **Ségrégation scolaire :** concentration d'élèves dont le profil scolaire et/ou social est proche dans certains établissements du fait d'inégalités spatiales, de politiques publiques participant à la stigmatisation de certains établissements, de stratégies de contournement de certaines familles.

seuls 48 % des enfants de classe populaire demandent une seconde générale contre 85 % des enfants de cadres. Ainsi, ==plus un système éducatif sera riche en embranchements plus il participera à différencier les parcours en fonction du milieu d'origine== (**Doc 4**).

→ Les stratégies des familles peuvent par ailleurs concerner le **choix de l'établissement**, avec des stratégies d'anticipation (choix du lieu de vie) ou de **contournement de la carte scolaire** (inscription dans un établissement privé, achat ou location de logement dans le périmètre de l'établissement convoité, voire fausse adresse), le choix de la **classe** (options rares) et, bien sûr, les **choix d'orientation**. La somme de ces comportements rationnels peut conduire à des phénomènes de **ségrégation scolaire**, renforçant la concentration d'élèves de milieu social favorisé (ou au contraire défavorisé) dans certains établissements.

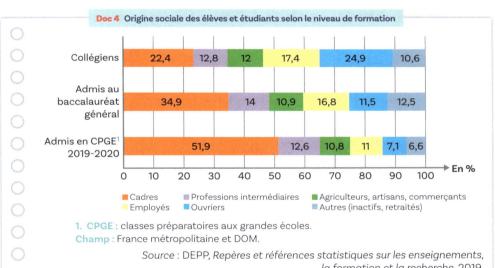

Doc 4 Origine sociale des élèves et étudiants selon le niveau de formation

Niveau	Cadres	Professions intermédiaires	Agriculteurs, artisans, commerçants	Employés	Ouvriers	Autres (inactifs, retraités)
Collégiens	22,4	12,8	12	17,4	24,9	10,6
Admis au baccalauréat général	34,9	14	10,9	16,8	11,5	12,5
Admis en CPGE[1] 2019-2020	51,9	12,6	10,8	11	7,1	6,6

1. CPGE : classes préparatoires aux grandes écoles.
Champ : France métropolitaine et DOM.

Source : DEPP, *Repères et références statistiques sur les enseignements, la formation et la recherche*, 2019.

Les élèves admis au brevet des collèges représentent la composition sociale de l'ensemble des jeunes d'une génération donnée. Ainsi en France, les enfants d'ouvriers représentent 18,6 % de l'ensemble des enfants du même âge. Au fur et à mesure que se succèdent les paliers d'orientation, les enfants d'ouvriers sont sous représentés, alors que les enfants de cadres sont surreprésentés dans les filières les plus prestigieuses (ici, le bac général, puis les CPGE). Cela illustre à la fois une autocensure et une moindre réussite scolaire.

3. À l'origine des trajectoires scolaires, une diversité de facteurs

a. Le rôle de l'offre scolaire dans le renforcement des inégalités

→ Les inégalités ne résultent pas simplement des choix d'orientation des familles ou des différences socio-culturelles : elles sont aussi le **résultat du fonctionnement du collège et des modes de répartition des élèves** dans les établissements et les classes. L'école peut donc aussi produire des inégalités.

→ Le **contexte de la scolarisation** apparaît ainsi déterminant pour expliquer les inégalités scolaires. Pour une même formation, des établissements différents offriront des opportunités de progression et de réussite différenciées, ce qui amène à parler d'**effet établissement**. La concentration d'élèves de milieux défavorisés dans certains établissements, notamment en Rep+ (Réseau d'éducation prioritaire), creuse de fait les inégalités entre les groupes sociaux.

→ Selon **Christian Baudelot** et **Roger Establet** dans *L'Élitisme républicain* (2009), la baisse du résultat moyen des élèves français aux tests PISA de l'OCDE (qui comparent le niveau scolaire des différents pays) est principalement imputable à la **dégradation des résultats des élèves les plus faibles**, qui pâtissent de conditions de scolarisation défavorables : enseignants moins expérimentés, équipes peu stables dans le temps, faible implication des parents…

→ Le niveau général d'une classe influe sur les chances de progression de chaque élève, car les **apprentissages horizontaux** sont plus fréquents entre élèves forts qu'entre élèves faibles. La **mixité sociale des classes** exerce ainsi un **effet positif** sur les progressions scolaires des élèves de milieu populaire. Lorsque le groupe « classe » est composé de plus de 40 % d'enfants de milieux favorisés, les enfants de milieux modestes connaissent des progressions supérieures à celles des enfants de cadres.

→ Enfin, des **effets maîtres** complètent ces **effets classe**. Ils correspondent à la capacité différentielle des enseignants à faire progresser leurs élèves et à leur donner confiance en eux. La qualité de la **pédagogie** peut, en effet, compenser en partie le handicap lié à l'origine sociale.

→ **L'impact des conditions de scolarisation sur le parcours des enfants d'immigrés**

Le sociologue **Mathieu Ichou** montre, dans *Les Enfants d'immigrés à l'école* (2018), que **les désavantages des enfants d'immigrés sont avant tout liés à leur origine sociale** et que les écarts de réussite au sein des populations immigrés s'expliquent par le fait que les populations les plus rurales et moins éduquées sont plus défavorisées. L'école primaire réduit les différences de niveau scolaire avec les élèves natifs (dont les deux parents sont nés en France), mais les écarts se creusent à nouveau au collège. Cela s'explique par la **ségrégation scolaire**, qui reflète la **ségrégation spatiale**. Ainsi, 70 % des élèves issus de l'immigration sont scolarisés dans le quart des établissements qui affichent la plus forte concentration de cette population.

b. L'influence du genre sur la réussite scolaire

MOTS CLÉS

Socialisation genrée : elle désigne le fait que les filles et les garçons ne sont pas socialisés aux mêmes aptitudes et comportements, ni préparés aux mêmes rôles sociaux.

Stéréotypes de genre : croyance que certaines aptitudes ou certains traits de personnalité spécifiques aux garçons d'une part, aux filles d'autre part, seraient présents dès la naissance, et non pas transmis par la socialisation.

→ Les **filles** sont dans une **situation paradoxale** : elles **réussissent mieux que les garçons**, redoublent et « décrochent » moins, font des études plus longues et sont même devenues majoritaires dans certaines formations comme la médecine et le droit. Pour autant, avec des performances scolaires supérieures, les filles choisissent souvent des formations moins rentables sur un plan salarial que celle des garçons ou subissent des progressions de carrière ralenties. Ainsi, si la **massification scolaire** a incontestablement promu les filles, elle ne les a pas libérées des **inégalités** tenant à leur genre. Pour **Christian Baudelot** et **Roger Establet**, l'école se caractérise par « **la supériorité des filles et la domination des garçons** » (**Doc 5**).

→ À la **socialisation** familiale **genrée**, se superpose ainsi une **socialisation scolaire différenciée** selon le genre. Les enseignants ne jettent pas le même regard sur les réussites et les échecs des filles et des garçons. Moins valorisées et encouragées, renvoyées pour partie à des **stéréotypes de genre**, les filles sont moins présentes dans les filières les plus sélectives et réalisent des choix d'orientation moins ambitieux et rentables. **Marie Duru-Bellat** estime que les orientations féminines sont des **choix « raisonnables » et rationnels**, qui anticipent sur les possibilités qui leur seront offertes sur le marché du travail et sur les rôles sociaux qui les attendent dans la sphère familiale.

→ L'**auto-censure** des filles reste en effet forte. À titre d'exemple, les garçons « forts » (par les notes obtenues) sont 84 % à s'estimer « très bons et bons », contre seulement 55 % des filles du même niveau. Grâce à cette surestimation d'eux-mêmes, les garçons sont mieux préparés à la **logique de la compétition** développée dans les filières sélectives.

Doc 5 Le « paradoxe de la réussite des filles »

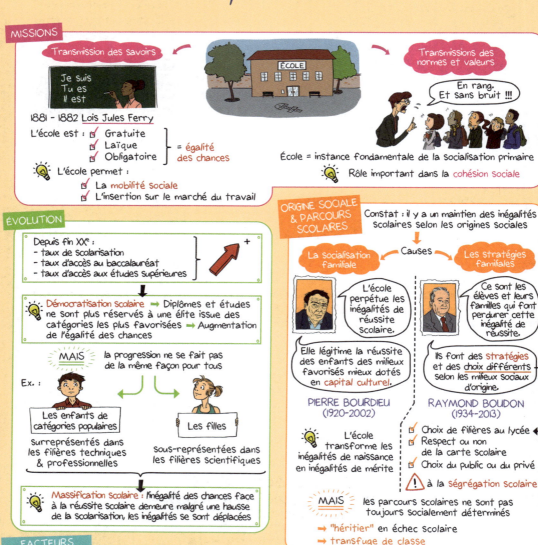

Une citation clé

> « La reproduction des inégalités sociales par l'école vient de la mise en œuvre d'un égalitarisme formel, à savoir que l'école traite comme "égaux en droit" des individus "inégaux en fait" c'est-à-dire inégalement préparés par leur culture familiale à assimiler un message pédagogique »
>
> **Pierre Bourdieu**, *La Reproduction*, 1970.

Ne pas confondre

- Taux de scolarisation/taux d'accès au baccalauréat
- Démocratisation quantitative (massification)/démocratisation qualitative
- Capital culturel/social/économique
- Stratégies scolaires/ségrégation scolaire
- Effet classe/effet maître
- Stéréotypes de genre/socialisation genrée

Les principales théories

Assure-toi que tu sais expliquer les implications des analyses suivantes.

- **Pierre Bourdieu :** l'école est une instance de reproduction sociale.
- **Raymond Boudon :** les inégalités scolaires proviennent des stratégies parentales.
- **Bernard Lahire :** les caractéristiques des configurations familiales expliquent les réussites scolaires paradoxales.
- **Gaële Henri-Panabière :** description de trajectoires paradoxales d'héritiers.
- **Christan Baudelot et Roger Establet :** l'institution scolaire renforce la socialisation différentielle par une offre d'éducation inégale selon l'origine sociale et le genre.

BILAN

SE TESTER
– Mobiliser ses connaissances –

1. Vrai ou faux ?

		Vrai	Faux
a	Une part croissante de la population accède au niveau du baccalauréat depuis les années 1950.	☐	☐
b	Le taux de scolarisation des femmes est aujourd'hui toujours inférieur à celui des hommes.	☐	☐
c	La massification de l'accès à l'éducation ne signifie pas une démocratisation.	☐	☐
d	La filiarisation et la succession des paliers d'orientation au sein du système éducatif favorisent sa démocratisation.	☐	☐
e	La détention de capital culturel est favorable à la réussite scolaire des enfants de milieu favorisé.	☐	☐
f	La transmission du capital social au sein de la famille est déterminante dans la réussite scolaire des enfants.	☐	☐
g	Pour Pierre Bourdieu, l'école participe à légitimer l'ordre social en faisant passer les compétences scolaires héritées pour des compétences méritées.	☐	☐
h	Les familles d'origine populaire déploient des stratégies en faveur de la réussite scolaire de leurs enfants aussi souvent que les familles de classes moyenne ou supérieure.	☐	☐
i	L'enseignant peut, par sa pratique pédagogique, améliorer les compétences de ses élèves, ce que l'on appelle l'« effet classe ».	☐	☐
j	Un transfuge de classe illustre en quoi la réussite scolaire peut être paradoxale.	☐	☐

2. Coche la ou les bonne(s) réponse(s).

1. L'accès au diplôme du baccalauréat :

- a est désormais plus fréquent pour les enfants d'ouvriers. ☐
- b s'est massifié, mais a conduit à la création de filières renforçant les mécanismes de reproduction. ☐
- c n'a pas progressé pour les enfants de cadres et de professions intermédiaires. ☐

2. Les familles :

- a transmettent un niveau de capital culturel différent, ce qui explique la reproduction sociale, selon Pierre Bourdieu. ☐
- b de milieu favorisé ont des stratégies favorables à la réussite scolaire de leurs enfants (choix de l'établissement, bonne connaissance des filières, soutien scolaire…). ☐
- c de milieu populaire tendent, selon Raymond Boudon, à sous-estimer les coûts de la poursuite d'étude. ☐

3. Le système scolaire :

- **a** participe, selon Pierre Bourdieu à légitimer les inégalités sociales en transformant les dispositions héritées du milieu social en diplôme. ☐
- **b** ne peut pas compenser les handicaps liés au milieu social. ☐
- **c** renforce les stratégies des familles à chaque palier d'orientation. ☐

3. Associe chacun des constats suivants à l'illustration qui lui correspond.

1. Au cours du XXe siècle, le système éducatif s'est ouvert à des publics plus diversifiés, impliquant un accès croissant des catégories populaires à l'éducation.

2. Alors que l'enseignement se massifie, le développement de filières participe à maintenir l'écart entre les enfants de catégories supérieures et populaires. La démocratisation quantitative ne signifie donc pas une démocratisation qualitative.

3. Les enfants issus de milieux populaires sont moins familiarisés à la langue et à la culture valorisées à l'école que ceux issus de milieux favorisés.

4. Pour Raymond Boudon, les trajectoires des individus de milieux populaires et favorisés sont la conséquence de choix rationnels exprimés en termes de calculs de type coût/avantage ; les enfants de milieux populaires surestiment plus les coûts de la poursuite d'étude que les enfants de milieux plus favorisés.

5. En dépit de leur meilleure réussite scolaire, les jeunes filles s'orientent vers des filières moins prestigieuses ou rémunératrices une fois sur le marché du travail.

- **a** Ainsi, elles ne représentent que 27 % des effectifs d'école d'ingénieur, mais constitue 85 % des étudiants dans les formations paramédicales et sociales.
- **b** Ainsi, les enfants de cadres représentent 29 % des élèves de 1re et T^{le} générale, mais seulement 6,5 % des élèves en formation professionnelle, contre respectivement 16 % et 35 % pour les enfants d'ouvriers.
- **c** Ainsi, à niveau comparable en fin de 3e (10 à 12 de moyenne), 90 % des enfants de cadres demandent un passage en seconde générale contre 59 % des enfants d'ouvriers non qualifié.
- **d** Selon Bernard Lahire, dans *Enfances de classes* (2019), parce que leurs parents leur lisent moins d'histoires, manipulent moins souvent l'ironie, les enfants des classes populaires ont une moindre distance au langage, aptitude fondamentale pour l'apprentissage scolaire.
- **e** Ainsi, 52 % des fils d'ouvrier nés entre 1989 et 1995 sont bacheliers, contre 2 % pour ceux nés entre 1929 et 1938.

Constat	Illustration

Réponses : 1. a. Vrai – **b.** Vrai – **c.** Faux – **d.** Vrai – **e.** Faux – **f.** Vrai – **g.** Faux – **h.** Faux – **i.** Vrai – **j.** Vrai – **2.** a, b – **2.** a, b – **3.** a, c – **3. 1.** e – **2.** b – **3.** d – **4.** c – **5.** a.

MÉTHODE

SUJET GUIDÉ — DISSERTATION

SE PRÉPARER POUR L'EXAMEN

Analyser l'énoncé d'un sujet et formuler une problématique

SUJET : Comment peut-on expliquer les inégalités de trajectoire scolaire ?

Document 1 > Pratiques culturelles réalisées lors des douze derniers mois en fonction du milieu social (en %)

PCS de la personne de référence au sein du ménage	Nombre de livres lus		Sont allés dans une exposition de...			Sont allés voir/écouter		
	Beaucoup	Peu ou pas	Peinture/sculpture	Photographie	Musée	Pièce de théâtre	Spectacle de danse	Concert classique
Cadre et prof. int sup.	30	32	49	32	59	48	24	25
Ouvrier	8	68	10	7	15	7	3	1

Source : DEPS, ministère de la Culture et de la Communication, enquête « Pratiques culturelles des Français », 2008.

Document 2 > Des réussites scolaires paradoxales

Les réussites scolaires paradoxales d'enfants de milieu défavorisé supposent, dans la plupart des familles, une forte mobilisation autour d'un projet scolaire pour l'enfant. Ainsi, Jean-Pierre Terrail analyse « quelques histoires de transfuges » d'origine ouvrière et montre que, dans ces familles populaires où un enfant a réussi existe un projet qui trouve son origine dans une ambition de promotion sociale, d'émancipation par rapport à la condition socialement dévalorisée des parents ou dans un désir d'ouverture des possibilités de choix professionnels ou culturels. [...] La priorité à l'acquisition d'un métier, privilégiée dans la culture ouvrière traditionnelle, fait place, à partir des années 1980, à une forte mobilisation autour de la scolarité. Les ouvriers ont pris conscience de la centralité de l'enjeu scolaire sans pour autant que les capacités réelles de s'en saisir [...] se soient améliorées, amenant malaise et « désorientation » chez les plus démunis d'entre eux. Les relations des familles populaires (urbaines ou rurales) avec l'école sont affectées par la perception qu'elles ont des changements du système éducatif. Elles peuvent exprimer une nostalgie d'un passé idéalisé (évoquant la discipline, le sérieux de « leur » école primaire), ou bien se montrer déconcertées devant le fonctionnement actuel du système secondaire qu'elles connaissent mal et dont elles n'ont pas l'expérience.

Marlaine Cacouault-Bitaud et François Œuvrard, *Sociologie de l'éducation*, La Découverte, 2009.

📖 **Document 3 > Part des femmes dans l'enseignement supérieur selon la formation ou le type d'institution en 2017 (en %)**

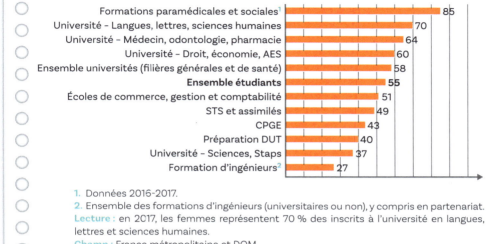

1. Données 2016-2017.
2. Ensemble des formations d'ingénieurs (universitaires ou non), y compris en partenariat.

Lecture : en 2017, les femmes représentent 70 % des inscrits à l'université en langues, lettres et sciences humaines.
Champ : France métropolitaine et DOM.

Source : *Filles et garçons, sur le chemin de l'égalité de l'école à l'enseignement supérieur*, ministère de l'Éducation nationale et de la Jeunesse, 2019.

📖 **Document 4 > Vœux d'une orientation en seconde générale et technologique selon la profession de la personne de référence de la famille et les notes obtenues au diplôme national du brevet (DNB)**

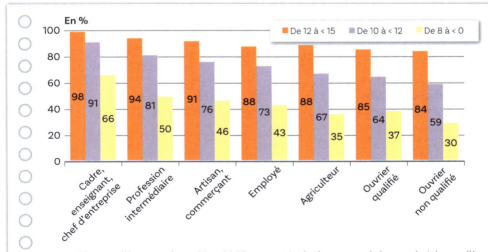

Champ : élèves entrés en 6e en 2007 et ayant intégré au cours de leur scolarité au collège une 3e générale (avec ou sans redoublement) dans un collège privé ou public en France métropolitaine.

Source : panels d'élèves du second degré recrutés en 2007, enquête « Orientation en fin de 3e », MEN-MESR DEPP, 2015.

MÉTHODE

Méthode et corrigé

Définir les mots clés et délimiter le cadre spatio-temporel

➜ **Identifier et définir les mots clés**

> **Trajectoire scolaire :** on peut parler de différences de trajectoires scolaires pour désigner les écarts de réussite observées entre les élèves, mais aussi les différences de choix d'orientation. En effet, certains élèves ont davantage de chances de s'orienter et de réussir dans des filières prestigieuses, tandis que d'autres ont plus de risques de connaître une scolarité difficile (redoublement, arrêt prématuré des études, orientation par défaut, etc.).

> **Inégalités :** l'existence de différences entre les trajectoires scolaires ne permet pas de conclure mécaniquement à l'existence d'inégalités. En effet, pour parler d'inégalités, il faut mettre en évidence le fait que ces différences ne sont pas le résultat de simples choix (études courtes ou longues, générales ou professionnelles), mais sont aussi la conséquence de possibilités de réussites inégales des individus en fonction de leurs caractéristiques personnelles.

➜ **Situer le sujet dans le temps (période concernée) et dans l'espace (pays concernés)**

Il s'agit d'étudier la situation en France aujourd'hui, tout en s'efforçant de bien saisir les trajectoires scolaires, en particulier selon l'origine sociale et le genre, dans le cadre de la démocratisation scolaire.

COUP DE POUCE

Tu peux t'appuyer sur la méthode de la dissertation, p. 8.

Comprendre la nature du travail attendu et déterminer le type de plan adapté

➜ « Comment peut-on expliquer » renvoie à une analyse du rôle des divers facteurs participant à la construction des inégalités de trajectoire scolaire.

➜ Il faut adopter un **plan analytique**, qui doit proposer des axes d'analyse distincts.

➜ On pourrait **comparer** le sujet proposé avec le sujet suivant :

Expliquez les inégalités de trajectoire scolaire.

➜ En revanche, la formulation suivante impliquerait un **plan dialectique** de type « oui..., mais » :

Les inégalités de trajectoire scolaire se sont-elles réduites ?

Rechercher et formuler la problématique

Proposition de problématique : Par quels mécanismes se construisent les différences de trajectoires scolaires selon l'origine sociale et le genre ?

Proposition de plan détaillé

I. Les inégalités de réussite scolaire selon le genre et l'origine sociale s'expliquent par la socialisation familiale.

A. Le capital culturel (ou plus généralement la socialisation ou l'habitus) transmis par la famille explique l'inégalité des chances à l'école (thèse de Pierre Bourdieu). **> Doc 1**

B. Le degré d'investissement des parents dans la scolarité de leurs enfants et les stratégies des familles peut expliquer l'inégalité de réussite scolaire (thèses de Bernard Lahire ou Jean-Pierre Terrail **> Doc 2** et de Raymond Boudon). **> Doc 4**

C. La socialisation genrée au sein de la famille contribue à déterminer les attentes à l'égard des filles et des garçons, qui affectent les choix ultérieurs d'orientation. **> Doc 3**

II. Les inégalités de réussite scolaire s'expliquent par des facteurs liés à l'institution scolaire.

A. Les professionnels de l'éducation participent à la reproduction des stéréotypes de genre et favorisent involontairement, par exemple, la réussite des garçons au détriment de celle des filles. **> Doc 2**

B. La multiplication des filières et des paliers d'orientation dans l'enseignement différencie progressivement les trajectoires du fait des stratégies des familles. **> Doc 4**

C. La mixité sociale insuffisante ou les phénomènes de ségrégation scolaire dans certains établissements ou certaines filières amplifient les écarts de réussite scolaire selon l'origine.

Les sujets qui peuvent tomber au Bac...

Dissertation   Épreuve composée – Partie 3

→ Le système éducatif s'est-il démocratisé ?*
→ Comment la socialisation familiale affecte-t-elle la réussite scolaire des enfants ?
→ Quel est le rôle de la famille dans la réussite scolaire ?
→ Le parcours scolaire dépend-il seulement de l'origine sociale ?
→ Comment le genre affecte-t-il le parcours scolaire ?

Sujets croisés avec le chapitre 8
→ L'école permet-elle d'assurer la mobilité sociale ?
→ En quoi la famille constitue-t-elle un obstacle à la mobilité sociale ?
→ La réussite scolaire des filles favorise-t-elle leur mobilité sociale ?

Épreuve composée – Partie 1

→ L'allongement de la scolarité a-t-il permis de réduire les inégalités ?
→ Distinguez la démocratisation et la massification.
→ Présentez le rôle de l'école dans la reproduction sociale chez Pierre Bourdieu.
→ Quel rôle jouent les stratégies familiales dans le parcours scolaire des enfants ?
→ Montrez comment le capital culturel peut expliquer les inégalités de réussite scolaire.*
→ Présentez le rôle des choix rationnels des familles dans les inégalités scolaires chez Raymond Boudon.
→ Pourquoi les trajectoires scolaires des filles et des garçons sont-elles différenciées ?

Sujets corrigés p. 297 et 309

Pour aller plus loin

À lire

> Marie Duru-Bellat, *Sociologie de l'école*, Armand Colin, 2018.

> « Que disent les recherches sur l'"effet enseignant" ? », note d'analyse 232, juillet 2011.

À voir

Films

> Michel Leclerc, *La Lutte des classes*, 2018

> Marie-Castille Mention-Schaar, *Les Héritiers*, 2014

Vidéos en ligne

> « L'égalité des chances à l'école n'existe pas : Bourdieu, Passeron », *Osons Causer*
www.youtube.com/watch?v=Z8KlGWTYLqM

> « L'habitus de Pierre Bourdieu », *Le Coup de Phil*
www.youtube.com/watch?v=c67GEYsM2yA

> « Pratiques efficaces en gestion de classe et relation maître-élèves », *Éducation Québec*
www.youtube.com/watch?v=sjhFf03w-FM

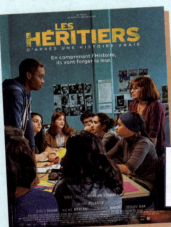

Ton KIT DE SURVIE pour le BAC avec SCHOOLMOUV

Chapitre 7 : Quelle est l'action de l'école sur les destins individuels et sur l'évolution de la société ?

Tu viens de voir les notions à connaître sur l'action de l'école. Pour t'aider à retenir l'essentiel et t'entraîner pour le Bac, voici ton kit de révisions clé en mains conçu par SchoolMouv !

Vidéo

Pour mieux comprendre et t'en souvenir à coup sûr, regarde la vidéo. C'est parfois bien plus clair en images.

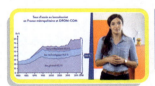

Vidéo La massification scolaire depuis les années 1950

https://flashbelin.fr/focusbacschoolmouv/ses/7

Contenu additionnel

Voici un bonus autour du même sujet. La curiosité n'est pas toujours un vilain défaut. Il suffit de créer ton compte pour avoir accès à plein de contenus supplémentaires.

Fiche Une inégalité des chances persistante

https://www.schoolmouv.fr/eleves/cours/une-inegalite-des-chances-persistante/fiche-de-cours

Tchat avec un prof

Pour poser toutes tes questions à un prof particulier, découvre l'abonnement tchat. Tu peux le tester gratuitement pendant 7 jours : fini les questions sans réponses, tu vas devenir incollable.

https://focusbac.schoolmouv.fr/offre

8 Quels sont les contemporaines de la mobilité

LES BASES

Notions

→ **Capital culturel :** ensemble des ressources matérielles (livres, œuvres d'art...) et immatérielles (connaissances littéraires et artistiques, maîtrise d'un langage soutenu, habitudes culturelles...) ou institutionnalisées (diplômes scolaires) faisant l'objet d'une transmission dans le cadre familial et d'une valorisation dans le cadre scolaire.

→ **Capital économique :** ensemble des ressources économiques d'un individu, regroupant à la fois ses revenus et son patrimoine.

→ **Capital social :** ensemble des ressources d'un individu liées à la possession d'un réseau de relation parfois hérité de sa position familiale.

→ **Groupe social** : ensemble d'individus présentant des caractéristiques sociales communes et un sentiment d'appartenance.

→ **Qualification :** ensemble des savoir-faire et connaissances requis pour occuper un emploi donné.

→ **Statut social :** position qu'un individu occupe dans la société ou dans un groupe. Il détermine les rôles qui sont attendus de lui et ceux qu'il est en droit d'attendre des autres.

Mécanisme

Accès au diplôme ou à une formation Augmentation du capital humain Hausse du revenu / Hausse des capabilités[1]

1. **Capabilités :** possibilité pour un individu de choisir la vie qu'il souhaite mener.

caractéristiques et les facteurs sociale ?

L'ESSENTIEL EN 5 POINTS

1 La **mobilité sociale** est définie comme tout déplacement de position d'un individu ou de groupes d'individus, inter- ou intragénérationnel, au sein d'une structure sociale en mouvement. Cette mobilité sociale peut-être **ascendante** ou **descendante**

2 La **mobilité structurelle** est le changement de position sociale qui est dû aux modifications des structures économiques et sociales. Elle représente une part importante de la mobilité.

3 On parle de **fluidité sociale** si les chances d'occuper une position sociale déterminée plutôt qu'une autre sont les mêmes quelle que soit l'origine sociale des individus.

4 Les trajectoires de mobilité sociale, le plus souvent ascendante, sont plus fréquentes que les situations de **reproduction sociale**. Lorsqu'il y a mobilité, les parcours sont plus souvent courts que longs. On parle de « **mobilité de proximité** ».

5 Le **déclassement** consiste en une perte de statut social, que ce soit celui de son milieu d'origine, celui que l'on avait atteint ou celui que laissait espérer le diplôme obtenu. Il se traduit par une dégradation des perspectives de mobilité sociale.

→ Définitions des notions p. 164-173

LE COURS en 3 parties

1. Définir et mesurer la mobilité

a. La mobilité : un terme polysémique

 MOTS CLÉS

Mobilité sociale : changement de catégorie sociale d'un individu par rapport à son origine sociale (catégorie sociale des parents) ou à sa position antérieure.

Mobilité intragénérationnelle : parcours d'un individu, de son entrée sur le marché du travail à sa retraite professionnelle.

Mobilité intergénérationnelle : compare la position sociale d'un individu à celle de ses parents ou de ses aïeux.

→ On appelle **mobilité sociale** tout déplacement de position d'un individu ou de groupes d'individus au sein d'une structure sociale. L'Insee distingue la **mobilité intragénérationnelle** (au cours du parcours individuel) et **intergénérationnelle** (entre parents et enfants). En France, la mobilité sociale est principalement déterminée par la **catégorie socioprofessionnelle** (PCS).

→ La mobilité sociale est dite « **horizontale** » lorsque l'individu a une PCS différente de ses parents, tout en restant dans un **statut social équivalent** (un fils d'ouvrier devient employé, le fils d'un important agriculteur-exploitant devient chef d'entreprise).

→ La mobilité est dite « **verticale** » lorsque l'individu évolue au sein des statuts sociaux. Elle est **ascendante** lorsque la **position sociale** de l'individu (la PCS actuelle) **progresse** au cours de sa carrière (par exemple, un employé qui devient cadre) ou lorsque sa position sociale est **plus élevée que son origine sociale**, c'est-à-dire la PCS de ses parents (en général, du père). Elle peut être **descendante** en cas de **perte de statut** en cours de carrière (déclassement intragénérationnel, voir p. 172) ou lorsque la **position sociale** de l'individu est **moins élevée que son origine sociale** (déclassement intergénérationnel).

→ La mobilité sociale se distingue de la **mobilité géographique** (même si la mobilité spatiale peut être liée à la mobilité sociale), qui induit un changement de lieu de résidence, lié ou non à un changement de lieu de travail. Cette mobilité peut être **nationale** ou **internationale** (émigration, immigration, expatriation).

→ Elle se distingue aussi de la **mobilité professionnelle**, qui résulte d'un changement de situation professionnelle (d'entreprise ou d'employeur, de branche d'activité...), sans que cela ne modifie nécessairement le statut social et la qualification.

b. Mesurer la mobilité par les tables de mobilité sociale

MOTS CLÉS

Table de mobilité sociale : tableau à double entrée comparant la position sociale d'un enfant à celle de son père ou de sa mère.

Immobilité sociale : situation dans laquelle la position sociale de l'individu (mesurée par sa PCS) est la même que son origine sociale (la PCS de son père, le plus souvent).

→ La mobilité sociale se mesure par des **tables de mobilité sociale**, qui permettent de dégager des taux absolus de mobilité.

→ La **table de destinée** (Méthode) représente ce que deviennent 100 fils ou filles issus d'une PCS considérée comparativement à ce que faisaient leurs pères ou mères. Elle permet de répondre à la question : « **Que deviennent les fils/filles originaires de telle PCS ?** » (par exemple, 45,9 % des fils d'ouvriers sont devenus ouvriers). Elle permet de mesurer la **reproduction sociale** ou l'**immobilité sociale**.

→ Dans une table de destinée, la colonne « **Ensemble** » décrit la structure socioprofessionnelle des fils ou filles et indique ce que serait la probabilité d'appartenir à telle ou telle PCS en situation de parfaite mobilité sociale.

MÉTHODE

Lire une table de destinée

Destinées sociales des hommes selon l'origine sociale de leur père (en %)

PCS du fils	PCS du père						
	Agriculteur	ACCE	Cadre et PIS	Profession intermédiaire	Employé	Ouvrier	Ensemble
Agriculteur	26,6	0,9	0,4	0,6	0,6	0,5	**3,2**
ACCE	9,0	22,5	9,8	8,8	8,0	8,3	**10,6**
Cadre et PIS	10,7	24,9	**48,2**	29,8	19,9	10,9	**21,4**
Profession intermédiaire	14,0	20,8	22,6	29,8	25,3	**22,5**	**22,7**
Employé	7,2	8,2	8,6	11,3	15,5	11,8	**10,7**
Ouvrier	32,5	22,8	10,4	19,8	**30,7**	45,9	**31,4**
Ensemble	100,0	100,0	100,0	100,0	100,0	100,0	100,0

1. **ACCE :** Artisan, commerçant, chef d'entreprise.
2. **PIS :** Profession intellectuelle supérieure.

Champ : hommes actifs ou anciens actifs de 40 à 59 ans résidant en France métropolitaine et qui connaissent la profession de leur père.

Source : Insee, enquête « Emploi », 2015.

En colonne, on trouve la PCS des pères. Ainsi, on peut voir ce que deviennent les fils des pères d'une PCS donnée. **On part des pères pour voir ce que deviennent leurs fils.**
• Sur 100 fils de cadres et professions intellectuelles supérieures (CPIS), **48,2** deviennent CPIS selon l'enquête « Emploi » de 2015 → 48,2 % des fils de cadres deviennent cadres.
• Sur 100 fils d'employés, **30,7** deviennent ouvriers → 30,7 % des fils d'employés deviennent ouvriers.
• Sur 100 fils d'ouvriers, **22,5** deviennent professions intermédiaires → 22,5 % des fils d'ouvriers deviennent professions intermédiaires.
• Sur 100 fils, **3,2** sont agriculteurs et **22,7** sont professions intermédiaires.
La colonne « **Ensemble** » présente la structure professionnelle de la génération des fils.

Quels sont les caractéristiques contemporaines et les facteurs de la mobilité sociale ?

COURS

→ La **table de recrutement** (Méthode) mesure le pourcentage d'individus dont le père appartenait à la même PCS que la leur. Elle permet d'indiquer l'origine sociale des membres d'une catégorie sociale en répondant à la question : « **Quelle est l'origine socioprofessionnelle des personnes de telle PCS ?** » (par exemple, 56,8 % des ouvriers ont un père ouvrier). Elle mesure l'**autorecrutement.**

→ La ligne « **Ensemble** » correspond à la répartition socioprofessionnelle des pères, et indique quelle serait la probabilité de provenir de telle ou telle PCS en situation de parfaite mobilité sociale.

MÉTHODE

Lire une table de recrutement
Recrutement social des hommes qui appartiennent à une même PCS (en %)

PCS du fils	PCS du père						
	Agriculteur	ACCE[1]	Cadre et PIS[2]	Profession intermédiaire	Employé	Ouvrier	Ensemble
Agriculteur	84,1	3,6	1,5	2,5	1,8	6,4	**100,0**
ACCE	8,7	29,0	12,5	12,0	7,2	30,6	**100,0**
Cadre et PIS	5,1	15,8	30,3	**20,1**	8,8	19,9	**100,0**
Profession intermédiaire	6,2	12,5	13,4	18,9	10,6	38,5	**100,0**
Employé	6,8	10,5	10,8	15,2	13,7	**42,9**	**100,0**
Ouvrier	10,5	9,9	4,5	9,1	9,3	56,8	**100,0**
Ensemble	**10,1**	**13,6**	**13,5**	**14,4**	**9,5**	**38,8**	**100,0**

1. **ACCE** : Artisan, commerçant, chef d'entreprise.
2. **PIS** : Profession intellectuelle supérieure.
Champ : hommes actifs ou anciens actifs de 40 à 59 ans résidant en France métropolitaine et qui connaissent la profession de leur père.
Source : Insee, enquête « Emploi », 2015.

En ligne, on retrouve la PCS des fils. Ainsi, on peut voir ce que font les pères des fils d'une PCS donnée. **On part des fils pour voir ce que faisaient leurs pères.**
• Sur 100 fils cadres, **20,1** ont un père profession intermédiaire → 20,1 % des cadres ont un père profession intermédiaire.
• Sur 100 fils employés, **42,9** ont un père ouvrier → 42,9 % des employés sont fils d'ouvrier.
• Sur 100 pères, **38,8** étaient ouvriers et **10,1** agriculteurs.
La ligne « **Ensemble** » représente la structure professionnelle de la génération des pères.

→ **Les tables de mobilité détaillées**

Cédric Hugrée, dans son article « Les sciences sociales face à la mobilité sociale. Les enjeux d'une démesure statistique des déplacements sociaux entre générations » (2016), présente des **tables de mobilité détaillées** qui compilent cinq éditions de l'enquête « Emploi » (2010-2014). Elles permettent de mieux saisir les trajectoires des différents **sous-groupes à l'intérieur d'une PCS**. Par exemple, celle des enfants de professions libérales au sein de la PCS cadres ou des enfants d'ouvriers qualifiés parmi les ouvriers. Il observe ainsi que la reproduction sociale est la plus importante parmi les enfants de professions libérales et que les enfants d'ouvriers en mobilité sociale s'orientent souvent vers les concours de la fonction publique.

c. Les principales limites des tables de mobilité

➜ Dans les tables de mobilité, la **profession** est le critère retenu pour positionner les individus dans la structure sociale. La construction des tables repose sur des **conventions statistiques**, comme l'usage des PCS agrégées, qui **sous-estiment les petits parcours de mobilité** (pourtant les plus nombreux) et surestiment l'**immobilité sociale** du fait de leur échelle de construction. Le choix d'une nomenclature plus détaillée permet d'observer une mobilité plus importante à l'intérieur des catégories agrégées. Par exemple, un ouvrier qualifié, fils d'ouvrier non qualifié, sera considéré comme immobile si la distinction entre ouvrier qualifié et non qualifié n'est pas faite.

➜ Pendant longtemps, seule la **profession du père** était utilisée pour mesurer la progression sociale des fils. Au cours des dernières décennies, les **comportements d'activité des femmes** se sont cependant rapprochés de ceux des hommes. Il est désormais possible de s'intéresser à leur mobilité sociale, en comparant leur catégorie socioprofessionnelle à celle de leur père, mais aussi à celle de leur mère, même si la moindre participation au marché du travail de ces dernières limite encore le champ d'analyse. L'enquête « Formation et qualification professionnelle (FQP) » de 2015 présente ainsi des **tables de mobilité des filles par rapport à leur père et par rapport à leur mère**. Elles soulignent que la mobilité sociale des femmes est très souvent ascendante par rapport à leur mère, mais plus souvent que les hommes descendante par rapport à leur père.

> **● MOT CLÉ**
>
> **Mobilité subjective (ou ressentie) :** appréciation subjective de la mobilité sociale par l'individu, qui peut se traduire par un décalage entre la position objective et celle perçue.

➜ Enfin, les tables de mobilité ne donnent pas à voir la **perception qu'ont les individus de leur réussite sociale ou de leur place dans la hiérarchie sociale**. L'Insee a introduit, en 2003, une variable de **mobilité** dite « **subjective** » demandant aux enquêtés de comparer leur situation professionnelle actuelle à celle de leur père (**Doc 1**). Si le lien reste fort entre la mesure objective de la mobilité par les tables de mobilité et la mobilité ressentie (43 % des personnes qui se sentent déclassées connaissent effectivement une mobilité sociale descendante), on peut aussi observer un décalage, car un quart des personnes qui se sentent déclassées appartiennent à la même PCS que leur père. C'est en particulier vrai chez les cadres fils de cadres du fait d'un « effet plafond ».

➜ Dans leur appréciation subjective, les individus font aussi une **appréciation globale tenant compte d'un grand nombre de critères autres que leur PCS** (niveau de diplôme, autonomie et responsabilité dans le travail, stabilité de l'emploi, cadre de vie), mais ils intègrent également la situation de leur conjoint, voire la comparaison avec la situation de leur fratrie.

Doc 1 Écarts entre mobilité « subjective » et « objective » des hommes (en %)

Sous-estimation	21,8
Perception conforme	47,4
Surestimation	30,7

Marie Duru-Bellat et **Annick Kieffer**, dans « Les deux faces – objective/subjective – de la mobilité sociale » (2006), étudient pour la première fois les écarts entre mobilité « subjective » et « objective ».

Elles observent que pour 47 % des hommes, la mobilité ressentie correspond à la mobilité objective, mesurée par la table de mobilité. Pour les autres, elle est sur ou sous-estimée.

COURS

2. Une mobilité sociale qui évolue dans le temps et l'espace

a. Les tables de mobilité permettent de décrire les parcours de mobilité

➜ Les tables de mobilité permettent de mettre en évidence les situations d'**immobilité sociale** entre parents et enfants, ce qui se lit sur la **diagonale**. Les enquêtes « FQP » montrent ainsi que, si en 1953, 50,7 % des hommes étaient classés dans le même groupe social que leur père, ils n'étaient plus que 35,8 % en 2015. Deux hommes sur trois et trois femmes sur quatre quittent leur milieu d'origine, contre un homme sur deux dans les années 1950, mais il peut s'agir de **mobilité ascendante ou descendante**.

➜ Les **trajectoires de mobilité ascendante l'emportent** sur celles de mobilité descendante, mais elles sont plus fréquentes pour les hommes que pour les femmes par rapport à leur père. Toutefois, les trajectoires de mobilité ascendantes sont moins prédominantes depuis le début des années 2000. De 1977 à 2003, les hommes en ascension sociale étaient environ 3 fois plus nombreux que ceux dont la trajectoire a été descendante ; en 2015, ils ne sont plus que 1,8 fois plus nombreux.

➜ On note une **prédominance des trajets de mobilité courts (mobilité de proximité) sur les trajets de mobilité longs** : lorsque les individus sont mobiles, ils rejoignent en général une PCS proche de leur PCS d'origine. Ainsi, les cadres et professions intellectuelles supérieures qui connaissent une mobilité descendante se retrouvent plutôt dans la PCS « professions intermédiaires ». Notons néanmoins que les **forts déclassements** ont progressé depuis 40 ans, attestant d'une dégradation des destinées sociales dans le haut de l'échelle sociale : 17 % des fils de cadres deviennent employés ou ouvriers, soit une progression de 7 points entre 1977 et 2015.

➜ On observe une **tendance plus forte à l'immobilité aux deux extrémités de la hiérarchie sociale** : 48,2 % des cadres sont fils de cadres en 2015 (55 % en 2003) et 45,9 % des ouvriers sont fils d'ouvriers (47 % en 2003). À la différence par exemple des professions intermédiaires, qui peuvent connaître une mobilité ascendante ou descendante.

b. Le rôle de la mobilité structurelle dans les parcours de mobilité

➜ Les Trente Glorieuses constituent une période exceptionnelle de **mutation de la structure des emplois** du fait de la dynamique démographique, du progrès technique, de l'accroissement du **niveau de qualification de la population active**, de sa **salarisation** et de sa **féminisation** (voir chapitre 6). Ces mutations de l'économie ont généré des **mouvements de mobilité ascendante mécaniques** des groupes sociaux, qui se traduisent par de la **mobilité structurelle** : l'aspiration vers le haut de la structure sociale (plus d'emplois de cadres et de professions intermédiaires), le déclin des travailleurs indépendants (effet du progrès technique qui fait que tous les enfants d'agriculteurs ou d'artisans ne peuvent rester dans ces PCS), l'entrée des femmes et des immigrés sur le marché du travail

> **MOT CLÉ**
>
> **Mobilité structurelle :** elle décrit les déplacements résultant de la transformation de la structure sociale.

MOTS CLÉS

Mobilité brute (ou observée) : elle se lit sur les tables de mobilité (taux absolus de mobilité), qui comparent la position sociale des fils par rapport à leur père (origine sociale) pour évaluer la proportion des mobiles et des immobiles dans la société.

Mobilité nette : mobilité ne relevant pas des mutations de la structure sociale. Elle est ce qu'il reste lorsqu'on a retranché la mobilité structurelle à la mobilité observée.

(qui favorise la mobilité des hommes), des différentiels de mobilité selon la PCS (favorables aux enfants d'ouvriers notamment, plus nombreux que ceux de cadres).

➔ Les **marges des tables de mobilité** permettent donc de bien appréhender les **effets de l'évolution de la structure sociale**. Elles montrent que tous les enfants d'agriculteurs ne peuvent pas devenir agriculteurs (tables de destinées) et que tous les cadres ne peuvent pas avoir un père cadre (tables de recrutement).

➔ La **mobilité brute (ou observée)** se lit sur les tables de mobilité à travers les **taux absolus de mobilité**. En France, les sociologues de la mobilité sociale avaient pour habitude de **retrancher** de la mobilité observée ce qui était redevable à la **mobilité structurelle**, afin de dégager ce qui relevait d'une **volonté des acteurs**, à savoir la **mobilité nette**. Plus celle-ci est élevé, plus la société permet des changements de position. On estime que la mobilité structurelle représente une part de 27 % environ en 2015, contre 40 % en 1977 : l'impact de la mobilité structurelle est moins marqué aujourd'hui, car les mutations de l'emploi sont moins importantes qu'au cours des Trente Glorieuses (**Doc 2**).

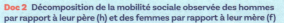

Mobilité brute (ou observée) = mobilité structurelle + mobilité nette

Doc 2 Décomposition de la mobilité sociale observée des hommes par rapport à leur père (h) et des femmes par rapport à leur mère (f)

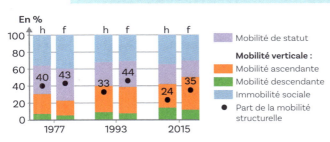

Champ : France métropolitaine, actifs/actives occupé(e)s ou anciens et anciennes actifs/actives occupé(e)s, âgés de 35 à 39 ans au 31 décembre de l'année d'enquête.

Source : Marc Collet, Émilie Penicaud, « En 40 ans, la mobilité sociale des femmes a progressé, celle des hommes est restée stable », *Insee Première*, n° 1739, février 2019.

La **mobilité de statut** décrit ici le passage du statut de salarié à celui d'indépendant (ou l'inverse). Elle ne signifie pas toujours qu'il y a mobilité sociale ascendante ou descendante mais marque bien un changement de PCS par rapport au père ou à la mère. On observe que depuis 1993, les femmes sont moins souvent immobiles socialement par rapport à leur mère que les hommes par rapport à leur père, et connaissent une mobilité plus souvent ascendante par rapport à leur mère que les fils par rapport à leur père (notons qu'elles connaissent plus souvent des trajectoires de mobilité descendante par rapport à leur père selon les dernières tables de mobilité). Cela s'explique par la meilleure qualification des filles par rapport à celle de leur mère et permet de comprendre pourquoi leur mobilité structurelle est plus élevée : les filles occupent plus de fonctions de cadres et professions intermédiaires que leurs mères. Cette mobilité structurelle se tasse dans le temps, car l'écart de niveau de diplôme se réduit entre génération et la répartition de chaque génération en PCS évolue moins vite.

c. Distinguer mobilité observée et fluidité sociale pour décrire la mobilité

➡ Aujourd'hui, l'analyse en termes de **fluidité sociale** est privilégiée. Celle-ci permet d'éviter que la mobilité nette, qui intéresse pourtant en premier lieu le sociologue, ne soit qu'un résidu (c'est-à-dire, la simple différence entre mobilité brute et mobilité structurelle). L'approche par la question de la fluidité sociale permet de **distinguer la mobilité nette plus rigoureusement**. Le couple **mobilité observée/fluidité sociale** se substitue donc de plus en plus à la **distinction antérieure entre mobilité structurelle et mobilité nette** (**Doc 3**).

➡ La mesure de la fluidité sociale se fait grâce à la **méthode des odds ratios** (rapports des chances relatives, **Méthode**), introduite dans la sociologie francophone par **Louis-André Vallet**. Les **odds ratios** évaluent le **rapport des chances** des deux catégories d'accéder à une position Cela permet de comparer des trajectoires **indépendamment des mutations de la structure sociale** : si un fils de cadre a 27 fois plus de chances de devenir cadre plutôt qu'ouvrier qu'un fils d'ouvrier en 2003 et seulement 19 fois plus en 2015, c'est que la fluidité sociale s'est accrue indépendamment de l'évolution du nombre d'ouvriers et de cadres. Un **progrès de la fluidité sociale** signifie que la **« force » du lien statistique entre origines et destinées s'affaiblit**, c'est-à-dire que les **inégalités** d'accès aux différentes positions sociales **se réduisent**.

➡ Une société est **fluide** si les **chances** de devenir cadre **s'accroissent pour tous** lorsque la proportion de cadres croît dans la population active. Mais sans changement de structure, pour qu'une société soit plus fluide, il faut que plus d'enfants d'ouvriers montent dans les catégories plus élevées et que plus d'enfants de ces dernières soient déclassés. Une **société très fluide** produit alors **beaucoup de promotions** et, en même temps, **beaucoup de déclassements sociaux**. C'est ce que l'on observe dans les tables de mobilité de 2015.

➡ **Une mobilité observée croissante ne signifie pas forcément une fluidité sociale plus grande.** Ainsi, si un nombre croissant d'enfants d'ouvriers ou d'employés deviennent cadres, il se peut que, dans le même temps, la part des enfants de cadres devenus cadres augmente encore plus fortement. Dans ce cas, l'écart des chances de devenir cadre selon que l'on est fils d'ouvrier ou fils de cadre s'accroîtrait.

🔎 MOTS CLÉS

Fluidité sociale : mesure (avec les odds ratios) la force du lien entre origine et position, indépendamment des changements de la structure sociale.

Odds ratio : rapport des chances relatives permettant de mesurer l'importance de l'origine sociale dans la position occupée par un individu, en annulant les effets de structure.

Mobilité structurelle, mobilité nette et fluidité sociale

C'est le sociologue japonais **Saburo Yasuda** qui a distingué la **mobilité structurelle** et la **mobilité nette**, en 1964. **John Goldthrope** dans *Social mobility and class structure in modern Britain* (1980) **critique cette distinction** entre mobilité structurelle et mobilité nette. Selon lui, la mobilité nette mesure la partie de la mobilité que le sociologue ne peut expliquer par les mutations de la structure des emplois. Elle se trouve alors n'être qu'un résidu (le résultat d'une différence), alors qu'elle est la plus représentative de la mobilité liée au mérite ou à l'effort individuel. Il propose une nouvelle approche avec le concept de **fluidité sociale**.

MÉTHODE

Calculer un odds ratio

Rapport des chances d'accéder à une position de cadre…

En %	1977	1993	2003	2015
… plutôt qu'ouvrier pour un fils de cadre relativement à un fils d'ouvrier	81,7	39,3	26,9	**19,4**
… plutôt qu'agriculteur pour un fils de cadre par rapport à un fils d'agriculteur	268	166	372	**326,4**
… plutôt qu'employé pour un fils de cadre par rapport à un fils d'employé	8,8	3,2	6,3	4,3

Source : d'après Stéphanie Dupays, « En un quart de siècle, la mobilité sociale a peu évolué », *Données sociales, La société française*, 2006 – Insee, données enquête « Emploi », 2015.

- En 2015, les chances de devenir cadre plutôt qu'ouvrier quand on est fils de cadre sont **19,4** fois (26,9 fois en 2003) plus importantes que celles de devenir cadre plutôt qu'ouvrier quand on est fils d'ouvrier.

$$\frac{\text{effectif des fils de cadre devenus cadres/effectif des fils de cadre devenus ouvriers}}{\text{effectif des fils d'ouvriers devenus cadres/effectif des fils d'ouvriers devenus ouvriers}}$$

- En 2015, un fils de cadre à **326,4** fois (372 fois en 2003) plus de chances de devenir cadre plutôt qu'agriculteur par rapport à un fils d'agriculteur.

$$\frac{\text{effectif des fils de cadre devenus cadres/effectif des fils de cadre devenus agriculteurs}}{\text{effectif des fils d'agriculteurs devenus cadres/effectif des fils d'agriculteurs devenus agriculteurs}}$$

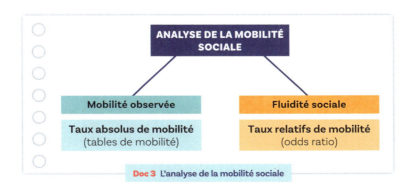

Doc 3 L'analyse de la mobilité sociale

3. L'analyse de la complexité des trajectoires de mobilité

a. Saisir les différentes formes de déclassement

MOTS CLÉS

Déclassement : perte d'une position sociale, que ce soit celle du milieu d'origine de l'individu ou celle qu'il avait atteint ou espérait attendre.

Déclassement intergénérationnel : mobilité sociale intergénérationnelle descendante par rapport au père ou aux parents.

Déclassement intragénérationnel : mobilité sociale descendante au cours de la vie sociale et/ou professionnelle.

Déclassement scolaire : situation où un individu occupe une position sociale inférieure à ce que laissait espérer son diplôme.

→ Malgré une démocratisation de la scolarité, la **dégradation de la situation économique** (chômage, précarité) à partir des années 1970 a **ralenti les processus de mobilité ascendante**. Ce **déclassement** atteste de la dégradation généralisée des perspectives de mobilité sociale ascendante pour les individus nés au tournant des années 1960. Le **déclassement peut être intergénérationnel** si l'individu n'a pas maintenu la position héritée de ses parents ou **intragénérationnel** si l'individu connaît une dégradation de sa position à la suite d'une perte d'emploi ou de l'accès à un emploi précaire.

→ Les générations nées à partir de la fin des années 1950 se heurtent en effet à une **dévalorisation des titres scolaires** (**déclassement scolaire**) et à un marché du travail nettement dégradé. Les individus de ces générations n'occupent pas toujours la position sociale à laquelle leur niveau de diplôme leur permettait d'aspirer.

→ On retrouve ici, sous bien des aspects, le **paradoxe d'Anderson** : Arnold Charles Anderson (1907-1990) constate en effet, en 1961, qu'un étudiant détenant un diplôme supérieur à celui de son père n'est pas pour autant assuré d'accéder à une position sociale plus élevée. Cela s'expliquerait par le fait que la progression du nombre de diplômés a été plus rapide que celle des postes qualifiés correspondant. Il s'agit pour **Raymond Boudon** d'un **effet pervers** de la **massification** de l'accès aux études supérieures.

→ Le **déclassement** peut aussi être **collectif, générationnel**. Le sociologue **Louis Chauvel**, dans *Destin des générations* (1998), souligne la situation exceptionnelle des baby-boomers nés dans les années 1940 par rapport aux générations précédentes et suivantes. Pour les générations nées dès les années 1950, la mobilité est ralentie. Il fait l'hypothèse d'une **banalisation des trajectoires de déclassements** pour les cohortes nées dans les années 1970. Pourtant, les nouvelles tables de mobilité viennent **nuancer ces projections**. Ainsi, si les enfants des classes moyennes et supérieures nés au milieu des années 1970 connaissent bien une érosion de leurs perspectives, les enfants des classes populaires connaissent de meilleurs destins que ceux estimés il y a quinze ans (seuls 33 % des enfants d'ouvriers nés en 1975 sont ouvriers à 40 ans, alors que les estimations prévoyaient qu'ils seraient 64 %).

MOT CLÉ

Déclassement générationnel : parcours de mobilité moins favorables connu par des générations successives par rapport aux précédentes, lié aux événements et au contexte économique.

Déclassement résidentiel : constat ou sentiment par un individu d'une dégradation de son lieu de vie et d'une menace dans la trajectoire de mobilité.

→ On peut enfin appréhender un **déclassement résidentiel**. En effet, l'accession à la propriété individuelle, le déménagement dans des zones urbaines ou périurbaines plus mixtes socialement ont souvent reflété une aspiration à la mobilité, mais le décalage entre ce qui a été anticipé et la **réalité** et/ou la **dégradation des services publics et infrastructures, de l'environnement** (vieillissement du bâti, éloignement du lieu de travail, arrivée de nouveaux résidents…) accentuent le **sentiment de déclassement**.

b. Déclassement objectif et subjectif

→ Un débat anime les sociologues pour distinguer le **déclassement objectif** (perte de statut social), comme l'étudie **Louis Chauvel**, du **déclassement subjectif (sentiment de déclassement)**, qui correspond à la peur de perdre ce statut ou de ne pas pouvoir l'acquérir, comme le soutient **Éric Maurin** dans *La Peur du déclassement* (2009).

→ Ces dimensions du déclassement affectent de manière différenciée les divers groupes sociaux. Les sociologues montrent ainsi le **rôle de l'école dans la mobilité sociale** : l'accentuation de la compétition scolaire peut renforcer le **sentiment de vulnérabilité**, notamment des **classes moyennes**, car elles se sentent concurrencées par l'adhésion des classes populaires au prolongement de la scolarité, et maintenues à distance par les classes supérieures.

→ Le milieu social, et donc les différentes **configurations familiales**, influent sur la mobilisation des ressources économiques, culturelles et sociales (réseau social, informations…) favorables à la réussite scolaire et professionnelle. Le **capital culturel** devient en particulier un facteur déterminant dans l'accès aux positions sociales les plus favorisées et contribue à protéger les individus des trajectoires descendantes.

→ Il est ainsi intéressant de multiplier les échelles d'observation des trajectoires entre parents et enfants par le recours à **des enquêtes par questionnaire ou aux récits de vie**, afin de bien s'emparer des trajectoires individuelles et de saisir les **facteurs qui déterminent objectivement** les parcours de mobilité et ceux qui **affectent le sentiment de mobilité** ou au contraire de déclassement.

→ **La peur du déclassement**

Éric Maurin montre que le déclassement n'est objectivement pas plus important aujourd'hui qu'il ne l'était il y a trente ans pour toutes les générations nées après 1940. En revanche, la **peur du déclassement**, elle, **a considérablement progressé.** Car, bien que le risque de déclassement ne se soit pas accru (ou à peine) ses conséquences, lorsqu'il survient, se sont fortement aggravées. Celui qui perd un emploi stable risque fort de subir parfois longuement le chômage ou de devoir renoncer à un emploi de qualité. Ceux qui sont en emploi temporaire sont confrontés à la précarité et supportent l'essentiel des ajustements des effectifs à la conjoncture.

BILAN

MÉMO VISUEL
- La synthèse en BD -

Mobilité sociale : tout **déplacement de position** d'un individu ou d'un groupe d'individus **au sein d'une structure sociale**

QUOI ?

On distingue → **Mobilité verticale** / **Mobilité horizontale**

Mobilité verticale
- ☑ Mobilité ascendante
  - « J'étais ouvrier avant de devenir cadre. »
  - = **promotion sociale**
- ☑ Mobilité descendante
  - « J'étais cadre avant... Maintenant je suis ouvrière. »
  - = **démotion sociale**

Mobilité horizontale
- « J'étais ouvrier maintenant je suis employé. J'ai évolué vers une position de même niveau social. »

On distingue → **Mobilité intragénérationnelle** / **Mobilité intergénérationnelle**

Mobilité intragénérationnelle
- « J'ai changé de position sociale au cours de ma vie. »

Mobilité intergénérationnelle
- « J'ai changé de position sociale par rapport à mes parents. »

TABLES DE MOBILITÉ

Les **tables de mobilité** croisent la **position** et l'**origine sociales** des individus. Leur diagonale mesure l'immobilité sociale.

On distingue → **Les tables de destinée** / **Les tables de recrutement**

Mesure = Mobilité observée

Les tables de destinée renseignent sur ce que deviennent les enfants issus d'une CSP déterminée par rapport à leur père
- « Voyons ce que deviennent les fils d'agriculteur. »

Les tables de recrutement renseignent sur l'origine sociale d'une génération occupant une position sociale déterminée
- « Voyons ce que faisaient les parents de ces agriculteurs. »

LIMITES DE LA MOBILITÉ OBSERVÉE

La mobilité sociale structurelle est inclue dans la mobilité observée

Mobilité sociale structurelle : déplacement de la position sociale résultant de la transformation de la structure sociale (cf. Trente Glorieuses)

- « Si la mobilité structurelle est inclue dans la mobilité observée... »
- « ...alors la mobilité observée ne permet pas de dissocier la mobilité mécanique de celle qui relève de l'égalité des chances. »

Avant ← Solutions : → **Aujourd'hui**
Calcul de la mobilité nette

Analyse en termes de **fluidité sociale** = **odds ratios**

La profession est le seul critère pour positionner les individus
- ☑ Les **PCS agrégées** sous-estiment les petits parcours de mobilité
- ☑ La mobilité sociale ne doit pas uniquement être mesurée à une position sociale atteinte

- La mobilité sociale peut s'analyser sous l'angle de pratiques de consommation, etc.
- → **Solution** : Recours à des **enquêtes qualitatives** au-delà des tables de mobilité
- La perception qu'ont les individus de leur réussite est ignorée

ÉVOLUTION DE LA MOBILITÉ SOCIALE

Analyse des tables de mobilité
- ☑ Mise en évidence des situations d'immobilité sociale
- ☑ Les **trajectoires de mobilité** ascendante l'emportent sur celles de mobilité descendante

Début 2000 = dégradation de la situation économique → Ralentissement du processus de mobilité ascendante

« C'est la première fois depuis la fin de la Seconde Guerre mondiale ! »

Les enfants ont une situation plus difficile que celle de leurs parents
= **Déclassement intra- et intergénérationnel**
Il y a différentes causes :
- ☑ Déclassement scolaire
- ☑ Dégradation du marché du travail
- ☑ Apparition du chômage longue durée de masse

⚠ Il faut distinguer **déclassement objectif**...

...et **peur du déclassement**.

Une citation clé

> La mobilité sociale est « un des sujets des plus attirants pour le public et des plus troublants pour le sociologue ».
>
> **Alfred Sauvy**, « Les diverses classes sociales devant l'enseignement », 1965.

Ne pas confondre

- Déclassement social/déclassement scolaire
- Déclassement intergénérationnel/intragénérationnel/générationnel
- Mobilité intragénérationnelle/intergénérationnelle
- Mobilité horizontale/mobilité verticale
- Mobilité structurelle/mobilité observée
- Mobilité observée/fluidité sociale
- Mobilité mesurée ou objective/mobilité subjective
- Table de destinée/table de recrutement
- Taux de mobilité relatif (odds ratio)/taux de mobilité absolu

Les principales théories

Assure-toi que tu es capable de mobiliser les théories suivantes pour étudier la mobilité sociale.

- **Saburo Yasuda** : la distinction entre mobilité structurelle et mobilité nette.
- **John Goldthrope** : la distinction entre mobilité observée et fluidité sociale.
- Le **paradoxe d'Anderson** ou le déclassement scolaire : le diplôme ne permet pas d'occuper la position sociale qu'il permettait d'espérer.
- **Louis Chauvel** : le déclassement générationnel.
- **Éric Maurin** : la peur du déclassement.

BILAN

SE TESTER
- Mobiliser ses connaissances -

1. Vrai ou faux ?

		Vrai	Faux
a	La mobilité géographique correspond à une mobilité professionnelle.	☐	☐
b	La mobilité horizontale peut être intragénérationnelle et intergénérationnelle.	☐	☐
c	Une mobilité verticale peut être ascendante ou descendante.	☐	☐
d	L'immobilité sociale d'un fils par rapport à son père est une mesure de la mobilité intergénérationnelle.	☐	☐
e	Les parcours de mobilité sont le plus souvent courts (on parle de mobilité de proximité) entre PCS proches.	☐	☐
f	Une table de recrutement permet d'indiquer ce que deviennent les individus.	☐	☐
g	Une table de destinée permet de connaître la répartition socioprofessionnelle des pères.	☐	☐
h	La table de recrutement identifie les phénomènes d'autorecrutement et la table de destinée ceux de reproduction sociale.	☐	☐
i	Les tables de mobilité sociale permettent d'appréhender la mobilité subjectivement vécue par les individus.	☐	☐
j	Les tables de mobilité ne mesurent par la mobilité des femmes par rapport à leur mère, par manque de données statistiques.	☐	☐

2. Coche la ou les bonne(s) réponse(s).

1. La fluidité sociale :

- a mesure la mobilité structurelle. ☐
- b est évaluée par les odds ratios, c'est-à-dire le taux de mobilité relatif ou pourcentage de chance de deux catégories d'accéder à une position. ☐
- c permet de mesurer le degré auquel les enfants de deux catégories différentes ont ou n'ont pas d'avantages et de handicaps relatifs à la naissance pour parvenir à une position donnée. ☐

2. La mobilité observée :

- a mesure un taux absolu de mobilité à partir des tables de mobilité. ☐
- b s'explique aujourd'hui essentiellement par la mobilité structurelle, à savoir les changements de la structure sociale. ☐
- c permet de calculer la mobilité nette en retranchant la mobilité structurelle. ☐

3. Le déclassement :

- a est toujours individuel et jamais collectif. ☐
- b reflète une mobilité descendante intergénérationnelle. ☐
- c peut être scolaire lorsque, à diplôme équivalent ou supérieur, un individu occupe une position sociale aussi ou moins élevée que celle de son père (paradoxe d'Anderson). ☐

3. Associe chacun des arguments suivants à l'exemple qui l'illustre.

1. Les trajectoires de mobilité ascendante sont plus nombreuses que les trajectoires de mobilité descendante.

2. La diagonale des tables de mobilité mesure les phénomènes de reproduction sociale.

3. Selon Éric Maurin, la « peur du déclassement » est plus vive que le risque de déclassement.

a Selon la table de destinées, 48,2 % des cadres ont un fils cadre et 46 % des ouvriers ont un fils ouvrier. Selon les tables de recrutement, 30,3 % des cadres ont un père cadre et 56,8 % des ouvriers ont un père ouvrier.

b 60 % des Français pensent qu'ils pourraient un jour devenir sans domicile fixe, ce qui est une forme extrême de déclassement, qui reste improbable pour la plupart d'entre eux.

c La part des trajectoires ascendantes est de 23,9 % en 2015 contre 21,7 % pour les trajectoires descendantes.

4. Complète le tableau ci-dessous en plaçant chacun des éléments suivants dans la bonne case, puis en proposant pour chacun un exemple.

a À diplôme égal ou supérieur, les fils occupent une position inférieure aux pères du fait d'une moindre rentabilité des diplômes (paradoxe d'Anderson).

b Situation d'individus connaissant une réussite sociale moins favorable que leurs parents (mobilité sociale descendante).

c Il intervient au cours du cycle de vie d'un individu, notamment en cas de crise (perte d'emploi, appauvrissement monétaire…).

d Affaiblissement de la rentabilité des diplômes par rapport à la génération précédente.

e Position sociale des enfants par rapport au père mesurée par la PCS.

f Dégradation de la position d'un individu entre un temps t et un temps $t1$ de sa carrière.

g Sentiment de déclassement.

h Comparaison de la perception qu'a un individu de sa position sociale par rapport à celle de ses parents et de sa mobilité observée mesurée par les tables de mobilité.

	Définition	Mesure	Exemple
Déclassement intergénérationnel			
Déclassement intragénérationnel			
Déclassement scolaire			
Déclassement subjectif			

Réponses : 1. a. Faux – **b.** Vrai – **c.** Vrai – **d.** Vrai – **e.** Vrai – **f.** Faux – **g.** Faux – **h.** Vrai – **i.** Faux – **j.** Faux • **2. 1.** b, c – **2.** a, c – **3.** 1. c – **2.** a – **3.** b • **4.** Intergénérationnel : b, e – Intragénérationnel : c, f – Scolaire : d, a – Subjectif : g, h.

SE PRÉPARER POUR L'EXAMEN

Analyser un tableau (partie 2)

MÉTHODE — **SUJET GUIDÉ** — **ÉPREUVE COMPOSÉE**

SUJET

PARTIE 1 — Mobilisation des connaissances

Quelles sont les limites des tables de mobilité ?

PARTIE 2 — Étude d'un document

📖 **Document** > Destinée sociale des femmes selon l'origine sociale de leurs père et mère (en %)

PCS du père/ de la mère	PCS des filles											
	Agriculteurs exploitants		ACCE (artisans, commerçants, chefs d'entreprise)		Cadres et PIS (professions intellectuelles supérieures)		Professions intermédiaires		Employés et ouvriers qualifiés		Employés et ouvriers non qualifiés		Ensemble
Agriculteurs exploitants	7,3	8,0	3,0	3,0	11,9	11,2	20,1	19,1	33,5	33,2	24,2	25,5	100,0
ACCE	0,6	1,3	8,1	10,1	15,5	15,4	29,4	28,0	27,0	27,9	19,5	17,3	100,0
Cadres et PIS	0,5	0,3	3,6	4,6	35,0	41,7	33,8	31,6	18,5	11,6	8,7	10,2	100,0
Professions intermédiaires	0,7	0,1	3,6	3,9	19,6	29,0	33,8	37,7	24,4	19,0	17,9	10,4	100,0
Employés et ouvriers qualifiés	0,6	0,6	3,8	4,1	7,8	14,9	22,7	30,2	36,5	32,9	28,7	17,4	100,0
Employés et ouvriers non qualifiés	0,5	0,9	3,1	3,7	3,9	7,5	19,3	22,4	34,6	34,1	38,6	31,4	100,0
Ensemble	1,1	1,3	4,2	4,4	14,1	15,2	26,2	27,5	30,4	30,0	24,1	21,6	100,0

■ Mobilité de statut (entre salariés et non salariés d'indépendants) ■ Mobilité horizontale (entre les catégories) ■ Mobilité ascendante ■ Mobilité descendante ■ Immobilité sociale

Champ : France métropolitaine, femmes françaises actives occupées ou anciennes actives occupées, âgées de 25 à 59 ans au 31 décembre de l'année d'enquête.

Source : Insee, enquête « Formation et qualification professionnelle », 2014-2015.

1. Comparez la mobilité de femmes cadres et professions intellectuelles supérieures par rapport à leur père et par rapport à leur mère.

2. À l'aide du document et de vos connaissances, présentez deux facteurs pouvant expliquer les différences de mobilité des femmes par rapport à leur mère et à leur père.

PARTIE 3 — Raisonnement s'appuyant sur un dossier documentaire

À l'aide des documents vous vous demanderez si l'évolution de la structure sociale suffit à expliquer la mobilité sociale.

Document 1 > Décomposition de la mobilité sociale observée des hommes par rapport à leur père

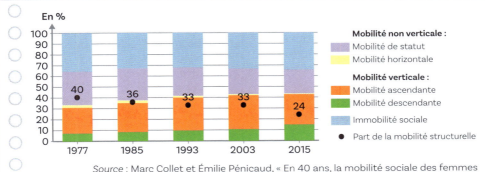

Source : Marc Collet et Émilie Pénicaud, « En 40 ans, la mobilité sociale des femmes a progressé, celle des hommes est restée quasi stable », *Insee Première*, n° 1739, février 2019.

Document 2 > Les conditions sociales de possibilité d'une carrière scolaire

Les données statistiques montrent bien une corrélation entre les attaches familiales et la projection dans les études supérieures. Ainsi, plus les étudiants sont enracinés dans leur milieu d'origine et moins ils envisagent de poursuivre leurs études après le BTS. Au contraire, plus les liens avec l'espace familial sont distendus, plus la possibilité de s'inscrire durablement dans le statut d'étudiant augmente. […]

On retrouve une corrélation du même ordre lorsque l'on interroge les fréquentations des étudiants de STS en deuxième année : plus les étudiants sont inscrits dans un réseau étudiant élargi, qui dépasse le simple cadre de leur classe, et plus ils envisagent une poursuite d'études. […]

Les considérations précédentes ont donné à voir les conditions sociales de possibilité d'une carrière scolaire, c'est-à-dire la prise en compte des spécificités du terreau social qui permettent un détachement au milieu d'origine et un engagement durable dans les études, ou qui peuvent au contraire les entraver.

Sophie Orange. *Les BTS et la gestion des aspirations scolaires*, PUF, 2013.

Document 3 > Catégorie socioprofessionnelle du jeune trois ans après sa sortie de formation (en %)

PCS du père	Agriculteur	Indépendant	Cadre	Prof. interm.	Employé	Ouvrier
Agriculteur	6	1	13	29	23	28
Indépendant	< 1	2	20	35	24	19
Cadre	< 1	2	35	38	15	10
Prof. interm.	< 1	1	23	38	24	14
Employé	< 1	1	11	34	35	19
Ouvrier	< 1	1	9	30	29	31
Ensemble	**< 1**	**2**	**19**	**34**	**26**	**19**

Source : « Quand l'école est finie. Premiers pas dans la vie active de la génération 2013. Premiers résultats de l'enquête 2016 », Céreq, 2017.

MÉTHODE

Méthode et corrigé

PARTIE 1 — Mobilisation des connaissances

Éléments de réponse : les tables de mobilités sont centrées sur le critère de la profession. Elles ne tiennent pas compte de la dimension subjective de la mobilité, au-delà de la différence entre position et origine sociale. Les tables de mobilité reposent sur les PCS agrégées, qui mesurent mal les petits parcours de mobilité.

PARTIE 2 — Étude d'un document

Analyser le tableau pour faire une comparaison (question 1)

→ **Lis bien la consigne** de la question : ici il s'agit de « comparer » deux données.

→ **Dégage le constat central** de la comparaison et **illustre**-le.

Proposition de réponse : Dans la table de destinées sociales de l'Enquête FQP de 2015, on observe que la mobilité des filles cadres est, de manière générale, plus importante par rapport à leur mère que par rapport à leur père pour les PCS salariées (pour les PCS indépendantes, les différences ne sont pas significatives). Ainsi, en France, en 2015, 41,7 % des femmes dont la mère était cadre sont devenues cadres, alors que c'est seulement le cas de 35 % des femmes dont le père était cadre. De même, 14,9 % des filles d'employées et ouvrières deviennent cadres, contre 7,8 % des filles d'employés et ouvriers qualifiés.

> **CONSEIL** — Veille à bien **situer les chiffres dans l'espace et dans le temps**. Tu peux également spécifier la **source**.

Dégager des facteurs explicatifs (question 2)

→ Pour chaque interprétation, présente une **illustration**.

COUP DE POUCE

Tu peux t'appuyer sur la méthode de l'épreuve composée, p. 13.

Par exemple : Le fait que les filles connaissent une mobilité plus souvent ascendante par rapport à leur mère que par rapport à leur père s'explique par la plus forte modification de la structure des emplois entre mères et filles qu'entre pères et filles. Ainsi, les mères sont en moyenne moins diplômées que leurs filles car pendant longtemps les filles étaient moins poussées à prolonger leurs études.

→ Tu peux proposer des **calculs simples**, pour varier l'usage des chiffres.

Par exemple : Les filles appartiennent moins souvent aux PCS les moins qualifiées, et ce d'autant plus que les emplois qualifiés deviennent plus nombreux. Ainsi, si l'on observe les trajectoires des filles de 100 mères employées et ouvrières non qualifiées, on constate que, parmi les salariées 64 (7,5 + 22,4 + 34,1 = 64) d'entre elles occupent une PCS plus élevée dans la hiérarchie sociale.

→ Définis les **termes** et **concepts** importants, le cas échéant.

Par exemple : Ces situations de **déclassement**, à savoir de mobilité descendante, pourraient s'expliquer par des facteurs touchant à la **socialisation genrée** : les filles sont moins fréquemment orientées vers des filières prestigieuses ou bien, à diplôme égal, elles occupent plus souvent des PCS moins élevées dans la hiérarchie sociale que leur père. Elles subiraient aussi plus fortement le **déclassement scolaire** (leur diplôme ne leur permet d'obtenir la position qu'elles pouvaient espérer).

> **CONSEIL** — Pense à **aller à la ligne** pour séparer les idées.

PARTIE 3 Raisonnement s'appuyant sur un dossier documentaire

Proposition de plan détaillé

I. L'évolution de la structure sociale, principale source de mobilité sociale.

A. *La mobilité structurelle représente une part importante de la mobilité sociale observée.*

La mobilité structurelle représentait 40 % de la mobilité en 1970 et encore 25 % aujourd'hui. **> Doc 1**

B. *Mais ses effets tendent à se tasser, car la structure socioprofessionnelle évolue moins.*

Baisse continue et baisse du ratio mobilité ascendante/descendante. **> Doc 1**

Paradoxe d'Anderson lié à la moindre mobilité structurelle. Cela peut alimenter le sentiment de déclassement. **> Doc 3**

II. D'autres explications sociologiques à la mobilité sociale.

A. *Le rôle de l'origine sociale dans les trajectoires de mobilité.*

Reproduction des positions sociales à l'issue de la formation initiale. **> Doc 3**

B. *Le rôle de l'école s'articule avec celui de la famille pour saisir les trajectoires de mobilité.*

Les conditions de socialisation expliquent les différences de dispositions à la poursuite des études. Ainsi, plus un individu a un lien d'enracinement fort avec son milieu familial et plus il lui est difficile d'envisager des études supérieures, notamment si elles impliquent de voir déménager. **> Doc 2**

Les sujets qui peuvent tomber au Bac...

Dissertation | Épreuve composée – Partie 3

→ Quelles sont les multiples dimensions de la mobilité ?
→ Quels sont les effets de l'évolution de la structure sociale sur la mobilité sociale ?
→ Peut-on mesurer la mobilité sociale ?
→ Le déclassement est-il une réalité ?

Sujets croisés avec le chapitre 7

→ Dans quelle mesure l'école favorise-t-elle la mobilité sociale ?
→ Quel rôle joue la famille dans la mobilité sociale ?
→ Quels sont les déterminants de la mobilité sociale en France ?
→ La société française est-elle mobile ?

Épreuve composée – Partie 1

→ Distinguez mobilité intra- et intergénérationnelle.
→ Analysez les causes et les conséquences du déclassement scolaire.
→ En quoi la mobilité sociale ascendante et descendante peut-elle être subjective ?
→ Décrivez ce qu'est la mobilité structurelle et son évolution.
→ Quelles sont les causes du déclassement ?*
→ Distinguez mobilité observée et fluidité sociale.
→ Quels facteurs favorisent la mobilité sociale des individus ?
→ Présentez les principales limites de la mesure de la mobilité sociale par des tables de mobilité.

Sujet corrigé p. 276

Pour aller plus loin

À lire

> Camille Peugny, *Le Destin au berceau. Inégalités et reproduction sociale*, Seuil, « La République des idées », 2013.

> OCDE, « L'ascenseur social est-il en panne ? Comment promouvoir la mobilité sociale ? », juin 2018.
www.oecd.org/fr/els/soc/Social-Mobility-2018-PolicyBrief-FR.pdf

> « Mobilités sociales », *Politix*, n° 114, 2016.

À voir

Film

> Philippe Faucon, *Fatima*, 2015

Vidéos en ligne

> Débat entre Éric Maurin et Louis Chauvel sur « la peur du déclassement », *La République des idées*
www.repid.com/La-peur-du-declassement,121.html

> « La classe moyenne est-elle en cours de déclassement ? », *LCI*
www.youtube.com/watch?v=bhy_pWC9N-8

Ton **KIT DE SURVIE** pour le **BAC** avec  SCHOOLMOUV

Chapitre 8

Quels sont les caractéristiques contemporaines et les facteurs de la mobilité sociale ?

Tu viens de voir les notions à connaître sur la mobilité sociale. Pour t'aider à retenir l'essentiel et t'entraîner pour le Bac, voici ton kit de révisions clé en mains conçu par SchoolMouv !

Vidéo

Pour mieux comprendre et t'en souvenir à coup sûr, regarde la vidéo. C'est parfois bien plus clair en images.

 **Vidéo** Comment mesure-t-on la mobilité sociale ?
https://flashbelin.fr/focusbacschoolmouv/ses/8

Contenu additionnel

Voici un bonus autour du même sujet. La curiosité n'est pas toujours un vilain défaut. Il suffit de créer ton compte pour avoir accès à plein de contenus supplémentaires.

 Fiche L'évolution de la mobilité sociale
https://www.schoolmouv.fr/eleves/cours/l-evolution-de-la-mobilite-sociale/fiche-de-cours

Tchat avec un prof

Pour poser toutes tes questions à un prof particulier, découvre l'abonnement tchat. Tu peux le tester gratuitement pendant 7 jours : fini les questions sans réponses, tu vas devenir incollable.

https://focusbac.schoolmouv.fr/offre

9 Quelles du travail

LES BASES

Rappels 1re

Notions

→ **Cohésion sociale :** mesure de l'intensité et de la nature des liens de solidarité existant entre les membres d'un groupe ou d'une société.

→ **Convention collective :** accord conclu entre les organisations syndicales représentatives des salariés et les employeurs. Elle définit les conditions d'emploi, de formation professionnelle et les garanties sociales.

→ **Identité sociale :** différentes façons dont les individus ou les groupes se définissent eux-mêmes et sont définis par autrui.

→ **Intégration sociale :** processus qui favorise l'appartenance d'une personne à la société ou à un groupe par la mise en place de liens sociaux, et contribue à lui conférer une identité et une position sociale.

→ **Micro-entreprise** : entreprise qui bénéficie d'un régime juridique (création d'entreprise facilitée) et fiscal (réductions d'impôt et de charge tant que l'entrepreneur ne dépasse pas un certain chiffre d'affaires) particuliers.

→ **Précarité :** situation d'insécurité liée à la difficulté des conditions de vie (emploi en contrat court, logement dégradé ou mal équipé…).

→ **Protection sociale :** ensemble des dispositifs mis en œuvre pour assurer et aider les individus face aux risques majeurs de l'existence (chômage, maladie, vieillesse, famille). En France, c'est la Sécurité sociale qui en a la charge.

Mécanisme

Groupe social → Statut social → Identité sociale → Intégration sociale

mutations et de l'emploi ?

L'ESSENTIEL EN 5 POINTS

1 L'**emploi** est le statut dans lequel s'exerce le **travail**. La **norme d'emploi** (typique) est le **CDI à temps complet**. Le développement d'**emplois atypiques** et du **chômage** rendent plus floues les frontières entre emploi, chômage et inactivité.

2 La diffusion des **technologies numériques** produit une **polarisation** des emplois, mais transforme également le rapport à l'entreprise et au **temps de travail**. Cela pose la question de l'évolution de la **qualité de l'emploi**.

3 Le **taylorisme** et le **fordisme** sont des modes d'**organisation du travail** adaptés à des productions industrielles standardisées. Le déclin du secteur industriel et la recherche de **flexibilité** ont conduit à remettre en cause ces méthodes.

4 Aujourd'hui, il existe une multitude de modes d'organisation du travail, regroupés sous l'appellation **NFOT**. Il s'agit souvent de donner plus de place à l'**autonomie** des salariés, mais cela ne va pas sans poser des problèmes de **stress** et de **surcharge** de travail.

5 L'emploi permet d'acquérir un **statut social** et une **protection** et favorise l'**intégration sociale**. Mais la montée du chômage et des emplois précaires affaiblit cette **fonction intégratrice** du travail.

→ Définitions des notions p. 186-193

LE COURS en 3 parties

1. Comprendre les contours de l'emploi

a. Les évolutions de la norme d'emploi

MOTS CLÉS

Emploi : statut à l'intérieur duquel s'effectue le travail.

Travail indépendant : activité économique exercée pour son propre compte.

Emploi intérimaire : emploi salarié pour une société de service (agence d'intérim), qui signe un contrat commercial avec une entreprise qui a besoin de main-d'œuvre.

Emploi précaire : emploi qui ne présente pas toutes les garanties de revenu pour se projeter dans l'avenir, comme les emplois de courte durée ou le temps partiel subi (sous-emploi).

→ Le **travail** est une dépense de temps et d'énergie pour **produire** un bien ou service marchand ou non marchand. L'**emploi** désigne la place et les droits que l'on obtient en travaillant, mais aussi le **statut social** qui y est associé. L'**emploi salarié** a la spécificité de s'inscrire dans une **relation contractuelle** entre un employeur et un employé, caractérisée par un lien de **subordination** et donnant droit au versement d'une **rémunération** et au financement de **droits sociaux**.

→ Tout au long du XIXe siècle et jusqu'aux années 1930, la forme d'emploi dominante restait le **travail indépendant**. Le **salariat** répond au départ au souci des employeurs de **stabiliser une main-d'œuvre** rurale dans les usines et, plus tardivement, à une **demande de droits**, revendiqués par des travailleurs qui s'organisent. Il s'est surtout développé au cours des années 1945-1975, période durant laquelle le **contrat à durée indéterminée (CDI) à temps plein**, avec en général un employeur unique, devient la **norme d'emploi**. On parle de « norme », car ce type d'emploi a connu un essor rapide, qui s'est accompagné de la généralisation de la **protection sociale**, ce qui a permis l'amélioration de la condition salariale. Cette forme dite **« typique »** d'emploi, demeure aujourd'hui dominante (voir chapitre 3, p. 67).

→ La montée du **chômage** et de la **précarité** économique dans les années 1980 ont favorisé le **développement de formes d'emplois atypiques**. On recense notamment l'**emploi intérimaire**, les **contrats à durée déterminée (CDD)**, les **stages et contrats aidés**, mais aussi les **contrats d'apprentissage**. En 1982, les **emplois précaires** représentaient 3 % de l'emploi en France, contre 12,3 % aujourd'hui (**Doc 1**).

→ Le travail à **temps partiel** correspond à un emploi dont la durée est inférieure à la durée conventionnelle de 35 heures hebdomadaire. Il peut être classé dans l'emploi atypique, même s'il n'est **pas toujours précaire** (il peut être en CDI). Le **contrat à durée déterminée (CDD)** et les **temps partiels** sont désormais la **norme de la création d'emplois** (3 créations sur 4 se font sous ce statut).

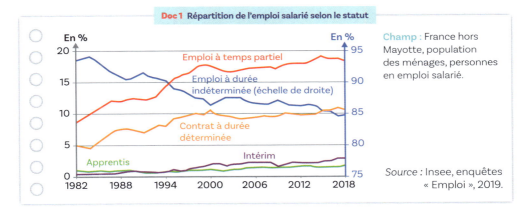

Doc 1 Répartition de l'emploi salarié selon le statut

Champ : France hors Mayotte, population des ménages, personnes en emploi salarié.

Source : Insee, enquêtes « Emploi », 2019.

LE PETIT +

→ **Les causes du développement des emplois atypiques**

Plusieurs facteurs expliquent le développement de l'**emploi atypique**. Les entreprises y ont recours en particulier pour :

→ **accroître leur compétitivité**. Les entreprises exigent une adaptation quasi instantanée des effectifs aux variations de l'activité. Elles font en général appel à l'intérim pour un besoin bref et au CDD pour un besoin prévu, régulier et plus long ;

→ **bénéficier d'un affaiblissement du coût salarial**. Le coût que représente un licenciement pour l'entreprise n'existe pas lorsqu'elle a recours à des emplois courts ;

→ **sélectionner et contrôler la main-d'œuvre**. Recruter sous la forme d'un emploi temporaire permet de sélectionner la main-d'œuvre et peut limiter les revendications des salariés en poste ;

→ **réduire le coût de l'embauche des jeunes peu diplômés et des chômeurs** de longue durée à travers des contrats aidés, qui sont des mesures de politiques d'emploi des pouvoirs publics.

b. Le brouillage des frontières de l'emploi

→ Alors qu'au cours des Trente Glorieuses, la **distinction entre emploi, chômage et inactivité** était très claire, la montée des emplois de courte durée et du **sous-emploi** rend plus **incertaine** la limite entre ces trois statuts. Ces mutations de l'emploi affaiblissent la **frontière entre emploi et chômage** (stages et contrats aidés, temps partiels subi), **entre emploi et inactivité** (temps partiel volontaire) et **entre inactivité et chômage** (chômeurs découragés, pré-retraités, formation…). Au sens large, cette porosité est illustrée par le **halo** autour **du chômage** (voir chapitre 3, p. 60).

 **MOTS CLÉS**

Sous-emploi : au sens de l'Insee, situation d'individus en emploi souhaitant travailler davantage du fait d'un temps partiel subi ou d'un chômage technique.

Halo du chômage : au sens de l'Insee, ensemble des individus proches du chômage, mais non considérés comme chômeurs. Ils sont inactifs au sens du BIT (non disponibles ou pas en recherche active).

➡ Le **numérique** remet aussi en cause les **repères acquis** de l'organisation capitaliste industrielle traditionnelle : l'entreprise comme espace clos où s'exerce l'activité professionnelle, sous le modèle du salariat. Il brouille les **frontières entre travail et non travail** (télétravail, travail à domicile), rompant la cloison vie personnelle/vie professionnelle, et modifie le **rapport à l'espace au travail** (bureaux partagés, multi-employeurs...), ce qu'a pu amplifier la crise sanitaire. Enfin, il favorise le recours massif à une **main-d'œuvre indépendante**.

➡ Par ailleurs, le chômage et l'essor des nouvelles technologies ont redéfini les formes de l'**emploi indépendant** et affaibli les **frontières entre emploi salarié et indépendant**. Le statut de **micro-entrepreneur**, créé en 2009, a participé au regain des activités indépendantes, qui ont progressé de près de 25 % depuis 2006 (1 travailleur sur 10 est désormais indépendant).

➡ On assiste enfin à un développement de la **pluriactivité**, qui consiste à cumuler plusieurs activités professionnelles et à compléter son revenu salarial stable par un revenu complémentaire tiré d'un travail indépendant.

c. Mutations de l'emploi, conditions de travail et qualité de l'emploi

MOTS CLÉS

Économie des plateformes : plateforme collaborative qui met en relation commerciale un travailleur avec un consommateur pour l'exécution d'une prestation par voie électronique.

Conditions de travail : renvoient à l'environnement des individus sur leur lieu de travail, à savoir l'ensemble des facteurs touchant à l'organisation du travail, à la sécurité, aux rapports sociaux dans l'entreprise.

➡ L'**économie numérique** peut affaiblir les protections liées à l'emploi salarié lorsqu'elle participe à développer le **micro-entreprenariat**, mais aussi lorsqu'elle engendre un « **micro-travail** » : il s'agit de tâches répétitives, nécessitant un minimum de compétences et payées à la tâche. On parle d'« **ubérisation de l'emploi** » ou de « *gig economy* » avec le développement de l'**économie des plateformes** (Doc 2).

➡ Les **mutations de l'emploi** peuvent avoir pour effet, de manière plus générale, de dégrader les **conditions de travail** des personnes qui subissent la **précarité** ou le **sous-emploi**, avec peu de perspectives de carrière. Les évolutions du **numérique** et de l'**automatisation** se traduisent en effet par une **polarisation de l'emploi** (réduction d'emplois routiniers et substituables) et un **progrès technique biaisé** en faveur des plus qualifiés.

En 2006, Jeff Bezos lance **Amazon Mechanical Turk** (dont le nom fait référence à un célèbre canular de la fin du XVIIIe siècle : un automate était supposé jouer seul aux échecs, alors qu'en réalité un humain était caché dans le socle) pour sous-traiter ses micro-tâches aux travailleurs du web. Le projet est rapidement transformé en une plateforme (un site internet) sur laquelle s'inscrivent des entreprises d'un côté, des travailleurs de l'autre. Les entreprises proposent des micro-tâches, auxquelles sont associées une rémunération (en général minime) et commissionnent Amazon en retour.

Doc 2 Amazon Mechanical Turk

➡ **Peter Doeringer** et **Michael Piore** ont introduit en 1971 l'idée d'une **dualisation du marché du travail**, entre un **marché primaire**, correspondant aux grandes entreprises, dans lesquelles les salariés bénéficient des **conventions collectives** (emplois stables, salaires élevés, possibilités de promotion, protection sociale), et un **marché secondaire**, réservant des emplois précaire et mal payés aux moins qualifiés.

➡ L'OCDE a élaboré un cadre de mesure et d'**évaluation de la qualité de l'emploi** qui s'articule autour de **trois dimensions** objectives et mesurables : la **qualité du revenu d'activité**, puisque la rémunération contribue au bien-être des travailleurs ; la **sécurité sur le marché du travail**, qui se mesure par le risque de chômage et le niveau des allocations perçues ; la **qualité de l'environnement de travail**, comme la qualité du travail accompli, de l'organisation du temps de travail et des relations professionnelles. Pour les mesurer, on s'appuie sur la **fréquence du stress au travail** (niveau élevé de demandes professionnelles et de ressources insuffisantes pour y faire face).

➡ Cette réflexion sur la qualité de l'emploi permet d'appréhender le **bien-être au travail**, bien au-delà du niveau de salaire perçu (reconnaissance, possibilités de formation, dialogue social, perspectives de progression, équité, conciliation entre vie familiale et vie professionnelle...).

2 Les principales évolutions des formes d'organisation du travail

a. Le développement des modèles d'organisation tayloriens du travail

> **MOT CLÉ**
>
> **Organisation scientifique du travail (OST) :** formes d'organisation taylorienne, puis fordiste, du travail, visant à rationaliser la production industrielle pour la rendre plus productive.

➡ À la fin du XIXᵉ siècle, **Frederick Winslow Taylor** veut **rationaliser** la production industrielle par ce qu'il appelle l'**organisation scientifique du travail (OST)**. Il décompose les tâches en opérations simples ne requérant aucune qualification et accomplies par des **ouvriers spécialisés (OS)**. Il s'agit de la **division horizontale du travail.** Il réduit aussi fortement l'autonomie des travailleurs en séparant la conception (Bureau des méthodes) de l'exécution : on parle de **division verticale** du travail. Les travailleurs perdent le savoir-faire qui caractérisait les ouvriers qualifiés de l'artisanat et deviennent de **simples exécutants** placés sous le contrôle strict des ingénieurs et contremaîtres (**Doc 3**, p. 190).

➡ Au début du XXᵉ siècle, **Henri Ford** améliore l'OST en introduisant les principes du **convoyeur (travail à la chaîne)**, qui restreint les déplacements des ouvriers tout en leur imposant une cadence. Cela favorise la **standardisation** de la production, c'est-à-dire la production de véhicules strictement **identiques**, à l'instar de la fameuse Ford T noire qui marque le début de la **production de masse** : « Mes clients sont libres de choisir la couleur de leur voiture à condition qu'ils la veuillent noire ». En 1914, Ford **double le salaire** en vigueur dans l'automobile en le fixant à **5 dollars par jour** pour les hommes majeurs, ce qui attire les meilleurs ouvriers, fidélise et motive le salarié.

COURS

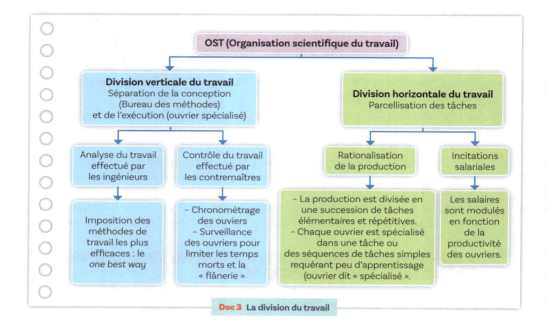

Doc 3 La division du travail

→ Ces innovations permettent d'**augmenter la productivité des travailleurs**, de faire **baisser les coûts de production** et donc les **prix**, et de créer des **débouchés** pour l'entreprise grâce au gain de pouvoir d'achat lié à la baisse des prix et à la hausse des salaires. Ce modèle se généralisera tout au long des Trente Glorieuses, avec l'installation d'un **cycle vertueux** entre **production et consommation de masse**, reposant sur un compromis syndical protégeant les travailleurs. C'est ce que l'on nomme le « **modèle fordiste** ».

b. Les nouvelles formes d'organisation du travail (NFOT)

→ Les **mutations** qui bouleversent le contexte économique et social depuis les années 1980 remettent en question le modèle d'organisation taylorien. La **parcellisation des tâches** devient inefficace et coûteuse (turnover, gaspillage) et la **rigidité des relations hiérarchiques** apparaît dépassée. Les jeunes actifs adhèrent moins à l'OST, et ce d'autant plus que les **salaires progressent moins vite** avec la baisse des **gains de productivité**. La standardisation de la production s'avère enfin **incapable de s'adapter** à une demande plus différenciée.

→ La **qualité** et la **satisfaction** des clients deviennent ainsi des objectifs importants des **nouvelles formes d'organisation du travail (NFOT)** dans les années 1980 et 1990, qui vont s'appuyer sur plus de **flexibilité** dans l'organisation du travail.

→ Les techniques de **management** se développent considérablement et se diversifient, à l'instar du **management participatif**, reposant sur l'**adhésion** des salariés aux objectifs de l'entreprise, sur la **polyvalence** (rotation des postes, enrichissement des tâches...) et

> **MOTS CLÉS**
>
> **Nouvelles formes d'organisation du travail (NFOT) :** ensemble des nouvelles méthodes qui se sont développées en réponse aux critiques visant le taylorisme et le fordisme.
>
> **Management :** méthodes visant à assurer une gestion des ressources humaines la plus efficace possible.

sur le **travail d'équipe** (groupes semi-autonomes, groupes de projet, cercles de qualité…). Selon la Dares, près de 77 % des salariés se fixent désormais, leurs propres objectifs ; 69 % des ouvriers qualifiés et 93 % des cadres disent apprendre des choses nouvelles au travail.

→ L'essor des **nouvelles technologies de l'information et de la communication (NTIC)** facilite la mise en place de ces changements organisationnels et de ces coordinations décentralisées. Les entreprises ont su tirer parti de la **complémentarité productive** entre les nouveautés organisationnelles ou technologiques et l'accroissement du **capital humain**. Elles ont ainsi augmenté leurs gains de productivité, dans un contexte où leurs marges de manœuvre ont été accrues par la baisse des **taux de syndicalisation**.

→ Le *lean management* (ou toyotisme)

Le ***lean management*** (dit « toyotisme ») est un système d'organisation industrielle initié dans les usines japonaises du groupe **Toyota** au tout début des années 1970. Il s'agit de produire en flux tendu (méthode Kanban) lorsque le bien est commandé et de maîtriser les délais de livraison (**zéro délai**) ; d'optimiser le processus de production (**zéro stocks**) ; de lutter contre les gaspillages et les défauts (**zéro défaut**) ; de dématérialiser et informatiser (**zéro papier**) ; de mettre en œuvre des principes de maintenance préventive (**zéro panne**).

c. Les effets des nouvelles formes d'organisation du travail

→ Les NFOT ont contribué à une **meilleure prise en compte de l'individu** et participé à modifier les **compétences attendues** des travailleurs (plus grande autonomie, créativité, compétences informatiques…).

→ Toutefois, les principes du taylorisme sont loin d'avoir disparus, mais les formes de **pénibilité** et de **contraintes** (répétitivité, temps imposés…) sont **variables** selon la fonction dans l'entreprise. Ainsi, selon la Dares, 77 % des ouvriers non qualifiés répètent continuellement une même série de geste et d'opérations, contre seulement 11,7 % des cadres (**Doc 4**, p. 192).

→ La diffusion des NFOT n'a pas permis de réduire les maux produits par le travail : des **pathologies liées au travail** se sont développées et/ou sont mieux prises en compte (maladies squeletto-musculaires, risques psycho-sociaux). Un nombre important de travailleurs est directement exposé aux exigences des clients ou usagers. Le développement du **management par objectifs** peut aussi contraindre le salarié sur son temps hors travail et induire du stress. Le **burn-out** est ainsi reconnu depuis 2020 comme une maladie professionnelle.

→ Enfin, les salariés disposent d'une plus grande autonomie mais, dans un cadre de prescriptions multiples, doivent souvent gérer des **injonctions contradictoires** : respect des règles énoncées par la hiérarchie, normes techniques, recherche de la satisfaction du client, prise en compte des exigences du marché pour des résultats économiques à la hauteur des attentes des actionnaires…

En %	Cadres	Professions intermédiaires	Employés commerce et services	Ouvriers qualifiés	Ouvriers non qualifiés	Ensemble
Avoir au moins trois contraintes de rythme [1]	23,6	35,1	29,2	53,4	49,1	35,2
Ne pas pouvoir quitter son travail des yeux	27,1	41,5	42,9	65,8	51,6	43
Devoir effectuer une quantité de travail excessive	45,8	43,6	33,7	37,7	35,2	40
Choisir soi-même la façon d'atteindre des objectifs fixés	89,2	81,9	73,4	72,5	58,4	77,3
Répéter continuellement une même série de gestes ou d'opération	11,9	27,8	59,3	60,1	77,1	42,7
Apprendre des choses nouvelles	93,9	89,1	71,9	68,9	79,7	79,5

Champ : salariés de France métropolitaine.

1. Déplacement automatique d'une pièce ou cadence automatique d'une machine, autres contraintes techniques, dépendance immédiate vis-à-vis du travail d'un ou plusieurs collègues, normes de production ou délais à respecter en une heure au plus, demande extérieure (clients, patients, public) obligeant à une réponse immédiate, contrôle ou suivi informatisé, contrôles ou surveillances permanents (ou au moins quotidiens) exercés par la hiérarchie.

Source : « Quelles sont les évolutions récentes des conditions de travail et des risques psychosociaux ? », *Dares Analyses*, décembre 2017.

Doc 4 L'impact de l'organisation du travail sur le rythme de travail et l'autonomie

3 Le travail, une source d'intégration sociale fragilisée

a. Le travail favorise l'intégration sociale

➜ Le travail est **intégrateur**, car il fournit des **repères spatiaux et temporels**, offre un **statut social**, des **droits et protections**. Il permet en outre d'**accéder au revenu et à la consommation** : par sa consommation, l'individu s'intègre à la société et se distingue d'autrui. Avoir un emploi offre par ailleurs souvent une **identité sociale positive**, permet de se sentir utile et d'être reconnu comme disposant de compétences valorisantes et valorisées. Les **relations professionnelles** peuvent également être le support de relations sociales, d'une **sociabilité** qui permet le maintien du lien social hors du ménage pour des motifs autres que ceux professionnels. Enfin, l'emploi offre un **statut juridique**, soit un droit à la formation continue, un accès à une protection sociale, et donc des solidarités collectives.

➜ Inversement, être au **chômage affaiblit les relations sociales**, dégrade souvent la santé et l'estime de soi. Cela peut conduire les chômeurs à s'isoler.

MOTS CLÉS

Disqualification : processus d'affaiblissement ou de rupture des liens sociaux, qui s'accompagne en général d'un sentiment de perte de protection et de reconnaissance sociale (stigmatisation).

Désaffiliation : processus d'affaiblissement du lien social lié à l'absence de travail et à la fragilisation croissante des liens relationnels, qui peut conduire à un isolement.

Le **chômage de longue durée** (supérieur à un an) a des conséquences en termes de **cohésion sociale**, puisqu'il peut entraîner un **affaiblissement de l'intégration sociale** des individus, comme l'illustre le cas extrême des **chômeurs de Marienthal**. Pour rendre compte du processus d'entrée dans une situation de pauvreté, **Serge Paugam** parle de « **disqualification** » sociale. **Robert Castel** décrit pour sa part une « **désaffiliation** » caractérisée par une double rupture d'intégration (relative à l'emploi et aux solidarités socio-familiales) pour ces chômeurs qu'il qualifie de « **surnuméraires** ».

➔ **Les chômeurs de Marienthal**

Paul Lazarsfeld, **Marie Jahoda** et **Hans Zeisel** décrivent, dans *Les Chômeurs de Marienthal* (1932), la vie de cette petite ville en périphérie de Vienne (Autriche) lorsque, à la suite de la crise de 1929, son usine textile ferme et génère une situation de chômage massif. Lazarsfeld montre que **le chômage a des conséquences sur l'ensemble des rapports sociaux**. Les personnes sont en **détresse économique**, mais sont aussi touchées par un **sentiment de désœuvrement, de résignation et d'inutilité sociale**. Le temps libre est désormais un temps vide, et la sociabilité des chômeurs décroît au fil du temps.

b. Une fonction intégratrice fragilisée par les évolutions de l'emploi

MOT CLÉ

Travail aliénant : expression renvoyant au concept d'aliénation développée par Karl Marx, selon lequel le travailleur est dépossédé du résultat de son travail et n'a plus de prise sur son organisation.

➔ Le niveau élevé du **chômage**, du **sous-emploi** et de la **précarité** ne permet plus à tous les actifs de s'intégrer par le travail. Le développement des **emplois précaires fragilise la fonction intégratrice** du travail. En effet, il s'agit d'emplois faiblement rémunérés qui ne permettent pas de faire des projets financiers et n'incitent pas non plus à nouer des relations avec des collègues de travail.

➔ Les emplois **exposés à la concurrence**, **peu qualifiés et valorisés**, comme dans les services à la personne, ne procurent pas non plus les conditions nécessaires pour que le travail soit intégrateur. La suppression progressive de certaines fonctions avec la **robotisation** (**polarisation de l'emploi**) renforce en effet la **substituabilité** et la concurrence des travailleurs peu ou pas qualifiés.

➔ Les **NFOT** peuvent maintenir des **conditions de travail difficile** ou **affaiblir le lien à l'entreprise** et les sociabilités liées au travail. Le stress ou une charge de travail trop forte peuvent rendre le **travail aliénant** et créer davantage de **troubles psychiques** que d'intégration. Enfin, le développement du **télétravail**, accéléré par la crise sanitaire, qui peut être une solution pour certains salariés, ne va pas sans remettre en cause la **fonction intégratrice du travail dans un lieu dédié**.

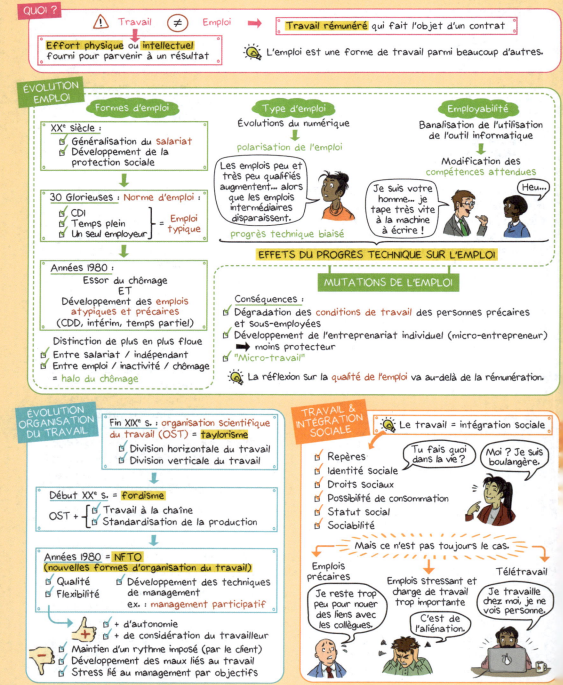

Une citation clé

> « La précarité est aujourd'hui un sous-continent qui étend son emprise tout en demeurant fragmenté ».
>
> **Robert Castel**, *La Montée des incertitudes : travail, protections, statut de l'individu*, 2009.

⚠ Ne pas confondre

- Travail/emploi
- Salarié/indépendant
- Norme d'emploi/emploi précaire
- Emploi typique/emploi atypique
- Emploi atypique/emploi précaire
- Temps partiel contraint/temps partiel choisi
- Marché primaire/marché secondaire
- Progrès technique biaisé/polarisation de l'emploi
- Taylorisme/fordisme
- OST/NFOT
- Désaffiliation/disqualification sociale

Les principales théories

Assure-toi que tu es capable de mettre en lien les théories suivantes avec l'analyse des mutations de l'emploi.

- **Peter Doeringer et Michael Piore :** la dualisation du marché du travail.
- **Frederick W. Taylor :** les principes de l'organisation scientifique du travail (OST).
- **Henry Ford :** le modèle fordiste.
- **Robert Castel :** la désaffiliation.
- **Serge Paugam :** la disqualification sociale.
- **Paul Lazarsfeld :** les effets du chômage.

BILAN

SE TESTER
– Mobiliser ses connaissances –

1. Vrai ou faux ?

		Vrai	Faux
a	Le travail et l'emploi désignent la même chose.	☐	☐
b	La part des emplois précaire est désormais supérieure à celles des CDI.	☐	☐
c	Les travailleurs de plateformes appartiennent à la catégorie des travailleurs indépendants.	☐	☐
d	Les emplois à temps partiel ne sont pas toujours subis et précaires.	☐	☐
e	La diffusion du numérique et de l'intelligence artificielle produit une polarisation de l'emploi en France.	☐	☐
f	La division du travail horizontale repose sur la parcellisation des tâches et le chronométrage chez Taylor.	☐	☐
g	Ford souhaitait lutter contre les effets négatifs du taylorisme (turnover, baisse de la productivité) en augmentant les salaires.	☐	☐
h	Les nouvelles formes d'organisation du travail ont complètement supprimé la répétitivité des tâches.	☐	☐
i	Le numérique peut renforcer la division horizontale du travail en permettant de contrôler finement l'activité des salariés.	☐	☐
j	Aujourd'hui, le télétravail renforce la fonction intégratrice du travail.	☐	☐

2. Coche la ou les bonne(s) réponse(s).

1. Les frontières de l'emploi :
- a) n'ont pas fondamentalement évolué depuis les Trente Glorieuses. ☐
- b) sont complexifiées par la multiplication des emplois de courte durée et des emplois en temps partiel contraints. ☐
- c) sont moins nettes dans la distinction salarié/indépendant et le halo du chômage. ☐

2. La qualité de l'emploi :
- a) a pu se dégrader pour certains actifs peu qualifiés avec la progression de la précarité et des technologies numériques. ☐
- d) intègre d'autres dimensions que la rémunération et le type de contrat de travail. ☐
- c) ne tient pas compte de l'organisation du travail. ☐

3. Les nouvelles formes d'organisation du travail :
- a) cherchent à réduire la division verticale et horizontale du travail. ☐
- b) mettent en général l'objectif de qualité et de satisfaction du client au cœur de l'organisation du travail. ☐
- c) peuvent induire de nouvelles formes de stress au travail. ☐

3. Associe chacun des arguments suivants à l'exemple qui l'illustre.

1. Le développement des emplois liés au numérique se fait grâce à la réalisation de tâches très simples, qui contribuent notamment à enrichir les intelligences artificielles et autres robots.

2. La flexibilité recherchée dans les NFOT se fait au détriment d'emplois à temps plein.

3. L'essor des nouvelles technologies tend à renforcer le rôle de la formation, avec le risque du creusement des inégalités au niveau des moyens de formation mis à disposition.

4. L'essor du numérique participe au processus de polarisation des emplois dans les pays développés.

a Comme en Autriche ou en Suède, la France est un pays où la chute de l'emploi intermédiaire est très marquée (– 38,7 % des emplois administratifs et – 37,3 % des ouvriers qualifiés en trente ans).

b Selon une étude du CNRS, les micro-travailleurs du clic seraient plus de 260 000 rien qu'en France. Sans aucun statut ni aucune protection sociale, ils – ou plutôt elles, car ce sont pour beaucoup des femmes au foyer – effectuent, pour le compte de plateformes comme Foule Factory, des micro-tâches sans valeur ajoutée (reconnaître un feu rouge sur des images, détourer un objet…), rémunérées quelques centimes d'euros.

c Parmi les salariés les moins qualifiés, 31 % sont ainsi à temps partiel alors qu'ils souhaiteraient travailler davantage. Cette proportion n'est que de 20 % en Allemagne et de 13 % aux Pays-Bas ou au Danemark.

d Selon une étude de l'OCDE sur les compétences à acquérir pour affronter les transformations liées au numérique, les personnes qui occupent les emplois les plus menacés se forment moins (40 %) que les travailleurs qui exercent un emploi peu menacé (59 %).

4. Complète le schéma avec les termes suivants.

1. progrès biaisé en faveur des plus qualifiés – **2.** apprentissage ou contrats aidés – **3.** développement du sous-emploi – **4.** emploi typique – **5.** marché secondaire

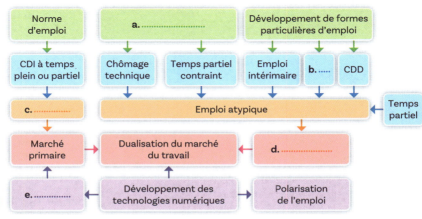

Réponses : 1. a. Faux – **b.** Faux – **c.** Vrai – **d.** Vrai – **e.** Vrai – **f.** Vrai – **g.** Vrai – **h.** Faux – **i.** Faux – **j.** Faux • **2. 1.** b, c – **2.** a, b – **3.** a, b, c – **4.** a • **3. 1.** b – **2.** c – **3.** d – **4.** a • **4. 1.** e – **2.** b – **3.** a – **4.** c – **5.** d.

SE PRÉPARER POUR L'EXAMEN

Exploiter les documents pour organiser son plan

SUJET : Comment les mutations du travail rendent-elles plus floues les frontières de l'emploi ?

Document 1 > Situations face à l'emploi

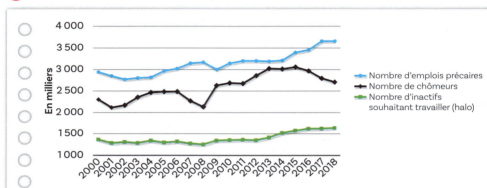

Note : au sens de l'Insee, le halo du chômage comprend les personnes qui déclarent ne pas chercher d'emploi (attente de résultat de démarches antérieures, en études ou formation, garde d'enfants ou d'une personne dépendante, problèmes de santé, en vacances, chômeurs découragés, etc.). Il comprend aussi les personnes qui se déclarent indisponibles pour travailler dans les deux semaines (fin d'études ou de formation, garde des enfants ou d'une personne dépendante…).

Source : Insee, enquête « Emploi », 2019.

Document 2 > Le micro-travail en France

Le micro-travail n'est plus un phénomène anecdotique. Il concernerait actuellement en France autant de personnes que le secteur de la livraison à domicile ou celui des travailleurs sur plateforme. Déjà étudié par l'OIT au niveau mondial, il vient d'être analysé en France par trois chercheurs qui estiment qu'il touche environ 330 000 personnes. Parmi elles, 260 000 ne sont que des « occasionnels », mais le phénomène est quand même massif. Ces micro-travailleurs sont des gens qui réalisent des tâches fragmentées et standardisées, généralement payées à la pièce pour les plateformes numériques.

Ces activités ne prennent que quelques minutes et leurs rémunérations peuvent être aussi faibles que quelques centimes. Ils sont apparus de manière massive il y a 4 ou 5 ans [avec] Amazon Mechanical Turk, la plateforme la plus célèbre. […] En France, la principale plateforme qui se charge d'automatiser et d'externaliser les tâches à faible valeur ajoutée des entreprises, Wirk, fait état de 50 000 contributeurs.

Pôle emploi, « Le micro-travail en France enfin chiffré », 30 avril 2019.

📖 Document 3 > Part de sous-emploi en 2018 selon le sexe et la durée depuis la sortie de la formation initiale

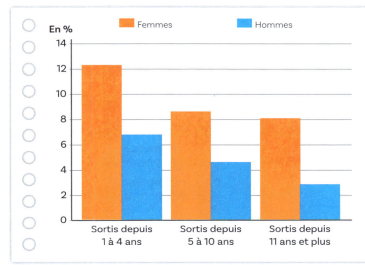

Champ : France hors Mayotte, population des ménages, personnes en emploi sorties depuis 1 an ou plus de formation initiale.

Source : Insee, enquête « Emploi », 2018.

📖 Document 4 > Les espaces de travail en dehors du bureau

Vous arrive-t-il, dans le cadre de votre activité professionnelle, d'utiliser les lieux suivants ?

% total oui (régulièrement + occasionnellement)	2019	Évolution depuis 2017 (en pts)
Les locaux de votre entreprise autres que ceux où est situé votre poste de travail principal	60	+ 5
Les restaurants, les cafés	57	+ 6
Votre domicile	54	+ 6
Les transports en commun	47	+ 5
Les hôtels	43	+ 4
Les locaux de vos clients	43	stable
Les espaces voyageurs (trains, aéroports)	41	+ 5
Les espaces de coworking[1]	38	+ 7
Les bibliothèques publiques	34	+ 6
Les incubateurs d'innovation[2]	28	+ 5
Les fablabs[3]	27	+ 4

1. Espaces de travail collectifs libres permettant de réunir des personnes de différentes entreprises et situations. – 2. Structures d'hébergement, de conseil et de financement accompagnant les projets de jeunes entreprises. – 3. Ateliers de conception numérique ouverts à tous.

Source : Baromètre Actineo/Sociovision, *Panorama des actifs français travaillant dans un bureau*, 2019.

MÉTHODE

Méthode et corrigé

Déterminer le type de plan adapté

→ Le plan attendu est ici **analytique** (réponse à la question « Comment ? »), ce qui exige le choix de **deux ou trois niveaux d'analyse** permettant de répondre à la problématique.

→ Ces niveaux d'analyse doivent **s'appuyer sur les documents**. On observe deux grandes catégories de mutations : la **précarisation de l'emploi** (**Doc 1** et **Doc 3**) et l'**impact du numérique** (**Doc 2** et **Doc 4**).

COUP DE POUCE

Tu peux t'appuyer sur la méthode de la dissertation, p. 8.

Analyser les documents

→ Identifie pour chaque document :
> les **idées** principales et secondaires ;
> les **arguments** qui vont dans le sens de ta **1re partie** ;
> les **arguments** qui vont dans le sens de ta **2e partie** ;
> les **exemples** extraits du texte (chiffres, illustrations…).

CONSEIL — Relie les **idées des documents** à tes **connaissances** de cours ou personnelles. Celles-ci peuvent te permettre d'enrichir ou d'ajouter une sous-partie.

→ Exemple appliqué au **Doc 1**.

	Argument principal en lien avec le sujet/Argument(s) secondaire(s)	Données, exemples à utiliser	Place dans le plan	Connaissances personnelles en lien avec les données
Doc 1	• Progression de la précarité • Progression du chômage et du halo qui entoure le chômage	• Hausse de près de 30 % des emplois précaires depuis 20 ans • Hausse du chômage jusqu'en 2013, puis baisse, mais progression du halo au sens de l'Insee.	I. La progression du chômage et de la précarité	• Bien distinguer emploi typique et atypique et différencier les formes particulières d'emploi. • Expliquer les causes de la progression de la précarité. • Distinguer le halo au sens de l'Insee (note du document) et le halo au sens large, qui montre la porosité des limites entre emploi et chômage, emploi et inactivité, inactivité et chômage.

Trouver la structure interne des parties

→ À partir de ton analyse des documents, observe s'il se dégage des **thèmes** qui pourront servir à structurer des **sous-parties**.

CONSEIL — Procède à des **regroupements d'idées** qui reviennent dans plusieurs documents pour **construire tes sous-parties**.

→ Dans la **partie I**, le **Doc 1** souligne l'**impact de la progression du chômage et de la précarité** sur le halo du chômage ; le **Doc 3** s'intéresse plus spécifiquement au **sous-emploi**, qui rentre aussi dans le « halo » au sens large.

→ Dans la **partie II**, le **Doc 2** porte sur l'**affaiblissement des protections** avec le développement du **micro-travail** ; le **Doc 4** traite des **mutations du rapport à l'espace et au temps** professionnel.

Proposition de plan détaillé

I. La progression du chômage et de la précarité brouille les frontières de l'emploi.

A. *Des limites incertaines entre statuts.*
« Halo du chômage » et brouillage des situations intermédiaires entre chômage et inactivité. **> Doc 1**

B. *Le développement de l'emploi à temps partiel renforce ces limites incertaines.*
Le temps partiel, qui illustre les frontières entre emploi et inactivité, mais aussi entre emploi et chômage (temps partiel subi). **> Doc 3**

II. L'impact du numérique sur l'emploi.

A. *Le développement des NTIC complexifie le rapport à l'employeur.*
Le numérique affecte l'organisation du travail (impact sur l'espace-temps, sur le rapport au donneur d'ordre).
> Doc 4

B. *Économie des plateformes et hybridation des statuts.*
Les nouvelles technologies conduisent au développement d'une économie des plateformes, qui affaiblit les limites entre statut de salarié et d'indépendant, entre inactivité, emploi et chômage. **> Doc 2**

Les sujets qui peuvent tomber au Bac...

Dissertation / Épreuve composée – Partie 3

→ Comment les mutations de l'emploi font-elles évoluer les frontières de l'emploi ?
→ Quels sont les principes et objectifs des formes traditionnelles d'organisation du travail ?
→ En quoi l'intégration par le travail est-elle affaiblie par les évolutions contemporaines du travail ?*
→ Dans quelle mesure les nouvelles formes d'organisation du travail sont-elles en rupture avec les formes tayloriennes d'organisation du travail ?
→ Le travail est-il toujours facteur d'intégration sociale ?

Sujets croisés avec le chapitre 3

→ Comment le changement technologique affecte-t-il le niveau et la nature de l'emploi ?
→ Quels sont les effets de la flexibilité du travail ?

Sujets croisés avec le chapitre 11

→ Comment les mutations de l'emploi peuvent-elles accentuer les inégalités sur le marché du travail ?

Épreuve composée – Partie 1

→ Pourquoi l'usage du numérique par les travailleurs peut-il modifier le rapport à l'espace et au temps de travail ?
→ Présentez comment les mutations de l'emploi et l'introduction du numérique peuvent différencier la qualité de l'emploi des travailleurs.
→ À quelles limites l'organisation scientifique du travail s'est-elle heurtée ?
→ Présentez deux aspects à travers lesquels les nouvelles formes d'organisation du travail répondent aux limites de l'OST.
→ En quoi les NFOT présentent-elles des éléments de continuité avec les formes tayloriennes d'organisation du travail ?
→ À travers quels mécanismes le travail est-il facteur d'intégration sociale ?

*Sujet corrigé p. 287

Pour aller plus loin

À lire

Ouvrages et articles de référence

> François Dubet, *Les Mutations du travail*, La Découverte, 2019.

> Daniele Linhart, « Modernisation managériale : tout plutôt qu'une démocratisation du travail », *Manuel indocile de sciences sociales. Pour des savoirs résistants*, La Découverte, 2019.

> « Comment Internet nous met au travail », *Sciences Humaines*, vol. 314, n° 5, 2019.

> Bernard Gazier, « III. Le monde du travail : rationalisation et conflits », *Croissance, emploi et développement. Les grandes questions économiques et sociales I*, La Découverte, 2019.

Bande dessinée

> James, *Dans mon Open Space*, tome 1, Dargaud, 2008.

À voir

Films

> Ken Loach, *Sorry, we missed you*, 2018

> Guillaume Senez, *Nos batailles*, 2018

Vidéos en ligne

> « Les infos clés sur le travail, l'emploi et le salaire », *Arte*
www.youtube.com/watch?v=nBXkNhg58_g

> « Du *lean management* à l'entreprise apprenante », *BPI France*
www.youtube.com/watch?v=tx0qupaTfL4&t=90s

> Faut-il forcément être heureux au travail ? *Le Monde*
www.youtube.com/watch?v=4MVVWkALeYE

Ton **KIT DE SURVIE** pour le **BAC** avec **SCHOOLMOUV**

Chapitre 9 — Quelles mutations du travail et de l'emploi ?

Tu viens de voir les notions à connaître sur les mutations du travail et de l'emploi. Pour t'aider à retenir l'essentiel et t'entraîner pour le Bac, voici ton kit de révisions clé en mains conçu par SchoolMouv !

Vidéo

Pour mieux comprendre et t'en souvenir à coup sûr, regarde la vidéo. C'est parfois bien plus clair en images.

Vidéo L'évolution des modèles d'organisation du travail

https://flashbelin.fr/focusbacschoolmouv/ses/9

Contenu additionnel

Voici un bonus autour du même sujet. La curiosité n'est pas toujours un vilain défaut. Il suffit de créer ton compte pour avoir accès à plein de contenus supplémentaires.

Fiche L'évolution du lien social dans le monde du travail

https://www.schoolmouv.fr/eleves/cours/l-evolution-du-lien-social-dans-le-monde-du-travail/fiche-de-cours

Tchat avec un prof

Pour poser toutes tes questions à un prof particulier, découvre l'abonnement tchat. Tu peux le tester gratuitement pendant 7 jours : fini les questions sans réponses, tu vas devenir incollable.

https://focusbac.schoolmouv.fr/offre

10 Comment l'engagement les sociétés

LES BASES

Notions

→ **Abstention :** fait de ne pas participer à un tour de scrutin tout en étant inscrit sur les listes électorales.

→ **Lobbying :** action menée par un groupe cherchant à défendre ses intérêts ou ses convictions auprès des pouvoirs publics.

→ **Mise à l'agenda :** processus par lequel un problème devient l'objet d'une attention sérieuse de la part des pouvoirs publics.

→ **Opinion publique :** ensemble de valeurs et de jugements partagés par la population d'une société donnée.

→ **Parti politique :** association organisée autour d'une idéologie commune et dont l'objectif officiel est la conquête et l'exercice du pouvoir.

→ **Société civile organisée :** ensemble des organisations jouant un rôle d'intermédiaire entre les pouvoirs publics et les citoyens.

Mécanisme

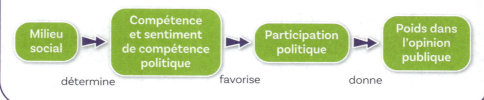

expliquer politique dans démocratiques ?

L'ESSENTIEL EN 5 POINTS

1 L'**engagement politique** peut être **conventionnel** (lié au vote) ou **non conventionnel**, individuel ou collectif.

2 Il existe une grande variété d'**organisations** et de **répertoires d'action**. La façon de se mobiliser dépend des ressources et des objectifs propres à chaque groupe.

3 Le **paradoxe de l'action collective** montre qu'il est a priori irrationnel de s'engager, sauf s'il existe des **incitations sélectives** ou des **rétributions symboliques**.

4 Le nombre de jours de **grève** et le taux de **syndicalisation** diminuent, mais cela ne signifie pas que les conflits liés au travail, qui peuvent prendre d'autres formes, diminuent dans leur ensemble.

5 Les motifs de mobilisation évoluent (égalité hommes-femmes, écologie…), amenant parfois à parler de **nouveaux mouvements sociaux**.

→ Définitions des notions p. 206-213

LE COURS en 3 parties

1. Quelles formes l'engagement politique prend-il ?

a. La diversité des formes d'engagement

Engagement politique : fait de prendre parti sur des enjeux politiques et sociaux par son action ou ses discours.

→ On peut distinguer l'**engagement politique conventionnel**, qui renvoie au vote et à l'ensemble des pratiques liées au processus électoral, de l'**engagement non conventionnel**, qui désigne tout engagement hors des temps électoraux, cherchant non pas à conquérir le pouvoir, mais à l'influencer (**Doc 1**).

→ L'engagement politique peut aussi être **légal ou illégal, violent ou non violent. La grève, la pétition, l'occupation d'un bâtiment ou la lutte armée sont toutes des formes d'engagement politique non conventionnel. Seules les deux dernières sont illégales, et seule la dernière est nécessairement violente**.

→ La **consommation engagée** peut être une forme d'engagement. Près d'un Français sur deux dit ainsi tenir compte des engagements citoyens des entreprises dans ses décisions d'achat. À partir du moment où les **actes**

En %	Oui, plusieurs fois	Oui, une fois	Non, jamais
signer une pétition en ligne	40	24	36
manifester	28	21	51
participer à une consultation publique, dans votre commune ou votre quartier	15	19	66
relayer vos opinions politiques sur les réseaux sociaux	13	9	78
rencontrer votre député, lui faire part d'une demande personnelle ou collective	7	12	81

Vous est-il déjà arrivé à titre personnel de… ?

Source : « L'Observatoire de la démocratie », Viavoice, Fondation Jean Jaurès, 2018.

Doc 1 Peut-on se mobiliser en faveur d'une cause sans manifester ?

de **consommation** sont **orientés** en fonction de motifs politiques, ils peuvent représenter une forme d'engagement. La consommation de produits « équitables », l'achat de bio en lien avec des convictions environnementales, ou le boycott d'une marque représentent des exemples d'engagement politique.

b. La diversité des acteurs de l'engagement

 MOTS CLÉS

Syndicat : association de personnes dont l'objectif est la défense d'intérêts professionnels communs.

Association : groupement réuni autour d'un projet commun et qui n'a pas pour but d'enrichir ses membres. Les statuts de l'association en définissent l'objectif et le fonctionnement.

Groupement : collectif de personnes réunies autour d'un projet commun, mais n'ayant pas le statut légal d'association.

→ La diversité des formes d'engagement est associée à une **diversité de ses acteurs**. Les partis politiques sont le principal acteur de l'**engagement conventionnel**. L'**engagement non conventionnel** s'appuie notamment sur les **syndicats** et les **associations**, même si tous n'ont pas un objectif politique.

→ L'engagement politique ne s'appuie pas uniquement sur des groupes organisés dont l'existence est officielle. Les récentes mobilisations contre les violences sexistes ou conjugales se sont appuyées soit sur des **groupements**, comme les Femen, soit sur la **mobilisation d'individus,** via les réseaux sociaux (avec #metoo). De la même manière, le mouvement des Gilets jaunes s'est fait à distance des organisations traditionnelles, et notamment par l'intermédiaire de **groupements constitués sur les réseaux sociaux**.

c. La diversité des répertoires d'action collective

→ Une **action collective** est une action concertée des membres d'un groupe en vue d'atteindre un objectif commun.

 **MOT CLÉ**

Répertoire d'action collective : ensemble des moyens à disposition d'un groupe pour porter une revendication à un moment donné.

→ Les **répertoires d'action collective varient dans le temps et dans l'espace**. Les **formes d'engagement** évoluent avec le temps. On retrouve aussi des variations nationales. La pratique de la manifestation est ainsi plus fréquente en France qu'aux États-Unis, pays dans lequel le boycott est à l'opposé plus répandu.

LE PETIT +

→ **L'évolution des répertoires d'action collective**

Selon **Charles Tilly** (1929-2008), jusqu'au milieu du XIXe siècle, dominait un répertoire local patronné, marqué par des mouvements locaux, peu organisés et parfois violents, à destination des notables. Par la suite, les mouvements sociaux se nationalisent et s'organisent, du fait du développement des moyens de communication, des partis politiques ou des syndicats. Tilly parle alors de « **répertoire national autonome** ». Il pose aussi la question de l'émergence plus récente d'un « **répertoire transnational solidariste** », plus internationalisé et dans lequel l'expertise joue un rôle clé.

→ Les répertoires d'action varient aussi **selon les groupes**. Tous n'ont pas les mêmes **ressources**, **habitudes** ou **revendications**. Les étudiants ou les salariés de la fonction publique ont ainsi une culture manifestante plus développée. Ils ont davantage recours à ce mode de mobilisation, et avec une plus grande efficacité. Le recours au blocage est souvent utilisé par les étudiants, les routiers, les agriculteurs, ou les salariés des raffineries…

2. Pourquoi s'engage-t-on ?

a. Paradoxe de l'action collective et incitations sélectives

 MOTS CLÉS

Paradoxe de l'action collective : fait qu'il soit a priori irrationnel de participer à une action collective du fait du caractère collectif des gains et de l'absence d'effet direct de la participation individuelle sur le résultat final.

Incitation sélective : mécanisme de récompense ou de sanction mis en place pour rendre la participation à une action collective individuellement rentable.

→ Le **paradoxe de l'action collective**, développé par **Mancur Olson** (1932-1998), réside dans le fait que des individus n'ont individuellement aucun intérêt à se mobiliser en faveur d'une cause qui profiterait à tous. En effet, les bénéfices de l'action collective sont indépendants de leur participation ou non à l'action (retrait ou mise en place d'une réforme, hausse des salaires…). Il est donc **individuellement rationnel de ne pas contribuer à la mobilisation**. On appelle cela un **comportement de « passager clandestin »**.

→ La réponse peut venir d'**incitations sélectives** : des éléments qui créent un intérêt individuel à l'engagement en associant des avantages à la participation et/ou des coûts à la non-participation. Au-delà de la possibilité d'accéder à des postes de pouvoir en s'engageant, de nombreuses organisations peuvent ainsi **réserver des avantages à leurs membres** : les syndicats suédois proposent une offre d'assurance sociales ou de loisirs, l'association des enseignants de SES propose à ses membres un partage des cours en ligne…

b. Les rétributions symboliques de l'engagement

→ Dans bien des cas, l'engagement se fait toutefois sans être « rentable ». On parle de **rétributions symboliques** pour désigner les situations dans lesquelles l'intérêt qu'il y a à s'engager provient de sources de satisfaction qui ne sont pas directement proposées par l'organisation.

→ Ainsi, **les actions militantes** peuvent **apporter une certaine satisfaction**. Le fait de participer à une action collective est une activité qui peut être en soi considérée comme plaisante. Les organisations peuvent cultiver les occasions de **sociabilité** militante, les liens qui s'y nouent devenant alors une raison suffisante de s'engager.

→ Le militantisme peut aussi être l'occasion de **renforcer l'estime de soi**. L'exemple du mouvement des Gilets jaunes montre que l'engagement sur les ronds-points a pu être l'occasion de valoriser des compétences pour des populations socialement peu reconnues. Le militantisme permet aussi de **manifester l'appartenance à un groupe** commun. Dans le cas des Gilets jaunes, l'expérience de l'engagement permet de remettre en perspective une situation matérielle personnelle et d'en faire non plus un échec personnel, mais un problème social.

c. La structure des opportunités politiques

Structure des opportunités politiques : niveau d'ouverture du système politique à l'expression d'une revendication.

→ L'engagement politique suppose aussi la plupart du temps que le **gain collectif** soit jugé suffisamment probable **pour justifier les coûts** de la mobilisation. La notion de **structure des opportunités politiques** permet de souligner que le succès est plus ou moins envisageable selon les circonstances. Ainsi, des rapports conflictuels entre les différents groupes politiques, l'existence de relais au sein du pouvoir ou les périodes pré électorales sont favorables aux mobilisations.

→ Le **succès des grèves de 1936** peut par exemple être relié à l'arrivée au pouvoir d'une coalition de partis dont certains étaient particulièrement ouverts aux revendications ouvrières. À l'opposé, l'**échec de la mobilisation des cheminots en 2018** s'explique par une structure des opportunités politiques défavorable : l'élection présidentielle venait d'avoir lieu et la majorité présidentielle était unie autour d'un engagement de campagne.

d. Les déterminants sociaux de l'engagement

→ Le **genre** peut jouer un rôle dans l'engagement politique. Si l'écart entre hommes et femmes reste modéré au sein des partis politiques et des associations, les **femmes** sont en revanche **sous-représentées dans l'engagement syndical**. Elles représentent 47,5 % de la population active, mais seulement 36 % des salariés syndiqués.

→ Cette différence d'engagement syndical vient en partie du **type de profession** occupé. Les femmes sont plus représentées parmi les employés, moins syndiqués que les ouvriers. Elles représentent aussi une majorité des temps partiels, situation défavorable à l'engagement. Une autre explication réside dans l'**inégale répartition de la charge domestique** et dans l'incapacité des organisations à en tenir compte (demande d'investissement fort, réunions tardives...). Ainsi, alors qu'avoir des enfants diminue la probabilité qu'une femme soit syndiquée, cela n'est pas le cas pour les hommes.

→ **L'engagement est aussi lié au milieu social.** Cela se vérifie dans toutes les formes d'engagement politique (**Doc 2**, p. 210). Ainsi, on estime qu'en 2014, seuls 3 % des militants du parti socialiste étaient ouvriers (et la moitié cadres). Cela peut venir du fait que le **diplôme** donne des **compétences valorisées** dans la

→ **Une évolution des organisations qui a pu renforcer la mise à l'écart des classes populaires**

La part donnée aux moments de sociabilité ou au militantisme en faveur d'une ligne prédéfinie semble avoir régressé, au profit de **débats entre militants** sur l'orientation à adopter, une évolution qui **décourage le militantisme populaire**. Selon **Rémi Lefebvre**, qui a étudié le Parti socialiste, alors qu'auparavant l'ancienneté dans le parti pouvait apporter « un **capital scolaire de substitution** » (le parti formait ses militants), c'est maintenant le capital scolaire qui domine et peut même suppléer un moindre **capital militant**. Il devient un préalable à l'engagement.

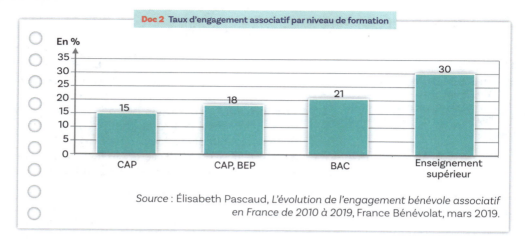

Doc 2 Taux d'engagement associatif par niveau de formation

Source : Élisabeth Pascaud, *L'évolution de l'engagement bénévole associatif en France de 2010 à 2019*, France Bénévolat, mars 2019.

sphère militante (capacité à rédiger, à prendre la parole en public, à organiser une réunion…) ou donne tout simplement le **sentiment d'être compétent** et la confiance dans sa capacité à défendre des opinions. L'occupation de postes hiérarchiques dans les organisations militantes est encore plus inégale socialement.

→ L'analyse du **rapport entre âge et militantisme** est plus ambiguë. Les statistiques indiquent en effet un **taux d'engagement associatif plus élevé à partir de 65 ans**. Toutefois, si l'on se penche uniquement sur les associations relevant de la défense de droits et d'intérêts, c'est **entre 40 et 65 ans** que le taux d'engagement est le plus élevé. C'est aussi dans cette tranche d'âge que le taux de syndicalisation est le plus élevé : près de 15 %, soit cinq fois plus que pour les salariés de moins de 30 ans.

→ Il faut ajouter à cet **effet d'âge** l'existence d'un **effet de génération** : les jeunes actuels ne s'engagent pas de la même manière que leurs aînés au même âge. Ils se caractérisent ainsi par une **forte désaffection vis-à-vis de l'engagement politique conventionnel** et un recours plus facile aux **répertoires non conventionnels**. Alors qu'en 2008, 71 % des Français ont déjà participé à une manifestation ou pourraient le faire, ils n'étaient qu'un sur deux en 1981. Au fil des générations, le **vote** tend aussi à devenir **une forme d'action parmi d'autres**, et non le seul moyen d'action légitime.

MOTS CLÉS

Effet d'âge : effet de l'âge sur un phénomène. Il s'observe normalement à différentes époques.

Effet de génération : variation liée à l'appartenance à une génération donnée. Un effet de génération persiste normalement avec l'avancée en âge. La meilleure maîtrise par les jeunes du numérique est ainsi un effet de génération, et non d'âge.

LE PETIT +

→ **Engagement et « disponibilité biographique »**

L'**absence de contrainte familiale, scolaire ou professionnelle** favorise à la fois l'engagement et son intensité. En étudiant le mouvement des droits civiques aux États-Unis, **Doug McAdam** montre ainsi que les étudiants qui se sont engagés dans le « *freedom summer* » (une campagne menée en 1964 dans l'État du Mississippi en faveur de l'inscription des Afro-américains sur les listes électorales) étaient souvent libérés de contraintes familiales et professionnelles. Leur « disponibilité biographique » était forte.

3 Les transformations de l'action collective

a. Des conflits du travail en déclin

→ On parle souvent d'un **déclin des conflits du travail**. Le **taux de syndicalisation**, qui était de 30 % après la Seconde Guerre mondiale, est désormais inférieur à 10 % (**Doc 3**). Le **nombre de jours de grève** est lui passé de 3,5 millions en 1975 à 100 000 environ en 2016.

→ Ce déclin a plusieurs explications. On peut citer l'**évolution de la structure des emplois**. Le nombre d'**emplois « atypiques »** (n'étant pas à durée indéterminée et à temps partiel) a beaucoup progressé depuis les années 1980. Or, ces emplois rendent la **mobilisation plus difficile et moins rentable** (on n'est pas certain de rester en emploi et on peut craindre de ne pas conserver son poste si on se syndique). Par ailleurs, l'**industrie**, qui a les plus forts taux de syndicalisation dans le secteur privé, décline (l'automobile, la sidérurgie…), au profit d'un **secteur tertiaire** (le commerce, l'aide à la personne…) **qui n'a pas la même culture syndicale**.

→ **Le contexte économique se prête aussi moins à l'action revendicative**. Le **ralentissement** de la croissance économique limite les attentes en termes d'acquis sociaux nouveaux. Le **chômage** qui l'accompagne limite aussi la capacité à se mobiliser, par crainte de perdre son poste, ce qui est encore renforcé par la **peur des délocalisations**.

→ On observe aussi une **individualisation de la relation d'emploi**. Les salariés voient leur carrière et leurs tâches être davantage gérées à l'échelle individuelle (avec le développement des primes, par exemple), ce qui **limite les revendications d'ordre collectif**. De plus, le développement d'Internet facilite l'obtention d'informations sans le concours des syndicats.

→ **Le déclin des conflits du travail peut cependant être nuancé**. Ainsi, le recensement des **journées de grève** (les JINT, journées individuelles non travaillées) exclut la **fonction publique** et le **secteur des transports**, qui ont pourtant une capacité de mobilisation supérieure à la moyenne. Par ailleurs, le **recours à de nouvelles formes de mobilisation** peut se développer. Ainsi, les **débrayages**, les **refus d'heures supplémentaires**, ou le recours à la **manifestation** ou à la **pétition** sont statistiquement plus fréquents que les grèves de plus de deux jours. On observe aussi un nombre important de **recours juridiques** de la part des salariés (**Doc 4**, p. 212).

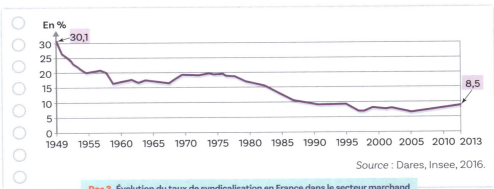

Source : Dares, Insee, 2016.

Doc 3 Évolution du taux de syndicalisation en France dans le secteur marchand

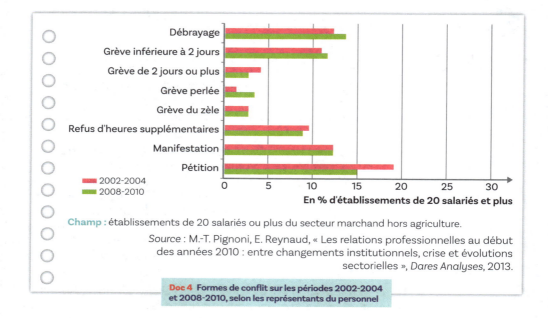

Doc 4 Formes de conflit sur les périodes 2002-2004 et 2008-2010, selon les représentants du personnel

b. De nouveaux mouvements sociaux ?

➜ À la fin des années 1960, apparaît la théorie dite des « **nouveaux mouvements sociaux** ». Ceux-ci seraient désormais tournés autour de **revendications non matérialistes** (la défense de droits ou d'une identité). Ils seraient davantage portés par des **structures moins hiérarchiques** et s'appuieraient sur de **nouveaux répertoires d'action**, plus innovants et plus médiatiques.

➜ Ces théories peuvent toutefois être **remises en cause**. D'une part, elles **surestiment souvent le caractère nouveau** des faits présentés. Des revendications non matérialistes existent de longue date. On peut citer l'existence de mouvements féministes dès la fin du XIXe siècle. D'autre part, les formes d'engagement « traditionnel » n'ont pas non plus disparu. Les salaires et l'emploi restent le premier motif de manifestation, et on a vu, dans les années 1990, se développer les mouvements de précaires ou de sans papiers.

➜ **La fin des militants ?**

À la fin des années 1990, **Jacques Ion** défend l'idée d'une « fin des militants ».

Le modèle ancien, fondé sur un engagement fort, serait remis en cause. Les **nouveaux militants** se caractériseraient par un **engagement de moindre intensité**, plus fragile, et privilégiant les **associations** au détriment des partis et des syndicats. Jacques Ion parle d'engagement « post-it ». Toutefois, on lui a reproché de surestimer l'intensité de l'engagement dans le passé, et donc l'évolution qui a eu lieu.

c. Les évolutions de l'engagement politique ?

→ De **nouveaux objets de revendication** ont pu apparaître. Avec la fin des Trente Glorieuses, les revendications liées à la précarité se sont développées. On a ainsi parlé dans les années 1990 de **mouvements des « sans »** : pour les sans-papiers, comme avec RESF (Réseau éducation sans frontières) ; pour les sans-logement, en particulier avec le DAL (droit au logement) ; pour les sans-emploi, avec AC !, Agir ensemble contre le chômage ; ... Le **mouvement altermondialiste** est aussi apparu à la fin des années 1990, avec Attac. Les objets de revendication sont liés au **contexte économique et social**.

→ Les **formes** prises par les revendications **peuvent aussi évoluer**. Ainsi, dans le cas des **mobilisations féministes**, on est passé de revendications prioritairement politiques durant la première moitié du XXᵉ siècle, à la question du droit à disposer de son corps, puis à l'égalité politique ou salariale, et plus récemment à la mise en avant des violences sexistes et sexuelles.

> **MOT CLÉ**
>
> **Coordination** : rassemblement professionnel ayant un but revendicatif, en dehors de tout cadre syndical.

→ Ces évolutions se sont accompagnées de **transformations des acteurs** de l'action collective. Les **coordinations** se sont développées depuis les années 1980 : coordination infirmière en 1988 ou mouvement des policiers en colère de nos jours. Ces mouvements sont le reflet d'une **défiance vis-à-vis de l'action syndicale**, souvent suspectée d'être trop encline au compromis avec le pouvoir. Certains mouvements comme les ZAD (« zone à défendre ») se tiennent ainsi durablement à distance des organisations traditionnelles.

→ Les **répertoires d'action évoluent** aussi, avec en particulier le recours croissant à l'**expertise** ou aux **médias**. On peut citer des exemples d'actions des associations Act Up (organisation de *die in*, préservatif géant sur l'obélisque de la Concorde...), Greenpeace (blocage d'un convoi de déchets nucléaires ou intrusion dans une centrale) ou encore L214 (diffusion de vidéos clandestines d'abattoirs). Toutes ces techniques permettent de donner un écho important aux mobilisations, et donc de faciliter leur **mise à l'agenda**.

→ Le recours aux **nouvelles technologies** modifie aussi l'**organisation des mobilisations**. Dans le cas des Printemps arabes ou des Gilets jaunes, les **réseaux sociaux** ont permis de se passer du recours aux acteurs politiques traditionnels et parfois de développer des formes d'action nouvelles.

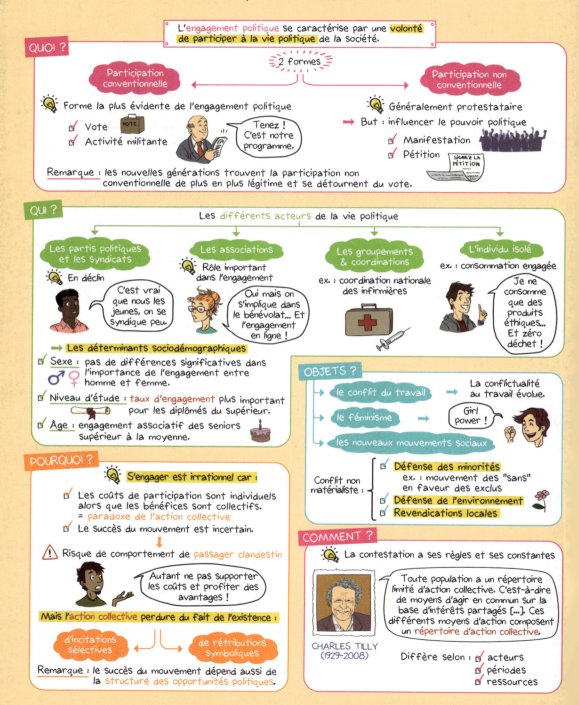

Une citation clé

« Les grands groupes peuvent rester inorganisés et ne jamais passer à l'action même si un consensus sur les objectifs et les moyens existe. »

Mancur Olson (économiste américain, 1932-1998), *Logique de l'action collective*, 1965.

Ne pas confondre

→ Engagement politique/ engagement associatif
→ Participation politique conventionnelle/ non conventionnelle
→ Groupement/association
→ Effet d'âge/effet de génération
→ Incitation sélective/rétribution symbolique
→ Grève/conflit du travail
→ Objet/acteur/répertoire de l'action collective

Les principales théories

Assure-toi que tu es capable d'utiliser les théories suivantes pour expliquer l'engagement politique.

→ **Mancur Olson :** le paradoxe de l'action collective montre que l'engagement individuel est a priori irrationnel.
→ Il existe des **incitations sélectives**, qui récompensent l'engagement ou pénalisent son absence.
→ **Daniel Gaxie** : l'existence de rétributions symboliques donne des raisons de poursuivre un engagement qui n'est pas forcément « rentable ».
→ **Doug MacAdam :** il existe une structure des opportunités politiques, plus ou moins favorable à la mobilisation.
→ La **disponibilité** et le **sentiment de compétence** rendent l'engagement plus ou moins probable.
→ **Charles Tilly :** chaque groupe a un répertoire d'action spécifique à disposition pour faire entendre sa voix.

BILAN

SE TESTER
- Mobiliser ses connaissances -

1. Vrai ou faux ?

		Vrai	Faux
a	Le taux de syndicalisation a diminué depuis les années 1970.	☐	☐
b	Le paradoxe de l'action collective explique qu'un mouvement social peut réussir alors que ses revendications sont peu partagées par la population.	☐	☐
c	Toutes les formes de conflits du travail diminuent depuis que les syndicats perdent de l'importance.	☐	☐
d	Les mouvements sociaux ont un recours croissant à la médiatisation, mais aussi à l'expertise.	☐	☐
e	On ne peut pas parler de mouvement social si une manifestation n'est pas organisée par un syndicat.	☐	☐
f	Consommer peut permettre une forme d'engagement politique.	☐	☐

2. Coche la ou les bonne(s) réponse(s).

1. Les incitations sélectives sont des avantages :

a que l'on n'accorde qu'à certains des participants à un mouvement social. ☐
b accordés à une organisation dont la mobilisation a réussi. ☐
c réservés aux membres d'une organisation militante. ☐

2. La structure des opportunités politiques désigne :

a les facteurs qui rendent le succès d'une mobilisation plus ou moins probable. ☐
b les postes de pouvoir accessibles aux militants d'une organisation. ☐
c la façon dont les pouvoirs publics ou les partis d'opposition peuvent profiter d'un mouvement social. ☐

3. La théorie des nouveaux mouvements sociaux :

a s'appuie sur l'idée d'un déclin des conflits du travail. ☐
b a été remise en cause par la croissance du taux de syndicalisation. ☐
c considère que l'on se détourne progressivement des organisations militantes hiérarchiques. ☐

3. Associe chacun des termes suivants à sa définition.

a. *engagement politique* – b. *bénévolat* – c. *adhésion associative* – d. *passager clandestin* – e. *paradoxe de l'action collective* – f. *incitation sélective* – g. *rétribution symbolique* – h. *répertoire d'action collective* – i. *nouveaux mouvements sociaux*

1. Comportement qui cherche à profiter d'un avantage sans contribuer individuellement à sa création.
2. Fait de prendre parti sur les problèmes politiques et sociaux par son action et ses discours.
3. Avantage accordé aux participants à une mobilisation ou sanction des non participants, dans le but d'encourager à l'action collective.
4. Ensemble des moyens d'action revendicative à la disposition d'un groupe donné à un moment donné.
5. Fait de travailler sans être rémunéré en faveur d'une organisation non marchande.
6. Avantage non matériel retiré du seul fait de la participation à une action collective
7. Ensemble des actions collectives fondées sur des revendications non matérialistes, généralement portées par une organisation peu hiérarchique.
8. Fait d'être membre d'une organisation associative, notamment en payant une cotisation.
9. Impossibilité pour une mobilisation de se faire alors même que les acteurs y ont collectivement intérêt, du fait de choix individuellement rationnels.

4. Relie chacun des éléments suivants à l'une des formes de mouvement social.

a. Le recours à des actions médiatiques spectaculaires.
b. Les syndicats comme acteurs principaux.
c. La grève et la manifestation comme principaux répertoires.
d. Des organisations militantes moins hiérarchisées.
e. Des revendications principalement matérialistes.
f. Des revendications principalement non matérialistes.

Mouvements sociaux traditionnels

Nouveaux mouvements sociaux

Réponses : 1. a. Vrai – b. Faux – c. Faux – d. Vrai – e. Faux – f. Vrai • **2.** 1. c – 2. a – 3. a, c • **3.** 1. d – 2. a – 3. f – 4. h – 5. b – 6. g – 7. i – 8. c – 9. e • **4.** Mouvements sociaux traditionnels : b, c, e – Nouveaux mouvements sociaux : a, d, f.

MÉTHODE — SUJET GUIDÉ — ÉPREUVE COMPOSÉE

SE PRÉPARER POUR L'EXAMEN
Dégager des informations d'un tableau (partie 3)

SUJET

PARTIE 1 Mobilisation des connaissances *(4 points)*

Montrez que l'existence d'incitations sélectives permet de répondre au paradoxe de l'action collective.

PARTIE 2 Étude d'un document *(6 points)*

1. À l'aide du document, vous présenterez l'évolution entre 2009 et 2021 de l'opinion selon laquelle le vote est ce qui permet le plus d'influencer les décisions prises en France.

2. À l'aide des données du document et de vos connaissances, vous montrerez quelles formes peut prendre l'engagement politique.

Source : Cevipof, *Baromètre de la confiance politique*, vague 12, février 2021.

Document > Selon vous, qu'est ce qui permet aux citoyens d'exercer le plus d'influence sur les décisions prises en France ?

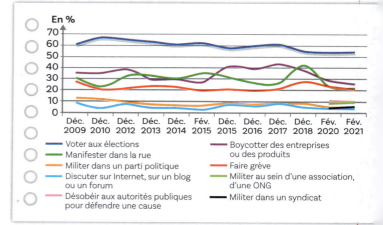

PARTIE 3 Raisonnement s'appuyant sur un dossier documentaire *(10 points)*

À l'aide de vos connaissances et du dossier documentaire, vous montrerez que l'engagement politique dépend de variables sociodémographiques.

Document 1 > Catégorie socioprofessionnelle des adhérents du Parti socialiste en emploi et dans la population en emploi (en %)

Source : Claude Dargent, Henry Rey, « Sociologie des adhérents socialistes. Rapport d'enquête », *Les cahiers du Cevipof*, n° 59, 2014.

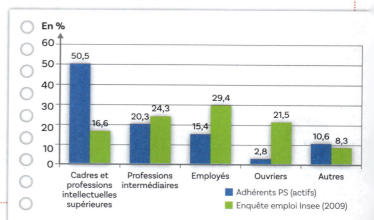

Document 2 > Taux d'adhésion par domaine associatif selon l'âge des adhérents (en %)

	1983			2013		
	Pratique d'une activité culturelle ou sportive	Associations tournées vers la convivialité	Défense de droits ou d'intérêts	Pratique d'une activité culturelle ou sportive	Associations tournées vers la convivialité	Défense de droits ou d'intérêts
16-24 ans	26	4	5	30	6	5
25-39 ans	26	9	29	25	6	19
40-49 ans	20	19	34	24	7	23
50-64 ans	13	18	25	24	13	21
65 ans ou plus	6	38	12	19	27	14

Lecture : en 2013, 19 % de la population âgée de 65 ans ou plus avaient adhéré au cours des 12 derniers mois à au moins une association culturelle ou sportive.

Champ : personnes âgées de 16 ans ou plus résidant en ménages ordinaires en France métropolitaine.

Source : Insee, Ined, enquête 2013 « Contacts entre les personnes » ; Insee, enquête « SRCV-Silc » 2013.
D'après Carine Burricand, « Trente ans de vie associative. Une participation stable mais davantage féminine », *Insee première*, n° 1580, 11 janvier 2016.

Document 3 > Travail domestique et engagement syndical

Enfin, les données permettent de mesurer « toutes choses égales par ailleurs » l'influence du travail parental sur l'adhésion syndicale. […] en fin de compte, la charge parentale ne diminue pas les chances d'adhérer des hommes, à l'exception des pères en situation de monoparentalité. en revanche, la charge parentale diminue les chances d'adhérer à un syndicat pour la plupart des femmes. les femmes en couple (même sans enfant), et les mères de deux enfants et plus ont significativement moins de chances d'adhérer à un syndicat, toutes choses égales par ailleurs. […] en effet, l'augmentation du poids de la charge familiale conduit à une réorganisation des temps de vie qui touche particulièrement les femmes. à l'arrivée d'un enfant, les femmes renoncent plus régulièrement à faire carrière, souvent en raison des obstacles rencontrés dans la sphère professionnelle ou des difficultés d'articulation croissante. […]

Parallèlement, l'institution syndicale tend à renforcer le caractère « vorace » de l'engagement militant, lequel requiert de plus en plus de temps disponible. ces contraintes temporelles aboutissent également à une sélection des militants à l'entrée ou au sein des syndicats, en l'occurrence des militants culturellement et économiquement dotés, notamment chez les femmes où sont surreprésentées celles qui sont le plus en capacité d'externaliser facilement le travail parental et domestique.

Maxime Lescurieux, « La représentation syndicale des femmes, de l'adhésion à la prise de responsabilité : une inclusion socialement sélective », *La Revue de l'IRES*, n° 98, 2019. ■

MÉTHODE

Méthode et corrigé

Citer la source ou le champ

Quand on commente un tableau, les chiffres que l'on donne ne sont pas vrais partout et tout le temps. Il faut donc bien **préciser le champ et les éléments clé de la source**.

→ Le **document 2** provient d'un article de Carine Burricand publié en 2016, mais certains chiffres sont plus anciens (1983). Le document porte sur les Français de plus de 16 ans.

Rappeler les définitions

Si on utilise un terme qui relève des sciences économiques et sociales, il faut le **définir**, si cela n'a pas déjà été fait. Il n'est pas nécessaire en revanche de définir ce qui relève davantage du langage courant.

→ Ici, il n'est pas nécessaire d'expliquer ce que sont les types d'associations ou un adhérent.

Être attentif aux unités

Tous les tableaux ne sont pas exprimés en pourcentage. Il y a des euros, des points, des indices… Il faut toujours **regarder le titre et les notes de lecture** pour prendre le plus d'informations possible sur la façon de lire les données. Toutes les lignes et colonnes ne se lisent de plus pas forcément de la même façon.

→ Ici, toutes les données sont en pourcentage. Il n'y a pas de difficulté particulière.

Comparer les chiffres pour justifier

Un chiffre dans un tableau n'a pas de sens pris isolément, et savoir s'il est supérieur ou inférieur à 50 % n'a pas forcément d'intérêt. Il faut généralement le **comparer à un autre chiffre ou à la moyenne** pour en évaluer l'importance. Il faut ensuite choisir les bonnes comparaisons. Idéalement, on compare deux chiffres

COUP DE POUCE

Tu peux t'appuyer sur la méthode de l'épreuve composée, p. 13.

identiques en tous points (on raisonne « toutes choses égales par ailleurs »), sauf concernant l'élément qui nous intéresse.

→ Ici, si on s'intéresse à l'**effet de l'âge** : on va **comparer des âges différents, mais garder la même année et le même type d'engagement**. Comme on s'intéresse à l'engagement politique, il faut privilégier les associations de défense de droits et d'intérêts. Ainsi, ce qui fait que le chiffre « 23 % » (Français âgés de 40 à 49 ans en 2013 membres d'une association de défense de droits ou d'intérêts) est important, c'est qu'il est supérieur à celui de toutes les autres tranches d'âge. Ils sont donc surreprésentés dans ce type d'engagement. À titre d'illustration, on peut le comparer aux 5 % de jeunes de 16 à 24 ans engagés dans ce type d'association.

Utiliser des calculs appropriés

Il est préférable de comparer les chiffres entre eux. Cela permet de montrer une certaine maîtrise technique et de clarifier le propos. Il faut en revanche **être attentif aux unités**. Quand on compare des pourcentages entre eux, on s'exprime en points de pourcentage. Tu peux aussi utiliser un **coefficient multiplicateur**, si le calcul n'est pas trop difficile.

→ Ici, au lieu de dire que 23 % des Français âgés de 40 à 49 ans adhèrent à une association de défense de droits ou d'intérêts en 2013, alors que ça n'est le cas que de 5 % des Français âgés de 16 à 24 ans cette année-là, tu peux dire qu'en 2013, le taux d'adhésion des Français âgés de 40 à 49 ans à une association de défense de droits ou d'intérêts est **supérieur de 18 points** à celui des Français âgés de 16 à 24 ans (23 − 5).

Proposition de plan détaillé

1. **L'engagement politique dépend du milieu social.**
   - **A.** L'engagement est lié à la catégorie socioprofessionnelle : les cadres s'engagent plus que les ouvriers et les employés, que ce soit dans les partis, les syndicats ou les associations. **> Doc 1 et 3**
   - **B.** Cette différence vient notamment du diplôme, qui donne des compétences politiques et un sentiment de compétence.

2. **L'engagement politique dépend du genre.**
   - **A.** Les femmes s'engagent à peu près autant que les hommes, à l'exception de l'engagement syndical. **> Doc 3**
   - **B.** Les femmes occupent en revanche moins souvent des postes élevés dans les structures militantes et effectuent en moyenne des tâches moins valorisées.

3. **L'engagement politique dépend de l'âge.**
   - **A.** L'engagement est plus fort pour les âges intermédiaires. En revanche, les jeunes ou les retraités peuvent avoir une plus forte « disponibilité biographique », qui permet un engagement plus intense. **> Doc 2**
   - **B.** Un effet de génération existe aussi. Les jeunes générations sont moins portées vers l'engagement conventionnel et davantage vers des formes non conventionnelles.

Les sujets qui peuvent tomber au Bac...

Dissertation | Épreuve composée – Partie 3

→ Comment s'explique l'engagement politique dans les sociétés démocratiques ?
→ Comment l'engagement politique a-t-il évolué ?
→ Quelles sont les formes de l'engagement politique ?
→ Dans quelle mesure peut-on parler d'un affaiblissement de l'engagement politique ?
→ Vous présenterez ce qui peut expliquer la baisse du taux de syndicalisation.*
→ Vous montrerez pourquoi les individus s'engagent malgré le paradoxe de l'action collective.
→ Vous montrerez comment l'action collective s'est transformée en France depuis les années 1970.*

Épreuve composée – Partie 1

→ À l'aide de deux exemples, vous montrerez que l'engagement politique prend des formes variées.
→ Distinguez incitations sélectives et rétributions symboliques.
→ Présentez le lien entre engagement politique et catégorie socioprofessionnelle.
→ À l'aide de deux exemples, vous montrerez la diversité des acteurs de l'action collective.

*Sujets corrigés p. 287 et 309

Pour aller plus loin

À lire

> Daniel Gaxie, « Les rétributions du militantisme », *Politika*, 2017.

> « L'évolution de l'engagement bénévole associatif en France de 2010 à 2019 », *France bénévolat*, 2019.

> Érik Neveu, *Sociologie des mouvements sociaux*, La Découverte, 2019.

À voir

Film

> Robin Campillo, *120 battements par minute*, 2017

Vidéos en ligne

> « Il était une fois les gilets jaunes », *France Culture*
www.franceculture.fr/societe/gilets-jaunes-retour-sur-un-mouvement-en-quatre-actes

> « Nouveaux militants : la fin du politique ? »
www.youtube.com/watch?v=lrLQRjv8BdU&t=6s

> « Les jeunes et l'engagement politique », *Afev*
www.dailymotion.com/video/x1cksbm

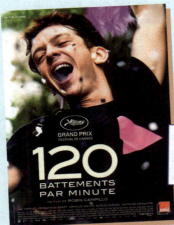

À consulter

Site Internet de référence

> Les études de la Dares, rattachée au ministère du Travail
www.dares.travail-emploi.gouv.fr

Ton **KIT DE SURVIE** pour le **BAC** avec SCHOOLMOUV

Chapitre 10
Comment expliquer l'engagement politique dans les sociétés démocratiques ?

Tu viens de voir les notions à connaître sur l'engagement politique. Pour t'aider à retenir l'essentiel et t'entraîner pour le Bac, voici ton kit de révisions clé en mains conçu par SchoolMouv !

Vidéo

Pour mieux comprendre et t'en souvenir à coup sûr, regarde la vidéo. C'est parfois bien plus clair en images.

Vidéo Une diversité de formes d'engagement

https://flashbelin.fr/focusbacschoolmouv/ses/10

Contenu additionnel

Voici un bonus autour du même sujet. La curiosité n'est pas toujours un vilain défaut. Il suffit de créer ton compte pour avoir accès à plein de contenus supplémentaires.

Fiche L'évolution des formes de l'action collective

https://www.schoolmouv.fr/eleves/cours/l-evolution-des-formes-de-l-action-collective/fiche-de-cours

Tchat avec un prof

Pour poser toutes tes questions à un prof particulier, découvre l'abonnement tchat. Tu peux le tester gratuitement pendant 7 jours : fini les questions sans réponses, tu vas devenir incollable.

https://focusbac.schoolmouv.fr/offre

11 Quelles compatibles conceptions de

LES BASES

Notions

→ **Cotisations sociales (ou charges sociales) :** prélèvements obligatoires assis principalement sur les revenus du travail. Elles sont associées au financement de prestations sociales.

→ **État social :** différents dispositifs mis en place par les pouvoirs publics pour assurer les droits sociaux de la population (on parle parfois d'« État-providence », mais ce concept est plus négativement connoté).

→ **Minima sociaux :** prestations sociales versées sans contrepartie de cotisations pour assurer un revenu minimal à une personne et à sa famille. Ils s'inscrivent dans une logique d'assistance (RSA, AAH…).

→ **Patrimoine :** ensemble des revenus de la propriété (dividendes, intérêts, revenus fonciers).

→ **Prestations sociales :** revenus de transfert que les institutions de protection sociale versent à leurs bénéficiaires. Elles constituent une des formes de la redistribution des revenus.

Mécanisme

Système de redistribution

Cotisations sociales → **Logique d'assurance (ou bismarckienne)** Système de protection contre les risques sociaux concernant les individus qui ont versé des cotisations, et qui ouvre des droits

Impôts → **Logique d'assistance (ou beveridgienne)** Revenus versés par la collectivité à tout individu en fonction de ses besoins et/ou de ses ressources financières

inégalités sont avec les différentes la justice sociale ?

L'ESSENTIEL EN 5 POINTS

1 Les **inégalités économiques** se mesurent à l'aide d'indicateurs statistiques, comme le rapport interdécile, la courbe de Lorenz ou l'indice de Gini. Elles se sont réduites de 1914 à 1980 et se creusent à nouveau.

2 Les inégalités économiques se cumulent le plus souvent avec des **inégalités sociales**. L'inégalité des ressources sociales, économiques ou culturelles se répercute sur la santé, l'accès à l'emploi, au logement...

3 Il existe trois conceptions de l'égalité : l'**égalité des droits, des positions et des chances**. Ces conceptions de l'égalité permettent de définir ce qui est juste dans les différentes approches de la **justice sociale**.

4 Les **pouvoirs publics** engagent diverses politiques en faveur de la réduction des inégalités, notamment des politiques de **redistribution** ou de **discrimination positive**.

5 L'action des pouvoirs publics se heurte néanmoins à d'insuffisantes **efficacité** et **légitimité**, et à des risques d'**effets pervers**, alors même que la dépense publique est contrainte.

→ Définitions des notions p. 226-233

LE COURS en 3 parties

1. Mesurer les inégalités et comprendre leur évolution

a. La mesure des inégalités économiques

Inégalités économiques : différences entre individus ou groupes sociaux portant sur des avantages ou des désavantages économiques et qui fondent une hiérarchie entre ces individus ou entre ces groupes.

→ Il existe différents outils statistiques pour mesurer les **inégalités économiques** de **revenu** et de **patrimoine**, afin de suivre leurs évolutions et de les comparer entre elles.

→ Les **quantiles** (**Méthode**) sont un premier outil. Ils divisent un ensemble de données classées dans un ordre croissant en **intervalles** contenant le même nombre de données. Ils permettent de calculer des **rapports interquantiles**. Ce rapport met en évidence l'écart entre le haut et le bas de la distribution. Par exemple, les **déciles** d'une distribution permettent de calculer le **rapport interdécile D9/D1**. Plus le rapport est élevé, plus les inégalités sont fortes. En France, le rapport interdécile pour les revenus disponibles est de 3,4 : le niveau de vie plancher des 10 % les plus riches (D9) est 3,4 fois supérieur au niveau de vie plafond des 10 % les plus pauvres (D1).

MÉTHODE

Les quartiles et les déciles

• On appelle **quartiles** les modalités d'une variable quantitative qui divisent la population en 4 parties égales de 25 % de la population, soit en 3 quartiles.

• De même, les **déciles** partagent cette distribution en 10 parties égales, chacune contenant 10 % de l'effectif ; les **quintiles** la partagent en 5 parties égales (20 % chacune).

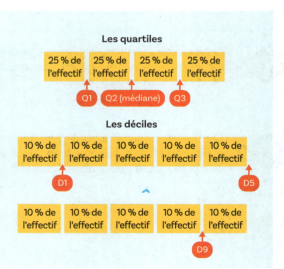

Doc 1 De la courbe de Lorenz à l'indice de Gini

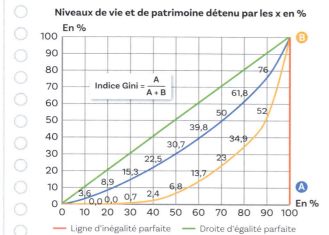

La **zone A** correspond à l'aire comprise entre la droite d'égalité parfaite (dite aussi « droite d'équirépartition ») et la courbe de patrimoine ou de revenu.
La **zone B** est l'aire du triangle OAB, délimité par la droite d'égalité parfaite, la ligne d'inégalité parfaite et l'axe des abscisses.

D'après l'Insee, décembre 2011.

Si l'on analyse la situation des 10 % les plus riches, ils détiennent, en 2011, **48 % du patrimoine** (52 % du patrimoine est possédé par 90 % des moins riches) et **24 % du revenu** par unité de consommation (niveau de vie), puisque les 90 % les moins riches possèdent 76 % des revenus. **Les inégalités de patrimoines sont donc bien plus marquées.**

➜ Ce rapport est important pour **saisir les inégalités**, mais reste **imprécis** pour évaluer notamment celles qui se situent au **milieu de la distribution** : on utilise par conséquent aussi le **coefficient de Gini**, calculé à partir de l'écart entre la **courbe de Lorenz**, représentant la répartition cumulée du revenu ou du patrimoine, et la **droite d'équirépartition** (**Doc 1**). La distribution du patrimoine apparaît plus inégalitaire que celle des revenus, parce que le patrimoine est constitué grâce aux revenus du passé. Il existe un **effet cumulatif** très marqué sur les deux derniers déciles.

➜ On peut enfin mesurer la corrélation entre le revenu des parents et celui de leurs enfants une fois devenus adultes pour mettre en évidence la **transmission intergénérationnelle** des inégalités.

b. L'évolution des inégalités économiques depuis le début du XXe siècle

➜ **À la veille de la Première Guerre mondiale**, le sommet de la hiérarchie des revenus était dominé par des **revenus de patrimoine extrêmement concentrés**, et leur poids dans l'économie nationale était considérable.

➜ Mais la part des 1 % des revenus les plus élevés (le « centile supérieur » de la distribution) est passée de plus de 20 % du revenu total des ménages en 1900-1910 à environ 7-8 % en 2000. Surtout, le nombre de personnes disposant de revenus de patrimoine suffisamment importants pour pouvoir en vivre a fortement diminué. Les hauts revenus sont aujourd'hui des revenus du travail. Pour **Thomas Piketty**, nous sommes passés **d'une « société des rentiers » à une « société de cadres »**.

➡ Les inégalités de patrimoine ont en effet fortement décru sous l'effet de la **crise des années 1930** et des **guerres** (destructions et faillites), sous l'impact de l'**inflation**, qui réduit la rémunération du capital et d'une **fiscalité** progressive sur le patrimoine. Les politiques de **redistribution** et de **protection sociale** ont plus généralement contribué à **réduire les écarts de revenu** – ce que décrit aussi la courbe de Kuznets.

➡ Dans *Le Capital au XXIe siècle* (2014), **Thomas Piketty** explique qu'au cours des **Trente Glorieuses**, la croissance g est plus soutenue que le taux de rendement du capital r (intérêts, dividendes, loyers, plus-values financières et immobilières...), ce qui conduit à **réduire les inégalités**. Mais depuis les années 1980, on revient à la « loi fondamentale du capitalisme » : r > g. Les revenus des placements croissent alors plus vite que les salaires et les revenus du patrimoine se concentrent à nouveau.

➡ En effet, **les inégalités ont recommencé à croître à partir du milieu des années 1980**, avec l'affaiblissement de la fiscalité et avec des politiques plus favorables à la rémunération du capital (politiques de l'offre), en particulier à l'accumulation des revenus et du patrimoine des 1 % les plus riches (hausse des prix de l'immobilier et des titres financiers). On parle alors de **retournement de la courbe de Kuznets** (**Doc 2**).

LE PETIT +

➡ **La courbe de Kuznets : relation entre inégalités et croissance économique**

Simon Kuznets présente en 1955 une courbe en cloche décrivant la relation entre le niveau de richesse d'un pays (mesuré en PIB/hab.) et son niveau d'inégalité. La croissance économique se traduit dans un premier temps par un creusement des inégalités de revenus, lors de l'exode rural, puis les inégalités diminuent avec l'amélioration du niveau de qualification et de protection des travailleurs.

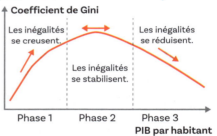

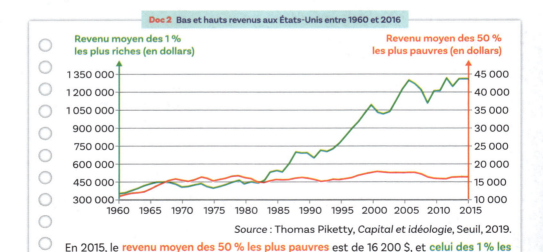

Doc 2 Bas et hauts revenus aux États-Unis entre 1960 et 2016

Source : Thomas Piketty, *Capital et idéologie*, Seuil, 2019.

En 2015, le **revenu moyen des 50 % les plus pauvres** est de 16 200 $, et **celui des 1 % les plus riches** de 1 305 000 $, soit un rapport de 1 à 81, contre 1 à 26 en 1970.

c. Le caractère cumulatif des inégalités économiques et sociales

MOTS CLÉS

Inégalités sociales : différences dans l'accès à certaines ressources entre des individus ou des groupes qui vont avantager ou désavantager certains par rapport à d'autres et créer des hiérarchies.

Discrimination : traitement défavorable, subi par un individu, lié à une de ses caractéristiques sociales ou personnelles, et souvent en opposition avec la législation ou les valeurs de la société.

→ Les **inégalités** sont aussi **sociales**. Elles concernent l'accès à diverses **ressources dans la société** : positions de pouvoir, relations, culture, santé, éducation, logement, accès à l'espace public, etc.

→ **Alain Bihr et Roland Pfefferkorn**, dans *Le Système des inégalités* (2008), distinguent trois grandes catégories d'inégalités sociales : les **inégalités dans l'ordre de l'avoir** (dans la distribution des ressources matérielles et du réseau social) ; les **inégalités dans l'ordre du pouvoir** (dans la distribution du pouvoir, de la capacité de défendre ses intérêts et ses droits) ; les **inégalités dans l'ordre du savoir** (dans la distribution et la maîtrise des savoirs, dans la capacité de donner un sens au monde dans lequel on vit, d'imposer des pratiques légitimes).

→ Les inégalités sociales ne sont pas seulement **multiformes**, elles sont également **cumulatives** : ==elles tendent à s'entretenir les unes les autres et à s'articuler avec les inégalités économiques==. Elles peuvent **se reproduire de génération en génération**. Un déficit d'éducation expose par exemple davantage au chômage, ce qui affecte la santé, peut participer à un certain isolement social et renforcer la difficulté à trouver un emploi et à disposer d'un revenu décent...

→ Enfin les **discriminations** liées au sexe, à l'âge, au handicap... peuvent aussi amplifier les inégalités et contribuer à leur cumul.

2. Les différentes conceptions de l'égalité et de la justice sociale

a. Les différentes formes d'égalité

MOTS CLÉS

Égalité : au sens large, situation dans laquelle les individus sont pleinement égaux entre eux.

Justice sociale : idéal de société dans lequel chaque membre aurait le sort qu'il/elle « mérite », au regard de certains critères considérés par la collectivité comme légitimes.

→ On peut distinguer notamment trois formes d'**égalité** : l'**égalité des droits**, qui consiste à garantir à tous les individus un traitement égal devant la loi, quelles que soient leurs caractéristiques (âge, genre, handicap ou non, origine...) ; l'**égalité des positions** (ou **égalité réelle**), par laquelle chacun doit bénéficier des mêmes niveaux de ressources économiques et sociales (égalité des positions atteintes) ; et l'**égalité des chances** (ou **équité**), qui implique que chacun parte avec les mêmes chances de réussite au départ (égalité des positions initiales), mais admet que l'on puisse ensuite atteindre des positions très inégales.

→ ==S'ils se complètent, ces trois types d'égalité peuvent aussi entrer en tension.== Ainsi, l'**égalité des positions** (ou des places) cherche à **réduire les inégalités réelles**, tandis que la seconde conception de la **justice sociale**, centrée sur l'**égalité des** chances, vise à **lutter contre les inégalités qui font obstacles à la réalisation du mérite individuel** et à une compétition équitable pour l'accès aux places dans la société. L'objectif n'est alors pas de remettre en question l'inégalité réelle des places, mais de permettre à chacun de **circuler dans la structure sociale**. Les **inégalités** sont alors **justes**, puisque toutes les places sont ouvertes à tous.

➜ Ce principe d'**équité** conduit à corriger des inégalités que subissent des personnes ou des groupes défavorisés et qui font obstacle à l'égalité des chances. Il s'agit en particulier d'**accepter l'inégalité en faveur des plus défavorisés** par des politiques dites « de **discrimination positive** » cherchant à compenser les désavantages initiaux de certaines populations et à rétablir l'égalité des chances. Mais elles **peuvent ainsi enfreindre l'égalité des droits**. C'est le cas si l'on accorde à un élève handicapé un temps supplémentaire lors des épreuves du baccalauréat : il y a bien équité, mais pas égalité de droit.

> **MOT CLÉ**
>
> **Discrimination positive :** mesure favorisant par un traitement préférentiel une catégorie de personnes qui dispose habituellement d'un désavantage en raison de ses caractéristiques (sexe, handicap...).

b. Les diverses approches de la justice sociale

➜ De la même manière, on peut distinguer plusieurs conceptions de la **justice sociale** selon la valeur que l'on fait primer : l'**utilitarisme**, inspirée de **Jeremy Bentham** (1748-1832), puis de **John Stuart Mill** (1806-1873), met ainsi en avant la maximisation du bien-être collectif, envisagé comme la somme du bien-être (de l'utilité) de chaque individu. L'approche utilitariste est parfois qualifiée d'« **hédoniste** », étant donné son souci de découvrir et de choisir l'option réduisant les souffrances et accroissant le bonheur des membres de la société. Le **libertarisme** (ou libertarianisme) place la **liberté individuelle** au-dessus de toute chose et défend l'idée que chacun a un droit légitime aux biens qui se trouvent en sa possession en laissant fonctionner la **logique du marché**. L'**égalitarisme strict** considère quant à lui qu'il faut en priorité rechercher la **répartition la plus égalitaire** des ressources et des positions.

➜ Dans *La Théorie de la justice* (1971), **John Rawls** (1921-2002) cherche à dégager les **principes d'une société juste**. Son « **égalitarisme libéral** » vise à concilier équité et liberté. En effet, pour lui, les démocraties libérales ont privilégié le respect des libertés, parfois au détriment de l'égalité, tandis que les régimes socialistes ont restreint les libertés au nom de l'égalité. Pour Rawls, les règles collectives doivent être choisies sous un « **voile d'ignorance** », comme si chacun ne savait pas dans quelle position il se situait dans la société. Dans ces conditions, il est probable que chacun fera en sorte d'établir des règles les moins défavorables aux plus désavantagés, au cas où il se trouverait dans cette situation (**Doc 3**).

➜ Deux principes de justice doivent donc être garantis par les institutions : le **principe de liberté** selon lequel chaque citoyen doit avoir accès aux mêmes libertés, et la liberté de chacun doit être compatible avec la liberté des autres membres de la société ; le **principe de différence**, selon lequel les inégalités sont justifiées lorsqu'elles permettent d'améliorer la situation des plus désavantagés.

➜ Là encore, il existe des tensions entre ces philosophies, qui ne peuvent se résoudre que par une **délibération collective** quant aux valeurs prioritaires pour la société considérée.

	Égalitarisme	Utilitarisme	Libertarisme	Égalitarisme libéral
Principes	Égalité des conditions de vie et des positions.	Maximiser la somme des satisfactions (l'utilité) individuelles = bien-être social.	Le libre fonctionnement du marché permet une juste répartition.	Concilier liberté et équité en faveur des plus désavantagés.
Limites	Ne prend pas en compte les différences d'efforts.	Ne tient pas compte de la répartition des utilités individuelles entre riches et pauvres.	Absence de politique publique de justice sociale. La loi du marché prévaut.	Implique une délibération permanente entre citoyens.

Doc 3 Les différentes approches de la justice sociale

LE PETIT +

→ La querelle entre trois enfants

Dans *L'Idée de justice* (2009), l'économiste indien **Amartya Sen** propose une **approche alternative aux théories de la justice** auxquelles on se réfère le plus souvent en économie. Afin de discuter de la pertinence des visions existantes de la justice, Sen propose une illustration : la **querelle entre trois enfants au sujet d'une flûte**. Le premier enfant pense qu'il devrait avoir la flûte, car il est le seul à savoir en jouer ; le second déclare qu'elle devrait lui revenir, puisqu'il l'a fabriquée ; enfin, le troisième enfant estime qu'il devrait y avoir droit, puisqu'il est pauvre et n'a pas de jouets. Sen montre à travers cet exemple que **nos conceptions de la justice sont plurielles et souvent contradictoires**. Aucun expert ne saurait trancher et dire sur quelle base la société doit choisir, mais un **débat public éclairé** apparaît nécessaire pour faire des **choix collectifs**.

3 L'action des pouvoirs publics en matière de justice sociale

a. Les pouvoirs publics contribuent à réduire les inégalités économiques

● MOT CLÉ

Revenu primaire des ménages : revenu lié à la participation directe ou indirecte des ménages à l'activité productive. Il comprend les revenus du patrimoine (dividendes, intérêts, loyers) et les revenus du travail, salariaux et mixtes (qui rémunèrent les non-salariés).

→ Les pouvoirs publics peuvent agir sur les inégalités à travers les **mécanismes de redistribution**. Ceux-ci permettent de réduire l'écart entre le **revenu primaire des ménages** et le **revenu disponible**.

> Revenu primaire – **prélèvements obligatoires** (taxes, impôts et cotisations sociales) – **prestations sociales** (revenus de transferts) = **revenu disponible** (réparti entre consommation et épargne).

Impôt progressif : impôt proportionnellement plus élevé pour les plus riches.

Plus les **impôts** sont **progressifs** et les cotisations sociales sous condition de ressources (minimas sociaux), plus la **redistribution** est **efficace**.

→ On parle de **redistribution verticale** lorsque la redistribution aboutit à une **réduction des inégalités** et de **redistribution horizontale** lorsqu'elle se contente de **couvrir les risques sociaux** (maladie, chômage, retraite…), quel que soit le niveau des revenus (des jeunes vers les plus âgés, des bien-portants vers les malades, des célibataires vers les familles). Il s'agit ici d'une **logique bismarckienne** (logique d'assurance) plutôt que **beveridgienne** (logique d'assistance).

→ Une partie de la consommation des ménages est aussi prise en charge par les administrations publiques ou les **institutions sans but lucratif au service des ménages (ISBLSM)** : dépenses d'éducation, de santé, aide au logement. Ces **services collectifs** sont des services **non marchands** mis à disposition de tous les ménages de manière gratuite ou quasi gratuite (à un prix inférieur à 50 % du coût de production). On parle de **dépense socialisée**. Aujourd'hui, 25 % de la consommation des ménages est prise en charge par la collectivité. Elle est essentiellement financée par l'impôt.

b. Les pouvoirs publics cherchent à promouvoir l'égalité des chances

→ Les pouvoirs publics peuvent également intervenir pour **réduire les inégalités des chances et les discriminations**. En droit, la discrimination est définie comme une inégalité de traitement fondée sur un critère prohibé par la loi, dans un domaine comme l'emploi, le logement et l'éducation, notamment. Tout **traitement différencié** n'est **pas forcément une discrimination** (comme le fait de privilégier un candidat plus diplômé pour un emploi qualifié).

→ La **lutte contre les discriminations** consiste à les **identifier** et les **sanctionner** juridiquement, même s'il reste difficile de les repérer. La pratique du **testing** est un moyen d'investigation pour déceler des situations discriminatoires. Des institutions comme le **Défenseur des droits** apportent une réponse juridique à ces pratiques (sanctions, médiatisation) et sensibilisent les populations. Les **campagnes publiques** de **sensibilisation à la discrimination** peuvent ainsi contribuer à **modifier les stéréotypes** affectant le quotidien de certaines minorités (seniors, femmes, handicapés, jeunes…).

→ La réduction de l'inégalité des chances entre groupes sociaux peut aussi passer par des **politiques de discrimination positive**, qui consistent à favoriser certains groupes victimes de discrimination. La **loi** participe de ce point de vue à **faire évoluer la norme**. Différentes mesures peuvent être proposées comme la création de **quotas** (loi sur la parité homme-femme de 2010, loi de 2005 qui fixe à 6 % la part des travailleurs handicapés dans les entreprises de plus de 20 salariés, loi de 2017 qui exige la présence de 40 % de femmes dans les conseils d'administration des grandes entreprises…) ou la concentration des moyens sur certains **territoires** (politiques d'éducation prioritaire), sur critères sociaux.

c. Les contraintes des gouvernements dans la lutte contre les inégalités

→ Ces différents dispositifs de lutte contre les inégalités font néanmoins l'objet de certaines **remises en cause**, liées notamment à leur **coût** et leur **efficacité**. Le « compromis fordiste », qui a accompagné le développement de l'État social au cours des Trente Glorieuses, se grippe en effet à la fin des années 1970. En 1981, **Pierre Rosanvallon**, dans *La Crise de l'État-providence*, met en avant, pour la France, le constat d'une **triple crise** à l'origine de la remise en cause de l'État social : une crise financière, une crise d'efficacité et une crise de légitimité.

→ Tout d'abord, il y aurait une **crise financière**, liée à la fin de la forte croissance qui remet en cause le mode de financement de la Sécurité sociale : les recettes fiscales sont freinées par la progression du chômage et de la précarité (moins de cotisants), tandis que les prestations sociales augmentent (plus d'allocations).

 **MOTS CLÉS**

Effet pervers : voir p. 25.
RSA (revenu de solidarité active) : allocation créée en 2009 et destinée à garantir à ses bénéficiaires, qu'ils soient ou non en capacité de travailler, un revenu minimum (RSA-socle).
Trappe à inactivité : situation où une personne vivant d'un revenu de remplacement (indemnité chômage ou minima sociaux) peut ne pas être incitée à reprendre un emploi si celui-ci ne représente qu'un gain très modeste, voire nul, du fait de la perte de ses autres revenus.

→ Il y aurait aussi une **crise d'efficacité** : l'État ne parvient pas à réduire les inégalités ou à cibler des politiques publiques. Ainsi, ces dispositifs présentent un risque d'**effets pervers**, notamment en **désincitant** les bénéficiaires à chercher un emploi ou de s'extraire de la pauvreté. C'est le cas par exemple lorsque la faiblesse de l'écart entre les **minimas sociaux**, notamment le **RSA**, crée une possible **trappe à inactivité**. Les **politiques de discrimination positive** peuvent engendrer des **effets pervers**, comme le fait de stigmatiser des populations ciblées. Enfin, les mesures mises en place sont perçues moins comme des avantages que comme un **frein à la relance économique**.

→ Enfin, l'État social serait remis en cause par une **crise de légitimité** : l'opacité des dépenses publiques suscite des **questions quant à l'utilisation des ressources** de la solidarité nationale, avec le risque d'un **affaiblissement de la solidarité collective** et du **consentement à l'impôt**. Cela peut entraîner un déclin du sentiment de justice sociale.

LE PETIT +

→ **Le consentement à l'impôt**

Dans *Résistances à l'impôt. Attachement à l'État* (2018), **Alexis Spire** mène une enquête qui révèle que **le sentiment d'injustice fiscale est beaucoup plus répandu désormais parmi les classes populaires**, qui ont pourtant le plus intérêt au maintien de l'État social. Ainsi, c'est ce sentiment qui motive le mouvement des **Gilets jaunes**, en dépit d'une forte redistribution. L'étude montre que la connaissance des mécanismes de l'impôt est faible dans les milieux populaires et que l'adhésion au système fiscal est plus importante chez les membres des classes supérieures, puisqu'ils peuvent en « apprivoiser les règles » (niches fiscales et exonérations). **La difficulté à comprendre l'usage qui est fait de l'argent public serait alors un frein à l'acceptation de l'impôt.**

Une citation clé

> « Nous ne méritons pas notre place dans la répartition des dons à la naissance, pas plus que nous ne méritons notre point de départ initial dans la société. »
>
> **John Rawls**, *Théorie de la justice*, 1971.

Ne pas confondre

- Inégalité de patrimoine/de revenu
- Inégalités/différences
- Discriminations/inégalités
- Égalité des droits/des chances/des positions
- Justice sociale/égalité
- Égalité/équité
- Utilitarisme/libertarisme
- Égalitarisme strict/égalitarisme libéral
- Redistribution verticale/redistribution horizontale
- Impôts progressifs/proportionnels
- Prestations sociales/cotisations sociales
- Prestations sociales/minimas sociaux
- Discrimination/discrimination positive
- Déficit d'efficacité/déficit de légitimité

Les principales théories

Assure-toi que tu es capable de synthétiser tes connaissances sur les théories suivantes.

- **Thomas Piketty :** la réduction et le creusement des inégalités.
- **Simon Kuznets :** la courbe en « U » inversé, montrant que les inégalités se creusent lorsque le pays s'industrialise puis se stabilisent et diminuent lorsque le pays se développe.
- **Amartya Sen :** l'exemple de la querelle entre trois enfants au sujet d'une flûte.
- **John Rawls :** la conception de l'égalitarisme libéral et du « principe de différence ».
- **Pierre Rosanvallon :** les trois crises de l'État-providence : crise financière, d'efficacité et de légitimité.
- **Alexis Spire :** la question du consentement à l'impôt.

BILAN

SE TESTER
– Mobiliser ses connaissances –

1. Vrai ou faux ?

		Vrai	Faux
a	Les inégalités de patrimoine se sont réduites entre 1914 et les années 1970.	☐	☐
b	La concentration du patrimoine s'est réduite du fait des destructions de capital dès la Première Guerre mondiale et des effets de la baisse de l'inflation.	☐	☐
c	Les inégalités économiques et sociales sont cumulatives.	☐	☐
d	L'égalité des chances a pour objectif la réduction des inégalités de revenu.	☐	☐
e	Selon John Rawls et le principe de différence, les inégalités sont acceptables dès lors qu'elles sont favorables aux plus défavorisés.	☐	☐
f	Le libertarisme repose sur un principe de justice sociale stipulant que la société doit chercher à maximiser le bien-être collectif.	☐	☐
g	La redistribution peut être verticale lorsqu'elle cherche à réduire les inégalités ou horizontale lorsqu'elle permet de couvrir les risques sociaux, quel que soit le niveau de revenu.	☐	☐
h	Les services publics ne jouent pas un rôle important dans la réduction des inégalités.	☐	☐
i	L'État social peut avoir un effet désincitatif sur les personnes bénéficiant de minimas sociaux du fait de l'existence d'une « trappe à inactivité ».	☐	☐
j	La crise de légitimité de l'État social renvoie au coût économique des dépenses de protection sociale.	☐	☐

2. Coche la ou les bonne(s) réponse(s).

1. Les inégalités sociales :

- a désignent toutes les formes de différences existant dans une société donnée. ☐
- b contribuent à produire les hiérarchies sociales. ☐
- a reflètent des inégalités de revenu et de patrimoine. ☐

2. L'égalité des droits :

- a est incompatible avec l'existence de positions inégales. ☐
- b implique que tous les citoyens soient protégés de l'arbitraire du gouvernement. ☐
- c est synonyme d'égalité des chances. ☐

3. L'égalitarisme libéral :

- a est une philosophie qui considère que tous les individus doivent être à la fois libres et strictement égaux. ☐
- b est compatible avec un certain niveau d'inégalité des positions. ☐
- c repose sur deux principes : l'équité et le souci d'optimiser le sort des plus désavantagés. ☐

3. Complète ce texte à l'aide des termes suivants (un même mot peut être employé plusieurs fois).

a. discriminations – **b.** hiérarchisées – **c.** catégories sociales – **d.** patrimoine – **e.** cumulatif – **f.** inégalités – **g.** égalité – **h.** reproduisent – **i.** revenus.

Les **1.** .... sociales désignent le fait que les individus ou groupes composant une société n'ont pas tous le même accès à certaines ressources valorisées socialement. Les positions sociales sont de ce fait **2.** .... Les inégalités peuvent prendre des formes très variées en fonction de la ressource considérée. Sur le plan économique, on peut notamment distinguer les inégalités de **3.** .... et de **4.** ...., les secondes étant beaucoup plus fortes que les premières ; tandis qu'en politique, elles concernent en particulier l'accès aux postes à responsabilité, où les hommes blancs de **5.** .... supérieures sont surreprésentés par rapport au poids qu'ils occupent dans la population totale. Ces inégalités ont par ailleurs un caractère **6.** .... : elles s'entretiennent les unes les autres et tendent de ce fait à se concentrer sur les mêmes populations. Ainsi, les individus, de milieu défavorisé n'ont pas la possibilité d'être aussi bien soignés, d'avoir le même accès aux loisirs et à la culture ou à une alimentation de qualité, et leurs enfants fréquentent des écoles leur permettant plus difficilement d'effectuer de longues études, ce qui renforce la probabilité qu'ils **7.** .... la position sociale de leurs parents.
Par ailleurs, certaines personnes ont tendance à subir plus souvent des **8.** .... selon leur genre, origine, handicap... et ont de ce fait moins de chance d'obtenir un emploi ou un logement que le reste de la population. Face à de tels constats, des politiques de lutte contre les **9.** .... ont été mises en œuvre, notamment par l'introduction de dispositifs visant à accorder des moyens supplémentaires aux établissements accueillant des publics défavorisés ; mais cela entre en tension avec le principe d' **10.** .... républicaine, qui ne reconnaît aucune différence entre les citoyens.

4. Complète le schéma à l'aide des termes suivants.

1. allocation chômage – **2.** capital – **3.** disponibles – **4.** mixtes – **5.** primaires – **6.** salaires – **7.** TVA – **8.** verticale – **9.** risques sociaux – **10.** progressifs

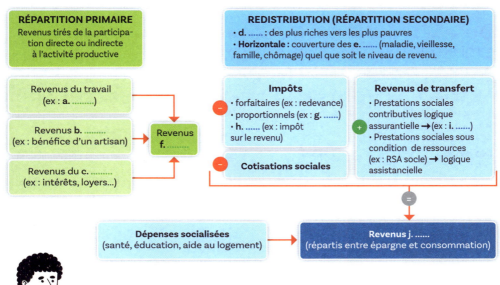

Réponses : **1. a.** Vrai – **b.** Vrai – **c.** Vrai – **d.** Faux – **e.** Vrai – **f.** Faux – **g.** Faux – **h.** Faux
i. Vrai – **j.** Faux • **2. 1.** b – **2.** b – **3.** b, c • **3. 1.** f – **2.** b – **3.** i – **4.** d – **5.** c – **6.** e – **7.** h – **8.** f – **9.** a – **10.** g • **4. 1.** i – **2.** c – **3.** j – **4.** b – **5.** f – **6.** a – **7.** g – **8.** d – **9.** e – **10.** h.

SE PRÉPARER POUR L'EXAMEN

Rédiger l'introduction et la conclusion

SUJET : À quelles difficultés peuvent se heurter les politiques publiques en faveur de la justice sociale ?

Document 1 > Les droits et devoirs du bénéficiaire du RSA

Selon la loi du 1er décembre 2008 généralisant le revenu de solidarité active (RSA) et réformant les politiques d'insertion, tout allocataire ou conjoint d'allocataire appartenant à un foyer ayant un droit ouvert au RSA est soumis aux « droits et devoirs du bénéficiaire du RSA » s'il est sans emploi ou a un revenu d'activité professionnelle inférieur à 500 euros par mois. Cette loi garantit à toute personne soumise aux droits et devoirs la possibilité de bénéficier d'un accompagnement social ou professionnel adapté à ses besoins et organisé par un référent unique. En contrepartie, elle doit s'engager à rechercher un emploi, à entreprendre les démarches nécessaires à la création de sa propre activité ou à effectuer les actions nécessaires à une meilleure insertion sociale ou professionnelle. Fin 2017, en France, 2,1 millions de personnes sont soumises aux droits et devoirs associés au RSA. […] Un peu plus de la moitié des personnes soumises aux droits et devoirs a entre 30 et 49 ans, et près du quart est âgé de moins de 30 ans. Par ailleurs, 12 % d'entre elles ont une ancienneté dans le RSA de moins de six mois et 66 % une ancienneté de deux ans ou plus.

« La moitié des bénéficiaires dont le foyer a moins de 6 mois d'ancienneté dans le RSA sont orientés », *Les dossiers de la DREES*, n° 39, juillet 2019. ■

Document 2 > Proportion d'enfants d'ouvriers et d'inactifs, d'enfants de cadres et d'enseignants, et d'élèves en retard à l'entrée en 6e (en %)

Collèges	Enfants d'ouvriers et d'inactifs	Enfants de cadres et d'enseignants	Élèves entrant en 6e en retard
Réseau Ambition Réussite (RAR)	75,5	8,2	34,3
Hors RAR	37,9	35,2	14,8
Moyenne	**43,0**	**31,2**	**16,9**

Source : Pierre Merle, *La Ségrégation scolaire*, La Découverte, 2012.

Document 3 > Taux de sortie des minima sociaux d'insertion à un an et taux de sortie durable, selon le dispositif

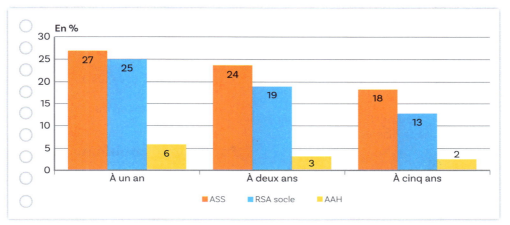

1. **ASS** : allocation de solidarité spécifique). Allocation pouvant être versée aux personnes ayant épuisé leurs droits à bénéficier de l'assurance chômage.
2. **AAH** : allocation pour adultes handicapés.
3. **RSA** : revenu de solidarité active.
Champ : France, bénéficiaires âgés de 16 à 58 ans.

Source : Nathan Rémila, Lucile Richet-Mastain, « Un quart des bénéficiaires du RSA et de l'ASS sortent des minima sociaux chaque année », *Études et Résultats*, n° 1073, Drees, juillet 2018.

Document 4 > Le consentement à l'impôt

L'impôt est désormais soumis à l'épreuve d'un monde ouvert à toutes les concurrences et surtout les plus déloyales et dommageables : fuite fiscale, exil fiscal, délocalisation fiscale, gestion astucieuse d'une situation fiscale […]… La nouveauté n'est pas dans le phénomène, elle est dans la relative impuissance des souverainetés […]. Ces deux phénomènes « d'assiette trouée » par les dépenses fiscales et de « passagers clandestins » (grâce notamment aux paradis fiscaux), qui profitent surtout aux revenus et patrimoines les plus élevés et les plus diversifiés, débouchent sur une telle reconstitution des privilèges que l'on pourrait dire de la France actuelle ce que Tocqueville appliquait à l'ancien régime : « l'impôt avait pour objet non d'atteindre les plus capables de le payer, mais les plus incapables de s'en défendre ». En fait le vrai problème est de rétablir l'égalité devant l'impôt, gage du consentement à l'impôt de la majorité des classes moyennes, qui ont le sentiment d'être sacrifiées par le modèle social actuel. Selon un sondage publié en 2013, trois Français sur quatre (73 %) estiment que l'effort fiscal est surtout demandé aux classes moyennes et qu'ils contribuent davantage au système qu'ils n'en profitent.

André Barilari, « Le consentement à l'impôt »,
Académie des Sciences et Lettres de Montpellier,
30 avril 2018. ∎

MÉTHODE

Méthode et corrigé

Trouver une accroche

→ Ton accroche doit permettre de :
> **cadrer le thème** à traiter ;

Par exemple : « Les hommes naissent et demeurent libres et égaux en droits. » La Déclaration des droits de l'homme et du citoyen de 1789 institue l'égalité et la liberté comme des principes fondamentaux de l'organisation sociale.

> **rapprocher le thème de l'actualité** ;

Par exemple : Maintenir les écoles ouvertes pendant la crise sanitaire pour plus de justice sociale.

> **situer le thème dans son histoire récente** ;

Par exemple : Aborder le développement des politiques de discrimination positive.

CONSEIL — Les **alinéas** permettent de distinguer les différentes étapes de l'introduction.

Définir les termes du sujet et le présenter

→ **Définis les mots clés** du sujet.
> Insiste sur la tension entre égalité des droits, égalité des chances et égalités des conditions sociales, au cœur des réflexions sur la justice sociale.
> Ces différentes conceptions de la justice sociale reposent sur un principe d'égalité, mais dont la définition est sensiblement différente : égalité des droits, des positions, des chances.
> Souligne que chaque conception de la justice sociale induit des politiques publiques spécifique.

Par exemple : L'égalité de droit est le principe selon lequel tout individu doit être traité de la même façon par la loi. Il justifie des politiques publiques d'extension des droits pour lutter contre les discriminations…

→ **Précise le cadre spatio-temporel.** Ici, la France dans la période récente.

COUP DE POUCE

Tu peux t'appuyer sur la méthode de la dissertation, p. 8.

→ **Présente le cadre dans lequel se situe le sujet** en décrivant le contexte économique, social et politique et les problèmes qu'il soulève.

Par exemple : L'État social met en œuvre ces politiques publiques actives pour répondre à différentes inégalités. Elles vont principalement s'appuyer sur quatre outils : la fiscalité, la production de services collectifs, la protection sociale et la redistribution des revenus qui en découle et enfin, de manière plus récente, la lutte contre les discriminations.

Formuler la problématique

→ **Formule une question** directe ou indirecte (« nous pouvons nous demander… »).

Par exemple : Quelle est la nature des difficultés auxquelles se heurtent les différentes politiques de lutte contre les inégalités ?

Parler de « nature des difficultés » permet de bien étudier les différentes catégories de problèmes posés par les politiques de justice sociale, tant en termes de coûts, d'effets pervers inattendus, d'efficacité que de légitimité.

Annoncer le plan

→ Le plan proposé doit permettre d'**explorer la problématique soulevée**.
→ **L'annonce** vise à préciser, en une ou deux phrases, les titres des deux ou trois grandes parties : « dans un premier temps…, puis… » « en premier lieu…, en second lieu… » « si…, alors… ».

CONSEIL — **Saute deux ou trois lignes** entre l'introduction et le développement.

Proposition de plan détaillé

I. L'action des pouvoirs publics n'est pas toujours assez efficace pour réduire les inégalités sociales.

A. *Une protection sociale qui peine à réduire la pauvreté et une fiscalité peu correctrice des inégalités.*

La pauvreté en termes de revenus encore importante avec de nombreux bénéficiaires de minimas sociaux. **> Doc 3**

Des ménages plus riches qui parviennent à contourner tout ou partie de leurs obligations fiscales. **> Doc 4**

Des services collectifs peu efficaces dans la lutte contre les inégalités. **> Doc 2**

B. *Des dispositifs pouvant entraîner des effets pervers.*

Non seulement le RSA ne prémunit pas contre la pauvreté, mais il peut constituer une « trappe à pauvreté » pour certains de ses bénéficiaires. **> Doc 3**

Enfants des classes populaires concentrés dans des écoles d'éducation prioritaire, où la probabilité d'échec est la plus forte, ce qui peut favoriser paradoxalement leur décrochage. Risque de stigmatisation et d'affaiblissement de la mixité sociale. **> Doc 2**

II. L'action publique en faveur de la justice sociale est en perte de légitimité.

A. *Des dispositifs en faveur de la justice sociale aux coûts croissants.*

Le RSA, un dispositif dont le coût s'accroît avec le nombre de ses bénéficiaires et qui leur impose des obligations de plus en plus fortes. **> Doc 1**

Des dispositifs comme les politiques d'éducation prioritaire occasionnent des dépenses pour les pouvoirs publics dans une période de recettes restreintes, sans résultats clairs. **> Doc 2**

B. *Un consentement à l'impôt qui s'érode.*

Des classes supérieures qui échappent à l'impôt en « s'évadant » et en utilisant les « niches fiscales ». Des classes moyennes et populaires qui ont majoritairement l'impression de porter le poids du financement de l'État social. **> Doc 4**

Les sujets qui peuvent tomber au Bac...

Dissertation   Épreuve composée – Partie 3

→ Quelles sont les principales formes d'égalité ? En quoi se complètent-elles et s'opposent-elles ?

→ En quoi les différentes conceptions de la justice sociale entrent-elles en tension ?

→ Peut-on concilier liberté et égalité ?

→ Vous montrerez que les pouvoir publics contribuent à la justice sociale.*

→ Quelles sont les principales contraintes auxquelles se heurtent les pouvoirs publics pour juguler les inégalités ?

→ Comment les pouvoirs publics peuvent-ils lutter contre les discriminations ?

Épreuve composée – Partie 1

→ Présentez les principales évolutions des inégalités et leurs causes depuis la Seconde Guerre mondiale.

→ Quels sont les différents instruments permettant de mesurer les inégalités et leur intérêt respectif ?

→ En quoi les inégalités sociales sont-elles multiformes et cumulatives ?*

→ Présentez les mécanismes par lesquels les pouvoirs publics pratiquent une redistribution.

→ Présentez deux moyens de lutter contre les inégalités et leurs limites.

Sujets corrigés p. 264 et 319

Pour aller plus loin

À lire

Ouvrages de référence

> Amartya Sen, *Repenser l'inégalité*, Seuil, 2000.
> François Dubet, *Les Places et les Chances*, Seuil, 2010.
> Marie Duru-Bellat, *Le Mérite contre la justice*, Presses de Sciences Po, 2009.
> Patrick Savidan, *Dictionnaire des inégalités et de la justice sociale*, PUF, 2018.

Bande dessinée

> Claire Braud, Nicolas Jounin, *Chantier interdit au public*, Casterman, 2016.

À voir

Film

> Leïla Sy et Kery James, Banlieusards, 2016.

Dans ce film, on assiste à un concours d'éloquence dont la question est : « L'État est-il seul responsable de la situation des banlieues en France ? »

Vidéos en ligne

> « À la recherche de la justice sociale », *France TV*
www.lumni.fr/video/a-la-recherche-de-la-justice-sociale

> Présentation de l'ouvrage d'Amartya Sen, *Repenser l'inégalité*, *Politikon*
www.youtube.com/watch?v=5lLKwizHxl8

> Évelyne Delorme, « Rawls et la théorie de la justice », *Cours-seko*
www.youtube.com/watch?v=1weNpCA1eDw

> « Les inégalités économiques et sociales », *Inverseco*
www.youtube.com/watch?v=YVgHGeS7_pk

À consulter

Sites Internet de référence

> L'Observatoire des inégalités : **www.inegalites.fr**
> Le site du Défenseur des droits : **www.defenseurdesdroits.fr**

Ton **KIT DE SURVIE** pour le **BAC** avec SCHOOLMOUV

Chapitre 11
Quelles inégalités sont compatibles avec les différentes conceptions de la justice sociale ?

Tu viens de voir les notions à connaître sur les inégalités et la justice sociale. Pour t'aider à retenir l'essentiel et t'entraîner pour le Bac, voici ton kit de révisions clé en mains conçu par SchoolMouv !

Vidéo

Pour mieux comprendre et t'en souvenir à coup sûr, regarde la vidéo. C'est parfois bien plus clair en images.

 Vidéo Des inégalités multiformes et cumulatives

https://flashbelin.fr/focusbacschoolmouv/ses/11

Contenu additionnel

Voici un bonus autour du même sujet. La curiosité n'est pas toujours un vilain défaut. Il suffit de créer ton compte pour avoir accès à plein de contenus supplémentaires.

 Fiche La mesure des inégalités économiques : une diversité d'outils

https://www.schoolmouv.fr/eleves/cours/la-mesure-des-inegalites-economiques-une-diversite-d-outils/fiche-de-cours

Tchat avec un prof

Pour poser toutes tes questions à un prof particulier, découvre l'abonnement tchat. Tu peux le tester gratuitement pendant 7 jours : fini les questions sans réponses, tu vas devenir incollable.

https://focusbac.schoolmouv.fr/offre

12 Quelle publique pour

LES BASES

Notions

→ **Asymétrie d'information :** situation dans laquelle les agents sur un marché ne disposent pas de la même information, ce qui peut en entraver le fonctionnement.

→ **Bien commun :** bien non exclusif (on ne peut empêcher quelqu'un de s'en servir) et rival (on ne peut tous s'en servir en même temps). Il s'agit notamment de ressources naturelles.

→ **Défaillance de marché :** situation dans laquelle le fonctionnement normal du marché conduit à un résultat sous-optimal.

→ **Équilibre de marché :** égalisation des quantités offertes et demandées, qui permet de définir le prix d'équilibre et la quantité échangée.

→ **Externalité :** conséquence d'un échange marchand sur une personne extérieure non prise en compte par le marché.

→ **Opinion publique :** ensemble de valeurs et de jugements partagés par la population d'une société donnée.

Mécanisme

Externalité négative : conséquences négatives de la production non prises en compte. → **Prix trop faible** → **Surproduction**

action l'environnement ?

L'ESSENTIEL EN 5 POINTS

1 L'**action des pouvoirs publics** en faveur de l'**environnement** est le résultat d'une **mise à l'agenda** politique liée à l'action de différents acteurs. Ces derniers peuvent coopérer, mais entrent également en conflit.

2 Les **pouvoirs publics** disposent de quatre outils principaux d'action sur le réchauffement climatique : la **réglementation**, la **taxe**, la **subvention** et le **marché des quotas d'émission**.

3 Ces différents instruments sont **complémentaires**. Ils n'ont pas les mêmes avantages, ni les mêmes limites.

4 Quel que soit l'instrument choisi, la lutte contre le réchauffement climatique souffre de **dysfonctionnements de l'action publique**, qui peuvent empêcher que des décisions soient prises ou en limiter l'efficacité.

5 Ces dysfonctionnements sont également visibles lors des **négociations internationales** sur le dérèglement climatique. Le climat est un **bien commun** nécessitant une coopération des États.

→ Définitions des notions p. 246-253

LE COURS en 3 parties

1. Qui sont les acteurs de la préservation de l'environnement ?

a. Une diversité d'acteurs

MOTS CLÉS

Problème public : problème qui concerne la collectivité et appelle une prise en charge politique.

Pouvoirs publics : ensemble des autorités qui conduisent l'action publique.

→ Pour qu'une question, ici environnementale, soit considérée comme un **problème public**, il faut un processus qui amène les **pouvoirs publics** à la prendre en compte : on parle de **mise à l'agenda** des problèmes publics.

→ On peut résumer ce **processus en trois étapes**. Dans un premier temps, il faut parvenir à **nommer le problème** (*naming*), à lui donner une existence ; puis, le **définir comme un problème public** (*blaming*), quelque chose qui appelle une prise en charge qui ne se limite pas à la sphère privée. Enfin, il faut parvenir à **mettre en forme une solution** que l'on souhaite promouvoir (*claiming*). Dans le cas du réchauffement climatique, il faut mettre en avant le fait qu'il existe un réchauffement climatique, puis l'attribuer à l'activité humaine. On peut alors pousser en faveur de solutions à adopter pour en limiter les conséquences.

MOTS CLÉS

ONG (organisations non gouvernementales) : organisations financées essentiellement par des dons privés et dont l'existence est liée à la défense d'une cause.

Lobbying : fait de défendre des intérêts privés en exerçant des pressions ou une influence sur des personnes ou des institutions publiques détentrices de pouvoir.

→ De nombreux **acteurs** sont donc partie prenante de ce processus et peuvent chercher à **influencer les pouvoirs publics** pour promouvoir leurs idées. On parle d'**entrepreneurs de cause**. C'est le cas des **ONG** (organisations non gouvernementales), comme Greenpeace. Ces organisations peuvent, par du **lobbying** externe (manifestations publiques) ou **interne** (dialogue direct avec les pouvoirs publics), chercher à amener les pouvoirs publics à prendre en compte ces questions.

→ Il existe aussi des **mouvements citoyens** qui ne prennent pas la forme d'organisations clairement délimitées. Les marches pour le climat ou les actions d'Extinction Rebellion ne sont pas organisées par des organisations déclarées officiellement.

→ Enfin, des **partis politiques** peuvent se constituer **autour des enjeux environnementaux**. C'est le cas d'EELV (Europe Écologie Les Verts) en France ou, de manière plus marginale, du Parti animaliste.

➜ D'autres acteurs **exercent un pouvoir**, politique ou non. C'est le cas des **pouvoirs publics**, qui ne forment pas un tout uniforme. Des désaccords et des luttes d'influence peuvent exister entre l'État et les collectivités locales, entre les différents ministères ou au sein d'une même administration.

➜ Les **entreprises** sont aussi un interlocuteur possible : elles peuvent intégrer **par elles-mêmes** les questions environnementales à leurs pratiques et à leur communication ou être la **cible d'actions** visant à remettre en cause leur fonctionnement.

➜ Les acteurs de la société civile n'agissent pas seuls. Ils s'appuient généralement sur le **recours aux experts ou aux médias**. L'expertise peut permettre de **convaincre**. Des experts peuvent aussi agir de leur propre chef comme des « **lanceurs d'alerte** ». Le **GIEC** (Groupe d'experts intergouvernemental sur l'évolution du climat), qui a contribué à la mise à l'agenda du réchauffement climatique, est ainsi un groupe international d'experts. Enfin, les **médias** contribuent à la **transmission** de ces initiatives à l'opinion publique. Les manifestations ou les initiatives les plus spectaculaires n'ont de sens que si elles sont relayées auprès du grand public.

b. Des relations de conflit et de coopération

➜ Ces différents acteurs entretiennent des **relations de conflit**, mais aussi de **coopération**. Les **pouvoirs publics** peuvent **s'appuyer sur des ONG** dans la définition de problèmes publics. En 2007 par exemple, la mise en place d'un « **Grenelle de l'environnement** » par le gouvernement est une réponse à la **demande d'organisations non gouvernementales**. Elle les intègre aux côtés des syndicats et des pouvoirs publics. Si ces organisations se montreront plus critiques à l'issue du processus, elles auront néanmoins joué le jeu d'une concertation avec les pouvoirs publics.

➜ Les **entreprises** peuvent elles aussi chercher à **s'associer à la société civile**. Ainsi, le label de pêche durable MSC a été créé à l'initiative du WWF et du groupe agroalimentaire Unilever. Il regroupe des **acteurs de la filière**, des **associations** et des **scientifiques**. Il peut ainsi s'agir pour une entreprise tant de **préserver** une ressource dont elle a l'usage que de **communiquer** sur les efforts qu'elle réalise en faveur de l'environnement.

➜ Mais les relations entre acteurs peuvent aussi être conflictuelles. Une association comme Zero Waste France est impliquée dans la **dénonciation des pratiques de certaines entreprises**. Elle s'est notamment mobilisée pour mettre en cause les pratiques d'entreprises de la restauration rapide produisant une quantité importante de déchets sans politique de recyclage.

➜ **Le conflit autour de l'interdiction du glyphosate**

Les **acteurs opposés au glyphosate** s'appuient sur différentes études montrant les effets néfastes du glyphosate, aussi bien pour l'homme (risque de cancer notamment) que pour la faune et la flore. À l'inverse, le **syndicat agricole FNSEA** ou les **lobbies de la chimie** avancent qu'il est impossible de trouver un produit de substitution et remettent en cause le risque sanitaire. L'**initiative citoyenne** « Stop glyphosate » a réuni plus d'un million de signatures en Europe, ce qui a contraint la **Commission européenne** à se positionner sur le sujet. Toutefois, l'UE a autorisé l'usage du glyphosate au moins jusqu'en 2022 et, en France, la sortie du glyphosate a été repoussée, au profit d'une utilisation réduite de moitié d'ici 2021.

2. Quels sont les instruments de préservation de l'environnement ?

a. Les instruments réglementaires

→ Les **instruments réglementaires** jouent sur la **contrainte**. Il s'agit d'interdire ou d'autoriser certains comportements.

→ Plusieurs types de **normes** peuvent **réglementer les comportements**. Les **normes d'émission** définissent des seuils à ne pas dépasser (comme les normes Euro pour les émissions de CO_2, qui s'imposent pour les moteurs neufs). Les **normes de procédé** imposent une obligation de moyen (comme le recyclage de déchets industriels). Les **normes de produit** imposent des caractéristiques données, comme le protocole de Montréal, qui a interdit en 1987 l'usage des gaz CFC (chlorofluorocarbones) pour la production d'aérosols (**Doc 1**) – ces derniers étaient en effet responsable d'une diminution de la densité de l'ozone à l'origine de nombreux cancers. Les **normes de qualité** imposent, elles, des seuils de polluant à ne pas dépasser dans l'environnement.

→ Enfin, les **quotas** sont un type de norme particulier, qui limite la production ou l'exploitation d'une ressource (comme les quotas de pêche).

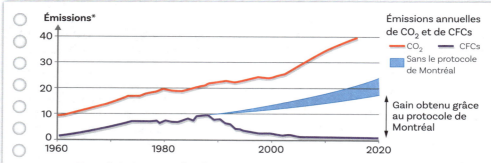

Note : émissions annuelles de CO_2 et de CFC pondérées par leur pouvoir de réchauffement global pour la période 1960-2020. La région en bleu correspond à une augmentation prévue en l'absence du protocole de Montréal.

Source : M.-L. Chanin, C. Clerbaux, S. Godin-Beeckmann, *L'Évolution de l'ozone atmosphérique : le point en 2015*, Académie des Sciences, 2015.

- **1928** Découverte des ChloroFluoroCarbones (CFC) utilisés pour leur pouvoir réfrigérant.
- **1928-1987** Croissance de l'usage des CFCs dans l'industrie.
- **1974** Les chimistes Franck Rowland et Mario Molina observent la disparition progressive de la couche d'ozone au-dessus de l'Antarctique et formulent l'hypothèse du rôle des CFCs.
- **1974-1985** De nombreux travaux scientifiques vérifient cette hypothèse.
- **1985** Convention de Vienne, signée par l'ensemble des États, qui s'engagent à la protection de la couche d'ozone.
- **1987** Mise en place du **protocole de Montréal**, dans lequel l'ensemble des États s'engage à la disparition progressive de la production des CFCs.
- **2000** Interdiction de mise sur le marché français des CFCs sous peine d'amendes.
- **2002** Obligation de récupération et de destruction des CFCs encore en circulation en France sous peine d'amendes.

Doc 1 L'évolution des gaz à effet de serre dans le monde de 1960 à 2020

b. La taxe et la subvention, des instruments économiques

→ Les normes sont complétées par des **instruments économiques**, qui s'appuient sur les prix pour **modifier le comportement des agents**. Il ne s'agit pas d'interdire ou d'imposer un comportement, mais d'**inciter les agents** à aller dans le sens souhaité. La taxe n'empêche pas les atteintes à l'environnement, mais elle leur donne un prix.

→ Ce principe d'**écotaxe**, que l'on appelle souvent « **pollueur-payeur** », amène chaque producteur à **comparer les bénéfices permis par une activité polluante et les coûts sociaux** représentés par le montant de la taxe. Chaque producteur diminue sa pollution tant que ses coûts de dépollution sont inférieurs au montant de la taxe.

→ **Dépolluer, un problème marginal ?**

Les économistes raisonnent « **à la marge** » : ils **comparent le coût de dépollution pour la dernière unité produite au coût de la pollution**, par exemple **la taxe que doit payer l'entreprise**. L'idée est que l'entreprise dépollue tant que **son coût marginal de dépollution** est inférieur au montant de la taxe (dépolluer coûte moins cher que payer la taxe). Normalement, plus une entreprise dépollue, plus en faire davantage demande un investissement important. **Quand ce coût dépasse le montant de la taxe, l'entreprise cesse de dépolluer.** On représenter ce principe de la manière suivante :

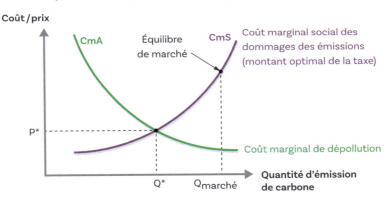

→ La **subvention** repose sur un **mécanisme symétrique** : il s'agit de **rémunérer** les activités économiques qui présentent des **externalités positives** (ou ne présentent pas d'externalités négatives). On peut citer l'existence de subventions lors de l'achat d'un véhicule peu polluant, par exemple, ou des aides fiscales à la rénovation énergétique des logements.

c. Des instruments complémentaires

→ L'usage des **normes** présente certains **inconvénients** par rapport à la taxe. Les normes ont le **défaut de ne pas s'adapter aux préférences de chaque agent** (le même effort est demandé à tous, quelle que soit la taille de l'entreprise ou la structure de ses coûts, par exemple), ce qui peut mettre certains producteurs en difficulté. En revanche, **ceux qui pourraient faire mieux** que ce qui est imposé par la norme ne sont pas incités à le faire, car ils n'en tirent aucun bénéfice. De plus, la norme ne permet pas forcément de créer des recettes, alors qu'une **taxe** entraîne un **« double dividende »** : elle permet à la fois de réduire la pollution et de dégager des recettes, qui donneront la possibilité de réparer les dommages environnementaux ou de diminuer d'autres taxes.

➡ La **taxe** a cependant elle aussi des **limites**, autres que celles de la norme. En laissant une certaine liberté d'action aux agents économiques, elle est **moins prévisible** en termes de résultat. Ainsi, la norme peut être préférée dans les cas où l'on souhaite être certain du résultat obtenu. Par ailleurs, les ménages les plus modestes ont statistiquement des consommations plus énergivores. Ils seront donc davantage affectés par la taxe si celle-ci n'est pas compensée par d'autres évolutions de la fiscalité. Cela pose aussi la **question de l'acceptabilité d'une nouvelle taxe**, comme l'a montré la contestation de l'augmentation de la **taxe carbone** par le mouvement des Gilets jaunes (**Doc 2**).

➡ Enfin, tous les outils posent des questions en termes de **difficulté de conception** (quand les sources de pollution sont nombreuses, par exemple), de **contrôle de la fraude**, ou de **baisse de la compétitivité prix**, et donc de **risque de délocalisation** pour des raisons environnementales.

➡ **Quel avenir pour la taxe carbone en France ?**

La **taxe carbone** est mise en place en 2014 pour **inciter la population à réduire ses émissions de gaz à effet de serre**. Elle s'applique sur l'achat d'énergies fossiles (avec toutefois de nombreuses niches fiscales qui en réduisent la portée). Son montant **devait augmenter progressivement entre 2014 et 2030**. Cependant, en 2018, à la suite d'une augmentation du prix du pétrole qui met en avant son effet inégalitaire, une partie de la population forme le **mouvement des Gilets jaunes** et réclame sa suppression. La taxe est alors **gelée** à son niveau de 2018, et son avenir est désormais en question.

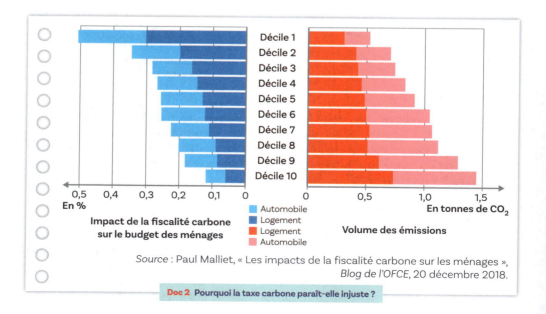

Source : Paul Malliet, « Les impacts de la fiscalité carbone sur les ménages », *Blog de l'OFCE*, 20 décembre 2018.

Doc 2 Pourquoi la taxe carbone paraît-elle injuste ?

d. Le marché des quotas d'émission, une solution intermédiaire ?

➜ Avec les **marchés des quotas d'émission** (**Doc 3**), il s'agit d'**émettre des droits à polluer**, de les attribuer aux entreprises ou aux États (ils peuvent être donnés ou vendus), mais de laisser ensuite ces derniers les **échanger librement sur le marché**. Ainsi, depuis 2005, dans le cadre du **système communautaire d'échange de quotas d'émission**, les grandes entreprises européennes se voient attribuer un quota d'émissions de CO_2. Il existe ensuite un marché sur lequel échanger ces quotas, et donc un prix de marché, en fonction duquel les entreprises **décident de dépolluer** (si le prix du quota dépasse le coût de dépollution) **ou pas**.

➜ Le marché des quotas **cumule des avantages des normes et des taxes**. Comme avec la norme, un quota est **fixé en amont**, et **on sait quel sera le résultat**. Comme avec la taxe, les acteurs économiques sont libres de choisir entre assumer le coût de dépollution ou payer pour le droit de polluer.

➜ Ce système n'est toutefois **pas parfait**. Il est **coûteux** et **complexe** à organiser. Il n'est ainsi applicable qu'à de **grandes entreprises**, qui ne représentent pas la majorité de la pollution totale. Par ailleurs, le système est **inefficace si trop de permis** d'émission sont attribués. De même, **si le prix est trop volatil** (ce qui est favorisé par la spéculation possible sur ce type de marché), les entreprises ne seront pas incitées à engager des efforts durables.

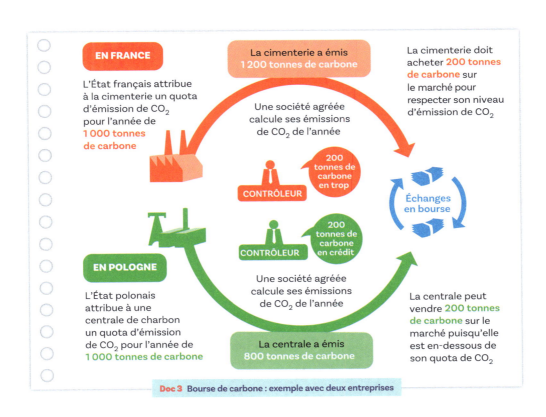

Doc 3 Bourse de carbone : exemple avec deux entreprises

COURS

3. Les limites de l'action publique en faveur de l'environnement

a. Aux échelles nationale et locale, des dysfonctionnements de l'action publique

→ Les **politiques publiques** en faveur de l'environnement ne sont **pas toujours efficaces**. Certaines **mesures** ne sont tout simplement **pas prises**. La France a ainsi été condamnée par la justice européenne pour son manque d'efforts en faveur de la qualité de l'eau potable (polluée aux nitrates) ou de l'air. D'autres **manquent d'efficacité**. L'existence de normes environnementales n'a ainsi pas empêché la pollution de la Seine par l'entreprise Lafarge avec des boues polluées au ciment et au plastique.

→ Le manque de mesures efficaces peut être lié à la divergence des intérêts en présence. Les acteurs responsables de la pollution ont la capacité d'influencer les pouvoirs publics par un intense **travail de lobbying**. Les industriels de la chimie se sont ainsi mobilisés pour défendre les insecticides néonicotinoïdes, le secteur de l'aviation, une faible fiscalité sur ses émissions de CO_2... Les pouvoirs publics sont par ailleurs sensibles à l'**opposition d'une majorité de la population** à certaines mesures (fiscalité sur l'essence, réduction de la vitesse routière...).

→ Une difficulté supplémentaire est liée au fait que l'essentiel des **bénéfices** des efforts environnementaux va aux **générations futures**, qui ne votent pas et n'ont donc pas de poids politique, alors que les **coûts** sont **plus immédiats**.

b. À l'échelle internationale, des comportements de passager clandestin

→ De nombreuses questions environnementales reposent sur des **problématiques locales ou nationales**, mais ont des **implications mondiales**. Par exemple, si la gestion de la forêt amazonienne est considérée par le Brésil comme une question nationale, de nombreux États font pression, au nom des répercussions mondiales de l'accélération de la déforestation.

→ Ainsi, dans le **domaine des transports**, si les efforts de dépollution s'inscrivent dans un **cadre global**, lié à l'accord de Paris, des **réglementations nationales** sont mises en place (normes d'émission, taxe carbone, bonus écologique...) et des **politiques locales** encouragent les transports propres (circulation différenciée, pistes cyclables, péages urbains...). Cela pose donc la question d'un **accord sur la répartition des efforts** à mettre en œuvre.

→ Or, au niveau international, la préservation de l'environnement se heurte au **problème des biens communs**. Beaucoup de ressources naturelles sont **rivales**, mais **non exclusives**. Cela entraîne ce que Garett Hardin a appelé **« la tragédie des communs »** : les biens communs sont surexploités et disparaissent progressivement. Ici, un pays qui ne contribue pas à la préservation de l'environnement profite des efforts des autres. Pour un État isolé, le comportement optimal est celui du **« passager clandestin »** : attendre que

> **MOTS CLÉS**
>
> **Bien rival :** bien dont la quantité disponible est limitée. La consommation par un individu de ce bien réduit la possibilité pour les autres d'en profiter.
>
> **Bien exclusif :** bien dont on peut empêcher la consommation.

les autres contribuent à la préservation de l'environnement, tout en profitant du surplus de croissance que permet une pollution constante. Or, il n'existe à l'échelle internationale **aucune autorité capable d'imposer aux États** un comportement vertueux.

→ Ce risque est renforcé par la **divergence des opinions sur la répartition des efforts** à faire. Beaucoup de pays en développement considèrent que les pays riches sont responsables d'une grande partie de la pollution et qu'ils doivent donc assumer la majeure partie des efforts. Ces derniers militent en revanche pour que l'effort soit collectif et davantage réparti entre les différents acteurs. Les **inégalités de développement** sont donc un **frein** aux efforts en faveur de l'environnement. Ces éléments peuvent expliquer la difficulté à mettre en place des mesures comme l'accord de Paris (**Doc 4**).

→ **Quel bilan pour la COP 21 ?**

Lors de la **COP21 à Paris**, en 2015, de **nombreux engagements de diminution des émissions** de gaz à effet de serre ont été pris par les pays présents pour maintenir le réchauffement climatique en dessous de 2 °C. Cependant, ces objectifs n'ont pas, pour l'instant, été tenus. Les **« gros » émetteurs** tels que l'Arabie saoudite **refusent de mettre en péril leurs économies** fondées sur le pétrole, et les **États-Unis** se sont **retirés de l'accord** sous la présidence de Donald Trump, avant de le réintégrer en 2021. Pour d'autres pays, comme la France, le respect des engagements n'est pas certain et **aucun mécanisme de sanction** n'existe en cas de non-respect des engagements pris.

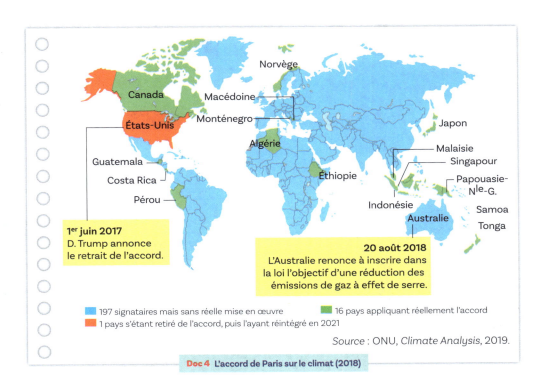

Doc 4 L'accord de Paris sur le climat (2018)

Une citation clé

> « The problem is that those who produce the emissions do not pay for that privilege, and those who are harmed are not compensated. » (Le problème, c'est que ceux qui produisent les émissions ne paient pas pour ce privilège, et ceux qui sont touchés ne sont pas indeminsés.)
>
> **William Nordhaus**, *The Climate Casino : Risk, Uncertainty and Economics for a Warming Wold*, 2013.

❗ NE PAS CONFONDRE

- ➡ Parti politique/ONG/ mouvement citoyen
- ➡ Problème public/politique publique
- ➡ Externalité négative/ externalité positive
- ➡ Taxation/subvention
- ➡ Quota/marché des quotas d'émission
- ➡ Bien commun/bien collectif
- ➡ Rivalité/exclusion

Les principales théories

Assure-toi que tu es capable de mettre en lien les théories suivantes avec les politiques environnementales correspondantes.

- ➡ La **théorie de la mise à l'agenda** et la mise en place de politiques environnementales.
- ➡ Le **mécanisme des externalités négatives** et la mise en place de taxes environnementales.
- ➡ Le **fonctionnement du marché concurrentiel** et la mise en place d'un marché des droits à polluer.
- ➡ La **tragédie des communs** et la difficulté à conclure des accords climatiques internationaux.

BILAN

SE TESTER
– Mobiliser ses connaissances –

1. Vrai ou faux ?

		Vrai	Faux
a	Taxer une production polluante permet d'internaliser les externalités négatives qu'elle entraîne.	☐	☐
b	Selon la théorie économique, la réglementation et les taxes sont des instruments équivalents.	☐	☐
c	La norme incite à faire mieux que ce qui est imposé.	☐	☐
d	La taxe peut permettre un double dividende.	☐	☐
e	Les négociations sur le climat se heurtent à des comportements de « passager clandestin ».	☐	☐
f	Les pays les plus pollueurs sont tous des pays émergents.	☐	☐
g	L'État et les ONG entretiennent parfois des relations de coopération dans le domaine environnemental.	☐	☐
h	Le marché des quotas d'émission est un outil fréquemment utilisé à l'échelle locale.	☐	☐

2. Coche la ou les bonne(s) réponse(s).

1. Le marché des quotas d'émission :

- a permet d'être certain de l'objectif atteint. ☐
- b n'a jamais été mis en place en Europe à cause de sa complexité trop importante. ☐
- c permet d'inciter ceux qui ont le coût de dépollution le plus faible à faire davantage d'efforts. ☐

2. La lutte internationale contre le réchauffement climatique :

- a est complexe, car le climat pose un problème de « tragédie des biens communs ». ☐
- b est affaiblie par le comportement de « passager clandestin » de certains États. ☐
- c est facilitée par la réduction des inégalités de développement entre États. ☐

3. Lorsqu'un pouvoir public cherche à lutter contre le réchauffement climatique, il peut :

- a faire internaliser aux agents leurs externalités positives par la réglementation. ☐
- b faire internaliser aux agents leurs externalités négatives par la mise en place d'un marché carbone. ☐
- c être soumis à des activités de lobbying. ☐

3. Associe chacun des termes suivants à sa définition.

a. *passager clandestin* – b. *lobbying* – c. *mise à l'agenda* – d. *externalité* – e. *biens communs*

1. Processus par lequel des problèmes d'ordre privé sont progressivement pris en charge par des instances publiques et deviennent des problèmes publics.
2. Type de comportement économique dans lequel un agent bénéficie des résultats d'une action entreprise par d'autres sans en payer le coût.
3. Ils ont la double caractéristique d'être rivaux et non exclusifs.
4. Conséquence de l'action d'un agent économique sur un autre agent qui n'est pas prise en compte par le marché.
5. Fait de défendre des intérêts privés en exerçant des pressions ou une influence sur des personnes ou des institutions publiques détentrices de pouvoir.

4. Complète le tableau suivant à l'aide des propositions ci-dessous. Attention, un même argument peut être employé à plusieurs reprises.

	Réglementation	Taxe	Marché des quotas
Avantages			
Inconvénients			

1. Impossible de prévoir à l'avance le résultat.
2. Permet à l'État d'avoir des recettes susceptibles de soutenir la politique climatique.
3. Permet de prévoir à l'avance le résultat.
4. Inadapté pour les petites entreprises.
5. Peu incitatif si le prix du carbone est bas.
6. Pèse davantage sur les ménages modestes.
7. Concentre les efforts sur les agents économiques pour lesquels il est moins cher de dépolluer.
8. Les dépollueurs sont « récompensés » par la vente des quotas.
9. Ne prend pas en compte la diversité des préférences ou des coûts de dépollution.

Réponses : 1. a. Vrai – **b.** Vrai – **c.** Faux – **d.** Vrai – **e.** Vrai – **f.** Faux – **g.** Vrai – **h.** Faux • **2. 1.** a, c – **2.** a, b – **3.** b, c • **3. a.** 2 – **b.** 5 – **c.** 1 – **d.** 4 – **e.** 3 • **4. Réglementation :** 3/9 – **Taxe :** 2, 7/1, 6 – **Marché des quotas :** 2, 3, 7, 8.

SE PRÉPARER POUR L'EXAMEN

Rédiger une réponse argumentée à partir d'un dossier documentaire (partie 3)

SUJET

PARTIE 1 Mobilisation des connaissances *(4 points)*

À l'aide de deux exemples, vous montrerez que les acteurs impliqués dans les questions environnementales entretiennent des relations de coopération et de conflit.

PARTIE 2 Étude d'un document *(6 points)*

Document > Évolution des émissions de CO_2 dans le monde entre 1970 et 2016

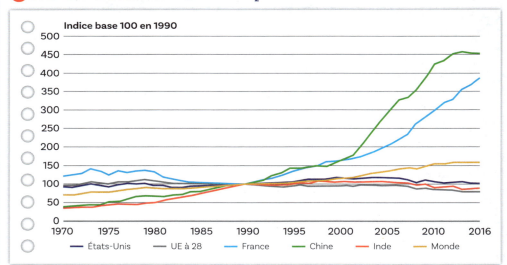

Source : Commissariat général au développement durable, *Chiffres clé du climat. France, Europe et monde*, 2018.

1. À l'aide du document, vous comparerez l'évolution des émissions de CO_2 entre 1970 et 2016 en Chine et aux États-Unis.
2. À l'aide des données du document et de vos connaissances, vous montrerez que les accords internationaux liés à la préservation de l'environnement sont contraints par des stratégies de passager clandestin et par les inégalités de développement entre pays.

PARTIE 3 Raisonnement s'appuyant sur un dossier documentaire *(10 points)*

À l'aide de vos connaissances et du dossier documentaire, vous montrerez que les pouvoirs publics disposent de plusieurs instruments pour faire face aux externalités négatives sur l'environnement.

Document 1 > La mise en place d'une taxe carbone en Suède

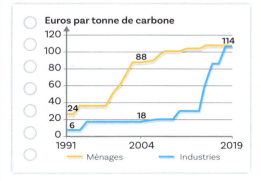
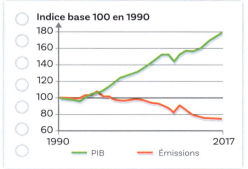

Source : Gouvernement de Suède, 2019.

Document 2 > Évolution du prix du quota de CO_2 sur le marché européen du carbone

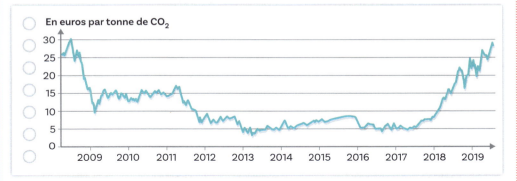

Source : Think tank Sandbag, 2019.

Document 3 > Les subventions

Quels sont les arguments en faveur de subventions aux équipements verts ? Tout d'abord, il est souhaitable de subventionner temporairement la recherche verte car il est plus facile d'innover dans les secteurs où le stock de connaissances est déjà important. [...]
Ensuite, un prix donné du carbone permet d'éviter d'autant plus d'émissions que des substituts verts sont accessibles et abordables, permettant aux ménages de changer de comportement. Si ces substituts verts prennent la forme de biens publics (par exemple, des infrastructures de transport public) ou s'il existe des externalités de réseau (densité des stations de recharge pour les véhicules électriques), il est justifié de les subventionner. [...]

Enfin, en accompagnement de la fiscalité écologique, les subventions ou aides au changement d'équipement sont justifiées en direction de ménages trop contraints financièrement et n'ayant pas accès au crédit. [...] Il convient de veiller au ciblage des aides en direction des ménages les plus vulnérables et de leur fléchage sur des solutions performantes.

D. Bureau, F. Henriet, K. Schubert, « Pour le climat : une taxe juste, pas juste une taxe », *Les notes du Conseil d'analyse économique,* n° 50, mars 2019. ∎

MÉTHODE

Méthode et corrigé

Rassembler ses connaissances

Il faut être le plus complet possible en utilisant **à la fois ses connaissances et les documents**. Il est préférable de **commencer en rassemblant toutes ses connaissances** sur le sujet. Le **dossier documentaire** permet ensuite d'**enrichir** certains aspects et de vérifier que tu n'as rien oublié.

→ Ici, le sujet porte **sur les instruments**, et donc sur une partie assez clairement identifiée du cours. Toutefois, tu ne perds rien à vérifier qu'il n'y a pas d'éléments utiles ailleurs (ce qui n'est pas le cas). Les documents confirment cela : ils portent sur les taxes, les subventions et le marché des quotas.

Chercher un plan simple

Un plan complexe est rarement bon. Il ne faut surtout pas négliger les clés de répartition les plus simples : oui/non, le plan du cours… Par ailleurs, pour une épreuve composée, le nombre de paragraphes est libre et les sous-parties ne sont pas imposées : raison de plus pour faire simple !

→ Ici, un **plan découpé par instrument** est indiqué. Il permet d'avoir une clé de répartition simple des idées, qui couvre tout le sujet et évite les redondances. Tu peux regrouper taxes et subventions, qui reposent sur la même logique. Un plan avantages/limites est moins indiqué : le sujet insiste plus sur la présentation des instruments et tu risquerais la répétition.

Présenter les axes de manière explicite

Chaque paragraphe doit démontrer quelque chose. Prévois donc un titre au brouillon, qui ne soit pas juste un mot, mais une phrase. De plus, en toute logique, on doit pourvoir reformuler le titre en commençant par « on montre que… ». Si ça n'est pas le cas, c'est qu'on décrit sans démontrer. Il faut aussi prêter attention au mot « et » dans le titre : sa présence indique souvent qu'il y a plusieurs idées différentes (et donc qu'il faut plusieurs paragraphes).

→ Ici, chaque partie « montre que » **un type d'instrument permet de lutter contre le changement climatique**. La deuxième partie parle de taxes et de subventions, mais son unité vient du fait qu'il s'agit d'instruments économiques permettant de prendre en compte les externalités. La subvention est l'envers de la taxe.

Bien organiser ses idées à l'intérieur de chaque paragraphe

La définition des grandes parties ne fait pas tout. Chacune doit être organisée selon une **progression pensée à l'avance** (idée principale, enchaînement des arguments, exemples). On peut alors vérifier que tous les documents sont bien mobilisés (même rapidement).

→ Ici, il faut réfléchir à **l'enchaînement de la présentation de chaque instrument, de la mise en avant de ses avantages et de ses limites**. Essaie de limiter les répétitions, tout en veillant à bien présenter chaque outil. Il n'y a pas une seule façon de faire : on peut ainsi séparer clairement avantages et limites, ou présenter plus globalement les cas dans lesquels chaque outil s'applique.

COUP DE POUCE

Tu peux t'appuyer sur la méthode de l'épreuve composée, p. 13.

CONSEIL : Soigne bien la **rédaction**. Cela te permettra de valoriser le travail fait : reprends ton titre en début de partie pour bien expliquer ce dont tu vas parler, adopte une politique de saut de ligne uniforme et claire, et relis-toi !

PARTIE 3 Raisonnement s'appuyant sur un dossier documentaire

Proposition de plan détaillé

I. Les pouvoir publics peuvent utiliser des normes pour préserver l'environnement.

A. Différents types de normes permettent de préserver l'environnement en fixant des limites à l'action économique.

B. Les normes ont des limites, mais sont un instrument utile, notamment pour les situations dans lesquelles on a besoin d'un résultat certain.

II. Les pouvoir publics peuvent utiliser des taxes et des subventions pour préserver l'environnement.

A. Le recours à la taxe ou à la subvention permet d'internaliser les externalités qui pèsent sur l'environnement.

B. Les instruments économiques ont des limites, mais sont utiles, permettant notamment de s'adapter aux capacités et aux préférences de chacun.
> **Doc 1 et 3**

III. Les pouvoir publics peuvent utiliser le marché des droits à polluer pour préserver l'environnement.

A. Le marché des droits à polluer cumule des avantages des normes et des taxes.

B. Le marché a des limites, mais est un instrument utile, qui permet notamment de prendre en charge certains problèmes environnementaux à l'échelle internationale. > **Doc 2**

Les sujets qui peuvent tomber au Bac...

Dissertation | Épreuve composée – Partie 3

→ Comment la préservation de l'environnement est elle devenue un problème public ?

→ Comment peut-on faire face aux externalités négatives sur l'environnement ?

→ Les instruments dont disposent les pouvoirs publics pour préserver l'environnement sont-ils efficaces ? *

→ Vous montrerez comment les questions environnementales ont été construites comme un problème public.

→ Vous montrerez que la préservation de l'environnement implique une diversité d'acteurs à différentes échelles

→ Vous montrerez que les politiques de lutte contre le changement climatique rencontrent certaines limites.

Épreuve composée – Partie 1

→ À l'aide de deux exemples, vous montrerez que différents acteurs participent à la construction des questions environnementales.

→ À l'aide d'un exemple, vous montrerez que l'action publique pour l'environnement articule différentes échelles.

→ Comment la taxation permet-elle de faire face aux externalités négatives sur l'environnement ?

→ En quoi les comportements de passager clandestin sont-ils un obstacle à la conclusion d'accords internationaux liés à la préservation de l'environnement ?

*Sujet corrigé p. 319

Pour aller plus loin

À lire

- Éloi Laurent, Jacques Le Cacheux, *Économie de l'environnement et économie écologique*, Armand Colin, 2015.
- Jean-Baptiste Comby, « Dépolitisation du problème climatique. Réformisme et rapport de classe », *Idées*, n° 190, 2017
- Arnaud Parienty, « Économie de l'environnement », *Précis d'économie*, La Découverte, 2017.

À voir

Film
- Cyril Dion, Mélanie Laurent, *Demain*, 2015

Vidéos en ligne
- « Comment fonctionne le système d'échange des quotas d'émission ? », *Ademe*
  www.youtube.com/watch?v=pH9BYRqbofk
- Le classement des principaux émetteurs de CO_2 depuis 1960
  www.youtube.com/watch?v=xT34msL_eUk
- « Désobéir pour sauver la planète, le choix des militants d'extinction rebellion », *France 3 Île-de-France*
  www.youtube.com/watch?v=cE5GdkULtY4

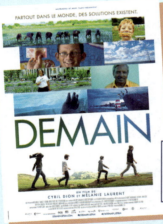

À consulter

Sites Internet de référence

- Le site statistique du ministère de la Transition écologique et solidaire
  www.statistiques.developpement-durable.gouv.fr/environnement
- Le site du Programme des Nations unies pour l'environnement
  www.unep.org/fr

Ton **KIT DE SURVIE** pour le **BAC** avec SCHOOLMOUV

Chapitre 12

Quelle action publique pour l'environnement ?

Tu viens de voir les notions à connaître sur l'action publique pour l'environnement. Pour t'aider à retenir l'essentiel et t'entraîner pour le Bac, voici ton kit de révisions clé en mains conçu par SchoolMouv !

Vidéo

Pour mieux comprendre et t'en souvenir à coup sûr, regarde la vidéo. C'est parfois bien plus clair en images.

 Vidéo **Les principaux instruments des politiques climatiques**

https://flashbelin.fr/focusbacschoolmouv/ses/12

Contenu additionnel

Voici un bonus autour du même sujet. La curiosité n'est pas toujours un vilain défaut. Il suffit de créer ton compte pour avoir accès à plein de contenus supplémentaires.

 Fiche **Coopération et conflit dans la conduite de l'action publique pour l'environnement**

https://www.schoolmouv.fr/eleves/cours/cooperation-et-conflit-dans-la-conduite-de-l-action-publique-pour-l-environnement/fiche-de-cours

Tchat avec un prof

Pour poser toutes tes questions à un prof particulier, découvre l'abonnement tchat. Tu peux le tester gratuitement pendant 7 jours : fini les questions sans réponses, tu vas devenir incollable.

https://focusbac.schoolmouv.fr/offre

ENTRAÎNEMENT BAC — SUJET 1

SUJET CORRIGÉ
Dissertation

SUJET : Dans quelle mesure l'ouverture des économies au commerce international présente-t-elle des avantages ?

Document 1 > Le commerce mondial intrabranche par grande zone géographique

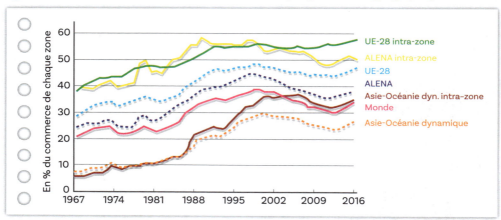

Note : la région « Usine Asie » est composée des pays de l'Association des nations de l'Asie du Sud-Est (ASEAN : Indonésie, Malaisie, Singapour, Philippines, Thaïlande, Brunei, Viêt Nam, Laos, Myanmar et Cambodge) et de six autres grands pays d'Asie et d'Océanie (Chine, Corée du Sud, Japon, Inde, Australie et Nouvelle-Zélande).

Source : Alix de Saint Vaulry et Deniz Ünal, « Commerce intra- versus interbranches, regain de similitudes ? », *Carnets graphiques, L'économie mondiale dévoile ses courbes*, CEPII, 2019.

Document 2 > Commerce mondial de marchandises par région

Exportations	1948	1963	1983	2003	2017
Monde (en milliards de dollars)	59	157	1 838	7 379	17 198
Monde (en %) dont	100	100	100	100	100
Amérique du Nord	28,1	19,9	16,8	15,8	13,8
Am. du Sud, centrale et Caraïbes	11,3	6,4	4,5	3,1	3,4
Europe	35,1	47,8	43,5	45,9	37,8
CEI (dont Russie)[1]	2,2	4,6	5,0	2,6	3,0
Afrique	7,3	5,7	4,5	2,4	2,4
Moyen-Orient	2	3,2	6,7	4,1	5,6
Asie	14	12,5	19,1	26,1	34,0

1. Communauté d'États indépendants, ex-URSS (jusqu'en 1983).

Source : OMC, *Examen statistique du commerce mondial 2018*.

📖 **Document 3** > **Poids de l'industrie manufacturière[1] dans l'emploi intérieur total[2] et importations de produits de l'industrie manufacturière, en France**

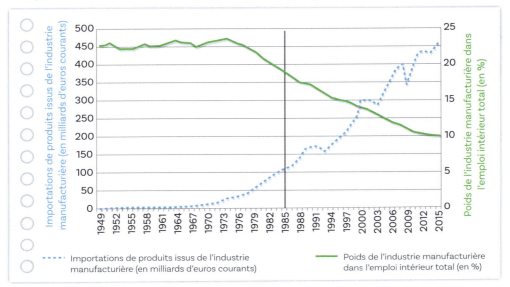

1. Les industries manufacturières sont des industries de transformation des biens : industries alimentaires, fabrication de textiles, industrie pharmaceutique, fabrication de machines et équipements, industrie automobile, etc.
2. Emploi intérieur total, salariés et non-salariés, en nombre d'équivalents temps plein.

Lecture : selon l'Insee, en France, en 1985, les importations de produits issus de l'industrie manufacturière s'élèvent à environ 110 milliards d'euros courants et les emplois dans l'industrie manufacturière représentent 19 % de l'emploi intérieur total.

Source : Insee, 2016.

📖 **Document 4** > **Baisses de charges : stop ou encore ?**

Le débat entre les économistes a évidemment porté sur les effets de la globalisation réelle : au total était-elle favorable ou défavorable aux économies ?

La question renvoie d'abord aux inégalités de revenu. La globalisation conduit logiquement à une hausse du nombre d'emplois peu qualifiés dans les pays émergents et à leur baisse dans les pays avancés de l'OCDE. D'où, dans ces derniers, une baisse du salaire relatif des peu qualifiés et une hausse des inégalités. […] Du côté des pays émergents, […] à partir de la fin des années 1990, la pauvreté recule de manière significative, surtout en Asie.

[…] Ce résultat provient du transfert des investissements et des emplois peu qualifiés des pays de l'OCDE vers les pays émergents. Toutefois, […] s'il y a une hausse du niveau de vie relativement aux États-Unis, en Chine, en Asie de l'Est, plus faiblement en Inde et en Europe centrale, ce n'est pas du tout le cas en Amérique latine et en Afrique où le niveau de vie stagne en pourcentage de celui des États-Unis. La globalisation a donc profité de manière inégale aux pays émergents.

Enfin, si la pauvreté a reculé dans les pays émergents, les inégalités y ont augmenté, avec, comme dans les pays de l'OCDE, une prime accrue à l'éducation pour les plus qualifiés […] et l'apparition d'individus très riches. La part du revenu national captée par le 1 % d'individus au revenu le plus élevé, qui est l'indicateur habituel des inégalités extrêmes de revenu, augmente dans tous les pays émergents : elle est aujourd'hui très élevée en Amérique latine (28 %), en Inde (22 %), en Afrique (20 %), en Chine (14 %). À titre de comparaison, elle est de 7 % en France.

Patrick Artus,
Discipliner la finance,
Odile Jacob, 2019. ■

ENTRAÎNEMENT BAC — SUJET 1

Épreuve composée

SUJET

PARTIE 1 Mobilisation des connaissances *(4 points)*

Comment l'insuffisance de la demande anticipée peut-elle expliquer le chômage ?

PARTIE 2 Étude de document *(6 points)*

Document > Diplômes de l'enseignement supérieur des jeunes âgés de 25 à 29 ans en fonction du milieu social (en 2005-2007 et 2015-2017)

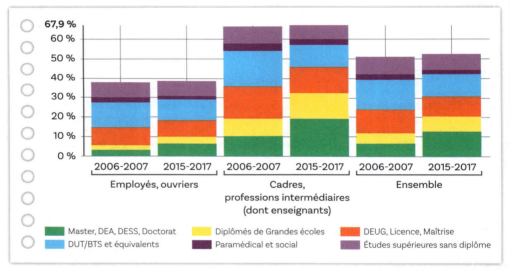

Source : ministère de l'Enseignement supérieur, de la Recherche et de l'Innovation, *État de l'enseignement supérieur, de la recherche et de l'innovation en France*, n° 12, 2019.

1. Présentez l'évolution du niveau de diplôme atteint par les jeunes selon le milieu social.
2. Illustrez la différence entre démocratisation et massification grâce aux données du document.

PARTIE 3 Raisonnement à partir d'un dossier documentaire *(10 points)*

À l'aide de vos connaissances et du dossier documentaire, vous montrerez que les pouvoirs publics contribuent à la justice sociale.

Document 1

La création d'équipements collectifs […] vise à « démarchandiser »[1], comme dit Esping Andersen, l'accès à certains biens. Ici, l'égalité procède moins de l'égalisation des revenus que de la mise à disposition de tous de biens longtemps réservés à quelques-uns. C'est le cas notamment des transports publics, de l'implantation des services publics, de l'éducation et de tous les équipements publics gratuits parce que leur charge est répartie sur l'ensemble des contribuables. Ces biens n'entrent pas directement dans la statistique qui mesure les inégalités sociales ; pourtant, eux aussi contribuent à l'égalisation progressive des places, puisque chacun peut en bénéficier. D'ailleurs, la République a longtemps conçu son rôle social par rapport à l'équipement du territoire, chaque commune devant avoir ses écoles, son collège, sa poste, son commissariat, sa piscine, sa bibliothèque, sa salle polyvalente, etc. Les services publics et leur gratuité sont perçus comme une des conditions de l'égalité des places.

François Dubet, *Les Places et les chances*, coédition Seuil-La République des idées, 2010.

1. Soustraire de la sphère marchande.

Document 2 > La part des dépenses socialisées[1] (en %)

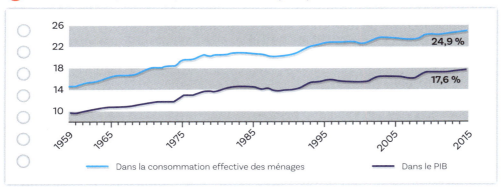

1. On parle de dépense socialisée lorsque les administrations publiques ou les institutions sans but lucratif au service des ménages prennent en charge une partie de la dépense des ménages, principalement de santé, d'enseignement et de logement.

Source : Insee, 2017.

Document 3 > Contribution des différents transferts à la réduction des inégalités de niveau de vie en 2017

	Contribution à la réduction des inégalités (en %)
Prélèvements	**35,2**
Financement de la protection sociale	6,9
Impôts directs	28,2
dont impôt sur le revenu	29,0
taxe d'habitation	−0,7
Prestations	**64,8**
Prestations familiales	24,9
Aides au logement	18,4
Minima sociaux et RSA activité	23,5
Niveau de vie	**100**

Champ : France métropolitaine, personnes vivant dans un ménage dont le revenu est positif ou nul et dont la personne de référence n'est pas étudiante.

Source : Insee, *France, portrait social*, 2018.

ENTRAÎNEMENT BAC — SUJET 1

Dissertation

CORRIGÉ

Introduction

Les économistes classiques, tels qu'Adam Smith et David Ricardo, présentaient l'ouverture des économies au libre-échange comme un « jeu à somme positive ». Quelles que soient leurs caractéristiques, les pays ont tous intérêt à adopter le libre-échange. Les économies doivent en effet se spécialiser dans la production de biens ou de services qu'ils sont capables de produire moins cher que leurs concurrents ou relativement plus efficacement qu'un autre produit. Ainsi, ils pourront bénéficier de l'échange international.

Propose une phrase d'accroche.

Cette logique de libre-échange prévaut après la Seconde Guerre mondiale avec la mise en œuvre des accords du GATT (*General Agreement on Tariffs and Trade*). Cette institution internationale (remplacée par l'OMC en 1991) cherche à promouvoir le commerce international en réduisant les obstacles aux échanges, et en particulier les tarifs douaniers. Le progrès des transports et de la communication favoriseront encore le commerce international, et ce d'autant plus que les pays émergents adopteront des politiques de croissance tournées vers les exportations.

Présente le sujet.

L'ouverture des économies au commerce international décrit le développement des échanges commerciaux à travers les importations et exportations de biens et de services, mais également, depuis quelques années, l'insertion croissante des pays dans les chaînes de valeurs mondiale, puisqu'il s'agit ici aussi d'importer des biens pour les assembler et les réexporter ou pour leur apporter plus de valeur (division internationale du processus productif).

Définis les termes du sujet, en articulant avec la discussion sur les enjeux du sujet : « dans quelle mesure » doit conduire à mesurer la réalité d'un phénomène (ici, la capacité de l'ouverture des économies à être bénéfique au pays).

Nous observons néanmoins que tous les pays n'ont pas également bénéficié de cette ouverture de leur économie et n'en retirent pas les mêmes avantages, en termes de croissance, de progression du niveau de vie des populations, d'inégalités ou de qualité de la spécialisation, pour s'insérer efficacement dans les échanges. Au sein des pays, cette ouverture n'est semble-t-il pas également avantageuse pour tous les acteurs.

Nous nous demanderons donc si l'ouverture commerciale profite à tous les acteurs de l'échange et ce qui explique que certains n'ont pas autant bénéficié de l'adoption d'une politique commerciale d'ouverture au libre-échange que d'autres.

Formule la problématique.

Nous verrons dans une première partie que l'ouverture commerciale présente de nombreux avantages (1), mais que ses bénéfices ne sont pas toujours équitablement répartis (2), même si certaines mesures peuvent limiter les effets pervers de l'ouverture aux échanges internationaux (3).

Annonce ton plan (la 3ᵉ partie n'est pas fondamentale ici).

→ 1. L'ouverture commerciale présente de nombreux avantages.

Nous verrons dans un premier temps que le commerce international favorise la spécialisation des nations et en cela les échanges et la croissance (A) tout en permettant un rattrapage économique et une réduction des inégalités entre pays (B).

A. Le commerce international favorise la spécialisation des nations selon leurs avantages comparatifs et améliore l'allocation mondiale des ressources.

a. Le gain à l'échange de l'ouverture au libre-échange dans l'analyse smithienne et ricardienne.

Selon la théorie des avantages absolus d'Adam Smith, un pays a intérêt à se spécialiser, c'est-à-dire à consacrer ses ressources en capital et en hommes à la production qu'il est capable de produire à un moindre coût que ses concurrents. Pour David Ricardo, néanmoins, tous les pays ne sont pas toujours capables de produire moins cher que les autres, mais en l'absence d'avantages absolus, comme l'Angleterre par rapport au Portugal, dans son célèbre exemple des échanges de draps et de vin, il est tout de même efficace de spécialiser sa production dans l'activité ou le pays est relativement plus productif (le drap pour l'Angleterre et le vin pour le Portugal). Ainsi, les ressources sont allouées de manière optimale et les pays réalisent un gain à l'échange. Dans ce contexte, l'échange apparaît plutôt interbranche, entre secteurs différents.

> **Doc 2** : L'échange interbranche caractérisait bien les échanges Nord-Sud lorsque les pays du Sud étaient spécialisés dans l'exportation de ressources naturelles. Cette ancienne division internationale du travail explique que le continent africain représentait 7,3 % des exportations mondiales en 1948 et l'Amérique du Sud et centrale 11,3 %.

b. Une allocation optimale des ressources aux productions les plus efficaces selon la dotation factorielle (HOS).

Selon le modèle HOS, la spécialisation peut se faire également selon l'abondance des facteurs. Ainsi, les pays disposant de relativement plus de capital vont se spécialiser dans des productions plus capitalistiques, tandis que des pays, en général moins développés, vont produire des biens plus intensifs en travail. Depuis les analyses de Wassily Leontief, on mesure l'importance de la qualité des facteurs. Les pays développés ont ainsi une production plus intensive en facteur travail qualifié. Ceci permet de comprendre pourquoi l'ouverture internationale a favorisé des échanges intrabranches selon le niveau de gamme (échanges de biens de qualité différente) entre pays développés, mais aussi entre pays en développement et pays développés. Ce principe est au cœur de la division internationale du processus productif (DIPP) : les pays développés se spécialisent en amont et en aval dans les étapes de la production requérant un travail plus qualifié et du capital (conception, recherche et développement, puis marketing) tandis que les pays émergents se spécialisent dans la fabrication et l'assemblage, phases intensives en travail peu qualifié. C'est ce que décrit la « courbe du sourire ».

> **Doc 1** : On observe une progression des échanges internationaux intrabranches dans toutes les zones commerciales et au sein de ces mêmes zones à partir des années 1980, pour atteindre leur apogée à la veille des années 2000. Les échanges intrabranches représentent 33 % du commerce mondial en 2017 contre 21 % en 1967. Pour les pays de l'UE à 28 (avant le Brexit), la part des échanges intrabranches passe d'environ 38 % à 55 % entre 1967 et 2016, soit une progression de près de 20 points de pourcentage. Il s'agit d'échanges

Cite le plus précisément possible les données chiffrées (date, lieu) et montre tes compétences en exprimant ici les écarts en points de pourcentage.

de gamme, d'échanges croisés de biens de même qualité mais présentant des différences, mais aussi, surtout à partir de 2007 avec l'élargissement aux pays d'Europe centrale et orientale, d'échanges intrabranches de produits décomposés au sein d'une même branche. On assiste en effet à une division régionale du travail, notamment dans le secteur automobile, autour de l'Allemagne.

c. La spécialisation contribue à l'accroissement des échanges et de la croissance.

La spécialisation des économies selon leurs avantages comparatifs permet de comprendre la progression des échanges internationaux. Le « doux commerce » dont parlait Montesquieu doit permettre la coexistence pacifiée des pays, qui deviennent plus interdépendants par l'échange. La demande extérieure est une composante importante de la demande globale et les exportations sont un facteur de croissance économique. En outre, l'élargissement des marchés est favorable aux entreprises qui peuvent réaliser des **économies d'échelle**, c'est-à-dire réduire leur coûts de production lorsque les quantités produites augmentent, en exportant et améliorer leurs gains de productivité pour faire face à la concurrence.

> *Veille à bien définir les **concepts**.*

L'ouverture commerciale permet d'accroître le surplus du consommateur en favorisant la baisse des prix, puisque les pays sont spécialisés dans les productions qui coûtent relativement moins cher à produire, et que la concurrence est favorable aux consommateurs. Le commerce permet enfin de satisfaire, nous l'avons vu, la demande de variété des consommateurs. En effet, les pays développés commercent entre eux pour satisfaire une « demande de différence » (Bernard Lassudrie-Duchêne) de consommateurs plus aisés et plus exigeants. Les pays en développement s'insèrent de plus en plus dans les échanges du fait de leurs stratégies de croissance extravertie (dès les années 1950) et de la baisse des tarifs douaniers. Les accords successifs du Gatt ont ainsi permis une réduction des tarifs douaniers de 40 % en 1948 à 4 % en moyenne aujourd'hui. L'ouverture croissante des économies et l'approfondissement de la régionalisation en Europe (CEE, puis UE), comme en Amérique (Alena) et en Asie (Asean), ont favorisé les échanges et la division internationale du travail.

> **Doc 1** : Les échanges intra-zones sont ainsi supérieurs aux échanges extra-zones pour chacun des grands espaces régionaux.

B. L'ouverture commerciale a permis de faciliter des phénomènes de rattrapage et une réduction des écarts Nord-Sud.

a. La réduction des écarts entre pays riches et pauvres a diminué depuis 20 ans.

L'ouverture internationale a conduit à un rattrapage de niveau de vie accéléré des économies, qui s'insèrent le plus dans le commerce international. En Chine, le pourcentage de la population vivant avec moins de 1 $ par jour s'est effondré de 60 % en 1981 à 5 % en 2010. En Inde, sur la même période, d'un peu plus de 50 % à environ 30 %. Pierre-Noël Giraud, dans *Les Globalisations. Émergences et fragmentations*, parle ainsi de réduction des « inégalités externes » entre pays développés et pays émergents.

> **Doc 2** : On constate ainsi que la part des pays d'Asie dans les exportations mondiales de marchandise passe de 14 % en 1948 à 34 % en 2017, tandis que la part des pays d'Amérique du Nord baisse de 15 points de pourcentage et que celles des pays d'Europe progresse à peine.

> **Doc 4** : Patrick Artus, dans *Discipliner la finance* (2019) note que la pauvreté a reculé depuis la fin des années 1990, notamment la pauvreté absolue.

    b. L'ouverture des économies a favorisé l'industrialisation des pays du Sud, grâce à la décomposition du processus productif.

La nouvelle division internationale du travail repose sur l'industrialisation accélérée des pays émergents, notamment du sud-est asiatique, grâce à l'ouverture de ces économies au libre-échange. Cela accélère leur croissance et l'amélioration du niveau de vie et ce d'autant plus que ces pays montent progressivement en gamme, au point, à l'instar de la Corée du Sud, de rattraper le niveau de développement des pays développés.

> **Doc 1** : forte progression des exportations de produits manufacturés dans le cadre des échanges intrabranches industriels entre les pays asiatiques (progression de 30 points de pourcentage entre 1967 et 2017).

2. Mais l'ouverture commerciale apparaît souvent comme un jeu à somme nulle, où ce qui est perdu par les uns est gagné par les autres.

A. La spécialisation ne bénéficie pas à tous les pays participant aux échanges, car la croissance doit accompagner ou précéder l'ouverture.

    a. Les pays moins avancés ont souvent pâti de l'ouverture internationale.

> **Doc 2** : faible insertion dans les échanges internationaux de l'Amérique Latine et des pays d'Afrique dont le niveau de vie moyen stagne par rapport aux États-Unis.

    b. Dans ce contexte, des formes pragmatiques de protectionnisme peuvent limiter les effets pervers d'une insertion trop rapides dans les échanges internationaux (apports de List).

B. L'ouverture des économies favorise la progression des inégalités internes aux pays et la fragmentation des territoires.

    a. Les effets pervers de l'ouverture sur l'emploi dans les pays développés : l'impact sur les travailleurs les moins qualifiés (théorème de Stolper-Samuelson).

> **Doc 2** : concurrence internationale accrue qui participe à une désindustrialisation ou à des délocalisations. Baisse du poids de l'industrie manufacturière (représentait 22,5 % du PIB en 1949 et seulement 10 % du PIB français en 2015) dans l'emploi. Augmentation de 350 % (450 - 100) entre 1995 et 2015.

> **Doc 4** : Le progrès technique biaisé en faveur des plus qualifiés fait baisser ou stagner le salaire réel des moins qualifiés.

Quelques exemples d'exploitation des données chiffrées. Tu peux procéder à un calcul simple.

    b. Des inégalités qui se creusent en faveur des plus 1 % les plus riches.

> **Doc 4** : données sur les inégalités extrêmes de revenus.

    c. La mise en concurrence des territoires creuse les inégalités spatiales et fragilise la classe moyenne et populaire.

> **Doc 3** : l'impact des délocalisations sur les zones périurbaines en France et sur certaines régions.

ENTRAÎNEMENT BAC — SUJET 1

Prolongement possible

3. Une approche pragmatique du libre-échange permet d'en limiter les effets pervers.

A. Une approche pragmatique et graduelle de l'ouverture.

a. Un protectionnisme ciblé peut être efficace (réflexions de la politique commerciale stratégique, protectionnisme au cœur de la stratégie d'ouverture des NPI aux échanges).

b. Un dosage fin du protectionnisme s'impose pour éviter qu'il ne protège des industries inefficaces (lobbying) et ne dégénère en guerre commerciale (Krugman).

c. Les formes contemporaines de protectionnisme stratégique peuvent favoriser le développement des économies (politique commerciale stratégique).

B. Le libre-échange est un « second best », mais il est nécessaire d'en limiter les effets pervers.

a. L'importance des politiques publiques pour limiter les inégalités et adapter l'appareil productif.

b. L'importance des institutions (capabilités de Sen, Rodrik)

c. Les enjeux d'une régulation étatique et internationale pour que le protectionnisme puisse compenser les situations inéquitables.

Conclusion

L'ouverture des économies présente de nombreux avantages, puisque l'adoption du libre-échange permet aux économies de se spécialiser selon leur avantage comparatif et de mieux allouer les ressources. L'insertion croissante des pays émergents dans le commerce international a ainsi soutenu la croissance et la réduction des prix, favorisant une réduction des inégalités externes entre pays, dans une logique de rattrapage. Pour autant, tous les acteurs ne bénéficient pas également de cette ouverture, puisque les inégalités internes aux pays se creusent en faveur des plus aisés et des plus qualifiés, tandis que tous les pays ne profitent pas d'une spécialisation efficace.

Cela pose la question d'un usage ciblé du protectionnisme, afin de limiter l'impact négatif du libre-échange sur les pays et les acteurs les plus vulnérables.

Fais une synthèse du contenu des parties.

Propose une ouverture.

Épreuve composée

CORRIGÉ

PARTIE 1 — Mobilisation des connaissances *(4 points)*

John Maynard Keynes, dans sa *Théorie générale de l'emploi, de l'intérêt et de la monnaie* (1936), souligne l'importance de la demande effective, c'est-à-dire de la demande anticipée par les entreprises, pour déterminer le niveau de production et par suite le niveau de l'emploi. Son approche justifiera l'intervention publique à travers des politiques conjoncturelles.

Propose une brève introduction qui donne la trame de la réponse.

Chaque entreprise estime ainsi la demande qui va lui être adressée, tant par les ménages (consommation) que par les entreprises ou même l'État (investissement). Keynes raisonne en économie fermée, donc il n'intègre pas la demande extérieure (les exportations) à son analyse. Une fois les débouchés évalués, l'entreprise détermine le niveau de production nécessaire pour répondre à cette demande anticipée et peut embaucher – ou au contraire licencier – pour ajuster ses effectifs à ses besoins.

Le chômage est ainsi involontaire, puisqu'il résulte des choix des entreprises et non de la préférence pour le loisir des individus (chômage volontaire), comme le décrivent les néoclassiques dans leur représentation de l'équilibre sur le marché du travail. Chez Keynes, il existe une situation durable d'équilibre de sous-emploi, c'est-à-dire d'équilibre sur le marché des biens, puisque l'offre répond à la demande, mais qui coexiste avec du chômage.

L'existence d'un chômage involontaire signifie en somme que le niveau de la demande effective est insuffisant pour assurer le plein-emploi de tous les actifs disponibles. Ainsi, Keynes préconise de soutenir le niveau de la demande dans l'économie par des politiques de relance budgétaire par l'investissement (dépense publique) ou par un soutien à l'investissement et à la consommation, à travers la baisse des taux d'intérêt (politique monétaire expansionniste), qui favorise l'emprunt. Une hausse de la demande effective augmente alors le niveau de production puis d'emploi, et réduit le chômage, souvent de nature conjoncturelle.

On parle ainsi en général de « chômage keynésien » pour décrire une situation où le niveau de la demande est insuffisant dans l'économie, souvent à la suite d'une crise qui comprime la consommation et l'investissement.

> Propose une brève conclusion qui donne une partie plus générale à ton analyse.

PARTIE 2 Étude de document (6 points)

1. Selon les données du ministère de l'Enseignement supérieur, de la Recherche et de l'Innovation (MESRI) parues dans *État de l'enseignement supérieur, de la recherche et de l'innovation en France*, en 2019, le niveau de diplôme des jeunes de 25 à 29 sans a progressé entre 2005-2007 et 2015-2017. Ainsi, la part des détenteurs d'un master et d'un doctorat, mais aussi de diplômés de grandes écoles, a doublé en 10 ans, alors même que la part de diplômés de l'enseignement supérieur progresse à peine, passant de 51 à 52 % en moyenne pour ces cohortes et entre ces deux dates.

> Tu peux introduire en te concentrant sur les données d'ensemble.

Ce constat d'ensemble est valable tant pour les enfants d'ouvriers et d'employés que de cadres et professions intermédiaires. La part des enfants d'ouvriers et employés diplômés de master et doctorat passe de 3 % à 8 % en l'espace de 10 ans, et celle des diplômés de grandes écoles double pour atteindre 5 % du total. A contrario, la part des détenteurs de DUT et BTS, formations courtes et professionnalisantes, baisse, passant de 15 % en 2005-2007 à 12 % en 2015-2017. Pour ce qui est des enfants de cadres et professions intermédiaires, la part des titulaires de master passe de 10 % à 19 % en 10 ans et celle des diplômés de grandes écoles progresse de près de 5 points de pourcentage. Par contre, le nombre de diplômés d'un BTS ou DUT baisse d'un tiers sur la période.

> Efforce-toi de varier la manière de présenter les données chiffrées.

La part des diplômés à bac + 2, + 3 et + 4, mais aussi celle des personnes entamant des études supérieures sans diplôme, tendent à se tasser dans le temps au profit des diplômés plus élevés, et ce quel que soit le milieu social.

ENTRAÎNEMENT BAC — SUJET 1

2. La démocratisation désigne l'accès de plus de jeunes à des niveaux élevés de diplômes. Elle s'accompagne d'une diminution des écarts de réussite et des différences de parcours entre élèves d'origine sociale différente. Le document du MESRI montre en effet une légère progression de 2 points de pourcentage entre 2005-2007 et 2015-2017 de la part des étudiants âgés de 25 à 29 ans qui obtiennent un diplôme du supérieur, et ce dans les différents milieux sociaux. Chez les employés et les ouvriers, comme chez les cadres et professions intermédiaires, la part des étudiants diplômés au moins à bac + 5 a doublé. En cela, les écarts demeurent entre les groupes sociaux, ce qui semble attester du fait, comme le dit Antoine Prost, que la démocratisation est plus quantitative que qualitative.

La démocratisation quantitative (ou massification) décrit la hausse de la scolarisation et l'augmentation de l'accès aux différents diplômes sans que soit remise en cause l'inégalité des chances face à la réussite scolaire. Ainsi, l'écart de trajectoire scolaire demeure entre enfants d'ouvriers et d'employés d'une part et enfants de cadres et professions intermédiaires d'autre part. Les premiers sont environ 38 % à obtenir un diplôme du supérieur, contre 67,9 % pour les seconds sur la période 2015-2017, et cet écart est le même que 10 ans plus tôt. Par ailleurs, 10 % des étudiants issus des classes populaires obtiennent un diplôme de niveau bac + 5 au moins (master, doctorat, diplôme de grande école), contre 32 % des enfants de cadres et professions intermédiaires. À l'inverse, la réduction de la part des diplômés de DUT et BTS est plus marquée pour les enfants de cadres que pour ceux d'employés et d'ouvriers.

Ainsi, la généralisation de l'enseignement secondaire et la prolongation des études a favorisé l'accès croissant des jeunes des différentes catégories sociales à des diplômes du supérieur, ce qui semble attester d'une démocratisation. Mais dans le même temps, les écarts entre groupes sociaux se maintiennent, voire se creusent pour les formations les plus prestigieuses. Cela confirme plutôt un phénomène de massification, qui ne permet pas la réduction des inégalités des chances.

> *Propose une conclusion qui reprend les termes du sujet et fait le bilan de ta démonstration.*

PARTIE 3 Raisonnement à partir d'un dossier documentaire *(10 points)*

Introduction

La **justice sociale** est un principe visant à une plus grande équité dans la répartition des richesses, afin de réduire les inégalités perçues comme injustes. Ces inégalités peuvent être économiques (revenus, patrimoine) ou sociales (dans l'accès à certaines ressources comme l'éducation, la santé, le logement...). Certaines de ces inégalités peuvent être réduites par l'intervention des **pouvoirs publics**. Ils désignent l'État central, les collectivités territoriales et les organismes de protection sociale.

> *Définis les termes du sujet.*

Nous nous demanderons à travers quels mécanismes l'action des pouvoirs publics permet de réduire les inégalités.

Nous verrons que les pouvoirs publics contribuent à la justice sociale par une redistribution monétaire à travers la fiscalité (1) et une redistribution par les services collectifs, qui peuvent tant réduire les inégalités de revenu que les inégalités sociales (2).

1. La redistribution monétaire permet de diminuer certaines inégalités.

A. Le versement de prestations sociales corrige les inégalités issues du partage de revenus primaires.

> **Doc 3** : Les prestations sociales sont particulièrement redistributives puisqu'elles expliquent près de 65 % de la réduction des inégalités de niveau de vie (revenu disponible par unité de consommation).

Les mécanismes de la redistribution : expliquer le passage du revenu primaire au revenu disponible en mobilisant les termes de prélèvements obligatoires et de prestations sociales.

Distinction entre les revenus de transfert, liés au système de protection sociale : prestations d'assurance (logique bismarkienne)/d'assistance (logique beveridgienne).

Effet de la redistribution sur les déciles D1 et D9.

B. Les prélèvements obligatoires réduisent également les écarts de revenu et participent au financement de la protection sociale.

> **Doc 3** : Les prélèvements obligatoires (impôts et cotisation sociales) contribuent à la réduction des inégalités à hauteur de 35 %.

Les cotisations sociales ont un effet faiblement redistributif, mais elles ouvrent droit à des prestations d'assurance. Les impôts directs progressifs, qui constituent une forme de fiscalité, permettent de réduire les inégalités puisque leur taux de prélèvement augmente avec le revenu.

2. Les services collectifs favorisent la justice sociale en réduisant les inégalités.

A. Les services publics participent à la redistribution monétaire en socialisant certaines dépenses.

> **Doc 2** : En 2015, près de 25 % des dépenses de consommation effective des ménages sont socialisées, contre 15 % en 1959. Cela représente aujourd'hui 17,6 % du PIB, soit près de 8 points de plus qu'en 1959.

Les services collectifs sont gratuits ou vendus à un prix inférieur à leur coût de revient. Ils permettent à ceux qui n'auraient pas les moyens de payer l'équivalent en services marchands, de bénéficier de l'éducation, de la santé et du logement. En outre, les ménages peuvent ainsi consacrer leur revenu disponible à d'autres types de dépenses. Ainsi, seul un quart des dépenses de santé est pris en charge par les ménages. Il s'agit d'une redistribution efficace puisque, selon l'Insee, elle joue un rôle deux fois plus important que la redistribution monétaire sur la réduction des inégalités de niveaux de vie.

B. Ils contribuent aussi à réduire les inégalités sociales, qui se cumulent avec les inégalités économiques.

> **Doc 1** : Les services publics sont gratuits et favorisent l'égalité des places, à savoir l'égalité des positions, un des grands principes de la justice sociale.

La gratuité de l'éducation permet de lever les obstacles à la poursuite d'étude et de favoriser l'égalité des chances et l'accumulation du capital humain. L'accès universel aux soins améliore également la santé de la population, en réduisant les inégalités entre les plus modestes et les plus aisés. Des transports gratuits favorisent en outre l'accès à l'emploi… Caractère cumulatif des inégalités économiques et sociales. Dans une certaine mesure, les pouvoirs publics peuvent limiter leur cercle vicieux.

ENTRAÎNEMENT BAC — SUJET 2

SUJET CORRIGÉ
Dissertation

SUJET : La stratification sociale n'est-elle déterminée que par des facteurs économiques ?

Document 1 > Montant des patrimoines bruts par décile (en euros)

Déciles de patrimoine	Patrimoine brut	Patrimoine brut hors reste		
	2015	2010	2015	Évolution (en %)
D1	4 300	900	700	- 22
D2	12 900	3 300	3 500	6
D3	34 100	14 500	20 400	41
D4	94 900	71 400	82 300	15
D5	158 000	141 000	144 600	3
D6	215 800	198 900	194 400	- 2
D7	278 000	257 400	252 900	- 2
D8	374 500	341 600	343 500	1
D9	595 700	533 400	553 700	4

Note : le **patrimoine brut** comprend les actifs financiers, les biens immobiliers et les autres biens durables et objets de valeur. Le **patrimoine brut hors reste** est le patrimoine brut hors véhicules, objets durables et objets de valeur.

Source : Insee Références, *Revenus et patrimoines des ménages*, 2018.

Document 2 > Taux de précarité selon l'âge et le sexe

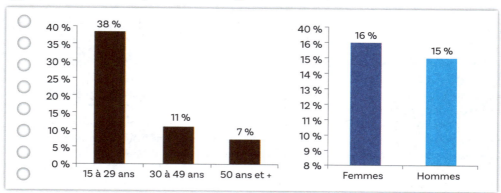

Note : le taux de précarité mesure la part de salariés en CDD, intérimaires et apprentis parmi les personnes en emploi.

Source : Insee, données 2018.

Document 3 > Espérance de vie à 35 ans en 2009-2013 par catégorie socioprofessionnelle

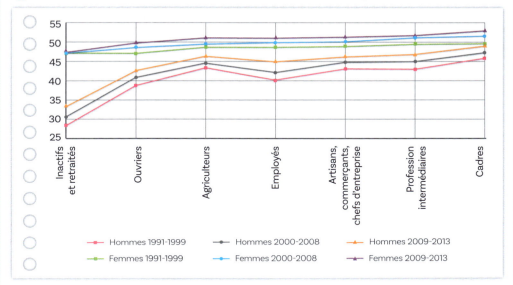

Lecture : en 2009-2013, l'espérance de vie des hommes cadres de 35 ans est de 49 ans, soit 6,4 ans de plus que celle des hommes ouvriers.
Champ : France métropolitaine.

Source : Insee, échantillon démographique permanent.

Document 4

Entre 1979 et 2006, le poids des dépenses du poste « loisirs et culture », selon la terminologie des enquêtes de l'Insee, sur les budgets des familles, est un de ceux pour lesquels l'écart entre les ménages de cadres supérieurs et les ménages d'ouvriers s'est le plus nettement amplifié, passant de 2,3 à 5,2 points. En sens inverse, les écarts relatifs aux dépenses contraintes[1] liées au logement se sont amplifiés au détriment des catégories populaires. Alors qu'en 1979, les ménages de cadres supérieurs consacraient en moyenne à leur logement une part de leurs dépenses légèrement supérieure à celle des ménages ouvriers, les premiers affectent en 2006 à ce poste de dépense une part de leur budget inférieure de 7,4 points à celle des seconds. Alors que plus de la moitié des ouvriers (54 %) n'avaient fréquenté aucun [équipement culturel] au cours de l'année précédant la première enquête (1973), ils étaient 65 % dans ce cas lors de la dernière enquête (2008). […]
Dans le même ordre d'idées, les habitudes en matière d'écoute musicale continuent de manifester des écarts prononcés selon les groupes sociaux. L'écoute de musique classique demeure ainsi en 2008 nettement plus fréquente chez les cadres supérieurs (ils sont 40 % dans ce cas) que chez les cadres moyens (26 %), les ouvriers (16 %) et les employés (18 %).

Philippe Coulangeon,
Les Métamorphoses de la distinction. Inégalités culturelles dans la France d'aujourd'hui, Grasset, 2011. ■

1. Les dépenses contraintes, ou pré-engagées, sont des sommes sur lesquelles les ménages ne peuvent arbitrer à court terme (loyers, abonnements, assurances...).

ENTRAÎNEMENT BAC — SUJET 2

Épreuve composée

SUJET

PARTIE 1 Mobilisation des connaissances *(4 points)*

Quelles sont les principales causes du déclassement ?

PARTIE 2 Étude de document *(6 points)*

Document > Évolution des recettes fiscales environnementales en milliards d'euros et de leurs parts dans les prélèvements obligatoires et dans le PIB

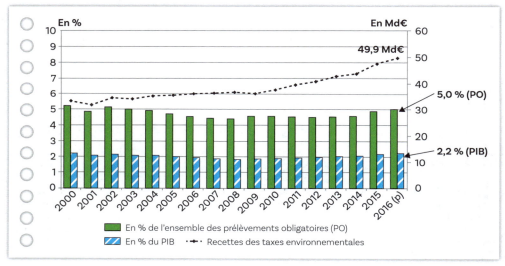

Source : Ministère de la Transition écologique et solidaire, *indicateurs nationaux de suivi de la transition écologique*, 2019.

1. Présentez l'évolution et le poids des recettes fiscales environnementales entre 2000 et 2016.

2. À partir de vos connaissances et du document, présentez les avantages et les difficultés de l'usage de la fiscalité environnementale.

PARTIE 3 Raisonnement à partir d'un dossier documentaire *(10 points)*

À l'aide de vos connaissances et du dossier documentaire, vous expliquerez la récurrence des crises financières.

Document 1 > Indice des actions Standard & Poor's et indice des prix à la consommation, base 100 en janvier 1929

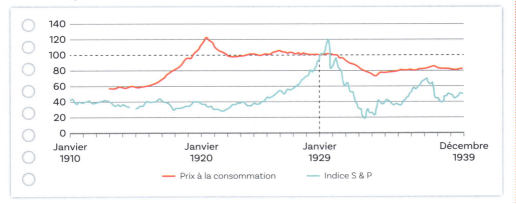

Source : Indice Dow Jones Industrial Average, 2020.

Document 2

Entre 2002 et 2006, se met en place une bulle immobilière aux États-Unis lors de laquelle des crédits hypothécaires (subprimes) sont accordés notamment aux salariés pauvres américains. Ce système n'est viable qu'à condition que les taux des prêts restent bas et que la valeur des immeubles continue d'augmenter, garantissant ainsi le capital et les intérêts de ces prêts. En 2006, le taux directeur de la Réserve fédérale américaine atteint 5,75 % (contre 2 % trois ans auparavant). Or, les prêts subprimes sont souvent indexés sur ce taux. Un nombre toujours plus important d'emprunteurs se trouvent en situation de défaut de remboursement, les biens immobiliers étant ensuite saisis et vendus aux enchères. C'est le début d'un renversement de tendance : les prix immobiliers baissent, faisant par conséquent baisser la valeur des hypothèques.

À l'été 2007, le marché immobilier américain est donc dans une situation de chute de la demande, entraînant une baisse du prix de l'immobilier et rendant ainsi beaucoup de ménages américains emprunteurs insolvables. À cette date, le taux de défaut des ménages américains sur leurs crédits hypothécaires est très élevé, autour de 6 %.

Marie Grosgeorge, « Les crises financières », *Idées économiques et sociales*, vol. 156, n° 2, 2009.

Document 3 > Prix des maisons et taux d'intervention des banques centrales dans le monde

Source : Patrick Artus, « Pourquoi a-t-on le sentiment que « ça va mal finir » ? », *Flash Économie*, Natixis, 28 mai 2019.

ENTRAÎNEMENT BAC — SUJET 2

Dissertation

CORRIGÉ

Introduction

Karl Marx analysait la stratification sociale sous l'angle spécifiquement économique. Dans son approche, la différence entre les groupes sociaux s'explique par leur place dans le processus de production : ainsi, les capitalistes possèdent les moyens de production, tandis que les prolétaires ne disposent que de leur force de travail. Les inégalités économiques sont alors au fondement des inégalités de position dans la structure sociale.

> Tu peux entrer dans le sujet par une référence du programme ou proposer une accroche, par exemple sur la crise sanitaire, qui a pu conduire à reconsidérer l'importance économique et sociale de certaines professions jugées jusqu'ici peu prestigieuses.

La **stratification sociale** désigne le fait que toute société se construit en produisant un système de différenciation, de hiérarchisation des positions sociales : les groupes sociaux se définissent alors par un inégal accès aux ressources. Les **facteurs économiques** renvoient ici à l'analyse de Marx, pour qui la place dans la division du travail détermine les ressources économiques, comme le revenu et le patrimoine. Se demander si la stratification sociale est **déterminée** par des facteurs économiques conduit en filigrane à chercher si d'autres facteurs organisent la structure sociale.

> Définis bien chacun des **termes du sujet**.

L'appartenance à une classe sociale ne suffit en effet peut-être pas à déterminer la position sociale. Ainsi, différents sociologues ont montré que d'autres critères apparaissent comme importants : le prestige au sens weberien, ou le capital culturel et social pour Pierre Bourdieu, peuvent même déterminer fortement la place dans la structure sociale.

La hiérarchie des positions sociales est-elle seulement déterminée dans la sphère économique ou dépend-elle aussi de facteurs non-économiques ? Les facteurs économiques et socioculturels peuvent-ils alors interagir entre eux ?

> Pour formuler une problématique, pose-toi des questions très intuitives comme si tu te parlais, puis retravaille-les.

Il s'agira de montrer dans une première partie que les facteurs économiques structurent l'organisation sociale, pour montrer dans un second temps que d'autres dimensions sont déterminantes (prestige social, genre, âge, origine socioculturelle….). Dans une troisième partie, nous montrerons comment les facteurs économiques et non économiques interagissent (en matière de santé, d'éducation…).

1. Des facteurs économiques structurent la société.

Les critères économiques apparaissent aujourd'hui toujours aussi fondamentaux pour expliquer la place des individus dans la hiérarchie sociale. Ainsi, la position dans la structure sociale est bien le reflet de la place dans la division du travail productif (A). Celle-ci détermine toujours le risque d'être exposé à la précarité et au chômage (B) et maintient des contraintes économiques très inégales selon les groupes sociaux (C).

> En début de partie, annonce bien les sous-parties.

A. La structure sociale est liée au processus de division du travail.

La place des individus dans la division du travail, c'est-à-dire dans le processus productif, explique leur position dans la hiérarchie sociale et structure les écarts de niveaux de revenu et de patrimoine.

a. Les inégalités économiques sont déterminées par la place dans le processus de production.

Lorsque Karl Marx analyse, dans *Le Capital* (1867), les caractéristiques des classes sociales, il souligne qu'elles partagent des conditions de vie commune, et sont en cela des classes en soi. Les prolétaires vivent d'un salaire de subsistance qui ne permet que la reproduction de la force du travail, tandis que les capitalistes peuvent accumuler du profit pour investir. Marx évoque une tendance à la bipolarisation de la société, en soulignant que les propriétaires des moyens de production tendent à concentrer de plus en plus les richesses, alors que les mécanismes d'exploitation accroissent la pauvreté, au moins relative, des prolétaires.

> Appuie-toi sur une approche historique et référencée pour faire le lien avec la situation contemporaine.

Pour Max Weber la classe sociale détermine également l'accès aux ressources économiques et donc aux biens et services. L'ordre économique est le mode selon lequel les ressources économiques sont distribuées dans une société donnée, et cette répartition est inégale.

b. Les inégalités de position dans la sphère économique participent au cumul des inégalités.

La concentration des revenus et des richesses par les catégories de la population qui occupent une position valorisée, sinon dominante, dans la hiérarchie sociale, reste aujourd'hui un facteur explicatif majeur des inégalités de revenu et de patrimoine.

Ainsi, selon le rapport de l'Insee *Revenus et patrimoines des ménages*, paru en 2018, le patrimoine brut, composé notamment d'actifs financiers et de biens immobiliers, des 10 % de personnes détenant le moins de patrimoine est inférieur à 4 500 euros, alors qu'il est supérieur à 595 700 euros pour les 10 % les plus aisés. Ce patrimoine peut avoir été hérité ou acquis du fait d'un niveau de revenu élevé. Les revenus alimentent en effet le patrimoine, mais

> Exploite bien l'idée principale du document en montrant que :
> – tu sais référencer une source ;
> – tu a lu les notes permettant de définir les termes ;
> – tu a compris ce que sont les déciles.

l'inverse est vrai, puisque la possession de patrimoine (intérêt, dividendes, loyers) augmente aussi les revenus. Il y a donc un effet de concentration du patrimoine, qui peut expliquer son cumul. On voit ainsi que le patrimoine des 10 % les plus riches s'accroît entre 2010 et 2015. Thomas Piketty explique ce phénomène par la faiblesse de l'inflation (qui ne « ronge » pas l'épargne), par des phénomènes de rattrapage et de bulles sur les titres financiers et les biens immobiliers et surtout, peut-être, par un affaiblissement de la fiscalité sur le patrimoine. Cette concentration du patrimoine est croissante dans les pays anglo-saxons, où la rentabilité du capital (r) progresse plus vite que celle de la croissance économique (g) selon la « loi fondamentale du capitalisme » ($r > g$) que décrit Piketty.

Ainsi, la position des individus dans la division du travail explique largement leur niveau de revenu et de patrimoine. Les cadres sont par exemple en général mieux rémunérés que les ouvriers qualifiés et disposent de plus de patrimoine. Les ouvriers qualifiés ont aussi un niveau de salaire et de patrimoine plus élevé que les ouvriers non qualifiés.

Nous allons aussi voir que cette la place dans le système productif expose plus ou moins les individus à la précarité et au chômage, facteurs économiques majeurs de différenciation des ressources économique.

Propose une brève phrase pour annoncer la sous-partie suivante.

B. L'origine sociale et la place dans le processus de production expliquent largement l'exposition à la précarité et au chômage.

a. Les moins diplômés et qualifiés sont plus vulnérables à la précarité et au chômage.

> **Doc 1** : dégradation de la situation des 10 % les plus pauvres, dont le patrimoine baisse de 22 % entre 2010 et 2015, à la suite de la crise de 2009 et des politiques d'austérité menées à partir de 2010.

b. Les contraintes économiques sont plus lourdes pour les plus modestes.

> **Doc 4** : poids des dépenses contraintes sur les ménages modestes.

2. Mais la structure sociale ne se résume pas à ces facteurs économiques.

A. La position sociale n'est pas systématiquement déterminée par la position dans la division du travail : groupes de statut et importance du capital culturel.

a. La position dans la structure sociale obéit à une hiérarchie de prestige et de pouvoir.

Un groupe de statut (Max Weber) rassemble l'ensemble des personnes auxquelles la société accorde un même prestige. D'autres ordres que l'ordre économique expliquent la position des individus dans la structure sociale. Ainsi, l'ordre social est le mode selon lequel la « considération sociale » est distribuée. Weber distingue alors des « groupes de statut » qui rassemblent des individus caractérisés par un niveau de prestige social équivalent. De même, l'ordre politique est celui de la compétition pour le contrôle du pouvoir. Celle-ci est opérée par les « partis ». Les ressources sont inégalement réparties dans chacun de ces ordres, et si, souvent, les inégalités économiques se cumulent avec des inégalités de statut et de pouvoir, il n'y a pas nécessairement congruence entre la position dans la division du travail (la « classe », selon la terminologie de Weber), le prestige (le « groupe de statut ») et la capacité à se faire entendre politiquement (le « parti »).

b. Le capital culturel apparaît comme déterminant pour expliquer la position sociale.

Pierre Bourdieu : les connaissances socialement valorisées et une aisance par rapport à la culture s'accumulent, se lèguent et rapportent des profits matériels et symboliques : c'est le capital culturel.

> **Doc 3** : les différences de pratiques culturelles selon l'origine sociale.

> **Doc 4** : de fortes différences dans les dépenses de loisir et culturelles, qui ne se limitent pas à des différences de ressources.

B. Des critères démographiques comme l'âge et le genre peuvent déterminer la place des individus dans la structure sociale.

a. La position dans le cycle de vie explique la place dans la hiérarchie sociale.

> **Doc 2** : l'exposition à la précarité selon l'âge et le sexe.

b. *Le genre apparaît aujourd'hui comme un critère déterminant de la stratification sociale.*

> **Doc 2** : l'exposition à la précarité selon le sexe.

3. Les facteurs économiques et non économiques interagissent pour former la structure sociale.

A. Les inégalités face à la santé incarnent la coexistence de logiques sociales et économiques.

   a. *Les conditions de travail conditionnent la santé, et une mauvaise santé entraîne un risque de perdre son emploi ou une moindre chance d'en trouver un.*

> **Doc 3** : interaction (causalité dans les deux sens).

   b. *Les inégalités socioprofessionnelles devant la mort s'expliquent par les conditions de travail, mais aussi par la plus grande fréquence des pratiques à risque.*

Le rapport au corps est le reflet avec l'usage qu'on fait de son corps au travail (L. Boltanski). En retour, il détermine des inégalités de recours à la médecine, qui viennent renforcer les effets des conditions de travail.

B. Le cumul des inégalités de position dans la sphère économique, sociale et culturelle.

   a. *L'espace social des pratiques selon Pierre Bourdieu.*

La détention d'un volume et d'une nature de capital différenciés (Pierre Bourdieu, *La Distinction*).

   b. *Un cumul possible de handicaps liés au sexe, à la classe, à la race, voire à l'âge.*

> **Doc 3 et 4**

Conclusion

Nous avons vu que les facteurs économiques jouent un rôle déterminant pour comprendre la place des individus dans la structure sociale et que leur rôle s'est même amplifié ces dernières années, avec le creusement des inégalités depuis les années 1980 dans de nombreux pays, et avec l'impact de la crise financière de 2009. Pour autant, les critères déterminant la place dans la stratification sociale sont multiples, comme l'âge, le sexe, le lieu de vie. Par ailleurs, depuis Max Weber, les sociologues ont bien documenté le fait que la hiérarchie du prestige social ne correspond pas systématiquement à la hiérarchie économique. Ainsi, la détention de capital culturel ne se cumule pas toujours avec la détention de capital économique, même si les groupes sociaux cumulent le plus souvent ces deux ressources. Le capital culturel devient en effet déterminant dans l'accès aux positions sociales valorisées, et par suite, au capital économique. En somme, le plus souvent, les facteurs économiques et sociaux interagissent entre eux.

La crise sanitaire a ainsi montré que ce sont les personnes les plus pauvres, les personnes les moins qualifiées, celles en moins bonne santé, celles qui vivent dans des appartements plus petits dans des zones urbaines sensibles et celles nées à l'étranger (beaucoup cumulant toutes ces caractéristiques), qui ont été les plus exposés au Covid-19 et à ses formes graves.

ENTRAÎNEMENT BAC — SUJET 2

Épreuve composée

CORRIGÉ

PARTIE 1 — Mobilisation des connaissances (4 points)

La notion de déclassement est éminemment polysémique. Dans son sens le plus général, le déclassement décrit le fait que l'individu n'a pas maintenu la position héritée de ses parents. Il s'agit alors d'une mobilité sociale intergénérationnelle descendante. Le déclassement peut aussi se produire au cours du parcours individuel. Il est alors intragénérationnel, en général lorsque l'individu connaît une dégradation de sa position sociale à la suite d'une perte d'emploi ou par l'accès à un emploi précaire.

Les générations successives peuvent connaître des parcours de mobilité moins favorables que les précédentes selon les événements et le contexte économique, à l'instar de la situation exceptionnelle de la génération née dans les années 1940 dont parle Louis Chauvel, dans *Destin des générations* (1998). Les générations nées à partir de la fin des années 1950 connaissent en revanche moins de trajectoires ascendantes et se heurtent à une dévalorisation des titres scolaires, notamment parce que le marché du travail est dégradé. C'est ce que l'on appelle le « déclassement scolaire » : les individus n'occupent pas toujours la position sociale à laquelle leur niveau de diplôme leur permettait d'aspirer. Ce déclassement est à mettre en lien avec le paradoxe formulé par Arnold Charles Anderson en 1961 : même si l'étudiant détient un diplôme supérieur à celui de son père, cela ne lui assure pas une position sociale plus élevée. Cela s'expliquerait notamment par le fait que la progression du nombre de diplômés a été plus rapide que celle des postes qualifiés correspondant.

Pour Éric Maurin, dans *La Peur du déclassement* (2009), le déclassement est surtout subjectif, parce que la menace objective de connaître une forte trajectoire descendante est limitée. Le sentiment de déclassement est avant tout la peur de perdre leur statut social.

Les formes de déclassement sont donc diverses et affectent de manière différenciée les divers groupes sociaux. C'est le cas en particulier du déclassement résidentiel (les individus constatent ou ressentent une dégradation de leur lieu de vie), qui touche plus certaines composantes de la classe moyenne et les classes populaires.

PARTIE 2 — Étude de document (6 points)

1. Les recettes fiscales environnementales, ou fiscalité écologique (écofiscalité) visent à taxer les activités et produits polluants pour inciter à adopter des pratiques plus respectueuses de l'environnement. Ces différentes taxes progressent en valeur absolue, passant de 33 milliards d'euros en 2000 à 50 milliards en 2016. Pour autant, elles stagnent en proportion du PIB, puisque, en 2000 comme en 2016, elles représentent 2,2 % du PIB, et diminuent même légèrement en part de l'ensemble des prélèvements obligatoires, passant de 5,2 % à 5 % sur la période.

2. La fiscalité environnementale fait partie des instruments dits « économiques » de la politique environnementale. Elle a pour avantage notamment, par rapport aux normes environnementales, d'inciter les entreprises à réduire leurs émissions de carbone. En effet, la taxe augmente le coût du carbone selon le principe du pollueur-payeur. Il s'agit de faire en sorte que l'agent économique internalise ses externalités négatives.

Elle permet aussi d'accroître les ressources de l'État. Le graphique montre toutefois que le poids des recettes lié à la fiscalité environnementale a tendance à rester proche de 5 % du PIB (et souvent en deçà) entre 2000 et 2016. Les pouvoirs publics se heurtent en effet à un problème d'acceptation sociale de ce type d'impôt, notamment parce qu'il peut renforcer les inégalités en taxant proportionnellement plus les ménages les plus modestes. Cela explique la stagnation, voire la baisse du poids de ces taxes dans le PIB.

La hausse de la taxe carbone a en effet joué un rôle déclencheur dans le mouvement des Gilets jaunes, attestant du difficile équilibre entre justice sociale et urgence climatique.

PARTIE 3 **Raisonnement à partir d'un dossier documentaire** *(10 points)*

Introduction

Des crises financières adviennent fréquemment, même si elles ne sont pas toutes de la même intensité. Les crises de 1873, 1929 et 2009 ont indéniablement été les plus violentes, tandis que l'éclatement de la bulle internet en 2001 a eu un impact moins grave sur la sphère réelle. Mais toutes ces crises présentent des dynamiques communes, qui expliquent en partie leur récurrence.

Une crise au sens large est un moment du cycle économique qui se situe plus précisément au point de retournement entre la phase d'expansion et la phase de dépression. Une crise financière est une perturbation brutale du système financier. Elle peut s'expliquer par une crise boursière, c'est-à-dire l'effondrement du marché boursier ; une crise bancaire caractérisée par des difficultés rencontrées par les banques ; une crise de change, qui est l'effondrement brutal du cours d'une ou plusieurs devises ; ou encore une crise obligataire, qui se traduit par la chute brutale du prix des emprunts d'État. Les crises financières sont récurrentes si elles se produisent avec une certaine fréquence, de manière répétée.

Comment expliquer dès lors le retour périodique des crises financières ?

Nous verrons que l'endettement explique en partie la dynamique du cycle qui conduit aux crises financières (1), puis nous montrerons que le comportement des acteurs amplifie la dynamique cyclique (2).

1. L'endettement suit un cycle et souffre d'un « aveuglement au désastre », qui le place à l'origine de la récurrence des crises financières.

A. En phase d'expansion, l'endettement progresse.

Dans les périodes d'expansion, les agents ne perçoivent pas la possibilité d'occurrence d'un choc macroéconomique défavorable ; ils prennent des risques. Les crédits accordés à l'économie sont de moins en moins prudents. Le développement du crédit a un effet sur les prix des actifs, en hausse. On parle d'« aveuglement au désastre » (Clément Juglar) et de « paradoxe de la tranquillité » (Hyman Minsky).

> Doc 2 : Entre 2002 et 2006, des crédits hypothécaires appelés subprimes sont faits aux « salariés pauvres américains », dont on sait qu'ils ne sont pas solvables.

> Doc 3 : L'endettement des ménages progresse, passant de 92 % à 127 % entre 1996 et 2006.

B. Des innovations financières et la faiblesse des taux d'intérêt amplifient souvent la dynamique d'endettement.

Exemple de la titrisation avant la crise des subprimes ou du système d'achat d'action à crédit avant la crise de 1929, qui favorisent l'emprunt.

L'assouplissement des taux d'intérêt par les banques centrales participe à la formation des bulles.

> Doc 3 : La progression de l'endettement des ménages est à relier à l'affaiblissement des taux d'intérêt par Alan Greenspan, en particulier à partir de l'éclatement de la bulle internet en 2001.

2. Les comportements des acteurs amplifient le risque.

A. Des bulles spéculatives se forment du fait de l'expansion du crédit et sont à l'origine des crises financières récurrentes.

Des bulles spéculatives se forment quand un écart important apparaît entre la valeur fondamentale des actifs et leur valeur de marché. Les dynamiques collectives sont au cœur du fonctionnement des marchés financiers. Chaque individu cherche à se conformer aux croyances du groupe, donc à suivre et à façonner la tendance du marché comme l'explique John Maynard Keynes dans sa métaphore du « concours de beauté ». Les prix d'un actif peuvent augmenter très vite, par exemple sous l'effet de comportements mimétiques, qui créent des prophéties autoréalisatrices.

> Doc 1 : La forte augmentation du Dow Jones au cours des années 1920 montre la confiance des investisseurs, mais conduit à la formation d'une bulle.

> Doc 3 : On peut dire qu'une bulle spéculative a vu le jour entre 2002 et 2006 sur le marché immobilier américain. Le prix des logements a connu une très forte hausse, supérieure à 10 % à partir de 2004.

B. Le retournement de la confiance est à l'origine de prophéties autoréalisatrices.

Quand la confiance accordée aux actifs par les agents qui ont participé au développement de la bulle spéculative s'effrite, ces derniers prennent tous en même temps la décision de se séparer des actifs alors perçus comme trop risqués. La valeur de ces actifs s'écroule brutalement, et la conjoncture économique se retourne.

> Doc 1 : Une très forte chute de l'indice Dow Jones est perceptible en 1929, moment où la confiance des investisseurs est faible. Cela entraîne une déflation de l'ordre de 25 % entre 1929 et 1933, car l'indice des prix passe de 100 à 75.

> Doc 3 : On assiste à une très forte baisse des prix sur le marché immobilier en 2007, les ménages insolvables étant forcés de se séparer tous en même de leurs biens, ce qui fait chuter les prix, puisque la demande est faible.

> Doc 2 : remontée des taux d'intérêt, qui participe au retournement de la confiance, et chute des prix.

Conclusion

Dès lors on peut dire que la récurrence des crises financières a plusieurs sources. Tout d'abord, l'endettement et l'« aveuglement au désastre » expliquent la récurrence des crises, dans la mesure où les agents prennent des risques de façon excessive en période d'expansion, risques accrus par les innovations financières qui plus est. Ensuite, cet endettement conduit au développement de bulles spéculatives, qui résultent en particulier de comportements mimétiques conférant aux marchés financiers une dimension très instable. Les politiques micro- et macroprudentielles apportent une réponse partielle à ce risque systémique.

SUJET CORRIGÉ
Dissertation

SUJET — En quoi l'intégration par le travail est-elle affaiblie par les évolutions contemporaines du travail ?

Document 1 > Évolution du taux de précarité[1] selon l'âge et du taux de pauvreté[2] (en %)

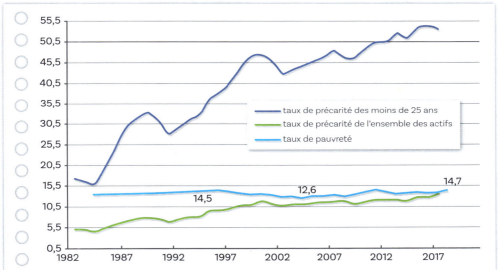

1. Taux de précarité : nombre de CDD, intérim et apprentis rapporté à l'emploi total.
2. Taux de pauvreté à 60 % du niveau de vie médian (1 065 euros mensuels après impôts).

Source : Insee, Centre d'Observation de la société, 2019.

Document 2 > Répartition des statuts d'emploi en 2017

	Part dans l'emploi (en %)
CDI à temps complet	62
CDI à temps partiel	13
CDD	11
Intérim	3
Non-salariés sans salariés	7
Non-salariés de 1 à 9 salariés	3
Non-salariés ayant 10 salariés et plus	1

Note : France métropolitaine, population des ménages, personnes en emploi de 15 ans ou plus (âge au dernier jour de la semaine de référence).

Source : Insee, Enquête « Emploi », 2017.

ENTRAÎNEMENT BAC — SUJET 3

Document 3 > Part des emplois « flexibles » dans les activités économiques (2015-2017)

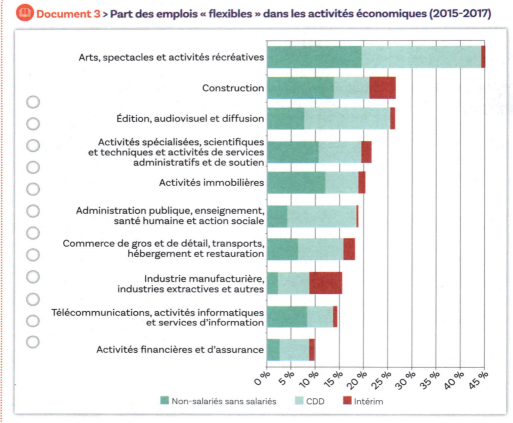

Non-salariés sans salariés — CDD — Intérim

Champ : France métropolitaine, population des ménages, de 15 ans et plus.

Source : Cécile Jolly et Jean Flamand, « Droits sociaux et statuts d'emploi : une cartographie des métiers », *Regards*, vol. 55, n° 1, 2019.

Données Insee, Enquêtes « Emploi » 2015-2017.

Document 4

Les données de la DARES révèlent des résultats contrastés, ce qui n'est pas surprenant. Les changements ne se produisent pas dans tous les secteurs au même moment, avec la même profondeur et certains se produisent heureusement dans de bonnes conditions. Ainsi note-t-on dans les enquêtes une perception de l'intensité du travail stabilisée à un niveau élevé, un recul persistant de l'autonomie mais aussi, depuis 2010, un recul de certains facteurs de RPS tels que la charge mentale, le manque de reconnaissance, ainsi que des violences morales au travail. La France occupe néanmoins une position défavorable en Europe sur le plan du soutien social, de la violence morale et de la participation des salariés aux décisions. Sur ce dernier point, les études montrent aussi l'existence d'un risque accru d'épisode dépressif en cas de changement organisationnel survenu dans les 12 derniers mois, conduit sans information ni consultation.

Hervé Lanouzière, « Mal-être ou satisfaction au travail dans un monde en mutation. Pourquoi et comment travailler autrement ? », *Regards*, vol. 55, n° 1, 2019. ■

Épreuve composée

SUJET

PARTIE 1 Mobilisation des connaissances (4 points)

Montrez que la croissance économique engendre des externalités positives et négatives.

PARTIE 2 Étude de document (6 points)

Document > Évolution du PIB par habitant dans l'UE

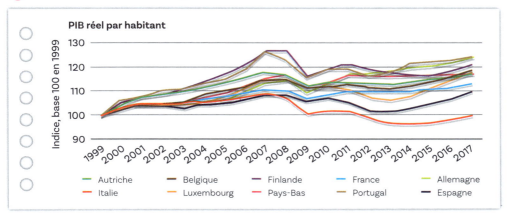

Source : Données FMI, 2018.

1. Présentez l'évolution du PIB réel par habitant de l'Allemagne, de la France et de l'Italie entre 1999 et 2017.

2. À partir de vos connaissances et des données du graphique, montrez que l'appartenance à la zone euro ne conduit pas nécessairement à une convergence des économies.

PARTIE 3 Raisonnement à partir d'un dossier documentaire (10 points)

À l'aide de vos connaissances et des documents, vous montrerez que l'action collective s'est transformée en France depuis les années 1970.

Document 1

Apparus au cours des années 1960, les nouveaux mouvements sociaux (NMS) n'ont pas pour principe la transformation des rapports économiques. Ces NMS agissent au nom d'idéologies nouvelles telles que l'écologie, le féminisme, le pacifisme, la défense des droits de l'homme, le régionalisme, etc. Parallèlement, certains groupes luttent pour se voir reconnaître certains droits tels que les homosexuels ou les femmes, etc. Ils sont fondés sur l'autonomie, la liberté et la responsabilité individuelle, l'égalité des droits, la solidarité ou la participation collective. […] Ils entretiennent également une méfiance envers les partis politiques, les syndicats et les formes institutionnalisées de revendication politique. Ces nouvelles luttes sont caractérisées par leur éclatement : chaque groupe défend un projet unique et non plus des projets globaux tels que ceux défendus par les partis.

« Les nouveaux mouvements sociaux », www.le-politiste.com, consulté le 31 janvier 2020.

ENTRAÎNEMENT BAC — SUJET 3

📖 Document 2 > Entreprises ayant déclaré au moins une grève et nombre de jours de grèves pour 1 000 salariés

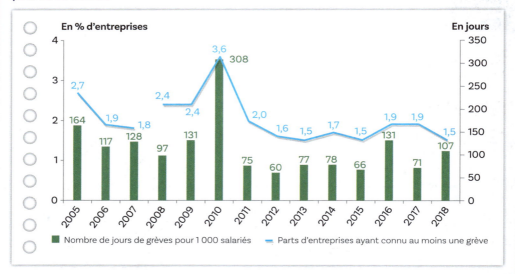

Source : Dares, enquête Acemo, « Dialogue social en entreprise », 2020.

📖 Document 3 > Selon vous, qu'est-ce qui permet aux citoyens d'exercer le plus d'influence sur les décisions prises en France ?

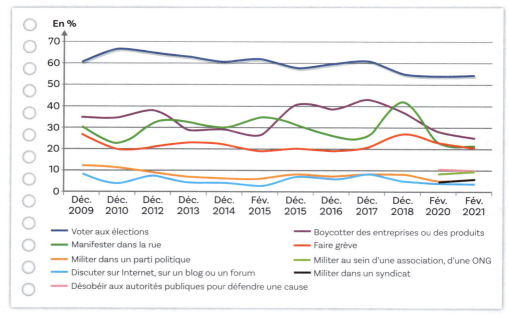

Source : Cevipof, Baromètre de la confiance politique, vague 12, février 2021.

Dissertation

CORRIGÉ

Introduction

Le télétravail s'est généralisé avec la crise sanitaire et les salariés se sont souvent plaints de l'absence d'interactions avec leurs collègues. Le travail est en effet un lieu de sociabilité fondamental.

Le travail est une instance d'intégration centrale dans notre société, puisqu'elle socialise les individus, qui acquièrent progressivement une identité sociale. Le travail assure évidemment un revenu qui permet d'accéder à la consommation. Avoir un emploi offre souvent une identité sociale positive, permet de se sentir utile et d'être reconnu comme disposant de compétences valorisantes et valorisées. Il permet aussi de s'insérer dans des collectifs de travail et d'acquérir un statut social, auquel sont associés des droits sociaux, c'est-à-dire un statut juridique (un droit à la formation continue, un accès à une protection sociale), et donc des solidarités collectives.

> Recense dans un premier temps les fonctions du travail, pour pouvoir discuter plus loin de celles qui ont pu s'affaiblir.

Cependant, les profondes évolutions qui ont bouleversé le travail depuis plusieurs décennies semblent réduire sa force intégratrice. Ainsi, la progression du chômage porte atteinte à la fonction intégratrice du travail, et la précarisation de l'emploi, mais aussi les nouvelles formes d'organisation et l'introduction des technologies numériques, fragilisent les statuts.

> Donne quelques éléments de contexte pour expliquer ce qui peut affaiblir les fonctions intégratrices du travail.

Dans ce contexte de mutation de l'emploi, quelles dimensions de l'intégration par le travail semblent fragilisées ?

> Formule une problématique.

Nous verrons tout d'abord que l'affaiblissement de la fonction intégratrice du travail s'explique par les transformations de l'emploi (1), puis qu'elle est aussi liée aux mutations de l'organisation du travail et à l'avènement du numérique (2).

1. Les mutations du marché de l'emploi remettent en cause le travail comme instance d'intégration principale.

A. La progression du chômage affaiblit le rôle du travail dans l'intégration sociale.

a. Le chômage affaiblit les relations sociales et dégrade l'estime de soi.

Le chômage peut conduire les chômeurs à s'isoler progressivement. Il peut entraîner un affaiblissement de l'intégration sociale des individus, ce qu'illustre le cas extrême des chômeurs de Marienthal décrit par Paul Lazarsfeld (*Les Chômeurs de Marienthal*, 1932) : Marienthal est une petite ville proche de Vienne, en Autriche, où l'unique usine textile ferme à la suite de la crise de 1929, conduisant à un chômage de masse. Le sociologue et son équipe observent grâce à une enquête qualitative l'impact du chômage sur les populations et, au-delà de l'appauvrissement très marqué des villageois, ce qui ressort de l'étude est que le chômage a des conséquences sur l'ensemble des rapports sociaux. Les personnes sont touchées par un sentiment de

ENTRAÎNEMENT BAC — SUJET 3

désœuvrement et de résignation. Les auteurs soulignent un paradoxe : les individus ont plus de temps libre et pourtant, le nombre de prêts à la bibliothèque décroît fortement, de même que le nombre d'adhérents aux associations. Le temps libre est désormais un « temps vide ». En outre, les individus ont un fort sentiment d'inutilité sociale. Ils ont perdu leur statut professionnel et toutes les sociabilités liées au travail.

Le chômage affaiblit bien les relations sociales et dégrade l'estime de soi. Il apporte la preuve que le travail est un facteur majeur d'intégration sociale et que la progression du chômage depuis les années 1970 a un impact négatif sur la cohésion sociale.

> **Doc 1** : Le document 1, présentant le taux de pauvreté calculé par l'Insee, atteste de la forte progression de la pauvreté après la crise de 2007, passant de 12,6 % à 14,2 %. L'impact économique de la crise sur la progression du chômage expose les ménages concernés à la pauvreté, et affaiblit donc aussi leur participation à la société de consommation. Cela peut également réduire leur sociabilité, et cet effet se renforce lorsque le chômage se prolonge.

b. Le chômage de longue durée peut conduire à l'exclusion.

Robert Castel décrit la « désaffiliation », caractérisée par une double rupture d'intégration (relative à l'emploi et aux solidarités socio-familiales) pour ces chômeurs qu'il décrit comme « surnuméraires ».

B. La progression de la précarité favorise la dualisation du marché du travail.

a. La précarisation de l'emploi fragilise la fonction intégratrice du travail.

Le niveau élevé du sous-emploi et de la précarité ne permet plus à tous les actifs de s'intégrer par le travail. En effet, il s'agit d'emplois faiblement rémunérés qui ne permettent pas de faire des projets financiers et n'incitent pas non plus à nouer des relations avec d'autres collègues de travail.

b. Certaines catégories sont plus vulnérables à la précarité et subissent des conditions de travail dégradées.

La suppression progressive de fonctions routinières avec la robotisation, qui favorise la polarisation de l'emploi, renforce la substituabilité et la concurrence des travailleurs peu ou pas qualifiés.

> **Doc 1** : Plus d'un jeune actif sur deux a un statut précaire (CDD, intérim, ou en apprentissage).

> **Doc 2** : Si 62 % des actifs sont en CDI à temps complet, les plus jeunes et les femmes subissent plus les emplois atypiques.

> **Doc 3** : Les formes d'emplois atypiques sont plus nombreuses dans certains secteurs d'activité.

➔ 2. Les mutations de l'organisation du travail et le développement du numérique peuvent nuire à la fonction intégratrice du travail.

A. Des organisations du travail qui peinent à intégrer les travailleurs.

a. Les nouvelles formes d'organisation du travail (NFOT) peuvent maintenir des conditions de travail difficile ou affaiblir le lien à l'entreprise et les sociabilités liées au travail.

> **Doc 4** : « La France occupe néanmoins une position défavorable en Europe sur le plan du soutien social, de la violence morale et de la participation des salariés aux décisions. »

b. Des conséquences négatives sur l'intégration des salariés qui sont exposés à du stress, des charges de travail et des responsabilités croissantes.

B. Le développement du numérique peut, dans certains contextes, menacer la fonction intégratrice du travail.

a. Le développement du télétravail peut remettre en cause la fonction intégratrice du travail dans un lieu dédié.

Cela tend à remettre en cause le lien à l'espace professionnel et à rendre plus flou la distinction entre espace et temps privés et professionnels.

b. Le développement des plateformes numériques modifie en profondeur le rapport à l'entreprise et participe à la progression de l'emploi indépendant ou « à la tâche ».

> **Doc 3** : La recherche de flexibilité favorise le recours aux contrats courts, ainsi qu'à une externalisation croissante des tâches. Cela passe par la multiplication des travailleurs indépendants, qui pourraient dans certains cas être salariés. Pour ces travailleurs, l'intégration par le travail est plus complexe.

→ Conclusion

Les mutations de l'emploi ces dernières années, sous l'effet du progrès technique et de la mondialisation, expliquent la progression du chômage et de la précarité. La rupture ou la fragilisation du lien à l'emploi affaiblissent l'intégration sociale. De même, les mutations de l'organisation du travail et le développement du numérique remettent en question la fonction intégratrice du travail du fait de la dégradation des conditions du travail et de l'affaiblissement des sociabilités au travail, mais aussi d'une remise en question des rapports au lieu de travail et à l'employeur.

L'évolution de la législation peut contribuer à limiter certains effets pervers des changements touchant au travail, à l'instar de la reconnaissance progressive du statut de salarié pour les travailleurs jusqu'ici indépendants des plateformes numériques ; cela pour aider à inscrire ces personnes dans des collectifs de travail et à leur donner un statut social plus stable.

Épreuve composée

CORRIGÉ

PARTIE 1 Mobilisation des connaissances *(4 points)*

La **croissance économique** mesure la progression de la quantité de richesses créées dans une économie, à savoir la progression du produit intérieur brut (PIB), qui correspond à la somme des valeurs ajoutées créées par toutes les unités de production résidentes. Cette création de richesses peut générer à la fois des externalités positives et négatives.

> *Tu dois impérativement définir tous les **termes du sujet** dans ton développement.*

La croissance repose sur l'accumulation des facteurs de production que sont le travail et le capital et du progrès technique, qui permet l'amélioration de l'efficacité de ces facteurs (il est évalué par la productivité globale des facteurs). En cela, la croissance permet d'accumuler différents types de capitaux et de les rendre plus

ENTRAÎNEMENT BAC — SUJET 3

performants, comme le capital physique ou technologique pour le facteur capital et le capital humain (efficacité du travail due à la formation) pour le facteur travail. Ces capitaux sont porteurs d'externalités positives. Une **externalité** est une situation où l'action d'un agent économique modifie le bien-être d'un autre agent sans compensation monétaire. Les externalités positives de l'accumulation des capitaux expliquent le caractère endogène de la croissance économique : l'investissement dans chacune de ces formes de capitaux favorise leur accumulation, mais accroît aussi la productivité des autres agents économiques, qui en bénéficient sans en payer le prix. Ces externalités positives sont favorables à l'accumulation et l'investissement dans d'autres formes de capitaux, à travers un processus persistant et auto-entretenu qui soutient la croissance.

> *Efforce-toi de décrire le caractère cumulatif et auto-entretenu de la croissance, pour bien montrer ce que sont des externalités positives.*

Mais la croissance économique s'accompagne aussi d'importantes externalités négatives : la pollution, l'émission de gaz à effet de serre... dégradent la qualité de l'air, épuisent les ressources naturelles et pèsent sur la santé des populations, et donc à terme sur les perspectives de croissance. L'action négative des acteurs sur d'autres agents (par exemple d'une entreprise sur des riverains) ne fait pas toujours l'objet d'une contrepartie monétaire. La réduction de ces externalités passe de plus en plus par des efforts d'internalisation des externalités, c'est-à-dire la mise en place de taxes pour sanctionner les pollueurs.

> *Aborde les externalités négatives dans un paragraphe distinct.*

PARTIE 2 — Étude de document *(6 points)*

1. Selon les données du Fonds monétaire International parues en 2018, le PIB réel par habitant de l'Italie se maintient à un indice 100 entre 1999, année du passage à l'euro, et 2017. Cela signifie que le PIB réel par tête n'a pas progressé sur la période. Toutefois, le PIB réel avait progressé de 10 % entre 1999 et 2007, passant d'un indice 100 à 110, pour décroître à la suite de cette crise de manière marquée jusqu'en 2009, progresser légèrement sous l'effet des plans de relance entre 2009 et 2011, et décliner enfin entre 2011 et 2014 à la suite de la crise des dettes souveraines. Le PIB réel par habitant progresse depuis.

En Allemagne, le PIB réel par tête progresse de 18 % de 1999 à 2008, puis décline brutalement jusqu'en 2010. Il progresse ensuite à nouveau pour atteindre, en 2017, un indice 128, soit 10 points de pourcentage de plus qu'en 2008. La croissance allemande a été très rapide après la crise.

Enfin, le PIB par tête de la France progresse de 12 % entre 1999 et 2008, pour baisser de manière moins marquée qu'en Allemagne et progresser de façon plus modérée aussi jusqu'en 2017. En définitive, le PIB par tête n'a progressé que de 3 points d'indice depuis la crise, soit 15 % de plus qu'en 1999.

2. Ce graphique met en valeur des écarts de progression du niveau de vie depuis le passage à l'euro. Il apparaît que le passage à la monnaie unique n'a pas conduit à une convergence des économies : ainsi, entre 1999 et 2007 le PIB par tête a progressé de 30 % en Finlande contre moins de 10 % au Portugal. Certains pays comme l'Espagne bénéficient d'une dynamique de rattrapage marquée, avec un niveau de vie qui progresse de 20 % sur la même période.

Mais la crise de 2007 touche très inégalement les pays ensuite, et l'Espagne voit sont PIB par tête baisser de près de 15 points d'indice entre 2007 et 2014, sous l'effet cumulé du choc économique de la crise financière et des dettes souveraines. Le Portugal et l'Italie sont également très touchés. Les pays du sud de l'Europe ont en effet été plus vulnérables à la méfiance des marchés financiers à l'égard de la soutenabilité de leur dette. Les petits pays du nord de l'Europe (Finlande, Autriche, Luxembourg), mais aussi l'Allemagne, ont plus bénéficié de la reprise après la crise financière.

L'appartenance à la zone euro a en somme moins favorisé la convergence des économies et la pérennité de la dynamique de rattrapage que la spécialisation des économies selon les avantages comparatifs. Ainsi, les pays les mieux dotés en capital et en facteur travail qualifié concentrent l'activité productive. Les pays du Sud ont en revanche dû compenser certains déséquilibres liés à la dynamique de la croissance d'avant crise (inflation, endettement, désindustrialisation) par des politiques de dévaluation interne, comprimant leur demande intérieure, et donc leur niveau de vie.

PARTIE 3 Raisonnement à partir d'un dossier documentaire *(10 points)*

Introduction

Lors du mouvement des Gilets jaunes, de nombreux Français, souvent peu familiers des luttes sociales et politiques, se sont engagés durablement dans un mouvement politique dont les modes d'action et d'organisation étaient décentralisés et inédits sous bien des aspects.

Ce mouvement s'inscrit dans un contexte de profondes mutations des modalités de l'action collective depuis quelques années. L'action collective correspond à l'action commune ou concertée des membres d'un groupe en vue d'atteindre des objectifs communs.

Les transformations des sociétés occidentales depuis les années 1970 laissent ainsi penser que l'action collective n'est plus autant caractérisée par l'affrontement entre groupes sociaux opposés par leurs intérêts, ni aussi encadrée par des partis politiques et des syndicats. En effet, les oppositions de classes et économiques semblent (du moins jusqu'au mouvement des Gilets jaunes) moins structurantes dans des sociétés plus tertiaires, marquées par le déclin du monde ouvrier et paysan, catégories traditionnellement caractérisées par une forte identité de classe et un fort taux de syndicalisation. Par ailleurs, on assiste à l'émergence de catégories d'actifs et de citoyens plus diplômés, plus féminisés, moins organisés. Ces acteurs expriment des valeurs « post matérialistes », telles qu'on les décrit à la suite des travaux de Ronald Inglehart ou d'Alain Touraine, en faveur de la revendication des droits des minorités, des exclus, de questions plus identitaires ou encore d'enjeux écologistes.

Comment les modalités et les acteurs de l'action collective ont-ils évolué dans les sociétés contemporaines ?

Nous verrons dans un premier temps que les motifs de l'action collective ont fortement évolué puis, dans un second temps, que ses acteurs se sont diversifiés.

1. Les motifs d'action collective se sont transformés depuis les années 1970.

A. Le déclin des conflits liés au travail

> **Doc 2** : Le déclin du nombre de jours de grève depuis les années 1970 peut s'interpréter comme le signe d'un reflux des conflits du travail. Les PCS en croissance (employés, cadres...) sont moins syndiquées et moins portées vers l'action collective.

Cette tendance peut aussi être renforcée par le développement de l'emploi atypique ou l'individualisation de la relation d'emploi, qui affaiblissent les capacités de mobilisation des salariés.

B. L'émergence de nouvelles revendications et de nouveaux modes d'action

> Doc 1 : La théorie des NMS met en avant le fait que de nouvelles revendications se développent : en lien avec le féminisme, l'environnement, les droits de l'homme… Ces NMS portent davantage sur des revendications non économiques et la défense de droits ou de valeurs culturelles. Ceci donne lieu à des mobilisations plus ponctuelles, qui renouvellent sous bien des aspects la dynamique des conflits sociaux. Elles s'expriment souvent en dehors de la sphère du travail, où les conflits sont désormais souvent plus localisés, plus radicaux, et en cela symptomatiques de tensions liées à la crise économique.

> Doc 3 : sentiment de déclin de l'efficacité des formes traditionnelles d'action politique (vote, adhésion à un parti ou même la grève) selon l'étude du Cevipof. Mais le recours au boycott apparaît comme une modalité efficace d'action politique.

L'émergence des réseaux sociaux contribue aussi à structurer les répertoires de l'action collective, comme dans le cas du mouvement des Gilets jaunes. Le recours à l'expertise augmente aussi, que ce soit dans le cas des associations de malades, de défense de l'environnement, ou encore pour promouvoir la lutte contre illettrisme…

Charles Tilly, dans son ouvrage *La France conteste, de 1600 à nos jours*, indique que : « Toute population a un répertoire limité d'actions collectives, c'est-à-dire de moyens d'agir en commun sur la base d'intérêts partagés ». Un répertoire d'action collective est donc un ensemble de type d'actions, considérées comme légitimes par les acteurs de mouvements sociaux, auquel ils peuvent avoir recours pour se faire entendre sur une problématique donnée.

2. Les acteurs de l'action collective ont évolué depuis les années 1970.

A. Le rôle des partis et des syndicats a décliné.

> Doc 2 : Moins de 10 % des actifs français sont syndiqués, l'adhésion partisane est encore plus faible.

Le déclin des syndicats renvoie aux explications données en première partie, auxquelles on peut ajouter la faiblesse des incitations sélectives en France, la tradition d'un syndicalisme plus contestataire… Toutefois, les syndicats demeurent un acteur central de l'action collective et gardent un rôle important dans la négociation des conventions collectives, car leur action s'est institutionnalisée.

> Doc 3 : Le militantisme politique n'apparaît plus comme une modalité efficace pour influencer la décision.

Mancur Olson et la théorie du « passager clandestin ».

B. De nouveaux acteurs de l'action collective ont émergé.

Les coordinations (comme pour les infirmières ou les policiers) fournissent une forme de mobilisation alternative, qui se construit souvent en opposition aux syndicats. On trouve aussi des actions collectives qui émergent hors de toute organisation structurée, comme dans le cas du mouvement des Gilets jaunes, des ZAD…

Les partis politiques eux-mêmes semblent concurrencés par des organisations qui revendiquent un fonctionnement différent, plus horizontal et sans adhésion préalable (LREM, LFI).

SUJET CORRIGÉ
Dissertation

SUJET — À quelles difficultés les États membres de l'Union économique et monétaire se heurtent-ils pour coordonner leurs politiques conjoncturelles ?

Document 1 > Inflation totale en zone euro par pays (glissements annuels de l'IPCH, en %)

Derniers points : décembre 2018
- Zone euro : + 1,6 %
- Allemagne : + 1,7 %
- France : + 1,9 %
- Espagne : + 1,2 %
- Italie : + 1,2 %

Source : Eurostat, 2020.

Document 2

L'objectif de convergence économique entre les pays de la zone euro vise à limiter les possibilités pour certains États de subir des « chocs asymétriques ». En effet, tant que les États conservent des structures économiques très différentes, leurs économies risquent d'être affectées par des « chocs asymétriques », c'est-à-dire des chocs externes ayant des conséquences très contrastées selon les pays. Par exemple, un événement négatif pour le tourisme international affecterait plus durement des pays comme l'Espagne, la Grèce ou la France que d'autres pays de la zone. Par ailleurs les États peuvent subir des chocs internes. Face à ces chocs, la politique monétaire commune peut difficilement agir puisqu'elle doit avant tout prendre en compte l'ensemble des intérêts de la zone.

Les États ne disposent plus de l'instrument de la politique monétaire pour répondre à un choc affectant leur économie nationale et sont contraints dans leur politique budgétaire par le Pacte de stabilité et de croissance. La coordination des politiques économiques et en particulier des politiques budgétaires vise seulement à éviter les déficits excessifs. Il n'existe pas à ce jour d'outil ou d'instance permettant, à l'échelle de l'ensemble de la zone euro, de prendre des décisions de soutien conjoncturel à certains pays ou à l'ensemble de la zone.

Le budget de l'Union européenne est très faible comparativement à celui des différents États et n'est pas destiné à la régulation macroéconomique. Chaque État mène donc sa propre politique économique sans réelle considération pour celle de ses voisins. Il a même pu être observé des phénomènes de concurrence fiscale (de la part de l'Irlande notamment).

Du fait de l'ensemble de ces caractéristiques, la zone euro ne constituait pas, dès le départ, une « zone monétaire optimale ».

« La zone euro », *La Finance pour tous*, 11 juillet 2019. ∎

ENTRAÎNEMENT BAC — SUJET 4

Document 3 > Taux de chômage en Europe (en %)

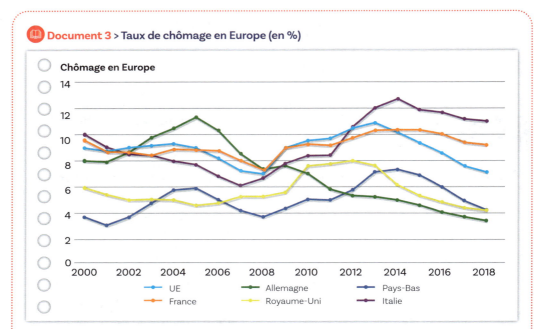

Chômage en Europe

Légende : UE, Allemagne, Pays-Bas, France, Royaume-Uni, Italie

Source : BCE, 2019.

Document 4 > Principaux indicateurs économiques en zone euro en 2010 et 2016

	PIB par habitant (UE : base 100)		Solde extérieur (en milliards d'euros)		Dette publique (en % du PIB)	
	2010	2016	2010	2016	2010	2016
Union européenne (UE)	**100**	**100**	**- 42,2**	**229,3**	**78,4**	**83,5**
Zone euro	**108**	**106**	**0,3**	**359,4**	**83,9**	**89,2**
Allemagne	120	123	144,9	261,4	81,0	68,3
Espagne	96	92	- 42,4	21,8	60,1	99,4
France	108	105	- 16,7	- 20,4	81,6	96,0
Pays-Bas	134	128	44,5	58,7	59,3	62,3
Grèce	85	67	- 25,7	- 1,1	146,2	179,0

Source : Eurostat, 2017.

Épreuve composée

SUJET

PARTIE 1 Mobilisation des connaissances (4 points)

Montrez comment le capital culturel peut expliquer les inégalités de réussite scolaire.

PARTIE 2 Étude de document (6 points)

Document > Les emplois atypiques par catégorie socioprofessionnelle et âge en 2018

	Temps partiel (en %)			Sous-emploi (en %)		
	Ensemble	Femmes	Hommes	Ensemble	Femmes	Hommes
Catégorie socioprofessionnelle						
Agriculteurs, artisans, commerçants, chefs d'entr.	16,4	25,5	11,6	6,1	8,3	4,9
Cadres	9,7	16,3	5,2	1,7	2,6	1,2
Prof. interm.	15,0	23,1	6,0	3,7	5,0	2,1
Employés qualifiés	23,3	28,3	8,3	6,3	7,4	2,8
Employés non qualifiés	42,2	47,4	24,8	15,7	17,2	10,5
Ouvriers qualifiés	7,7	18,6	6,1	3,3	6,4	2,9
Ouvriers non qualifiés	20,5	39,2	11,2	9,5	15,7	6,4
Âge						
15-24 ans	24,7	34,2	16,9	10,9	15,3	7,3
25-49 ans	16,0	26,8	6,0	5,6	8,2	3,1
50 ans ou plus	21,7	32,8	10,9	5,3	7,8	3,0
Ensemble	**18,5**	**29,3**	**8,4**	**6,0**	**8,6**	**3,5**

Champ : France hors Mayotte, population des ménages, personnes en emploi.

Source : Insee, Enquête « Emploi » 2018, 2019.

1. Distinguez temps partiel et sous-emploi et montrez que certains catégories de la population sont plus exposées au sous-emploi et à l'emploi à temps partiel.

2. À partir de vos connaissances et du document, vous montrerez que les évolutions des formes d'emploi rendent les frontières entre emploi, chômage et inactivité plus floues.

PARTIE 3 Raisonnement à partir d'un dossier documentaire (10 points)

À l'aide de vos connaissances et du dossier documentaire, vous montrerez que différentes politiques de l'emploi peuvent se compléter pour lutter contre le chômage.

Document 1 > Évolution des différents types de barrières à l'embauche

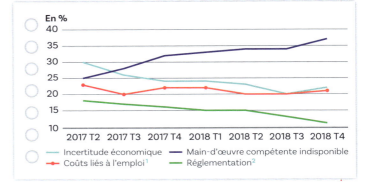

ENTRAÎNEMENT BAC — SUJET 4

Champ : Les résultats sont pondérés par les effectifs des entreprises enquêtées. Plusieurs réponses sont possibles pour une même entreprise.
1. **Coûts liés à l'emploi :** coût du recrutement, cotisations sociales et salaires trop élevés.
2. **Réglementation :** coût du licenciement, risque juridique associés au licenciement, incertitude du la pérennité de la législation.

Source : Insee, *Enquête de conjoncture*, juin 2020.

Document 2

Les politiques macroéconomiques ont pesé sur la croissance européenne et française et sont responsables d'une partie de la hausse du chômage observée depuis 2011 : cette politique a exercé des effets d'autant plus récessifs qu'elle a été appliquée alors que l'économie portait encore les stigmates de la récession. […] Pour impulser l'emploi des non-qualifiés, les gouvernements successifs mènent depuis 1993 une politique d'exonération de charges sociales sur les bas salaires. Le crédit d'impôt pour la compétitivité et l'emploi (CICE)[1] et le pacte de responsabilité s'inscrivent dans cette stratégie qui, au total, représentera près de 50 milliards d'euros en 2017. Cette politique repose sur la thèse selon laquelle le coût du travail, déterminé par le niveau du SMIC et des cotisations sociales, pèserait sur la demande de travail des non-qualifiés. Les cotisations sociales des employeurs représentent, après prise en compte du CICE et du Pacte de responsabilité, 9,5 % du salaire brut au niveau du SMIC et 43,8 % à partir de 1,6 SMIC. De ce fait, le coût du travail au niveau des bas salaires représente 35 % du coût du travail au niveau du salaire moyen […]. Stimuler l'offre d'emploi par la baisse des charges semble désormais avoir atteint ses limites.

Il convient alors de s'attaquer à l'autre versant du problème, à savoir la faible productivité de ces citoyens. Cela passe par une réforme en profondeur du système éducatif français […], de la formation professionnelle […] et de l'apprentissage afin d'améliorer l'appariement entre les besoins des entreprises et la formation des jeunes.

Éric Heyer, « Controverses – Du chômage au plein-emploi : quelles solutions en France ? », *La Nouvelle Revue du travail*, août 2016. ∎

1. Le CICE donnait un avantage fiscal sous forme de réduction d'impôt, pour favoriser l'investissement. En 2019, il a été supprimé et remplacé par un allégement de cotisations patronales sur les bas salaires.

Document 3 > Dépenses ciblées pour les politiques du marché du travail

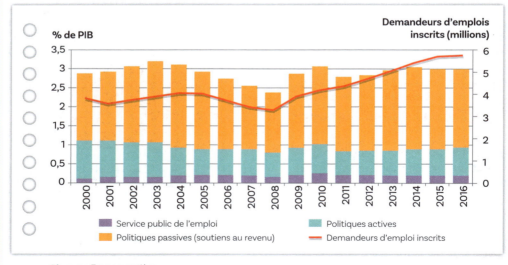

Champ : France entière.

Source : Dares, 2018.

Dissertation

CORRIGÉ

Introduction

La mise en place du marché unique et l'intégration monétaire qui cherche à l'accompagner ont pour objectif de stimuler la croissance pour favoriser une convergence économique entre les pays de la zone euro. Celle-ci peut passer par le rapprochement des variables réelles (taux de croissance, coût du travail, taux de chômage, déficit public et niveau de dette, déficits commerciaux...) ou nominales (taux d'inflation, taux d'intérêt...).

La coordination des politiques économiques conjoncturelles doit permettre cette convergence macroéconomique entre les États membres de l'Union économique et monétaire, c'est-à-dire l'ensemble des pays ayant fait le choix d'adhérer à la zone euro, à savoir aujourd'hui 19 pays de l'UE à 27. Cette coordination repose sur une politique monétaire menée par la Banque centrale et des politiques budgétaires harmonisées, car encadrées par les règles des traités, depuis celui de Maastricht (1992). Depuis ce traité, qui prépare l'adoption de l'euro, le déficit public et la dette publique doivent en effet être contrôlés par les États.

Veille bien à définir les termes du sujet.

Néanmoins, la crise de 2007, qui déclenche la crise des dettes souveraines de 2011, révèle l'importance des divergences au sein de la zone euro. Il apparaît que la coordination des politiques conjoncturelles a été insuffisante et que l'appartenance à la zone monétaire a contribué au creusement des différences entre les pays.

Discute du sujet en l'ancrant dans l'actualité.

Comment expliquer les difficultés rencontrées par les pays de la zone euro pour articuler entre eux leurs politiques conjoncturelles ?

Nous verrons dans un premier temps que la difficulté de coordination des politiques conjoncturelles provient de l'asymétrie entre une politique monétaire supranationale et des politiques budgétaires nationales, puis nous verrons que l'accroissement de l'hétérogénéité des économies de la zone euro rend difficile une réponse conjoncturelle aux chocs asymétriques.

1. La difficulté de coordonner les politiques conjoncturelles provient de l'asymétrie entre une politique monétaire unique et des politiques budgétaires nationales, mais encadrées.

A. Une politique monétaire supranationale qui limite la capacité d'adaptation aux spécificités de chaque économie.

a. Une politique monétaire menée par une Banque centrale indépendante des pouvoirs publics

Le choix de mettre en place une politique monétaire commune organisée autour de la BCE et du Système européen des banques centrales (SEBC) s'explique par la volonté de prolonger l'intégration économique autour du marché unique.

Supprimer la volatilité des changes pour favoriser les échanges et lutter contre l'inflation, avec une cible d'inflation de 2 %.

ENTRAÎNEMENT BAC — SUJET 4

b. Des écarts entre le taux d'intérêt nominal et les taux d'intérêts réels, qui rendent la politique monétaire procyclique

La politique monétaire est au départ organisée autour de l'objectif unique de stabilité des prix de la BCE. À la différence de la Réserve fédérale des États-Unis, la BCE n'a pas d'objectif de croissance. Cela lui a valu un certain nombre de critiques, puisque du passage à l'euro en 1999 à la crise de 2008, elle a surtout cherché la convergence des taux d'inflation et peu analysé d'autres critères (chômage, croissance du PIB).

> Doc 3 : Les données de la BCE sur les taux de chômage au sein de la zone euro montrent bien qu'il n'y a pas eu de convergence des taux de chômage.

Mais, au-delà, la difficulté de la BCE dans sa mise en œuvre de la politique monétaire est qu'elle doit déterminer un taux d'intérêt directeur pour l'ensemble des pays, alors que ces pays n'ont pas le même niveau d'inflation ni la même dynamique de la croissance. Ainsi, le taux d'intérêt nominal qu'elle fixe par ses opérations d'*open market* peut être trop faible pour des pays qui ont des tensions inflationnistes liées par exemple à une croissance dynamique (plus d'emprunts et donc plus de création monétaire) et trop élevés pour des pays ayant peu de croissance, voire des risques déflationnistes.

> Doc 2 : On observe ainsi dans les données Eurostat du document 2 que les taux d'inflation des différents pays peuvent être éloignés de la moyenne de la zone euro. Par exemple, au moment du déclenchement de la crise de 2008, l'Espagne bénéficiait d'une croissance dynamique, liée à un rattrapage de niveau de vie, qui se situait à 5 %, tandis que le taux d'inflation allemand était de 3,2 %. Comme le taux d'intérêt directeur était de 3 %, le taux d'intérêt réel espagnol était négatif (taux d'intérêt réel = taux d'intérêt nominal − taux d'inflation), à 2 %, et le taux d'intérêt allemand restait positif.

Cela contribue à rendre la politique monétaire procyclique, puisqu'en pratiquant des taux d'intérêt trop faibles pour ceux qui auraient d'une progression du taux d'intérêt directeur pour limiter la dynamique d'emprunt et l'inflation, elle maintient des taux d'intérêts réels très faibles, voire négatifs, ce qui encourage l'emprunt. Cela explique pourquoi les économies ont pu diverger dans leur dynamique et pourquoi cette inflation dans les pays à forte croissance a contribué par la suite à dégrader leur compétitivité prix.

B. Une coordination des politiques budgétaires limitée

a. Un budget européen trop limité par rapport aux autres économies fédérales

Le budget européen est limité à 1,27 % du PIB, et 40 % des dépenses concernent la politique agricole commune (PAC). S'il existe des fonds structurels (Feder) pour compenser quelques écarts de développement entre régions européennes, la puissance des transferts est insuffisante par rapport au budget fédéral canadien, étasunien…, États clairement fédéraux.

> Doc 1 : faiblesse du budget européen pour agir sur la conjoncture.

b. Des politiques budgétaires encadrées par des traités qui limitent l'autonomie budgétaire des États

Les politiques budgétaires doivent respecter des règles de déficit (< 3 % du PIB) et de dette publique (< 60 % du PIB) depuis le traité de Maastricht (1992), ce qui est renforcé par le Pacte de stabilité et de croissance de 1998. Organisation d'un système de sanction et de contrôle. Les États ne peuvent plus autant utiliser le levier budgétaire face à des chocs asymétriques.

> Doc 4 : Les pays s'efforcent de respecter les objectifs, même après d'importants plans de relance entre 2008-2010. Exception : la Grèce.

2. Une hétérogénéité croissante des économies qui rend complexe la réponse conjoncturelle à des chocs asymétriques

C. La création de la zone euro a favorisé les divergences entre les structures économiques des pays européens, rendant complexe des réponses communes à des chocs.

a. Des écarts de compétitivité et de structure sectorielle, renforcés par la crise des subprimes

L'appartenance à la zone monétaire s'est traduite par un renforcement de la spécialisation selon l'avantage comparatif. Les pays plus industrialisés ont renforcé leur potentiel industriel, tandis que d'autres ont perdu en compétitivité. Cela se traduit par un différentiel de taux de chômage. La crise de 2008 a révélé la perte de compétitivité des pays du Sud, dont le rattrapage au début des années 2000 s'est traduit par de l'endettement et plus d'inflation.

> **Doc 2, 3 et 4** : divergences de taux d'inflation (**Doc 2**), qui participent à la baisse de compétitivité prix et creusent les déficits extérieurs (**Doc 4**), tout en faisant diverger les taux de chômage (**Doc 3**).

b. La zone euro n'apparaît pas comme une zone suffisamment optimale.

Le coût de l'absence de politique monétaire pour les États, et notamment la disparition de l'usage du taux de change, doit être compensé par différents critères d'optimalité. Or, la zone euro ne les respecte pas tous, notamment celui de la mobilité des facteurs travail et capital (R. Mundell).

> **Doc 1** : la gouvernance ne permet pas de répondre aux chocs asymétriques par des transferts budgétaires, car le budget européen est très restreint.

c. La gouvernance a fait l'objet d'une défiance lors de la crise des dettes souveraines.

Les marchés financiers ont sanctionné l'endettement public des pays du Sud (Grèce, Italie, Espagne, Portugal). Ces pays avaient bénéficié de taux obligataires faibles grâce à la convergence des taux, et d'un faible taux d'intérêt réel. Cet endettement public et privé a été possible grâce aux capitaux des pays du Nord dégageant de l'épargne. Mais ces capitaux ont cessé brutalement de financer ces économies en 2011.

D. Une insuffisante coopération entre les pays membres de l'UEM, qui fragilise la réponse aux chocs économiques touchant la zone euro.

a. Les traités et l'indépendance de la BCE limitent les marges de manœuvres pour répondre à des chocs, et les stratégies non coopératives ont amplifié les chocs asymétriques.

Les pays ne peuvent pas utiliser de manière autonome la politique budgétaire, car elle est encadrée, ni la politique monétaire, qui est supranationale. Ils ne disposent plus véritablement d'outils conjoncturels et plus de l'outil du change pour dévaluer (dévaluation externe). En outre, si les pays qui pourraient soutenir la demande extérieure de ceux subissant le choc asymétrique pratiquent des politiques d'austérité, cela renforce la nécessité de mener des politiques comprimant la demande intérieure (dévaluation interne).

> **Doc 1** : définir et illustrer avec le texte ce qu'est un choc asymétrique.

ENTRAÎNEMENT BAC — SUJET 4

b. Mais la coopération s'est approfondie à l'issue de la crise des dettes souveraines, grâce au pragmatisme de la BCE et à des mécanismes d'aide (conditionnée) aux États.

Faute de pouvoir véritablement concerter les politiques budgétaires, la réponse à la crise des dettes souveraines s'est faite au niveau de la BCE (*quantitative easing*) et du Mécanisme européen de stabilité.

c. Toutefois, le fédéralisme budgétaire est insuffisant pour permettre de véritables transferts en cas de chocs asymétriques.

C'est ce qui s'ébauche avec la crise sanitaire. Celle-ci a contraint la Commission européenne à penser à un mécanisme commun d'emprunt, tandis que les États ont su mener des politiques de relance, de manière concertée, face à un choc symétrique. Il reste à penser une réponse plus efficace aux chocs asymétriques sur la base de cette expérience.

➔ Conclusion

Les politiques conjoncturelles menées au sein de la zone euro se heurtent à plusieurs difficultés pour répondre à ces différences de spécialisation. Elles sont en effet conçues de manières asymétriques, puisque la politique monétaire est supranationale, alors que les politiques budgétaires restent nationales, mais encadrées. En outre, le budget européen reste trop réduit pour pouvoir avoir une action conjoncturelle. De surcroît ces politiques conjoncturelles doivent répondre à des besoins différenciés des économies en cas de chocs économiques asymétriques, et il est complexe de coordonner les politiques budgétaires de chaque pays pour répondre à ces chocs.

La constitution d'une zone monétaire ne s'accompagne ainsi pas toujours de son optimalité. L'hétérogénéité croissante des pays de la zone euro et la fragilité de la gouvernance économique font peser une menace de sanction des marchés financiers sur les taux d'intérêt des dettes publiques. Cette menace a conduit la Commission européenne à engager une politique de relance ambitieuse face à la crise sanitaire, qui pourrait ouvrir la voie à une plus grande solidarité budgétaire.

Épreuve composée

CORRIGÉ

PARTIE 1 Mobilisation des connaissances (4 points)

Selon Pierre Bourdieu, la famille transmet un capital économique (revenus, patrimoine), social (réseau social) et culturel. C'est donc au sein de la famille que se jouent les inégalités d'accès à des positions sociales plus élevées dans la hiérarchie. Le capital culturel tient une place particulière dans l'analyse de Pierre Bourdieu, car sa transmission est plus discrète que celle du capital économique, alors même que son rôle est plus fondamental dans la constitution des inégalités scolaires. Le capital culturel reflète la transmission d'un capital « objectivé » par des objets culturels (piano, bibliothèque…), qui va construire un rapport à la culture au sens le plus noble ; mais il est aussi « intériorisé », c'est-à-dire que l'accumulation de capital culturel suppose un travail d'inculcation et d'assimilation, qui prend du temps et se construit très tôt à travers la socialisation familiale. Le capital culturel est un avoir devenu être, une propriété devenue partie intégrante de la personne, comme la capacité à manipuler une langue soignée, le goût pour la lecture, la capacité d'autocontrainte... C'est ce que Pierre Bourdieu nomme l'« habitus ».

La notion d'habitus permet à Pierre Bourdieu de théoriser le rapport entre l'héritage culturel et la réussite scolaire, ainsi que l'accès au diplôme, qui est alors un capital culturel « objectivé ». L'habitus que tend à inculquer l'école est proche de l'habitus inculqué par la famille dans les catégories sociales plus favorisées, ce qui crée une familiarité avec la langue et les normes attendues par l'institution scolaire. Pierre Bourdieu parle ainsi d'« héritiers » pour décrire les enfants dont les parents sont eux-mêmes diplômés, et qui hériteraient largement de ce que l'école valorise comme étant du mérite. Les enfants de milieux plus défavorisés ont pour leur part développé moins de dispositions pour réussir à l'école et se sentir dans un environnement familier dans l'univers scolaire. Cela se traduit par le maintien d'écarts entre les groupes sociaux dans la réussite scolaire et l'accès aux diplômes supérieurs.

Ainsi, le capital culturel joue un rôle déterminant pour expliquer les inégalités de réussite scolaire.

PARTIE 2 Étude de document (6 points)

1. Le temps partiel est un emploi qui n'est pas à temps plein. Il peut être choisi, mais est parfois subi, c'est-à-dire que certains salariés à temps partiel souhaiteraient travailler plus (ou à temps plein) et sont disponibles pour le faire. Le sous-emploi décrit ce temps partiel subi ou contraint. Il peut résulter du fait qu'une personne a accepté un temps partiel faute de trouver un temps plein ou à cause d'un chômage technique contraignant les personnes à travailler moins.

Les actifs sont inégalement exposés au travail à temps partiel et au sous-emploi.

Selon les données de l'Enquête Emploi 2018 de l'Insee sur la population française en emploi (hors Mayotte), il existe tout d'abord, des inégalités selon le genre. 29,3 % des femmes occupent un emploi à temps partiel, contre 8,4 % des hommes. Près de la moitié des employées non qualifiées travaillent à temps partiel, contre un quart des employés non qualifiés. Cela concerne aussi 39,2 % des ouvrières non qualifiées, contre 11 % des ouvriers non qualifiés. De même, les femmes sont plus concernées par le sous-emploi, puisqu'il touche 8,6 % des actives contre 3,5 % des actifs. 17,2 % des employées non qualifiées sont en sous-emploi, soit deux fois plus que les hommes appartenant à la même PCS.

Les actifs sont aussi inégalement exposés au temps partiel et au sous-emploi selon leur catégorie socioprofessionnelle. Ainsi, les cadres ne sont que 9,7 % à travailler à temps partiel, contre 42,2 % des employés non qualifiés et 23,3 % des employés qualifiés. De même, 1,2 % des hommes cadres sont en sous-emploi, soit près de 9 fois moins que les employés non qualifiés. Enfin, le temps partiel touche inégalement les actifs selon leur âge, puisque les 15-24 ans et les 50 ans et plus sont plus concernés que les catégories d'âge intermédiaires, respectivement 24,7 % et 21,7 % contre 16 %. Là encore, les femmes sont plus concernées, quelle que soit la classe d'âge.

Troisième idée.

Les jeunes et les femmes sont donc plus exposés à ces formes atypiques d'emploi que sont le sous-emploi et le temps partiel.

Propose une phrase de conclusion.

2. Au cours des Trente Glorieuses, se structure progressivement une norme d'emploi salarié que l'on qualifie parfois d'emploi « typique », à savoir, un emploi à temps plein, à durée indéterminée et souvent avec un employeur unique. Dans ce contexte, les limites sont très claires entre emploi, inactivité et chômage. Mais la progression du chômage et des formes atypique d'emploi vient bouleverser progressivement les frontières de l'emploi. Le développement du sous-emploi et du temps partiel participent notamment à rendre plus incertaines les limites entre emploi, inactivité et chômage.

Ainsi, 6 % des actifs (1,6 millions de personnes) sont en sous-emploi, cela signifie qu'ils travaillent à temps partiel, mais souhaiteraient travailler plus. Le sous-emploi est vécu comme un temps partiel subi. Ces actifs cherchent donc un emploi tout en travaillant, ce qui rend moins claire la limite entre chômage et emploi.

18,5 % des actifs travaillent à temps partiel, soit en deçà du temps plein légal de 35 heures. Cela concerne plus de 5 millions d'actifs. Les femmes ont 3,5 fois plus de chances de travailler à temps partiel. Cela s'explique par le choix ou la nécessité de concilier vie professionnelle et familiale. Il s'agit donc là encore d'un emploi atypique, qui rend plus floues les limites entre emploi et inactivité.

Au-delà du sous-emploi et du temps partiel, d'autres situations estompent les limites entre ces trois statuts que sont l'emploi, le chômage et l'inactivité. Ainsi, le « halo » du chômage, au sens de l'Insee, montre aussi que la limite n'est pas toujours claire entre chômage et inactivité.

PARTIE 3 Raisonnement à partir d'un dossier documentaire *(10 points)*

Introduction

Les chiffres du chômage, aussi conventionnels soient-ils, font régulièrement l'objet d'une attention médiatique, car l'importance du niveau de chômage en France depuis les années 1980 est au cœur des préoccupations des Français et des pouvoirs publics.

Pour autant, au-delà du chômage transitoire ou frictionnel lié au temps de latence entre perte d'emploi et embauche, les causes du chômage sont complexes à analyser et peuvent évoluer dans le temps. Pendant longtemps, les économistes néoclassiques n'envisageaient le chômage que comme un chômage volontaire, résultant d'un arbitrage entre travail et loisir. Jacques Rueff considérait ainsi que les indemnités chômage étaient un obstacle à la réduction du chômage. John Maynard Keynes montrera pourtant que le chômage peut-être involontaire, car il résulte d'une insuffisance de la demande, notamment lorsque la croissance économique ralentit. On parle alors de chômage involontaire. Depuis les années 1970, le chômage apparaît néanmoins plus structurel, soit qu'il est lié à un coût de travail trop élevé (chômage classique), soit aux rigidités du marché du travail, ou encore et surtout peut-être aux défauts d'appariement entre l'offre et la demande de travail (chômage d'inadéquation).

Compte tenu de la diversité des causes du chômage, les pouvoirs publics doivent en permanence évaluer et réévaluer les politiques publiques qui permettent de lutter contre le chômage. Ces mesures constituent les politiques de l'emploi. Elles sont passives si elles se concentrent avant tout sur le traitement du chômage (indemnités chômage) ou actives si elles agissent sur l'offre ou la demande de travail. Il s'agit pour les autorités politique de saisir sur quels mécanismes de lutte contre le chômage il est important d'insister dans chaque contexte donné et comment ces politiques peuvent être complémentaires.

Comment les différentes politiques d'emploi agissent-elles sur les diverses composantes du chômage et comment se complètent-elles ?

Nous verrons que les politiques publiques cherchent à réduire le chômage conjoncturel pour qu'il ne devienne pas un chômage de longue durée (1), puis agissent sur l'offre et la demande de travail pour les stimuler (2) et cherchent aussi à réduire le chômage d'inadéquation lié à des problèmes d'appariement (3).

1. Les politiques publiques cherchent à réduire le chômage conjoncturel.

A. Les politiques conjoncturelles peuvent limitent le chômage conjoncturel.

a. La politique monétaire permet la hausse de l'investissement et la baisse du chômage.

La baisse des taux d'intérêt soutient l'emprunt pour investir et consommer. Impact sur la demande effective selon John Maynard Keynes, *Théorie générale de l'emploi, de l'intérêt et de la monnaie*, 1936.

b. La politique budgétaire permet la hausse de la demande et la baisse du chômage en réduisant l'incertitude.

La relance par la demande est favorable à la croissance. *A contrario*, la rigueur a un impact négatif sur le taux de chômage

> **Doc 1** : Exemple des politiques d'austérité en 2011 qui ont accru le chômage conjoncturel.

B. Les politiques de l'emploi peuvent limiter le chômage de longue durée.

a. Les politiques permettent de limiter les effets d'hystérèse en encourageant l'emploi des moins qualifiés.

La persistance dans le temps d'un chômage conjoncturel, en excluant les personnes du marché du travail, dégrade leur capital humaine et les expose à un chômage structurel. C'est ce qu'il s'est passé après 2011. Olivier Blanchard parle de « chômage d'hystérèse ».

b. Les politiques de flexibilisation améliorent les flux d'entrée et de sortie.

L'allègement de la réglementation sur le travail favorise les embauches et les licenciements ou interruptions de contrats.

> **Doc 2** : La réglementation apparaît comme un obstacle à l'embauche, mais les politiques de flexibilité et plus précisément les efforts de flexisécurité ont réduit les obstacles au licenciement ces dernières années.

2. Les politiques pour l'emploi réduisent le chômage structurel à travers des incitations pour stimuler l'offre et la demande de travail.

A. Limiter le chômage classique en allégeant le coût du travail.

a. Réduire le coût du travail pour les entreprises favorise leur demande de travail.

Critique néoclassique des obstacles à la baisse des prix (salaire minimum, ou assurance-chômage), qui empêchent l'embauche des travailleurs peu qualifiés à leur productivité marginale.

> **Doc 2** : Plus de 20 % des entreprises considèrent que le coût du travail est un obstacle à l'embauche.

b. Les politiques pour l'emploi incitent les demandeurs de travail en allégeant le coût du travail et en assouplissant la législation.

Le coût du travail est une composante structurelle du chômage et explique l'importance du chômage des moins qualifiés en France.

> **Doc 1** : Depuis 1993, les politiques d'exonérations de charges sociales sur les bas salaires, puis le CICE, favorisent l'embauche des actifs moins qualifiés. « Le coût du travail au niveau des bas salaires représente 35 % du coût du travail au niveau du salaire moyen. »

B. Les politiques pour l'emploi actives incitent les offreurs de travail en incitant au retour à l'emploi.

a. La lutte contre le chômage volontaire passe par la réduction de la « trappe à pauvreté ou inactivité ».

Le chômage est dit volontaire si le salaire est insuffisant pour inciter les personnes à reprendre un travail s'ils vivent des allocations chômage ou d'un minima social.

> **Doc 3** : Les dépenses actives incluent l'incitation à la reprise d'emploi. Elles représentent un tiers de dépenses de politique d'emploi. Mais dans les faits, cela passe largement par la prime d'activité, puis par les choix de réforme de l'allocation chômage (durée et niveau des allocations).

b. La lutte contre le chômage volontaire passe par des politiques d'individualisation du suivi du chômeur.

Le suivi ou le contrôle des chômeurs participe à l'incitation à la recherche d'emploi.

3. Les politiques pour l'emploi cherchent à répondre au chômage d'inadéquation.

Les politiques pour l'emploi améliorent la rencontre entre offre et demande de travail.

a. Les politiques passives permettent la recherche d'emploi en faveur d'un meilleur appariement.

Le prolongement de la durée des allocations peut permettre de trouver un emploi plus adapté et d'améliorer en cela l'appariement.

> **Doc 3** : Les politiques actives représentent près de 2/3 des dépenses concernant le marché du travail.

b. Les politiques de formation améliorent l'appariement.

Face aux mutations du marché du travail, les politiques de l'emploi cherchent à améliorer l'adéquation entre l'offre et la demande de travail pour rapprocher la courbe de Beveridge des axes.

Conclusion

Différentes formes de chômage coexistent dans une économie. Selon le contexte, la politique d'emploi peut se concentrer sur la lutte contre certaines formes du chômage. Ainsi, la crise sanitaire a conduit les pouvoirs publics à mener des politiques passives pour financer le chômage partiel de manière à ce que les actifs soient maintenus dans leur entreprise. Il s'agissait ici de faire face à un chômage conjoncturel. Les formes de chômage coexistent le plus souvent ce qui explique l'action concomitante des pouvoirs publics pour réduire le chômage volontaire, le chômage classique et le chômage d'inadéquation.

SUJET CORRIGÉ
Dissertation

SUJET — Dans quelle mesure le système éducatif s'est-il démocratisé ?

Document 1 > Part de bacheliers par génération (en %)

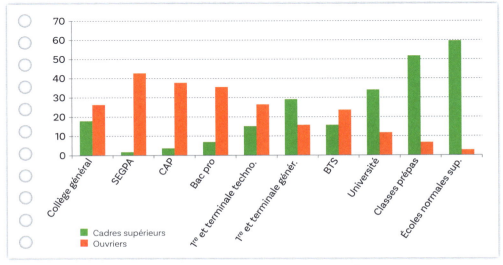

Source : Direction de l'évaluation, de la prospective et de la performance (DEPP), 2019.

Document 2 > Part d'enfants de cadres et d'ouvriers selon les filières (en %)

Source : Ministère de l'Éducation nationale, 2016-2017.

Document 3 > Répartition des étudiants selon la catégorie socioprofessionnelle de leur parent référent (en %)

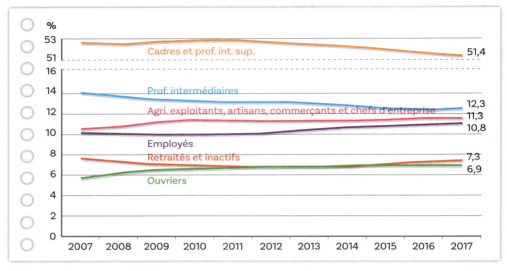

Source : DEPP, *Repères et références statistiques sur les enseignements, la formation et la recherche*, 2019.

Document 4

L'étude du langage des enfants donne à voir les inégalités qui résultent des contextes familiaux de socialisation. La maîtrise inégale du langage est le résultat de dotations en capital culturel, mais aussi des pratiques éducatives et des interactions langagières familiales. Les enfants qui savent lire précocement appartiennent à des familles fortement dotées en capital culturel et sont soumis à des incitations plus ou moins explicites. De plus, les productions orales des enfants sont d'autant plus éloignées des normes de la culture écrite et le langage envisagé uniquement dans ses fonctions pratiques que les parents sont moins diplômés. En outre, les filles se montrent plus prêtes que les garçons à jouer le jeu scolaire, notamment grâce à leur meilleure maîtrise du langage et des normes scolaires de comportement. Ainsi, les compétences langagières enfantines constituent autant d'atouts – au contraire de points faibles – en vue de la scolarité future.

Bernard Lahire (dir.),
Enfances de classe. De l'inégalité parmi les enfants, © Éditions du Seuil, 2019.

Épreuve composée

SUJET

PARTIE 1 Mobilisation des connaissances (4 points)
En quoi les comportements mimétiques sont-ils à l'origine de bulles ?

PARTIE 2 Étude de document (6 points)

Document > Décomposition de la mobilité sociale observée entre 1977 et 2015 pour les femmes et les hommes par rapport à leur père (en %)

		Immobilité sociale	Mobilité non verticale[1]	Mobilité verticale[2]	
				Mobilité ascendante	Mobilité descendante
1977	Femmes	36,0	33,7	12,7	17,6
	Hommes	36,2	33,2	23,5	7,2
1985	Femmes	34,0	30,6	15,7	19,6
	Hommes	33,8	31,9	26,6	7,7
1993	Femmes	31,5	28,6	19,0	20,9
	Hommes	32,6	27,4	30,3	9,7
2003	Femmes	30,2	25,6	21,0	23,2
	Hommes	33,6	24,7	30,8	10,9
2015	Femmes	29,9	23,3	21,8	25,0
	Hommes	34,8	22,6	27,6	15,0

1. La mobilité non verticale correspond soit à une mobilité entre une catégorie de salariés et une catégorie de non-salariés, soit à une mobilité entre des catégories de non-salariés.
2. La mobilité verticale correspond aux trajectoires, ascendantes ou descendantes, entre catégories salariées.

Source : Insee, « La mobilité sociale des femmes et des hommes : évolutions entre 1977 et 2015 », *France, portrait social*, 2019.

1. Comparez la mobilité observée des femmes et des hommes par rapport à leur père pour l'année 2015. *(2 points)*

2. À l'aide du document et de vos connaissances, présentez deux facteurs permettant d'expliquer l'évolution des situations de déclassement. *(4 points)*

ENTRAÎNEMENT BAC — SUJET 5

PARTIE 3 Raisonnement à partir d'un dossier documentaire *(10 points)*

À partir de vos connaissances et du dossier documentaire, vous présenterez ce qui peut expliquer la baisse du taux de syndicalisation.

Document 1

« Le syndicalisme est mortel », affirmait Laurent Berger, secrétaire général de la CFDT, en 2017. […] Actuellement il y a moins de 8 syndiqués pour 100 salariés. L'implantation syndicale dans le salariat a donc été divisée par 4 en moins de quarante ans. […] Certes, les syndicats conservent d'importants rôles institutionnels, mais […] dans les années 1980-1990, il s'est donc produit un véritable divorce entre les syndicats et les salariés français. Les principales raisons de ce divorce sont la disparition des syndicalistes des lieux du travail et leurs difficultés à apporter une aide individuelle efficace aux salariés. C'est aussi la conséquence du phénomène de l'institutionnalisation du syndicalisme. Les syndicalistes sont de plus en plus absorbés par des tâches officielles et négligent leurs anciens collègues de travail. Au cours de ces années charnières, il apparaît que la France a adopté un nouveau modèle syndical « sans adhérent ».

D. Andolfatto, D. Labbé,
« La fin du syndicalisme vivant »,
The Conversation, 15 novembre 2018.

Document 2 > Évolution de la part des catégories socioprofessionnelles dans l'emploi total (en %)

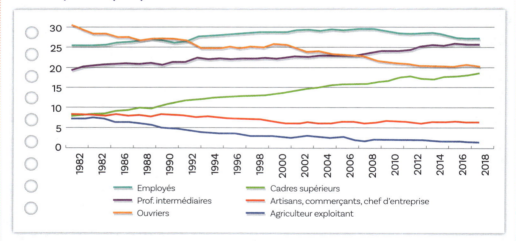

Source : Insee, 2019.

Document 3 > Catégorie socioprofessionnelle des intérimaires en 2018 (en %)

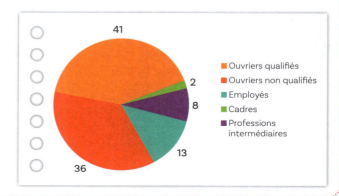

Source : Cevipof, Baromètre de la confiance politique, vague 12, février 2021.

Dissertation

CORRIGÉ

Introduction

Le premier confinement en mars 2020 a révélé l'importance des inégalités dans le suivi scolaire des enfants et dans l'accès aux équipements informatiques. Ce constat a encouragé les pouvoirs publics à maintenir les élèves en classes lors des confinements ultérieurs, afin de favoriser l'égalité des chances. Ce souci de l'accès du plus grand nombre au système éducatif sous-tend son histoire, en particulier au cours des Trente Glorieuses, période au cours de laquelle la durée de scolarisation s'est allongée et celle des études prolongée.

> La phrase d'accroche peut intégrer des éléments d'actualité récente.

Le système éducatif est constitué de l'ensemble des institutions qui encadrent l'enseignement obligatoire de 3 à 16 ans (enseignement primaire et secondaire), puis l'enseignement supérieur. La **démocratisation** du système éducatif désigne l'allongement généralisé des études pour l'ensemble des groupes sociaux. Selon l'historien Antoine Prost, cette démocratisation est « qualitative » si elle permet un affaiblissement du lien entre la réussite scolaire et l'origine sociale des élèves. Elle est seulement « quantitative » si elle maintient les écarts entre les groupes sociaux : elle n'est alors qu'une « massification scolaire ».

> Développe bien la définition de la **démocratisation**, en distinguant démocratisations quantitative et qualitative dès l'introduction.

Il s'agit d'étudier ici l'ampleur et la nature de la démocratisation, car si l'on observe bien un accès croissant des enfants de classes populaires à l'enseignement secondaire, puis supérieur, la réalité de la démocratisation reste très débattue.

La démocratisation scolaire menée en France depuis les années 1950 a-t-elle permis, tout en allongeant la durée de scolarisation pour l'ensemble de la population, de réduire les inégalités de trajectoire entre les groupes sociaux ?

Nous verrons dans un premier temps que le système éducatif a permis un accès croissant à l'enseignement secondaire, puis supérieur. Ensuite, nous montrerons que la démocratisation est plus quantitative que qualitative.

1. Le système éducatif a permis un accès croissant à l'enseignement secondaire puis supérieur.

A. La part des bacheliers progresse.

a. Les principales lois scolaires ont permis aux filles et aux enfants de classes populaires d'accéder à l'éducation.

La démocratisation de l'enseignement s'est traduite par un accès croissant des enfants des différents sexes et origines sociales à une scolarité de plus en plus longue (des lois Ferry, à la loi Haby, jusqu'à la scolarité obligatoire dès 3 ans en 2020).

b. Près de 80 % d'une génération atteint aujourd'hui le niveau baccalauréat.

> **Doc 1** : En 1951, 4 % d'une génération obtenait le baccalauréat, contre 79,7 % en 2019.

ENTRAÎNEMENT BAC — SUJET 5

B. Les enfants de classe populaire prolongent leurs études.

a. Les enfants d'ouvriers et d'employés sont plus nombreux à accéder à l'enseignement supérieur.

L'accès à l'enseignement secondaire, puis supérieur, s'est accru pour l'ensemble des groupes sociaux, et les aspirations à la poursuite d'étude se généralisent, notamment chez les enfants d'ouvriers et d'employés. Selon les données de la DEPP, parues en 2019, entre 2007 et 2017, la part des enfants d'ouvriers parmi les étudiants passe de 5,8 % à 7,3 % et celle des employés de 10 % à 10,8 % (**Doc 3**).

> La première fois que tu utilises le document, tu dois citer la source de manière très précise.

Tristan Poullaouec, dans *Le Diplôme, l'arme des faibles* (2010), montre à cet égard la véritable « révolution culturelle » qu'a constituée la reconversion des ouvriers au modèle des études longues : en 2003, une majorité des ménages d'enfants ouvriers scolarisés dans le secondaire souhaitent que leurs enfants obtiennent le bac, alors que ce taux était très faible en 1962. Le baccalauréat est ainsi devenu aujourd'hui l'ambition minimale des parents – mais aussi des enfants, y compris parmi les ouvriers, qui ne s'auto-excluent plus désormais de l'école. On ne peut dès lors plus parler de « miraculés scolaires », comme le faisaient encore Pierre Bourdieu et Jean-Claude Passeron dans *Les Héritiers* (1964) à propos des enfants d'ouvriers qui accèdent aux études supérieures. Il ne s'agit donc plus seulement de transfuges de classe. Cet élargissement de l'accès à la voie générale s'explique par les effets d'encouragement à la poursuite des études donnés par la politique scolaire au milieu des années 1980, mais aussi par la crise des emplois ouvriers, ou encore par la désormais forte préoccupation scolaire des familles. Cette norme de prolongement des études ne s'impose en effet pas forcément de l'extérieur aux familles : elle est d'abord portée par l'expérience biographique des parents, qui regrettent d'autant plus l'arrêt précoce des études de leur enfant qu'eux-mêmes ont le sentiment d'avoir interrompu trop tôt les leurs. Il semblerait dès lors que les parents reportent leurs aspirations déçues sur leurs enfants, et qu'on ne puisse pas réduire ces relations à une distance entre générations devenues complètement étrangères l'une à l'autre.

b. Les filles réussissent très bien dans le système éducatif.

> **Doc 4** : rôle de la socialisation différentielle dans la réussite des filles.

2. La démocratisation du système éducatif est avant tout quantitative.

A. La démocratisation s'explique surtout par la « filiarisation » du système éducatif.

a. La massification de l'accès à l'enseignement au baccalauréat s'explique par la création des baccalauréats technologiques et professionnels.

> **Doc 1** : En 2019, la moitié seulement des bacheliers obtient un baccalauréat général, soit 42 % d'une génération.

Raymond Boudon : calcul coût/avantage des familles, qui conduisent à ce que les paliers d'orientation creusent les écarts entre catégories sociales.

b. Les filières sont sélectives aussi à l'université.

> **Doc 2** : On observe une surreprésentation des enfants de cadres en classes préparatoires aux grandes écoles, et dans les ENS, et une surreprésentation des enfants d'ouvriers en BTS.

B. Les écarts entre groupes sociaux se maintiennent, mais sont reportés plus tard dans le parcours scolaire.

a. Les enfants de cadres gardent un avantage dans le système éducatif.

> **Doc 4** : Le capital culturel transmis au sein des familles de cadre entretient très tôt l'avantage de leurs enfants (Bernard Lahire).

b. Les écarts de réussite professionnelle entre filles et garçons se maintiennent, en dépit d'une meilleure réussite scolaire.

Les filles redoublent moins, sont plus nombreuses à accéder au baccalauréat général et à faire des études supérieures. Pour autant leurs trajectoires professionnelles et salariales sont moins favorables que celles des hommes, car elles pâtissent du choix de leurs filières (métiers moins rémunérés) et de la difficulté de concilier vies familiales et professionnelles.

Épreuve composée

CORRIGÉ

PARTIE 1 Mobilisation des connaissances *(4 points)*

Même si dans l'approche néoclassique, les marchés financiers sont supposés fonctionner de manière efficiente, du fait du comportement rationnel des agents, dans les faits, les acteurs ne disposent pas toujours d'une information parfaite et peuvent se conformer aux croyances et décisions des autres acteurs. On parle de comportements mimétiques. Les décisions des investisseurs sur les marchés financiers sont influencées par celles des autres agents, par conformisme (mimétisme normatif), parce qu'ils les croient mieux informés (mimétisme informationnel), parce qu'il est pertinent de suivre l'opinion de la majorité (mimétisme auto-référentiel).

Face à l'impossibilité d'évaluer scientifiquement la « vraie valeur » d'un actif, les acteurs de la finance se font une opinion sur cette valeur en s'appuyant sur leur anticipation du comportement des autres. C'est toute la métaphore du concours de beauté décrit par John M. Keynes, où chaque personne doit choisir les plus beaux visages, non sur la base de leur goût, mais en essayant d'anticiper la sélection des autres.

Cela peut contribuer à produire collectivement une opinion que tout le monde a intérêt à adopter et ainsi participer à la formation de bulles. La bulle est souvent alimentée par des comportements spéculatifs que de nombreux individus adoptent simultanément. Les individus investissent dans des actifs dont ils anticipent, de façon souvent exagérément optimiste, que les prix vont continuer d'augmenter. Cela conduit à la réalisation de prophéties autoréalisatrices. En effet, l'anticipation d'un phénomène (une hausse des prix future), modifie des comportements (tout le monde achète en espérant réaliser une plus-value ultérieure) de telle sorte qu'ils font advenir ce qui a été anticipé ou craint (la hausse de la demande d'actions, conduit à la hausse de leur prix). En phase d'euphorie, la confiance en la hausse des prix est entretenue par un « aveuglement au désastre », selon l'expression de l'économiste Clément Juglar, c'est-à-dire une absence de perception de la montée des risques et de la possibilité de retournement du marché. Mais, lorsqu'un choc défavorable apparaît ou que le retournement de la confiance s'opère à la suite d'une remise en cause de l'opinion ou de la convention dominante, les agents économiques ont des anticipations négatives et, par un mécanisme de prophéties autoréalisatrices, vendent leurs actifs comme les autres agents, ce qui provoque la baisse de leur prix et le krach, déclenchant la crise financière.

PARTIE 2 Étude de document (6 points)

1. La mobilité observée est celle qui se lit dans les tables de mobilité. Selon les données de l'Insee, parues dans *France, portrait social*, en 2019, la mobilité sociale observée par rapport au père est plus forte pour les femmes que pour les hommes. On constate que près de 70 % des femmes connaissent une mobilité sociale, ce qui représente 5 points de plus que pour les hommes.

La mobilité non verticale, à savoir entre un statut de salarié et un statut d'indépendant, n'est pas significativement différente (23,3 % pour les femmes, contre 22,6 % pour les hommes).

C'est donc essentiellement la structure de la mobilité verticale qui diffère selon qu'on est un homme ou une femme. Les femmes connaissent plus fréquemment une mobilité descendante qu'ascendante par rapport à leur père (25 % contre 21,8 %), alors que, chez les hommes, la mobilité sociale ascendante est près de 2 fois (1,84) plus forte que la mobilité descendante.

Les hommes connaissent proportionnellement plus souvent une situation de mobilité ascendante (27,6 %) que les femmes (21,8 %), soit un écart de 5,8 points.

2. Dans ce document, on peut assimiler le déclassement social à la dernière ligne du tableau, qui traite de la mobilité descendante. Ainsi, on constate que le déclassement est un phénomène qui touche davantage les femmes.

Le déclassement des hommes et celui des femmes connaissent la même évolution. Il augmente à chaque nouvelle génération. Ainsi, entre 1977 et 2015, la part du déclassement social s'accroît de 7,4 points chez les femmes et de 7,8 points chez les hommes. En pourcentage d'augmentation, la hausse est même plus significative pour les hommes : la part des hommes qui connaissent un déclassement fait plus que doubler entre 1977 et 2015 (+ 108 %), alors qu'elle n'augmente « que » de 42 % pour les femmes, qui restent néanmoins largement plus déclassées que les hommes en 2015.

Parmi les explications de cette progression relative des situations de déclassement, on peut avancer celle que propose Charles Anderson dans son célèbre paradoxe : à diplôme équivalent ou supérieur à leur père, les enfants occupent des positions sociales équivalentes ou inférieures. En effet, la généralisation des diplômes dans les nouvelles générations, en raison de la massification scolaire, se traduit par un plus grand nombre de candidats aux meilleures positions sociales. Or, dans un contexte où la mobilité structurelle ascendante est moins importante, le nombre de postes dans les catégories de « cadres » ou de « professions intermédiaires » ne suffit pas à occuper tous les diplômés. Cela peut notamment se faire au détriment des femmes, qui accèdent certes plus aux postes de cadres, mais peuvent être freinées dans leur trajectoire ascendante par une plus difficile conciliation entre vie familiale et professionnelle et une plus grande fréquence d'emplois atypiques, notamment à temps partiel.

En outre, avec la démocratisation scolaire, la place des enfants des catégories favorisées est plus souvent contestée par des enfants des catégories populaires.

Dans un contexte de fluidité sociale stable, le déclassement des uns n'est alors que la contrepartie de la promotion des autres. C'est ce que l'on peut constater à travers le poids de la mobilité sociale ascendante, qui progresse en même temps que le déclassement, de façon modérée pour les hommes (+ 4,1 points de 1977 à 2015) et plus marquée pour les femmes (+ 9,1 points sur la même période).

> *Exprime bien les écarts entre deux pourcentages en points de pourcentage.*

PARTIE 3 Raisonnement à partir d'un dossier documentaire *(10 points)*

Introduction

La baisse du taux de syndicalisation est importante en France, puisque seuls 8 % des salariés du secteur privé et 11 % de l'ensemble des salariés adhèrent à un syndicat, c'est-à-dire à des associations qui défendent les intérêts professionnels communs de leurs membres. Ce taux de syndicalisation est stable depuis quelques années, mais reste un des plus faibles des pays développé. Surtout, il est en forte baisse depuis les années 1950, lorsque plus de 40 % des salariés étaient syndiqués.

> *Donne ici la définition du taux de syndicalisation, qu'il peut être pertinent de compléter par celle de « syndicat ».*

> *Pose des éléments de contexte.*

Il importe donc de s'interroger sur la diversité des facteurs explicatifs de cette réduction du nombre et de la part de syndiqués dans la population active.

> *Il s'agit d'« expliquer », et donc de présenter les principaux facteurs.*

Parmi les principales évolutions responsables de la baisse du taux de syndicalisation au cours des trente dernières années, nous retiendrons les mutations de la structure professionnelle, qui contribuent à la tertiairisation de l'économie (1), les changements touchant à la norme d'emploi (2) et les caractéristiques intrinsèques des syndicats et de leur action (3).

> *Les documents peuvent t'aider à déterminer les axes du plan que tu annonces ici, en fin d'introduction.*

1. Le déclin du taux de syndicalisation s'explique par les mutations de la structure socioprofessionnelle.

A. La baisse du nombre d'ouvriers dans la population active affaiblit le monde syndical.

Tout d'abord, la part des ouvriers, catégorie traditionnellement la plus syndiquée, régresse dans la population active. Les ouvriers sont aussi particulièrement exposés au chômage et à la précarité, ce qui affaiblit leur taux de syndicalisation.

> **Doc 2** : Selon les données de l'Insee, si les ouvriers représentaient plus de 30 % de la population active au début des années 1980, ils ne sont plus que 20 % des actifs en 2018.

Cela s'explique notamment par la fin du modèle de croissance des Trente Glorieuses, par l'impact du progrès technique et par l'ouverture des économies à la concurrence internationale. Dès la fin des années 1970, les grands « bastions ouvriers » de la sidérurgie et de la métallurgie sont touchés par des restructurations économiques, et avec eux, le nombre d'adhérents des syndicats décline.

On assiste également, au cours des années 1970-1980, à la réorganisation des grandes entreprises industrielles, dans lesquelles les syndicats étaient très représentés, au profit de structures plus petites. Or, dans les organisations tayloriennes, la figure de l'ouvrier spécialisé (OS) incarnait celle du militant syndical. Ces ouvriers peu qualifiés seront les premières victimes du chômage et réduiront le nombre d'adhérents. Enfin, cet affaiblissement des instances syndicales accompagne le déclin du parti communiste et de l'idéologie marxiste, avec la chute du mur de Berlin en 1989.

  B. *La tertiairisation de l'économie participe à l'émergence de catégories moins portées à se syndiquer.*
  a. Des catégories plus féminisées et moins organisées progressent dans des syndicats.
  > **Doc 2** : progression de la part des PCS du tertiaire.
  b. Les actifs plus qualifiés se sentent peu concernés par l'action syndicale.
  > **Doc 2** : progression de la part des PCS plus diplômées.

2. La progression des formes précaires d'emploi et l'individualisation des parcours limitent le taux de syndicalisation.
  A. *Une précarisation de l'emploi peu propice à l'adhésion syndicale*
  a. Une faible syndicalisation des travailleurs précaires et sous-traitants dans de petites structures
  > **Doc 3** : part des ouvriers parmi les intérimaires.
  b. La peur du chômage et des délocalisations limite la mobilisation collective des travailleurs en emploi.

  B. *Une individualisation de la relation d'emploi qui affaiblit l'action collective*
  a. Un déplacement des valeurs vers une logique d'intérêt (paradoxe d'Olson)
  b. Des parcours interrompus et des carrières hétérogènes, qui rendent l'adhésion syndicale moins pertinente

3. Les caractéristiques des syndicats français participent à la baisse du taux de syndicalisation.
  A. *Une institutionnalisation croissante de la négociation collective*
  a. La gestion paritaire des syndicats permet de couvrir la plupart des salariés par des conventions collectives, ce qui limite leur besoin de se syndiquer.
  b. La professionnalisation de l'action syndicale éloigne ces institutions de leur base.
  > **Doc 1** : un modèle syndical « sans adhérents ».

  B. *Des syndicats nombreux et divisés, fragilisés par la complexification du marché du travail*
  a. Un monde syndical clivé entre un syndicalisme cogestionnaire et révolutionnaire
  b. Des syndicats qui ne parviennent pas à parler au nom d'un salariat plus hétérogène et précaire

SUJET CORRIGÉ
Dissertation

SUJET — Les instruments dont disposent les pouvoirs publics sont-ils efficaces pour préserver l'environnement ?

📖 **Document 1** > Répartition et utilisation des revenus issus des taxes carbone et système de quota d'émissions par pays et par région

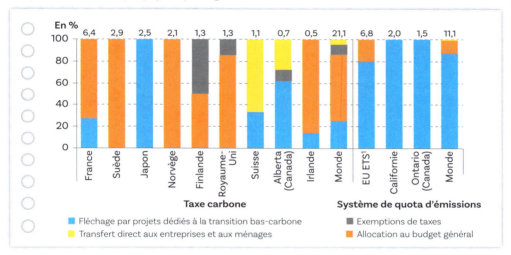

- ■ Fléchage par projets dédiés à la transition bas-carbone
- ■ Exemptions de taxes
- ■ Transfert direct aux entreprises et aux ménages
- ■ Allocation au budget général

1. EQE ou EU ETS : système européen d'échange de quotas d'émissions.
Note : les chiffres au-dessus des barres donnent le montant total des revenus carbone en milliards de dollars US.

Source : Institut for Climate Economics (I4CE), 2018.

📖 **Document 2** > Part des énergies renouvelables dans la consommation énergétique finale brute des États membres

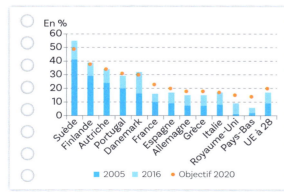

■ 2005   ■ 2016   • Objectif 2020

Le paquet énergie-climat définit trois objectifs à l'horizon 2020, dits « 3 × 20 » :
- une réduction de 20 % des émissions de GES par rapport à 1990 ;
- une augmentation à 20 % de la part des renouvelables dans la consommation énergétique finale brute. Cet objectif est traduit en objectifs nationaux dans les différents États membres ;
- une augmentation de 20 % de l'efficacité énergétique.

Source : Commissariat général du développement durable, *Chiffres clés du climat. France, Europe, Monde*, 2019.

ENTRAÎNEMENT BAC — SUJET 6

Document 3

Au sens économique, la qualité de l'air est un bien non rival (sa consommation par un agent n'affecte pas la quantité disponible pour les autres) et non exclusif (il est difficile de restreindre l'accès à ce bien s'il est disponible). Il s'agit donc d'un bien public local, ce qui justifie une intervention de la puissance publique pour en maintenir la qualité en limitant la pollution. Pour y parvenir de manière efficace, une palette d'outils est nécessaire en raison du nombre important de polluants concernés et de la diversité des sources d'émission. La plupart des mesures de lutte contre la pollution de l'air contribue aussi à la lutte contre le changement climatique. Les politiques de lutte contre la pollution de l'air mises en place jusqu'à présent, en particulier les politiques réglementaires, ont permis de réaliser des progrès notables dans la réduction des émissions de polluants provenant de sources fixes (notamment les installations industrielles). Elles ont été moins efficaces pour réduire la pollution émise par des sources mobiles (transports) ou plus diffuses (agriculture, résidentiel). L'un des moyens pour y remédier est de faire en sorte que les ménages et entreprises responsables des émissions de polluants supportent davantage le coût social de la pollution. Il convient alors de s'assurer que les agents ciblés ne sont pas captifs des technologies émettrices qu'ils utilisent et que le signal-prix permet bien d'encourager des changements de comportement. Cela peut impliquer des mesures d'accompagnement supplémentaires.

A. Bivas, B. Carantino, S. Crémel, C. Gostner, T. Salez « Le rôle des instruments économiques dans la lutte contre la pollution de l'air », *Trésor-éco*, n° 256, février 2020.

Document 4 > Évolution du taux moyen d'émissions de CO_2 en France – véhicules particuliers neufs vendus en France

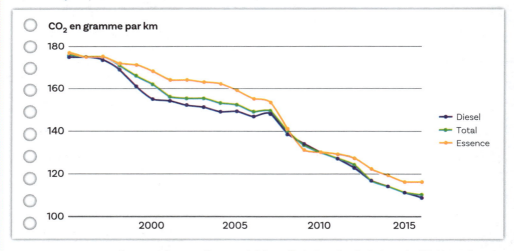

Source : Ademe ; « Comment faire enfin baisser les émissions de CO_2 des voitures », *La note d'analyse*, n° 78, juin 2019.

Épreuve composée

SUJET

PARTIE 1 Mobilisation des connaissances *(4 points)*

Vous montrerez à l'aide d'un exemple que les inégalités économiques et sociales peuvent se cumuler.

PARTIE 2 Étude de document *(6 points)*

Document > Part du revenu agrégé[1] détenue par classe en 1996 et 2012

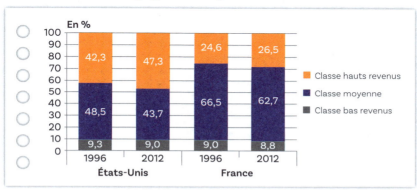

1. Le revenu agrégé mesure la somme des revenus détenus par chacune des classes.
Champ : personne âgée d'au moins 18 ans.
Note : la classe moyenne est définie comme l'ensemble des ménages dont le revenu avant impôts est compris entre deux tiers et deux fois le revenu médian.

Source : David Marguerite, « Classe moyenne : un Américain sur deux, deux Français sur trois », *La note d'analyse*, n° 41, *France Stratégie*, février 2016.

1. Comparez les données concernant les États-Unis et la France en 2012.
2. À partir des données chiffrées et de vos connaissances, présentez comment a évolué la place de la classe moyenne aux États-Unis et en France.

PARTIE 3 Raisonnement à partir d'un dossier documentaire *(10 points)*

À l'aide de vos connaissances et du dossier documentaire, vous vous demanderez si le progrès technique est toujours source de croissance.

Document 1 > Dépense intérieure de recherche et développement (DIRD)[1]

	1995	2000	2010	2016
DIRD (en millions d'euros)	27 302	30 954	43 469	41 534
Administrations (en millions d'euros)	10 653	11 605	16 014	17 352
Entreprises (en millions d'euros)	16 649	19 348	27 455	32 181
Part des entreprises dans la DIRD (en %)	61,0	62,5	63,2	65
Part de la DIRD dans le PIB (en %)	2,24	2,09	2,18	2,22

1. La DIRD correspond aux travaux de recherche et développement exécutés sur le territoire national, quelle que soit l'origine des fonds. Une partie est exécutée par les administrations, l'autre par les entreprises.

Source : Insee, 2019.

ENTRAÎNEMENT BAC — SUJET 6

Document 2

Les innovations numériques sont en train de transformer presque tous les secteurs de l'économie en introduisant de nouveaux modèles commerciaux, de nouveaux produits, de nouveaux services et, *in fine*, de nouveaux moyens de créer de la valeur et des emplois. Les conséquences de cette transition sont déjà visibles : l'économie numérique mondiale représentait en 2016 11 500 milliards de dollars, soit 15,5 % du produit intérieur brut (PIB) mondial – ce chiffre devrait atteindre 25 % en moins d'une décennie. [...] Cette vague d'innovation constante a le pouvoir d'éliminer bon nombre des obstacles qui empêchent les individus d'accéder aux opportunités, en particulier pour les plus pauvres et les plus vulnérables. Grâce aux plateformes numériques, les individus, où qu'ils vivent, peuvent désormais accéder à une quantité sans précédent d'informations, trouver du travail ou s'inscrire à des cours en ligne, et même recevoir des soins essentiels par télémédecine. [...] Les avantages de l'innovation numérique sont nombreux et variés. Dans les pays développés comme dans les pays en développement, les technologies disruptives apportent rapidement des solutions innovantes à des défis complexes dans un large éventail de secteurs allant de la santé et de l'éducation aux transports, à la gestion des risques de catastrophes ou à l'agriculture. Pourtant, tout le monde n'en bénéficie pas de manière uniforme : bien que la révolution numérique soit un phénomène mondial, de profondes disparités subsistent malgré tout d'un pays à l'autre et au sein d'un même pays pour ce qui est de la pénétration, du coût et des performances des services numériques. Si plus de la moitié de la population mondiale a désormais accès à l'internet, le taux de pénétration n'était que de 15 % dans les pays les moins avancés, soit une personne sur sept. [...] Dans un monde de plus en plus dominé par les technologies de l'information et de la communication, cette fracture numérique persistante pourrait exacerber les inégalités et créer une nouvelle classe de « pauvres numériques ».

Banque mondiale, « Développement numérique », avril 2019.

Document 3 > Ratio du capital TIC[1] au PIB

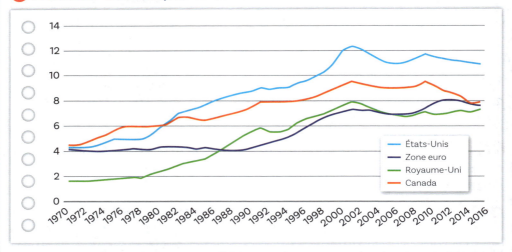

1. Le ratio du capital TIC au PIB est défini comme le rapport entre la valeur du capital TIC divisée par le PIB en valeur.

Source : Conseil national de la productivité, *Productivité et compétitivité : où en est la France dans la zone euro ?*, avril 2019.

Dissertation

CORRIGÉ

➤ Introduction

En 1987, le Protocole de Montréal parvient à mobiliser l'ensemble des États autour de la disparition progressive de la production des CFCs (chlorofluorocarbones). Leur usage apparaît responsable des émissions de gaz à effet de serre, provoquant un « trou » dans la couche d'ozone. Cette réglementation explique qu'aujourd'hui, ce trou se soit en partie résorbé.

> Soigne bien ton accroche. L'usage d'un exemple concret est toujours efficace.

L'action des pouvoirs publics au niveau de chaque État a permis l'efficacité de cette mesure au niveau mondial. Les **pouvoirs publics**, à savoir l'ensemble des administrations publiques, du niveau local au niveau supranational, comme l'Union européenne, peuvent en effet utiliser différents **instruments** pour préserver l'environnement, c'est-à-dire réduire les comportements et activités économiques qui induisent des externalités négatives, en particulier l'émission de gaz à effet de serre.

> Il faut veiller à définir tous les mots clés.

Cette politique climatique repose sur la **réglementation**, c'est-à-dire l'instauration de normes environnementales qui fixent des limites aux émissions de GES ; la **taxation** (taxe pigouvienne), mesure fiscale qui vient renchérir le coût des activités polluantes pour les agents économiques qui en sont responsables ; le **marché des quotas d'émission**, qui octroie des droits d'émission de GES aux entreprises ou aux pays. Pour autant ces instruments ne sont pas systématiquement aussi efficaces dans la réalité que dans leur principe, car ils reposent nécessairement sur un certain nombre d'arbitrages entre acteurs.

> Détaille les types d'instruments utilisés dans la politique climatique, dès l'introduction.

Cela pose donc la question suivante : les différentes mesures prises par les autorités publiques parviennent-elles à réduire l'impact négatif des activités humaines sur l'environnement ?

Nous verrons dans une première partie la spécificité et l'efficacité des différents instruments de la politique climatique puis, dans une seconde partie, que ces instruments ne sont pas toujours véritablement incitatifs, mais que leur combinaison permet d'améliorer leur efficacité.

> **CONSEIL**
>
> Tu peux évaluer, dans trois grandes parties, l'efficacité de chacun des instruments en mesurant leurs avantages et leurs limites, mais il semble plus riche de proposer une première partie qui évalue et illustre tour à tour l'efficacité de la réglementation, de la taxation ou subvention et du marché des quotas d'émission, pour ensuite évaluer les limites et voir que la complémentarité des outils peut les compenser.

ENTRAÎNEMENT BAC — SUJET 6

➔ 1. Les instruments de la politique environnementale présentent chacun un ou des avantage(s) spécifique(s) pour préserver l'environnement.

A. L'efficacité de la réglementation

a. Des instruments réglementaires qui définissent des règles à respecter, sous peine de sanctions

Il s'agit d'interdire et d'imposer un comportement : normes de procédé, de produits et de qualité, et quotas qui limitent la production et l'exploitation des ressources.
> **Doc 3** : exemple de norme de produit sur les émissions de polluants industriels.

b. Une efficacité si la norme est bien ciblée

Il s'agit d'interdire ou d'autoriser certains comportements, mais en ciblant bien le contenu de la norme et du quota pour rendre son application contrôlable, en en limitant les coûts.
> **Doc 4** : impact des normes de pollution sur les véhicules diesel et essence sur la baisse des émissions de CO_2.

B. Les avantages de la taxation ou des subventions

a. La taxe donne un prix aux atteintes à l'environnement, pour orienter les comportements et internaliser les externalités.

Taxe « pigouvienne », qui internalise les externalités (principe de l'écotaxe ou du « pollueur-payeur »). Chaque producteur diminue sa pollution tant que ses coûts de dépollution sont inférieurs au montant de la taxe.

Le « double dividende de la taxe » : il s'agit de limiter la pollution et d'augmenter les recettes de l'État.
> **Doc 1** : usage possible des ressources des taxes pigouvienne.

b. L'incitation par la subvention

Il s'agit de rémunérer les activités économiques qui présentent des externalités positives. L'État peut utiliser l'impôt négatif qu'est la taxe en subventionnant des productions ou consommations vertueuses (aides à l'isolement du logement, bonus pour les voitures électriques…).

c. L'intérêt du marché des quotas d'émission (droits à polluer)

Droits à émettre des quantités limitées de polluants qui peuvent être achetés et vendus par les pollueurs. Ils déterminent un prix de marché.
> **Doc 1** : référence au système d'échange de quotas d'émissions de l'UE. Le fort fléchage par projet peut être orienté vers le développement des énergies renouvelables.

➔ 2. Ces instruments se heurtent à des difficultés, pour être véritablement incitatifs.

A. Chacun des instruments présente des limites spécifiques.

a. Les défauts des réglementations limitent leur portée.

Tout d'abord, les normes et quotas ne sont pas pleinement efficaces, car ils se heurtent à des lourdeurs administratives dans leur application et requièrent des dispositifs complexes de contrôle et de sanction. S'ils apparaissent dans leur principe comme simples, les procédures qui les sous-tendent restent généralement complexes. De ce point de vue, la taxe peut être coûteuse dans sa mise en œuvre. **En outre**, la réglementation peut faire l'objet de mesures d'exceptions, qui peuvent résulter de stratégies de lobbying ou d'influence de certains types d'acteurs (entreprises d'un secteur donné par exemple). La réglementation peut alors être statique et insuffisamment incitative car, la norme ou le quota étant souvent laborieusement calculés et négociés, elle n'évoluera pas facilement du fait de la lourdeur des procédures de révision.

> Veille à organiser tes idées à l'aide de **connecteurs logiques**, afin que l'on suive toutes les étapes de ton raisonnement.

Au-delà des difficultés de sa mise en œuvre et de son adaptation, la taxe peut peser plus sur certains acteurs, car elle a en général la caractéristique d'être uniforme, alors même qu'elle s'applique à des ménages hétérogènes ou à des entreprises de taille différente, dont certaines peuvent plus pâtir que d'autres d'une dégradation de leur productivité.

Ensuite, les acteurs ne sont pas incités à faire mieux que ne l'exige la réglementation, ce qui pose la question de son adaptation, tant dans le temps qu'aux différents acteurs. Si par contre la norme ou le quota est trop exigeante et mal évaluée, elle peut encourager des comportements frauduleux et des délocalisations.

Enfin, la norme peut avoir un effet pervers, appelé « effet rebond », décrit pour la première fois par l'économiste Stanley Jevons. Ainsi, certains gains environnementaux obtenus grâce à l'amélioration de l'efficacité énergétique impulsée par des normes (isolation, chauffage plus performant, diminution des consommations des véhicules, etc.) vont être annulés par une augmentation des usages.

En somme, l'existence d'une norme ou d'un quota ne suffit pas à garantir son efficacité. Selon les données du Commissariat général du développement durable parues en 2019 (**Doc 3**), l'Union européenne s'était fixé en 2008, pour 2020, un objectif contraignant de réduction de 20 % des émissions de gaz à effet de serre et de 20 % d'augmentation de la part des énergies renouvelables dans le « mix énergétique » (l'objectif d'augmenter l'efficacité énergétique n'était en revanche pas contraignant). Si, dans la plupart des pays, la part des énergies renouvelables progresse et dépasse même parfois l'objectif dans plusieurs pays (à l'instar de la Suède), cet objectif n'est pas atteint, ce qui montre la faiblesse de la norme en tant que telle pour orienter les comportements. Par exemple, au Royaume-Uni, le déploiement des énergies renouvelables est inférieur de 5 points de pourcentage par rapport à l'objectif, pour une proportion en deçà de la moyenne de l'UE à 28.

b. Le risque de faible efficacité et acceptabilité de la taxe

Incertitude sur les niveaux de dépollution atteint : si la taxe est trop faible, elle n'entraînera aucune dépollution. Caractère régressif de la taxe pour les ménages les plus modestes (rôle déclencheur de la taxe carbone dans le mouvement des Gilets jaunes.

c. Des marchés des quotas coûteux et complexes à organiser

Ils ne sont ainsi applicables qu'à de grandes entreprises, qui ne représentent pas la majorité de la pollution totale. Système inefficace si trop de permis d'émission sont attribués et les prix trop volatils.

> **Doc 1** : faible nombre de marché des quotas d'émission dans le monde.

B. Mais leur combinaison permet d'améliorer leur efficacité.

a. Compenser les défauts de conception par la complémentarité des outils.

La norme peut être préférée à la taxe dans les cas où l'on souhaite être certain du résultat obtenu. Elle peut, avec la subvention, mieux protéger les ménages les plus modestes, qui consomment proportionnellement moins d'énergie.

b. L'usage efficace des instruments prix ou instruments quantité

Pour faire face à un danger climatique immédiat, il est optimal de recourir à l'instrument quantité (le permis d'émission, quota ou norme) mais, dans certains cas, dans un secteur productif très sensible au coût de réduction des émissions (forte élasticité des coûts), il est plus pertinent de recourir à un instrument prix, soit la taxe.

> **Doc 3** : mobilisation d'une « palette d'outils » au service d'une plus grande efficacité des politiques environnementales.

→ Conclusion

Les instruments de la politique climatique permettent, sous bien des aspects, de modifier les comportements en leur fixant des limites ou des interdictions, à l'instar de la réglementation, en internalisant les externalités par la taxe selon un principe de bonus-malus et en encourageant les comportements vertueux par des subventions, en incitant à réduire ses émissions de carbone par les règles du marché des quotas. Mais ces instruments présentent un certain nombre d'inconvénients, qui affectent leur efficacité pour préserver l'environnement. Leur combinaison peut être efficace, car ils présentent des complémentarités, mais elle requiert de trouver le bon équilibre dans le dosage des outils climatiques. L'enjeu est aussi, pour les pouvoirs publics, de préserver le capital naturel par une croissance soutenable, mais également équitable socialement. Le mouvement des Gilets jaunes s'est ainsi déclaré lorsque la taxe carbone a été fortement ressentie par les ménages les plus modestes : elle a en effet augmenté en même temps que le prix du pétrole, réduisant fortement le pouvoir d'achat des ménages dépendants de la voiture.

Épreuve composée

CORRIGÉ

PARTIE 1 Mobilisation des connaissances (4 points)

Le logement permet de bien appréhender le cumul des inégalités.

Tout d'abord, il est révélateur de la détention de patrimoine (hériter ou pas de son logement, propriétaire ou locataire), mais aussi des revenus puisqu'un niveau de vie plus élevé permet d'accéder à un logement plus grand et mieux situé. Ceci a un effet important sur d'autres inégalités, puisque le lieu de vie influence le lieu de scolarisation. La proximité avec les établissements prestigieux de centre-ville permet souvent de bénéficier de conditions de scolarisation avantageuses, alors même que les ségrégations spatiale et scolaire peuvent s'entretenir dans des banlieues par exemple – à l'inverse, en zone périurbaine ou rurale, les populations peuvent pâtir d'un éloignement des établissements scolaires et de long temps de trajet. Un logement trop exigu peut également dégrader les conditions de travail des enfants, qui doivent cohabiter avec plusieurs frères et sœurs dans une même chambre. Tous ces éléments jouent sur la réussite scolaire et renforcent le risque de reproduction sociale, ce d'autant plus que les ménages les plus modestes sont en général moins diplômés et ne transmettent donc pas nécessairement un capital scolaire et culturel. Ceci peut aussi être renforcé par le groupe de pairs (abandon précoce des études dans l'entourage des enfants).

Ensuite, le logement peut éloigner les personnes des bassins d'emploi et entretenir un risque de chômage de longue durée ou induire de longs trajets professionnels qui affectent la vie de famille.

Enfin, la qualité du logement peut avoir un impact sur la santé des parents et des enfants, en particulier lorsqu'il est insalubre, mais aussi s'il est inconfortable ou exposé à des nuisances sonores.

En somme, il n'est pas rare que certains ménages cumulent plusieurs handicaps liés au logement ou, au contraire, tirent des bénéfices de leur lieu de vie. La stratification sociale s'inscrit aussi dans l'espace physique.

➤ PARTIE 2 Étude de document (6 points)

1. Selon la note d'analyse de France Stratégie, aux États-Unis, en 2012, la classe des hauts revenus détient 47,3 % du revenu agrégé ; la classe moyenne, qui rassemble tous les ménages dont le revenu avant impôt est compris entre les deux tiers et deux fois le revenu médian, détient 43,7 % du revenu médian, soit près de 4 points de moins que ce qui est détenu par les plus riches ; enfin, la classe des hauts revenus ne perçoit que 9 % du revenu agrégé. En France, la classe moyenne détient 62,7 % du revenu agrégé soit près de 20 points de pourcentage de plus que la part détenue par la classe moyenne étasunienne. La classe des hauts revenus détient 28,5 % du revenu agrégé, soit près de 20 points de pourcentage de moins que la classe des hauts revenus étasunienne. La part du revenu agrégé détenu par les classes à bas revenu (8,8 %) est comparable à celle des États-Unis.

On observe donc une plus faible concentration du revenu agrégé chez les ménages les plus aisés en France qu'aux États-Unis.

2. Selon Alexis de Tocqueville, dans *De la démocratie en Amérique* (1835), la démocratie s'accompagne d'un processus d'égalisation des conditions. Ce processus de moyennisation s'est amplifié au cours des Trente Glorieuses du fait de l'amélioration générale du niveau de vie. Pour Henri Mendras, la classe moyenne absorbe progressivement les autres groupes sociaux et devient une vaste constellation centrale. Pour autant, cette classe moyenne est fragilisée par les mutations du marché du travail (progression du chômage et de la précarité, polarisation de l'emploi). On observe une réduction de la richesse détenue par la classe moyenne dans la plupart des pays développés. Ainsi, la part du revenu détenu par la classe moyenne étasunienne baisse de près de 5 points de pourcentage entre 1996 et 2012. Elle régresse d'environ 5 points de pourcentage sur la même période en France, mais représente toujours plus de 60 % de la part du revenu agrégé. La différence entre les deux pays s'explique par une moindre progression de la part du revenu agrégé détenu par les ménages les plus aisés en France (de 4 points de pourcentages, contre 6 aux États-Unis), même si les hauts revenus se concentrent dans les deux pays. En effet, les inégalités se creusent depuis les années 1980 sous l'effet de la progression des hauts revenus, que Thomas Piketty explique notamment par l'allègement de la fiscalité sur les hauts revenus et patrimoines.

Cet affaiblissement du poids des classes moyennes dans la répartition du revenu agrégé pose, pour certains sociologues comme Louis Chauvel, la question du déclin numérique de la classe moyenne dans la stratification sociale, ce qui semble se dessiner plus fortement aux États-Unis, du fait peut-être de mécanismes redistributifs plus puissants en France.

ENTRAÎNEMENT BAC — SUJET 6

PARTIE 3 Raisonnement à partir d'un dossier documentaire *(10 points)*

Introduction

Robert Solow soulevait, en 1987, un paradoxe : « On voit des ordinateurs partout, sauf dans les statistiques de productivité », signifiant ainsi que la révolution informatique ne faisait pas progresser la productivité puis la croissance. L'explication tiendrait à la façon dont les entreprises adoptent les nouvelles technologies. Il a fallu que les entreprises intègrent plus efficacement l'apport de l'informatique pour que l'on mesure mieux les innovations. Cela pose en permanence la question de l'adaptation de la mesure du progrès technique.

Le progrès technique désigne le progrès des technologies, mais également l'efficacité de leur usage et de l'organisation du processus de production. Il est appréhendé par la productivité globale des facteurs. Son impact sur la croissance, c'est-à-dire la progression de la richesse créée (mesurée par le PIB) sur un territoire donné, en un an, est très discuté et peut varier en fonction de la nature du progrès technique et de son effet sur le marché du travail. La dynamique de l'innovation est fondamentale pour la croissance, comme le soulignait Joseph Schumpeter, mais ne la soutient donc pas toujours également.

Dans quelle mesure le progrès technique est-il et peut-il être favorable à la croissance ?

Nous verrons que si le progrès technique est une source fondamentale de croissance économique (1), il ne la favorise pas systématiquement et peut même avoir des effets pervers sur sa dynamique (2), ce qui pose la question des facteurs permettant d'améliorer la capacité du progrès technique à stimuler la croissance (3, facultatif).

1. Le progrès technique est la source principale de la croissance.

A. Le progrès technique favorise une croissance intensive.

a. Innovation, progrès technique et croissance dans une perspective schumpétérienne

Progrès technique comme « résidu » chez Solow pour expliquer la croissance intensive. Analyse du rôle de l'innovation dans la croissance économique chez Schumpeter.

b. Les écarts de croissance entre les pays viennent du progrès technique.

> **Doc 3** : Le pays le plus innovant, les États-Unis, est proche de la « frontière technologique », grâce à la multiplication par 3 entre 1970 et 2000 de leur rapport entre capital en technologies de l'information et de la communication et PIB. Il maintient son écart avec les autres pays, même si la progression de ce ratio est moins importante depuis et baisse légèrement.

> **Doc 1** : rôle du capital technologique, qui s'accumule par l'investissement dans la recherche et développement. En France, les dépenses intérieures de recherche et développement atteignent 41,5 milliards d'euros en 2016, soit 2,22 % du PIB.

B. Le progrès technique permet une croissance auto-entretenue.

a. Le rôle des externalités dans la croissance endogène.

Selon les théories de la croissance, le progrès technique résulte de la croissance et entretient la croissance à son tour. Il s'accumule dans les différents types de capitaux : capitaux public, physique, technologique et humain. Des théoriciens de la croissance, comme Paul Romer, encouragent l'investissement public en recherche et développement.

> **Doc 1** : Au sein de la dépense intérieure, la dépense des administrations publiques progresse depuis 1995 et représente un tiers de la dépense totale.

b. La complémentarité entre les capitaux

L'amélioration des différentes formes de capitaux, grâce à l'investissement public ou privé, a un impact positif sur les autres facteurs et permet de dégager des externalités positives, qui favorisent l'accumulation de capital sous toutes ses formes.

2. Le lien entre progrès technique et croissance n'est pas systématique.

A. Le progrès technique ne permet pas une hausse de la croissance inclusive.

a. Le progrès technique entraîne une hausse de la rente (pouvoir de marché).

Le progrès technique permet une rente d'innovation provisoire ou qui peut être prolongée à moyen terme par la protection d'un brevet. Figure de l'entrepreneur schumptérien, puis des entreprises innovantes comme les GAFA, qui peuvent limiter l'innovation en absorbant les entreprises concurrentes (« *winner takes all* »).

b. Le progrès technique biaisé crée du chômage et nuit donc à la croissance en créant des inégalités.

Progrès technique biaisé en faveur des plus qualifiés, plus demandés par les entreprises et plus rares, qui bénéficient ainsi d'une hausse des salaires. Polarisation de l'emploi qui remplace les emplois présentant des tâches routinières au profit des plus qualifiés et des non qualifiés dont les emplois ne sont pas substituables.

> **Doc 2** : inégalité face aux technologies (fracture numérique), qui renforce les inégalités.

B. Toutes les formes de progrès techniques ne favorisent pas la croissance.

a. Certaines innovations ne favorisent pas le progrès technique et la productivité.

Les innovations touchant à la consommation, aux « loisirs », ne modifient pas en profondeur la production et ne permettent pas de gains de productivités aussi importants (d'où la réflexion sur la « stagnation séculaire ») ; les innovations incrémentales modifient moins fondamentalement le système productif que les innovations radicales.

> **Doc 2** : Les innovations ne sont pas toutes « disruptives ».

b. Les TIC engendrent du bien-être plus que de la croissance.

Les innovations numériques améliorent la gestion du risque et la prévention.

> **Doc 2** : « Les technologies disruptives apportent rapidement des solutions innovantes à des défis complexes dans un large éventail de secteurs allant de la santé et de l'éducation aux transports, à la gestion des risques de catastrophes ou à l'agriculture ».

Possible prolongement

3. Améliorer les conditions qui permettent au progrès technique de générer de la croissance

A. Il faut que l'État agisse directement sur le lien progrès technique/croissance.

a. Le rôle de la R&D publique. > **Doc 1**

b. Il faut gérer les conséquences de la destruction créatrice et de l'instabilité des gains de productivité. > **Doc 2**

B. Il faut inciter les agents économiques à favoriser le « bon » progrès technique.

a. Il faut maintenir un équilibre entre protection de l'innovation et concurrence (brevets).

b. Il faut inciter à la mise en œuvre de procédés de production « verts » (soutenabilité).

Sommaire

COACHING BAC

FICHE 1 **À la rentrée :** Créer un environnement de travail propice à la concentration et à la réussite 332

FICHE 2 **En début d'année :** Comprendre ce qu'on attend de moi pour progresser 334

FICHE 3 **Tout au long de l'année :** Réviser efficacement 336

FICHE 4 **De J-15 à J-1 :** Gérer mon stress 338

FICHE 5 **Jour J :** Assurer le Jour J 340

GRAND ORAL

FICHE 1 **Comprendre l'épreuve du Grand oral** 342

FICHE 2 **Explorer les thèmes sélectionnés** 344

FICHE 3 **Structurer son sujet** 345

FICHE 4 **Travailler sa voix et sa diction** 346

FICHE 5 **Développer sa répartie** 347

COACHING BAC — FICHE 1

CRÉER UN ENVIRONNEMENT DE TRAVAIL
propice à la concentration et à la réussite

 À LA RENTRÉE

OBJECTIFS
→ Installer son espace de travail.
→ Prévoir son matériel.
→ Acheter ou emprunter les documents utiles.
→ Prendre les bonnes habitudes.

1 Installe ton espace de travail

> **Prévois le matériel nécessaire.**
Rassemble tes manuels, tes cahiers et classeurs et une trousse (des stylos de plusieurs couleurs, un crayon à papier, une gomme et des surligneurs) ainsi qu'un ordinateur si possible.

> **Regroupe tes affaires par discipline.**
Crée **un espace pour chaque matière** : tu peux ainsi y rassembler tes manuels, tes fiches de révisions et tes cahiers d'exercices. De même, organise des dossiers par matière sur ta tablette ou ton ordinateur et **enregistre** tous tes documents pour ne rien perdre !

> **Organise un espace d'affichage.**
Dispose sur un tableau magnétique ou des feuilles blanches ton **planning** de révisions, tes **pense-bêtes**, les **dates clés** de ton année !

> **Soigne ton espace.**
Dans l'idéal, ton lieu de travail doit être rangé, au calme, bien éclairé et confortable (privilégie une assise avec un dossier). **Évite de travailler ailleurs que sur ton bureau** (sur ton lit par exemple), c'est contre-productif !

> **Informe ton entourage.**
Préviens ta famille quand tu es en train de travailler et communique tes **dates d'examens**. C'est plus facile si tous tes proches sont au courant, ils seront d'autant plus attentifs à toi.

« Si la vue d'un bureau encombré évoque un esprit encombré alors que penser de celle d'un bureau vide ? »

Albert Einstein

② Choisis les bons outils qui vont t'accompagner toute l'année

> **Choisis les bons outils numériques.**
> Sur Internet, veille au choix des plate-formes numériques que tu utilises ! Pour éviter les pièges, privilégie les liens Internet indiqués dans tes **manuels scolaires**, les **sites de référence** proposés par le ministère de l'Éducation nationale et ceux qui te sont **recommandés** par tes enseignants. Certaines plateformes, comme SchoolMouv, proposent des **contenus rédigés par des enseignants de l'Éducation nationale**.

L'INFO À RETENIR

N'hésite pas à solliciter le professeur-documentaliste de ton lycée, il t'aidera à créer ta session sur ordinateur, à faire le tri parmi les ressources disponibles et te proposera d'emprunter des documents.

LE SAVAIS-TU ?

Si tu n'as pas d'ordinateur ou que tu cherches un endroit calme pour travailler, tu peux aller au **CDI** de ton lycée ou à la **médiathèque** de ton quartier !

> **N'oublie pas certains incontournables documents papier.**
> Les **dictionnaires** et **mémentos** sont fiables et ils ont l'avantage de limiter le temps que tu passes devant les écrans.

> **Achète le bon matériel.**
> Privilégie les cahiers à spirales qui restent ouverts et les fiches de révisions cartonnées (elles résisteront mieux toute l'année).

③ Assure-toi d'avoir une bonne hygiène de vie

> **Veille à ton équilibre alimentaire.**
> **Varie** tes menus et évite les sucreries, les sodas et les excès de thé ou de café. Néanmoins, accorde-toi quelques **petits plaisirs** pour tenir le coup ! Certains aliments sont recommandés lors des périodes intenses de révisions : poissons gras, avocat, huile d'olive, fruits rouges contenant de nombreux antioxydants.

> **Prévois de bonnes nuits de sommeil.**
> Quand on dort, le cerveau s'active ! Il faut **proscrire les nuits blanches**, totalement contre-productives. Si tu as du mal à t'endormir, vérifie que ta chambre soit bien aérée, que la température ambiante te convienne (19 °C dans l'idéal) et mets-toi dans l'obscurité. Une heure avant l'endormissement, bannis les écrans et privilégie par exemple l'écoute de musique douce.

> **Planifie des temps de pause.**
> Inutile de réviser jour et nuit. Prévois de t'aérer l'esprit plusieurs heures chaque week-end !

> **N'oublie pas l'activité physique.**
> Il n'est pas sain de rester assis toute la journée et, qui plus est, devant un ordinateur. Si tu aimes le sport, **continue de pratiquer** ton activité favorite, sinon garde à l'idée de **bouger un peu tous les jours**, en sortant marcher avec des amis par exemple !

L'ASTUCE À CONNAÎTRE

Si tu ne parviens pas à te passer de musique pour travailler, privilégie des **playlists instrumentales** pour ne pas laisser les paroles te déconcentrer.

COACHING BAC

FICHE 2

COMPRENDRE
ce qu'on attend de moi pour progresser

EN DÉBUT D'ANNÉE

OBJECTIFS
→ Connaître son niveau de départ.
→ Optimiser le temps de classe.
→ Mettre en place une bonne organisation pour les révisions.

1 Définis ton niveau dans chaque discipline

> Fais une évaluation diagnostique dans chaque matière.
Pour cela, tu peux t'aider de plusieurs éléments : les résultats des tests de positionnement en classe de Seconde, tes précédents bulletins, tes premières évaluations de l'année… Regarde tes **notes** mais aussi les **commentaires** des professeurs, ces annotations sont très utiles pour repérer tes points forts et les pistes pour t'améliorer ! Fais également confiance à ton **ressenti** : quelle est ta matière préférée ? Dans quelle discipline te sens-tu le plus à l'aise ?

> Précise ton niveau.
Pour chaque matière, entoure les cases qui correspondent à ton expérience dans le tableau suivant. Une fois tes niveaux définis, tu peux établir des **paliers de niveaux** à atteindre en y associant des **dates** (par exemple : niveau 2 à atteindre en décembre, niveau 3 à atteindre en février, et ainsi de suite).

niveau 1 Insuffisant	niveau 2 Fragile	niveau 3 Satisfaisant	niveau 4 Très bonne maîtrise
J'ai des lacunes importantes.	Je fais des erreurs majeures.	Je fais des erreurs mineures.	Je respecte tous les attendus. Je peux même parfois aller plus loin.
J'ai besoin d'aides répétées.	J'ai besoin d'aides ponctuelles.	J'ai rarement besoin d'aide.	Je n'ai pas besoin d'aide.
Réussite rare.	Quelques réussites.	Réussite fréquente.	Réussite systématique.
Je ne sais pas mobiliser mes acquis de manière adéquate à la situation.	Je mobilise mes acquis, mais rarement de manière adéquate.	Je mobilise mes acquis de manière adéquate, même s'il y a des imperfections dans la réalisation de la tâche.	Je mobilise mes acquis de manière adéquate et la réalisation de la tâche est parfaite.

2 Sois efficace en cours

> **Relis ton cours précédent** avant chaque séance. L'idéal est de relire tes notes **la veille au soir**, sinon tu peux profiter d'une heure d'intercours. Tu gagneras en efficacité dès le début du temps de classe.

> **Reste concentré(e).** Évite tout ce qui peut nuire à ton attention (parasites visuels ou auditifs) et positionne-toi correctement. Es-tu bien installé(e) ? As-tu le dos droit, les jambes tendues, le buste en avant ? Sois **à l'écoute de ton corps** !

> **Prends des notes efficaces.** L'objectif n'est pas d'écrire tout ce que dit le professeur, mais de **dégager l'articulation du cours**. Note bien les noms des parties principales et secondaires, les connecteurs logiques et mets en valeur les informations stratégiques du cours. Structure tes notes toujours de la même façon, de sorte que tu puisses te repérer d'**un seul coup d'œil** : utilise les mêmes couleurs pour les titres, les sous-titres, les exemples, etc. Choisis quelques **abréviations**, cela te permettra d'écrire plus rapidement.

> **Reste en action. Participe** dès que tu le peux ! Lis les textes à voix haute, va au tableau lorsque c'est proposé, pose des questions si tu n'as pas bien compris ou si tu souhaites approfondir certains points. D'une part, le cours te paraîtra **plus vivant**, moins ennuyeux, et d'autre part, le professeur notera ta bonne volonté.

QUELQUES RÈGLES POUR ASSIMILER TON COURS PROGRESSIVEMENT

Jour J : Relis tes notes, complète-les et mets-les en forme.
J+1 : Apprends ton cours une première fois et profites-en pour approfondir ou pour vérifier ce qui te pose des difficultés.
J+3 : Relis ton cours et fais des exercices associés.
J+15 : Révise pour t'assurer de n'avoir rien oublié.

---

3 Hiérarchise et priorise le travail à fournir

> **Chaque week-end, liste les tâches** que tu dois réaliser pour la semaine suivante et répartis-les selon le principe de la matrice d'Eisenhower (voir ci-contre).
Ajoute ensuite les devoirs à rendre ultérieurement (fiches de lecture, devoirs maison, rapports de stage, etc.).
N'oublie pas les objectifs de niveaux que tu te seras fixés (voir tableau plus haut).

La matrice Eisenhower

> Cette matrice met en évidence que notre cerveau obéit plus naturellement à **l'urgence** qu'à **l'importance** ! Tu éviteras ainsi de passer tes journées à courir après les urgences au détriment de ce qui est vraiment important.

COACHING BAC

FICHE **3**

RÉVISER
efficacement

TOUT AU LONG DE L'ANNÉE

OBJECTIFS
→ Construire son planning de révisions.
→ Varier les activités pour tenir le rythme.
→ Faire un point régulier pour vérifier sa progression.

---

1 Établis un planning de révisions

Crée un tableau par semaine ou par mois, sur Excel ou sur une feuille :

> Commence par **barrer les créneaux où tu n'es pas disponible** (temps de classe, activité extrascolaire, week-end en famille).

> Prévois des **créneaux de 1h30** pour chaque temps de travail.

> Privilégie des **horaires fixes** (heure de début et de fin, heures de repas, pauses) car la régularité est un gage de réussite.

> Fixe **un à deux temps de loisir** chaque semaine pour t'aérer l'esprit.

> Attribue des **couleurs** à tes différentes activités.

Élabore ton planning selon des règles simples :

> Inscris **en priorité le matin** les matières qui te posent problème, les tâches difficiles et les disciplines à gros coefficient.

💡 L'ASTUCE À CONNAÎTRE

Des plannings de révisions vierges sont disponibles gratuitement sur Internet (par exemple sur **www.canva.com**) : semaine, mois ou année !

LE SAVAIS-TU ?

Le sketchnoting est une technique de prise de notes **visuelle**, **créative** et **graphique** qui permet de noter ses pensées en les organisant à l'aide d'illustrations, de symboles et de textes. Tu peux justement t'y entrainer en faisant ton emploi du temps.

Scanne-moi !

> N'oublie pas les travaux que tu as listés à partir de la **matrice Eisenhower** (voir p. 335).

> **Après le déjeuner**, privilégie les tâches créatives qui te plaisent : schémas à construire, diaporamas à illustrer, lecture.

> **En fin d'après-midi**, prévois des temps de révisions pour reprendre ce que tu as déjà vu précédemment.

Fais évoluer ton planning :

Si parfois tu ne respectes pas ton planning, pas de panique ! **Reste flexible** en laissant deux blocs de 1h30 libres chaque semaine, tu pourras ainsi parer à tout imprévu. L'essentiel est de reprogrammer au plus vite le temps de travail manqué.

Alterne les modalités de travail

> **Le secret pour tenir le rythme, c'est de varier.**
> Alterne les types de révisions, les exercices et les matières à travailler. Le cerveau aime la régularité mais pas la routine. Ne pas se lasser est important pour **garder le moral** et une **bonne dynamique de travail**.

> **Tu as du mal à te concentrer ?**
> Essaie la **méthode Pomodoro**. L'objectif est de rester **concentré(e) à 100 %** sur une seule et unique tâche pendant plusieurs sessions de 25 min. Une courte pause sépare chaque session, puis un temps de pause plus long intervient après plusieurs sessions

La méthode Pomodoro

25 minutes		25 minutes		25 minutes		25 minutes	
Session de travail		Session de travail		Session de travail		Session de travail	
	Pause courte 5 minutes		Pause courte 5 minutes		Pause courte 5 minutes		Pause longue 20-25 minutes

 Fais une auto-évaluation régulièrement

Fais un **point régulier** pour vérifier la bonne avancée de tes révisions et l'efficacité de tes méthodes de travail.

> **Si tu as atteint tes objectifs.**
> Tu peux considérer que **les compétences sont acquises**, il te suffira de réviser régulièrement.

> **Si tu n'as pas atteint tes objectifs.**
> Prévois dans ton planning des temps de travail supplémentaires pour **reprendre le cours** et **faire des exercices associés**.

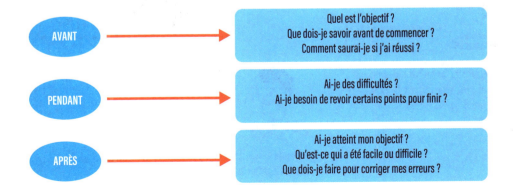

COACHING BAC

FICHE 4

GÉRER
mon stress

DE J-15 À J-1

OBJECTIFS
→ Réviser entre amis.
→ Être en forme et maîtriser son niveau de stress.
→ Préparer ses affaires pour le jour J.

1 Entoure-toi

> **Révise avec des amis qui ont envie de réussir.** Travailler en groupe peut être très stimulant, à condition que tout le monde ait le **même objectif**.

> **Choisis le bon endroit.** Évite le café du quartier ou la chambre d'un ami chez qui l'ambiance est très bruyante.

> **Échange avec tes amis sur tes cours.** Discute avec eux de ce sur quoi vous travaillez, ça te permet de **vérifier que tu as bien compris** et d'**approfondir** les choses.

> **Partage tes productions avec le groupe.** Fais un maximum d'exercices, donne-les à tes amis pour qu'ils les corrigent et **mets-toi à la place du jury** en retour ! C'est une méthode très efficace pour progresser.

> **Challenge-toi.** Toujours dans un esprit bienveillant, organise des sessions de tests pour **t'entraîner** aux épreuves.

Il est aussi possible d'**attribuer un rôle** à chaque membre du groupe, en changeant chaque jour :

LE CONVIVIAL
Apporte les petites douceurs du jour pour tenir le coup (boissons, en-cas).

LA GARDIENNE DU TEMPS
Est responsable des horaires (temps de travail et de pauses).

LE MESSAGER
Informe les autres du matériel à apporter, est responsable des documents de travail du jour.

Soutien émotionnel, ambiance dé-stressante, motivation et rigueur, il y a de nombreux avantages à travailler entre amis. Mais **tu peux aussi demander de l'aide à tes parents, tes frères et sœurs** qui sont déjà passés par là, et **tes enseignants** !

> **QUELQUES RÈGLES POUR BIEN TRAVAILLER EN GROUPE**
>
> - Le groupe peut être constitué de **3 ou 4 personnes** maximum.
> - Tout le monde doit être au clair sur les **objectifs du jour**.
> - **Chacun respecte** les séquences de travail et les pauses.
> - Un temps de débriefing et de convivialité est essentiel pour **décompresser** !

② Sois prêt physiquement et mentalement

Face au stress, plusieurs solutions existent : yoga, sophrologie, relaxation, méditation…

Si tu ne sais pas comment t'y prendre, **tu peux essayer de simples exercices de respiration**. Commence par **t'isoler** et **assieds-toi**. Inspire profondément pendant 3 secondes et expire doucement pendant 5 secondes, tout cela sur 1 à 2 minutes. Une fois le rythme installé, **associe une image à ta respiration**, par exemple la mer qui monte quand tu inspires et qui se retire quand tu expires.

Quelques jours avant ta première épreuve, repère et calcule ton trajet jusqu'au centre d'examens, avec **plusieurs modes de transport** possibles.

> **Détends-toi, aère-toi.** Marche un peu, lis un magazine, mais évite les réseaux sociaux !

> **Couche-toi tôt.** Sans réviser jusqu'au bout de la nuit ! Pour y arriver plus facilement, force-toi à **te lever tôt la semaine** précédant la période des examens, comme ça tu seras déjà dans le rythme.

> 💡 **L'ASTUCE À CONNAÎTRE**
>
> Programme **plusieurs sonneries** sur ton réveil et demande à un proche de s'assurer que tu seras debout à l'heure !

③ Prépare-toi et prépare tes affaires

Ton sac et ta tenue doivent être **prêts la veille de chaque épreuve**. Il est indispensable de prévoir une tenue adaptée selon la nature de l'épreuve :

> **Pour les épreuves écrites, privilégie des vêtements confortables** dans lesquels tu seras **à l'aise** pour travailler. Emmène aussi un pull ou un gilet, facile à retirer si tu as trop chaud ou à mettre si tu grelottes de froid !

> **Pour les épreuves orales, prévois une tenue simple mais correcte**, même s'il fait chaud. L'apparence joue un **rôle important** lorsqu'on s'exprime devant un jury.

Prépare ton sac :
- ☐ Pièce d'identité et convocation (avec l'adresse du centre d'examen)
- ☐ 2 stylos
- ☐ 2 surligneurs
- ☐ 1 correcteur
- ☐ 1 crayon à papier et 1 gomme
- ☐ Crayons de couleurs et règle pour les schémas
- ☐ Calculatrice (vérifier les piles avant)
- ☐ Mouchoirs
- ☐ Gourde d'eau et en-cas
- ☐ Montre

> ❗ **LES FAUX-PAS À ÉVITER**
>
> - Couleurs trop flashy
> - Accumulation d'accessoires
> - Vêtements troués, usés ou froissés

Durant la période d'examens, mets en place ce rituel le matin et le soir pour te mettre en confiance et t'assurer une certaine **sérénité** !

COACHING BAC

FICHE 5

ASSURER
le Jour J

OBJECTIFS
→ Bien aborder l'épreuve.
→ Éviter les pièges.
→ Rendre une bonne copie.

1. Démarre correctement ton épreuve

> **Analyse le sujet** (10 min).
En premier lieu, **assure-toi que toutes les pages sont bien présentes**, ainsi que les annexes. Prends ensuite le temps de **bien lire le sujet**. Il vaut mieux prendre quelques minutes supplémentaires pour choisir lorsque deux sujets sont proposés.

> **Prépare un brouillon** (entre 45 min et 1h).
Il ne s'agit pas de tout écrire au brouillon, cela te ferait perdre trop de temps. **Écris ton plan** pour garder un fil conducteur et utilise des **surligneurs** de différentes couleurs pour te repérer dans tes parties. Il est également conseillé de **rédiger entièrement ton introduction et ta conclusion** au brouillon pour te démarquer des autres copies.

> **Gère ton temps dès le début de l'épreuve.**
Définis le temps que tu accordes à chaque partie du sujet. Commence par les exercices avec lesquels tu te sens le plus à l'aise. **Ne reste pas bloqué(e)** si un exercice ou une formulation te manque, passe à autre chose : tu y reviendras plus tard. Pour les épreuves longues, **fais une pause de 5 minutes au milieu du temps imparti**.

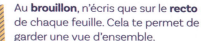

L'ASTUCE À CONNAÎTRE

Au **brouillon**, n'écris que sur le **recto** de chaque feuille. Cela te permet de garder une vue d'ensemble.

L'INFO À RETENIR

Accorde une grande importance à l'introduction et à la conclusion : Un bon début donne le ton d'une bonne copie. À l'inverse, une mauvaise introduction laissera une mauvaise impression dont le correcteur aura du mal à se défaire. Il est aussi courant que les correcteurs lisent la conclusion juste après l'introduction.
• Soigne la phrase d'accroche de ton introduction et évite les formulations stéréotypées.
• Vérifie que ta conclusion réponde bien à ta problématique.

2. Évite les erreurs et le hors-sujet

Avant de démarrer, il faut lire attentivement l'énoncé pour comprendre les consignes :
- Repère les **mots-clés** et définis-les.
- Note au brouillon **toutes les connaissances** que tu as sur ces notions.
- Mets-les en relation grâce à la **méthode QQOQCCP** (Qui ? Quoi ? Où ? Quand ? Comment ? Combien ? Pourquoi ?) pour baliser les limites du sujet (voir p. 344).
- Organise ensuite ton **plan**.

MÉTHODE

Vérifie la cohérence de ton plan.
Le plan est le squelette de ton argumentation, il doit être structuré pour tenir debout !
- Assure-toi que les parties et les sous-parties sont équilibrées.
- Vérifie qu'au moins un exemple illustre ton propos dans chaque sous-partie.
- Rédige des transitions pour montrer la logique de ton raisonnement.

3. Démarque-toi des autres copies

- **Soigne ta copie.**
  Efforce-toi de rendre une **copie propre et lisible**. Les correcteurs en ont beaucoup à corriger et ne feront pas toujours d'efforts s'ils n'arrivent pas à te lire !
  - Choisis une **encre foncée** (les copies sont numérisées avant d'être envoyées aux correcteurs).
  - **Aère** ta copie : saute des lignes et n'écris pas dans les marges.
  - Soigne ta **graphie** tout au long de l'épreuve.
- **Sois clair(e) et concis(e).**
  La formulation la plus simple est souvent la meilleure. Privilégie les **phrases courtes**. Cela t'évitera de faire des erreurs dues à des tournures complexes (concordance des temps, propositions multiples dans la même phrase...).
  - Utilise le **vocabulaire précis** vu en classe.
  - **Évite les tournures familières.**
  - N'oublie pas de **ponctuer** tes phrases.

- **Cite des références qui font la différence.**
  Pour illustrer des idées, il est important d'avoir une copie riche en **exemples**. Varie les sources bibliographiques (auteurs, siècles, genres littéraires).

 L'ASTUCE À CONNAÎTRE

Tu n'aimes pas lire ? Tu peux compléter tes références grâce à d'autres domaines : la **musique**, le **cinéma**, la **danse**, l'**architecture**, la **gastronomie**, la **sculpture**, le **cirque** ou la **photographie**.

- **Relis-toi.**
  Il est important de garder **10 minutes en fin d'épreuve** pour porter une attention toute particulière à l'orthographe. Certaines erreurs ne sont pas pardonnables !
  - Vérifie tous les **accords**.
  - Fais attention à la **terminaison** de tes verbes.

→ **Pour mieux comprendre les exigences des correcteurs :**
- Lis les **rapports du jury** des années précédentes (disponibles sur www.eduscol.education.fr).
- Relis les **annotations de tes professeurs**.
- Lis les **bonnes copies** de tes camarades et les **sujets corrigés** de ton livre FOCUS BAC.

GRAND ORAL

FICHE 1

COMPRENDRE
l'épreuve du Grand Oral

OBJECTIFS
→ Comprendre les finalités de l'épreuve.
→ Connaître les attentes du jury.

Une épreuve pour te préparer à l'entrée dans l'enseignement supérieur

> L'épreuve du Grand Oral te permet de **travailler sur ton projet d'orientation**, en t'amenant à formaliser tes choix pour ta poursuite d'études.

> Elle t'invite également à **te préparer pour réussir dans l'enseignement supérieur** : s'exprimer en public, collaborer, mener à bien une présentation et exercer son esprit critique sont en effet des compétences attendues d'un étudiant dans l'enseignement supérieur.

> La **forme de l'exposé oral** est une **modalité d'évaluation** qui jalonnera l'ensemble de ton parcours d'études supérieures. Le Grand Oral est une **véritable opportunité de te préparer à devenir étudiant** en adoptant dès maintenant les bons réflexes et en te projetant vers l'avenir.

Une épreuve pour t'amener à « savoir parler en public »

Une prise de parole efficace implique **d'être convaincant(e) et de savoir capter son auditoire**, ce qui nécessite les compétences suivantes :

> mobiliser ses connaissances ;
> structurer son propos ;
> développer son esprit critique ;
> élaborer une présentation structurée et argumentée ;
> être en mesure d'expliciter ses choix et les positions défendues ;
> maîtriser son trac ;
> poser sa voix et adopter le bon rythme de parole ;
> gérer sa communication non verbale.

Les points à maîtriser pour réussir son Grand Oral

1. Je choisis des sujets en lien avec mon programme de spécialité et mon projet d'orientation.
2. Je développe mes compétences oratoires et je maîtrise mon trac pour être capable de m'exprimer clairement.
3. Je suis en mesure de développer une argumentation.
4. Je respecte le délai imparti à chaque étape de l'épreuve.
5. J'exécute ma présentation sans notes et debout.
6. Je présente mon projet d'orientation et le cheminement mené pour le construire en vue d'expliquer mes choix de poursuite d'études.

Connaître les attentes du jury

Le jury se compose de deux enseignant(e)s de disciplines différentes, dont l'un(e) au moins enseigne l'une des spécialités choisies par le (la) candidat(e). Il valorise **« la solidité des connaissances du candidat,** **sa capacité à argumenter et à relier les savoirs, son esprit critique, la précision de son expression, la clarté de son propos, son engagement dans sa parole, sa force de conviction »** selon les critères suivants :

	Qualité orale de l'épreuve	Qualité de la prise de parole en continu
🙂	La voix soutient efficacement le discours. Qualités prosodiques marquées (débit, fluidité, variations et nuances pertinentes, etc.). Le candidat est pleinement engagé dans sa parole. Il utilise un vocabulaire riche et précis.	Discours fluide, efficace, tirant pleinement profit du temps et développant ses propositions.
😐	Quelques variations dans l'utilisation de la voix ; prise de parole affirmée. Il utilise un lexique adapté. Le candidat parvient à susciter l'intérêt.	Discours articulé et pertinent, énoncés bien construits.
😕	La voix devient plus audible et intelligible au fil de l'épreuve mais demeure monocorde. Vocabulaire limité ou approximatif.	Discours assez clair mais vocabulaire limité et énoncés schématiques.
☹️	Difficilement audible sur l'ensemble de la prestation. Le candidat ne parvient pas à capter l'attention.	Énoncés courts, ponctués de pauses et de faux démarrages ou énoncés longs à la syntaxe mal maîtrisée.

	Qualité des connaissances	Qualité de l'interaction	Qualité et construction de l'argumentation
🙂	Connaissances maîtrisées, les réponses aux questions du jury témoignent d'une capacité à mobiliser ces connaissances à bon escient et à les exposer clairement.	S'engage dans sa parole, réagit de façon pertinente. Prend l'initiative dans l'échange. Exploite judicieusement les éléments fournis par la situation d'interaction.	Maîtrise des enjeux du sujet, capacité à conduire et exprimer une argumentation personnelle, bien construite et raisonnée.
😐	Connaissances précises, capacité à les mobiliser en réponse aux questions du jury avec éventuellement quelques relances.	Répond, contribue, réagit. Se reprend, reformule en s'aidant des propositions du jury.	Démonstration construite et appuyée sur des arguments précis et pertinents.
😕	Connaissances réelles, mais difficulté à les mobiliser en situation à l'occasion des questions du jury.	L'entretien permet une amorce d'échange. L'interaction reste limitée.	Début de démonstration mais raisonnement lacunaire. Discours insuffisamment structuré.
☹️	Connaissances imprécises, incapacité à répondre aux questions, même avec une aide et des relances.	Réponses courtes ou rares. La communication repose principalement sur l'évaluateur.	Pas de compréhension du sujet, discours non argumenté et décousu.

Grille d'évaluation officielle de l'épreuve orale terminale
(https://www.education.gouv.fr/bo/20/Special2/MENE2002780N.htm?cid_bo=149115).

GRAND ORAL

FICHE 2

EXPLORER
les thèmes sélectionnés

OBJECTIFS
→ Explorer tous les aspects d'un sujet pour arrêter son choix.
→ Réaliser des cartes mentales pour s'approprier les thématiques.

Comment explorer un sujet ?

Pour amorcer la réflexion, il est nécessaire de se poser un certain nombre de questions. Tu peux pour cela appliquer la méthode QQOQCCP.

> **Qui ?** Qui est concerné par le sujet (acteurs économiques, individus, groupes sociaux...) ?

> **Quoi ?** Quels sont les faits ou éléments caractérisant le sujet (phénomènes, événements, processus...) ?

> **Où ?** Quels sont les lieux concernés par le sujet ?

> **Quand ?** Quelle est la période concernée par le sujet ?

> **Comment ?** De quelle manière le sujet s'exprime-t-il ou se manifeste-t-il ?

> **Combien ?** Combien de personnes ou quelle quantité d'éléments sont concerné(e)s par le sujet ?

> **Pourquoi ?** Quels sont les causes et les enjeux du sujet (naturel[le]s, intellectuel[le]s, économiques, politiques...) ?

La carte mentale : un outil idéal pour matérialiser ton exploration

Une carte mentale est une représentation de concepts, d'idées et d'informations sous forme d'arborescence.

Avec ses **différents embranchements**, ta carte mentale te permettra de **visualiser clairement** tous les aspects du sujet envisagé.

1. **Positionne la notion ou la thématique abordée au centre de ta carte mentale.**
2. **Intègre tes idées :** en partant du centre, dessine une branche par idée avec un mot-clé pour exprimer chaque notion ou concept identifié(e).
3. **Enrichis ta carte mentale :** utilise des icônes et des couleurs différentes pour chaque branche afin de caractériser tes axes.

Tu peux opter pour une **version manuscrite** en utilisant comme support :
> une feuille de papier en **format paysage** ;
> un **paper board** ;
> des **post-it** de différentes couleurs en fonction des branches de ta carte mentale.

Tu peux aussi opter pour une **version numérique** en t'aidant :
> de **logiciels spécialisés** tels que : xmind.net, lucidchart.com, gitmind.com, qui permettent aussi de mettre en place des cartes mentales collaboratives.
> de **logiciels de traitement de texte**, en utilisant la fonctionnalité Smart Art.

FICHE
3

STRUCTURER
son sujet

OBJECTIFS
→ Apprendre à organiser ses idées pour construire son argumentaire.
→ Construire une présentation structurée de sa question.

Comment structurer tes idées ?

1. **Regroupe toutes les informations recueillies** dans un même document (papier ou numérique) et **construis une bibliographie** pour avoir une vision globale de tes sources d'information.
2. **Classe ces informations par thème** puis analyse les liens entre les différentes idées pour dégager les éventuelles associations et contradictions.
3. **Hiérarchise tes idées** en distinguant au sein de chaque thématique les points clés des éléments plus secondaires.
4. **Produis une synthèse** de l'ensemble de tes idées pour en mémoriser les points clés et amorcer la construction de ton plan.

Comment structurer la présentation de ta question ?

1. **Le premier temps de ta présentation** consiste à :
   > énoncer ton sujet ;
   > expliciter les raisons de ton choix ;
   > présenter ta problématique et annoncer ton plan.
2. **La partie centrale de ta présentation est le développement de ta question**, qui te permet d'exposer tes arguments selon le plan annoncé lors de ton introduction en veillant à soigner les transitions entre tes parties et tes idées.
3. **Ta présentation s'achève par une conclusion courte et efficace** qui résume ton propos tout en apportant une ouverture.

Des exemples de plans possibles

> **Le plan dialectique** invite à la discussion en défendant un point de vue sur une question (la thèse), puis en apportant des arguments qui, selon une autre perspective, nuancent ce point de vue (l'antithèse) pour obtenir une vision approfondie de la question (la synthèse, qui peut être exprimée en conclusion).

> **Le plan thématique** présente dans chaque partie différentes facettes d'un sujet pour en offrir une vue la plus complète possible.

> **Le plan chronologique** met en avant les phases successives d'un sujet en analysant en détail chaque étape.

> **Le plan analytique** présente un fait ou un problème avant d'en aborder les causes puis les perspectives de résolution.

> **Le plan comparatif** met en évidence des ressemblances et des différences permettant d'alimenter la comparaison de différents éléments (idées, événements, œuvres, stratégies…).

GRAND ORAL

FICHE 4

TRAVAILLER
sa voix et sa diction

OBJECTIFS
→ Apprendre à utiliser toutes les ressources de sa voix (volume, intonation, diction) pour capter son auditoire.
→ Veiller à bien utiliser l'ensemble de ces outils lors de ses prises de parole.

Pourquoi adapter le volume de ta voix ?

> **Pour dynamiser ton discours :** cela permet de rendre ton propos vivant et de lui donner ainsi plus de force.

> **Pour maintenir l'attention de ton auditoire :** tes interlocuteurs n'auront pas de difficultés à t'entendre et pourront ainsi se concentrer sur ton propos.

> **Pour donner une impression de confiance en toi et d'assurance.**

Pourquoi moduler les inflexions de ta voix ?

> **Pour éviter de lasser ton auditoire :** une voix monocorde est susceptible de te faire perdre l'attention de l'auditoire.

> **Pour rendre ton discours plus vivant.**

> **Pour transmettre des émotions :** capter l'attention de l'auditoire implique nécessairement d'agir sur un plan émotionnel, et les intonations de voix constituent un très bon vecteur en la matière.

Pourquoi faut-il bien articuler ?

> **Pour être mieux et plus vite compris par tes interlocuteurs :** l'auditoire n'aura pas de difficultés à t'entendre, et donc à comprendre ton discours.

> **Pour rendre son propos plus fluide :** l'auditoire aura le temps d'apprécier la résonance des mots.

> **Pour donner plus d'impact et de force à ton discours :** une bonne articulation repose en partie sur un usage approprié des silences.

Adapte le volume de ta voix

> **Observe l'environnement dans lequel aura lieu ta prise de parole :** le niveau sonore ambiant, la taille de la salle...

> **Adapte ton volume sonore à la situation de prise de parole :** cela permettra à ton auditoire d'avoir une écoute agréable et confortable. Il ne doit pas avoir à faire d'efforts pour t'entendre et te comprendre.

Module l'intonation de ta voix

> **Utilise toute la tessiture de ta voix :** il ne faut pas avoir peur d'utiliser les graves, les aiguës et toutes les autres nuances de ta voix.

> **Adapte ton intonation de voix aux messages que tu veux transmettre et aux émotions que tu souhaites véhiculer.** Cela implique d'avoir une intonation en adéquation avec ton sujet (interpeller, rassurer, émouvoir ou encore convaincre).

Travaille ton articulation

> **Pratique régulièrement** des exercices de diction et de prise de parole.

> **Apprends à peser tous tes mots :** pour prendre le temps d'investir ton discours.

> **Ralentis ton rythme** et ton débit de parole.

FICHE 5

DÉVELOPPER
sa répartie

OBJECTIFS
→ Comprendre les points à maîtriser pour répondre au jury de manière satisfaisante.
→ S'entraîner à interagir avec le jury.

Quels sont les points clés pour bien gérer ta manière de répondre au jury ?

Ce temps d'échange a pour finalité d'évaluer la solidité de tes connaissances et ta capacité à raisonner. Voici les points clés à travailler pour aborder sereinement cette partie de l'épreuve.

1. **Apprends à gérer tes émotions**, et plus particulièrement ton trac, pour adopter une posture d'écoute active et être en mesure de réagir de manière appropriée aux questions posées.
2. **Prends le temps de réfléchir avant de répondre.** La formulation d'une réponse pertinente est indissociable de ta capacité à comprendre les attentes du jury. Prends le temps d'écouter la question jusqu'au bout et laisse-toi quelques secondes pour y réfléchir avant de répondre.
3. **Assure-toi d'avoir bien compris le sens de la question posée.** Tu peux reformuler le point soulevé avec tes propres mots ou demander des précisions au jury.
4. **Apprends à gérer ta voix et ta diction.** Parle d'une voix posée, avec conviction et engagement. Prends le temps d'énoncer tes réponses et n'hésite pas à faire des pauses pour rythmer ton discours. Veille également à ta communication non verbale.
5. **Soigne ton vocabulaire et ton niveau de langue.**

Comment développer ton sens de la répartie ?

Entraîne-toi à développer ton sens de la répartie, c'est-à-dire ta capacité à répondre avec pertinence à toute remarque que l'on pourrait te faire.

› **Applique la règle des « quatre C »** pour formuler des réponses <u>c</u>laires, <u>c</u>ourtes, <u>c</u>oncises et <u>c</u>oncrètes. Sois vigilant(e) à bien structurer tes réponses pour que ton propos soit le plus compréhensible possible.

› **Mets en évidence ta capacité à raisonner** en faisant des **connexions** entre les notions abordées et tes connaissances sans oublier de mettre ces éléments **en perspective** avec des faits d'actualité.

› L'art de la répartie n'est pas inné, entraîne-toi régulièrement, notamment en pratiquant des **matchs d'improvisation** pour développer ta **confiance en toi**, ta capacité à **lâcher prise**, ton sens de l'**écoute** et ta **réactivité**.

INDEX DES MOTS CLÉS

A

Abstention 204
Abus de position dominante 100
Action 78
Agent
    à besoin de financement 78
    capacité de financement 78
Aléa moral 58
Allocation optimale des ressources 36
Association 207
Asymétrie d'information 58

B

Base monétaire
(ou monnaie de Banque centrale) 109
Bien
    commun 244
    exclusif 252
    rival 252
Bulle spéculative 81

C

Capital
    culturel 130
    économique 130
    humain 142
    social 130
Chaîne internationale de valeur 40
Choc asymétrique 111
Chômage
    conjoncturel 61
    d'inadéquation 62
    frictionnel 63
    involontaire 61
    structurel 62
    volontaire 64
Classes sociales 124, 128
Cohésion sociale 184
Collatéral 86
Commerce
    interbranche 41
    intrabranche 41
Compétitivité
    hors-prix (ou structurelle) 44
    prix 44
Comportement
    mimétique 84
    spéculatif 85
Concurrence
    monopolistique 36
    pure et parfaite 36
Conditions de travail 188
Convergence économique 104
Convention collective 184
Coordination 213
Cotisations sociales
(ou charges sociales) 224
Coût du travail 62
Crédit hypothécaire 82
Croissance inclusive 24

D

Déclassement 172
    générationnel 172
    intergénérationnel 172
    intragénérationnel 172
    résidentiel 173
    scolaire 172
Déficit public 109
Défaillance de marché 244
Déflation 100
Déflation par la dette 88
Démocratisation scolaire 145
Désaffiliation 193
Destruction créatrice 22
Dette publique 100
Développement durable 25
Discrimination 229
Discrimination positive 230
Disqualification 193
Dotation factorielle 40
Droit de propriété 23
Dumping 47

E

Économies d'échelle 16
Économie des plateformes 188
Effet
    d'âge 210
    d'agglomération 46
    de génération 210
    de richesse 87
    d'éviction 100
    d'hystérèse 65
    pervers 25
Égalité 229
Égalité des chances 144

Équilibre	
de marché	244
de sous-emploi	61
Emploi	186
intérimaire	186
précaire	186
Engagement politique	206
État social	224
Externalités (ou effets externes)	16

F

Facteurs de production	18
Filiarisation	145
Financement externe	78
Financement interne	78
Firme transnationale (FTN)	42
Flexibilité	
du marché du travail	65
quantitative externe	65
quantitative interne	66
Flexisécurité	67
Fluidité sociale	170

G-H

Gain à l'échange	39
Genre	125
Groupe	
de statut	129
d'appartenance	131
de référence	131
social	122
Groupement	207
Halo du chômage	60

I-J

Identité sociale	184
Immobilité sociale	165
Impôt progressif	232
Incitation sélective	208
Indépendant	126
Individualisation	131
Inégalités	124
économiques	226
sociales	229
Innovation	19
Institution	16
Intégration sociale	184
Investissement direct à l'étranger	42
Justice sociale	229

L-M

Lobbying	246
Lien social	122
Management	190
Marché	
boursier	80
des capitaux	78
des fonds prêtables	82
unique	102
Massification scolaire	146
Micro-entreprise	184
Minima sociaux	224
Mise à l'agenda	204
Mobilité sociale	144
brute (ou observée)	169
intergénérationnelle	164
intragénérationnelle	164
nette	169
structurelle	168
subjective (ou ressentie)	167
Monopole	36
Moyennisation	129

N-O

Nouvelles formes d'organisation du travail (NFOT)	190
Obligation	78
Odds ratio	170
Oligopole	36
Opinion publique	204
Organisation non gouvernementale (ONG)	246
Organisation scientifique du travail (OST)	126

P

Paradoxe de l'action collective	208
Parti politique	204
Patrimoine	224
Polarisation des emplois	24
Politique	
budgétaire	100
budgétaire conjoncturelle	109
de la concurrence	105
industrielle	106
monétaire	108
Politiques structurelles	44
Population active	58
Pouvoirs publics	246

INDEX DES MOTS CLÉS

Précarité	184
Prestations sociales	224
Principe de subsidiarité	109
Problème public	246
Productivité	16
globale des facteurs (PGF)	19
marginale	18
Progrès technique	19
Progrès technique biaisé	24
Prophétie autoréalisatrice	85
Protectionnisme	47
Protection sociale	184

Q-R

Qualification	58
Ratio de solvabilité	89
Rattrapage économique	104
Récession	80
Régulation	89
Répertoire d'action collective	207
Revenu primaire des ménages	231
Revenu de solidarité active (RSA)	233
Risque	
de crédit	82
d'illiquidité	86
d'insolvabilité	85
systémique	88

S

Salaire minimum	63
Salarié	126
Salarisation	126
Segmentation du marché du travail	67
Ségrégation	
scolaire	149
spatiale	125
Sélection adverse	58
Shadow banking system	89

Socialisation	122
anticipatrice	131
différentielle (ou différenciée)	142
genrée	151
Société civile organisée	204
Société méritocratique	144
Solidarité	122
Spécialisation	39
Sous-emploi	60
Statut social	122
Stéréotype de genre	151
Stratégies scolaires	148
Stratification sociale	124
Structure des opportunités politiques	209
Syndicat	207

T-V

Table de mobilité sociale	165
Taux	
d'accès à un diplôme	145
de chômage	58
d'emploi	58
de scolarisation	145
d'intérêt directeur principal (« refi »)	108
d'intérêt réel	110
d'intérêt sur les obligations souveraines	109
Tertiairisation	126
Tragédie des biens communs	16
Transfuge de classe	147
Trappe	
à bas salaire	66
à inactivité	64
à liquidité	83
Travail aliénant	193
Travail indépendant	186
Travailleur détaché	104
Valeur ajoutée	16

01 86 76 13 95
(appel gratuit)

Coucou, nous c'est SchoolMouv !

On a travaillé avec Belin Éducation pour te proposer le livre parfait pour tes révisions du bac. Grâce à ce Focus Bac, tu as mis toutes les chances de ton côté pour assurer le jour J. 😎

Tu y retrouveras des grands classiques pour réviser mais aussi plein de ressources exclusives, faites avec attention par toute l'équipe SchoolMouv !

Mais au fait, SchoolMouv, c'est quoi ?

- Un site hyper complet avec tout ton programme.
- Plein de contenus pédagogiques : des cours, des vidéos, des fiches de révisions, des exercices, des quiz, des méthodes bac...
- Un site et une app, accessibles 24h/24 tous les jours.
- Des contenus 100 % conformes au programme de l'Éducation nationale.
- Un tchat en ligne avec des professeurs pour ne jamais rester bloqué !

Les petits + qui font toute la différence :

- De la bonne humeur ! Fini les cours tristes, les cahiers ennuyeux et les livres qu'on n'a pas envie d'ouvrir.
- Du sur-mesure ! Toutes les ressources ont été créées pour toi, à toi de voir ce que tu as envie d'utiliser et dans quel ordre !

Scanne-moi avec ton téléphone pour en savoir plus

Les auteurs remercient Camille Abeille-Becker, Cédric André, Patrick Cotelette, Rémi Darfeuil, Frédérique Giraud, Benoît Ladouceur, Lionel Lorrain, Igor Martinache, Matthieu Paldacci, Emmanuelle Peller et Manon Petropoulos.

Crédits iconographiques
p. 34bg : Aurimages/BBQ_DFY/Steve Jobs, 2015/Universal Pictures/Legendary Entertainment/Scott Rudin Productions/The Mark Gordon Company/Entertainment 360/Decibel Films/Cloud Eight Films/Digital Image Associates/Danny Boyle/Michael Fassbender/ ; **p. 56bg :** Collection Christophel/Made in France, 2013/Benjamin Carle/Editions Montparnasse/Camera Subjective ; **p. 76bg :** Aurimages/BBQ_DFY/Moi, Daniel Blake, 2016/Sixteen Films/Why Not Productions/Wild Bunch/Ken Loach/Dave Johns, Hayley Squires, Briana Shann, Dylan McKiernan ; **p. 84h :** Kevin KAL Kallaugher Baltimore Sun, Kaltoons.com ; **p. 98bg :** Aurimages/Inside Job, 2010/Sony Pictures Classics/Representational Pictures/Screen Pass Pictures/Charles Ferguson ; **p. 140bg :** Aurimages/BBQ_DFY/Les Misérables, 2019/Srab Films/Rectangle Productions/Lyly Films/Ladj Ly ; **p. 151b :** Oli – Sudpresse – 07/05/2016 ; **p. 160bg :** Aurimages/BBQ_DFY/Les Héritiers, 2014/Loma Nasha/Vendredi Film/Marie-Castille Mention-Schaar/Ariane Ascaride/Ahmed Drame ; **p. 182bg :** Aurimages/BBQ_DFY/Fatima, 2015/Istiqlal Films/Arte France Cinéma/Philippe Faucon/Soria Zeroual ; **p. 202bg :** Aurimages/BBQ_DFY/Nos Batailles, 2018/Iota Production/Les Films Pelléas/Savage Film/Guillaume Senez/Romain Duris ; **p. 222bg :** Aurimages/BBQ_DFY/120 battements par minute, 2017/Les Films de Pierre/Page 114/Memento Films/Robin Campillo/Nahuel Pérez Biscayart ; **p. 242bg :** Aurimages/Everett Collection/Les Banlieusards, 2016/Frédéric Jouve Producteur/Kery James, Leïla Sy/Kery James, Jammeh Diangana, Bakary Diombera ; **p. 262bg :** Aurimages/Demain, 2015/Move Movie/Mars Films/Mely Productions/Cyril Dion, Mélanie Laurent.

Responsable éditoriale : Audrey Gérard.
Suivi éditorial : Mirna Bousser.
Assistante d'édition : Léa Souquet-Basiège.
Conception couverture et direction artistique : Studio Humensis, Audrey Hette.
Maquette intérieure : Studio Humensis, Audrey Hette
avec la participation de Charlotte Thomas, Marse et STDI.
Mise en pages : STDI.
Iconographie : Dagmara Bojenko.
Synthèses illustrées : Camille Toutous (illustrations) et Claire Fumat (textes), auteure de *Toute la socio/Toute l'éco en BD* © La Boîte à Bulles / Belin Éducation.
Infographies et schémas : Laurent Blondel/Corédoc, STDI.
Photogravure et prépresse : Arthur Caillard.
Fabrication : Zoé Farré-Vilalta.

Toutes les références à des sites Internet présentées dans cet ouvrage ont été vérifiées attentivement à la date d'impression. Compte tenu de la volatilité des sites et du détournement possible de leur adresse, Belin Éducation et SchoolMouv ne peuvent en aucun cas être tenus pour responsables de leur évolution. Nous appelons donc chaque utilisateur à rester vigilant quant à leur utilisation.

Le code de la propriété intellectuelle n'autorise que « les copies ou reproductions strictement réservées à l'usage privé du copiste et non destinées à une utilisation collective » [article L. 122-5] ; il autorise également les courtes citations effectuées dans un but d'exemple ou d'illustration. En revanche « toute représentation ou reproduction intégrale ou partielle, sans le consentement de l'auteur ou de ses ayants droit ou ayants cause, est illicite » [article L. 122-4]. La loi 95-4 du 3 janvier 1994 a confié au C.F.C. (Centre français de l'exploitation du droit de copie, 20, rue des Grands-Augustins, 75006 Paris), l'exclusivité de la gestion du droit de reprographie. Toute photocopie d'œuvres protégées, exécutée sans son accord préalable, constitue une contrefaçon sanctionnée par les articles 425 et suivants du Code pénal.

La pâte à papier utilisée pour la fabrication du papier de cet ouvrage provient de forêts certifiées et gérées durablement.

Imprimé par GraphyCems

N° d'édition : 03581964-02 / juillet 2022 – Dépôt légal : août 2021.